萧竹猗猗

王元鹿先生纪念文集

朱建军　刘凌　主编

上海辞书出版社

图书在版编目(CIP)数据

菉竹猗猗：王元鹿先生纪念文集 / 朱建军，刘凌主编.
—上海：上海辞书出版社，2023
ISBN 978-7-5326-6155-8

Ⅰ.①菉… Ⅱ.①朱… ②刘… Ⅲ.①汉字—文字学—文集 Ⅳ.①H12-53

中国国家版本馆 CIP 数据核字(2023)第 220198 号

菉竹猗猗——王元鹿先生纪念文集

朱建军　刘　凌　主编

责任编辑　马　沙
封面题字　刘志基
装帧设计　黄　骏
责任印制　曹洪玲

出版发行　上海世纪出版集团
上海辞书出版社®(www.cishu.com.cn)
地　　址　上海市闵行区号景路159弄B座(邮政编码：201101)
印　　刷　上海盛通时代印刷有限公司
开　　本　720毫米×1000毫米　1/16
印　　张　31.5
插　　页　10
字　　数　415 000
版　　次　2023年12月第1版　2023年12月第1次印刷
书　　号　ISBN 978-7-5326-6155-8/H·776
定　　价　198.00元

图 1　王元鹿先生在上课（2012 年 10 月 11 日，华东师范大学闵行校区）

图2　王元鹿先生幼年、小学、高中、自行车螺丝厂工作时的照片

图3　上海青年古文字学社成立三周年纪念合影
（前排左起叶保民、朱松乔、陈健儿、何峙、王元鹿、姚平，后排左起濮茅左、王世伟、陈建敏、王延林、顾伟良、吴旭民、王贻梁、潘建民）

图 4　90 年代赴美前在机场与父母、妹妹的合影

图 5　90 年代在美访学时与其他访问学者的合影

图 6　90 年代在美访学期间在圣路易斯地标拱门前留影

图 7　90 年代在美访学期间在露天图书展销会上

图 8　与第一届硕士毕业生的合影
（左一袁胜红，左二刘凌，左四秦桂芳，左五黄安靖）

图 9 在“民族古文字第六届学术讨论会”上发言

（左一木仕华，左三起姜竹仪、郑飞洲、孙宏开、史燕君，2000 年 10 月）

图 10 “民族古文字第六届学术讨论会”期间与史燕君（左一）、郑飞洲（左四）一起拜访徐琳先生（左三）

图 11　第一届博士生答辩结束后的合影
（前排左一刘志基，左三起李玲璞、胡奇光、吴金华、徐时仪、臧克和；后排左起潘玉坤、郑飞洲、吕浩）

图 12　在参加“中国水书文化首届国际学术研讨会”时与水书先生的合影（2007 年 1 月 27 日）

图 13 与徐时仪（左一）、黄天树（左二）、董莲池（左四）、刘志基（左五）在华东师范大学丽娃河桥上的合影（2007 年 5 月）

图14 学术沙龙后与学生切磋球技（2010年10月29日）

图19　王元鹿先生追悼会现场照片（2021年8月14日）

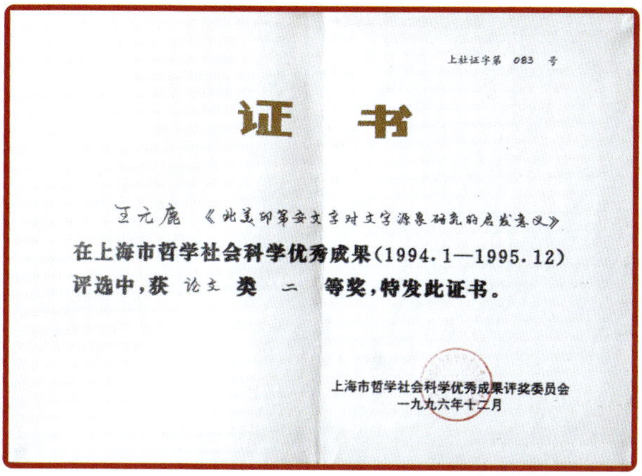

图 20　上海市哲学社会科学优秀成果奖（1996 年）

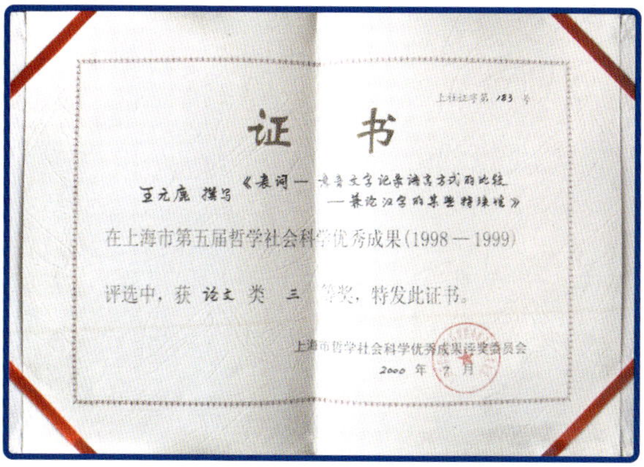

图 21　上海市哲学社会科学优秀成果奖（2000 年）

图 22　上海市哲学社会科学优秀成果奖（2006 年）

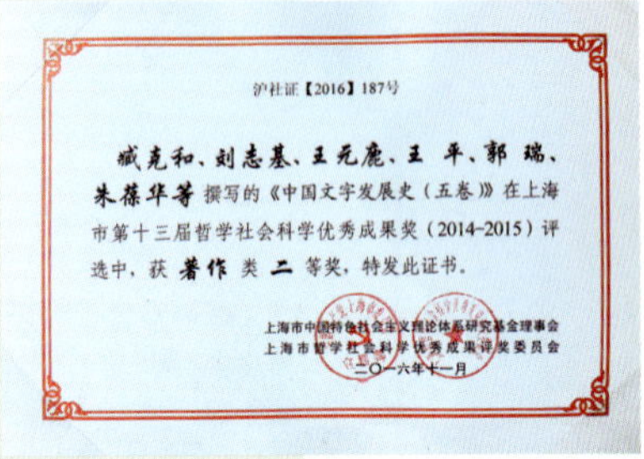

图 23　上海市哲学社会科学优秀成果奖（2016 年）

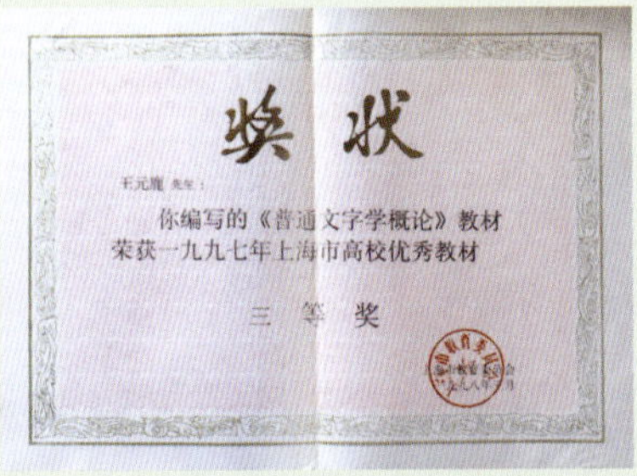

图 24　优秀教材奖（1998 年）

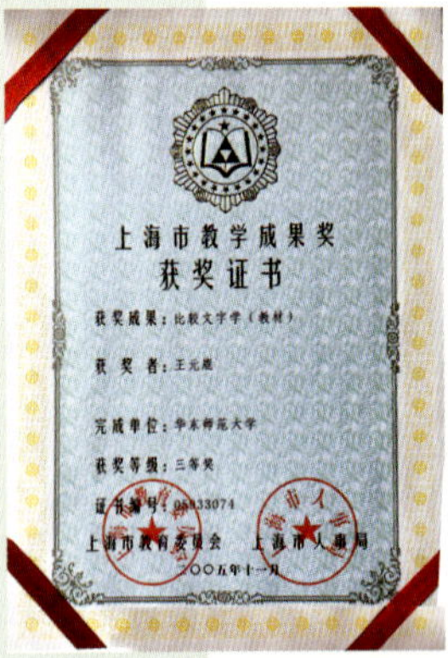

图 25　教育成果奖（2005 年）

图 26　王元鹿先生部分著作书影

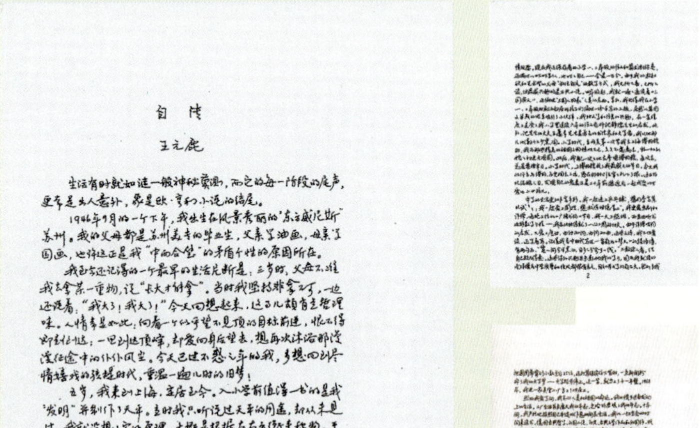

自传

王元鹿

生活有时就如一般神秘莫测，而它的每一阶段的尾声，更常是出人意外，象是欧·亨利小说的结尾。

1946年7月的一个下午，我出生在风景秀丽的"东方威尼斯"苏州。我的父母都是苏州美专的毕业生，父亲学油画，母亲学国画，也许这正是我"中西合璧"的矛盾个性的原因所在。

我至今还记得的一个最早的生活片断是：三岁时，父母不准我去拿某一重物，说"长大才能拿"。当时我坚持非拿不可，一边还说着："我大了！我大了！"今天回想起来，这事儿颇有点哲理味。人情常是如此：向着一个似乎望不见顶的目标前进，恨不得即刻飞达；一旦到达顶峰，却爱向身后望去，想再次沐浴那浸淫途中的仆仆风尘。今天已过不惑之年的我，多想回到尽情嬉戏的孩提时代，重温一遍儿时的旧梦！

五岁，我来到上海，定居至今。入小学前值得一书的是我"发明"并制作了天平。当时我只听说过天平的用途，却从未见过。我就设想了它的原理，大概是根据左右平衡来称物。于是我自己动手，用积木和钉子加工成一个小天平。虽然其质量粗陋到原始人也不敢恭维，但它的原理却是百分之百的正确。当然，为这项工程也付出了代价——报销了一副母亲刚买来的新的积木。

小学生活是在无忧无虑中度过的。上课专心听讲，课后尽

1

图 27　《自传》手稿

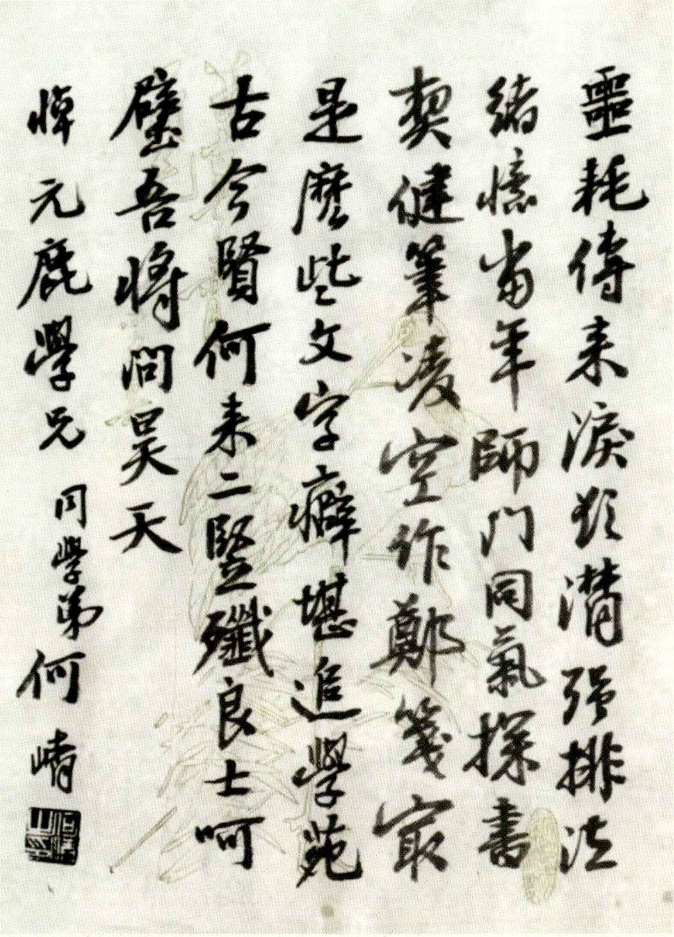

图 28　四川大学历史文化学院何崝教授撰写的悼诗

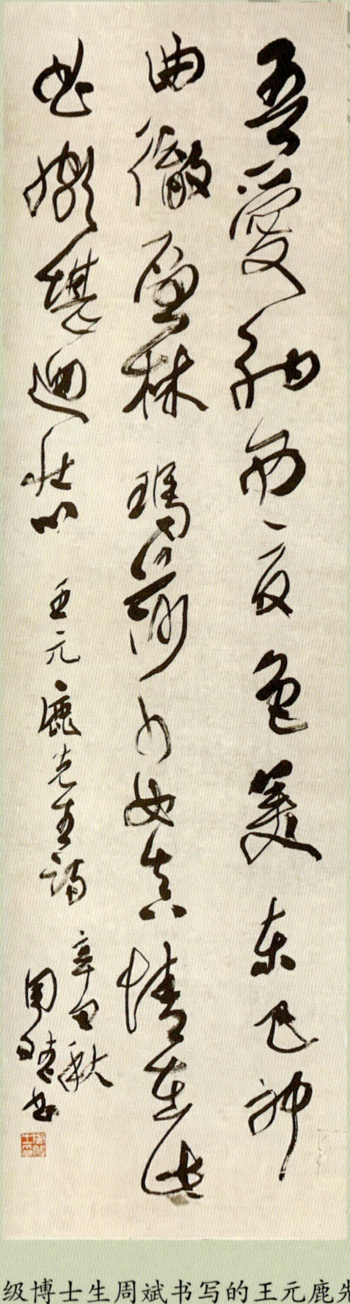

图 29　2001 级博士生周斌书写的王元鹿先生所创诗歌

目　录
CONTENTS

诗词

微型小说

自　传*

王元鹿

生活有时就如谜一般神秘莫测，而它每一阶段的尾声，更常是出人意料，像是欧·亨利小说的结尾。

1946年9月的一个下午，我出生在风景秀丽的“东方威尼斯”苏州。我的父母都是苏州美术专科学校的毕业生，父亲学油画，母亲学国画，也许这正是我具有“中西合璧”矛盾个性的原因所在。

我至今还记得的一个最早的生活片段是：三岁时，父母不准我去拿某一重物，说“长大才能拿”。当时我坚持非拿不可，一边还说着：“我大了！我大了！”今天回想起来，这事儿颇有点儿哲理味。人情常是如此：向着一个似乎望不见顶的目标前进，恨不得即刻到达；一旦到达顶峰，却爱向身后望去，想再次沐浴那漫漫征途中的仆仆风尘。今天已过不惑之年的我，多想回到尽情嬉戏的孩提时代，重温一遍儿时的旧梦！

五岁，我来到上海，定居至今。入小学前值得一书的是我“发明”并制作了天平。当时我只听说过天平的用途，却从未见过。我设想了它的原理，大概是根据左右平衡来称物。于是我自己动手，用积木和钉子加工成一个小天平。虽然其质量粗陋到原始人也不敢恭维，但它的原理却是百分之百的正确。当然，我也为这项工程付出了代价——报销了一副母亲刚买来的积木。

* 根据内容，此《自传》大概率写于1988年。——编者

我的小学生活是在无忧无虑中度过的。上课专心听讲，课后尽情玩耍。现在我还保存着的小学一、二年级的语文和算术测验卷，还蛮可以吓吓别人，也吓吓自己——全是一百分。由于我的求知欲和艺术型父母“放任自流”的教学方式，我无所不喜，无所不读，但最感兴趣的是古典小说。四年级起，我就一遍遍通读着《三国演义》，还编过“三国人物表”之类的东西。另外，我记得我在小学一、二年级时就为邻居的孩子们编过一份手写的小报，居然以其图文并茂的“精彩内容”吸引了小伙伴。我对文学和语言的兴趣，在一定程度上是受做了我小学六年语文老师的沈静儒先生的启发，此外，沈先生的丈夫王蘧常先生是著名的书法家和大学者，我从他那儿也得到不少熏陶。小学时代，当母亲第一次带我去上海博物馆时，我为那些精美的祖国文物惊叹不已，久久不愿离去，好似刘姥姥进了大观园。此后，我自己一次次地去参观博物馆，每次去，总是盘桓半日。小学时代，去博物馆的日子成了我最盛大的节日。今天我从事的行当与博物、历史相去不远，恐在那时这个想法已经牢牢在我心里扎下了根。这好比结婚之日，发现自己的爱妻正是二十年前邂逅后一起戏耍的可爱的小女孩儿。

中学的生活更加丰富多彩。我一度迷上乒乓球，想同李富荣比试比试；我一度爱上围棋，想做“陈祖德第二”。我更爱京剧和评弹，每晚三档的《广播书场》节目，我一天不脱班，而且边听书边解数学方程——我在此时练就了一心二用的本领。由于评弹唱词的启发，又爱上唐诗，由诗而词，由词而曲，这些文体，我不仅爱读，还学着写。记得我高中时代写过一首题为《梦天》的骚体诗，有两句为：“览人间兮半黑白，日夕之分兮于一线。”不敢给人看，但自己颇为得意。这些课外兴趣并未影响我的学习，因为我就读的南洋模范中学的教学质量和校风都很有名气，自知考大学问题不大。然而，当我把圆周率背到小数点后35位，还打算继续往下背时，一条新闻粉碎了我的大学梦——大学招考停止。这一等，就等了十一年整。1968年，我进一家弄堂小厂当了冲床工。

然而我爱学问，我关心人类和祖国的命运。我也惯于过奋发向上的生活。工厂生活并未磨灭我的斗志，它恰好磨炼了我的斗志。十年间，我严格地按照自己制定的作息时间表生活，我用一切空余的时间来读书。德国古典哲学、外国小说、历史、古典文学作品和外国语，成了我枯燥生活中的忠实伴侣。我背完了"劫后幸存"的《唐诗三百首》，又把借来的《唐宋名家词选》抄写过一遍，实在无书看时，我就抄写《康熙字典》中的小篆，并临写石鼓文、张迁碑、颜字和王字。我还学会涂上几笔山石和兰竹。在车间里隆隆的机器声中，我高声诵读着英语和日语。我常常背诵这些诗句："天生我材必有用""长风破浪会有时""柳暗花明又一村"。

欧·亨利式的结尾却一一发生了。我得到了搭上末班车进大学的机会。过惯了随心所欲的生活，尝到了自学的甜头，很怕大学生活不自在，因此开初我倒未打算报名。然而，就在报名截止之前半小时，我忽发奇想地报了名。与其说是一种冲动，不如说这是我"十年生息"积累下的能量的总爆发。后来，我被华东师范大学中文系录取。这是我的第一志愿。刚进大学，又有一事令我不解：不少老师远远指着我，说着我的名字。过了些日子，我才知道原来我入学考的总分是全系第一名。于是，大学梦又被拾了回来，我编织着一个新的梦——做诗人——凭我那对文学的满腔热情和一丁点儿的才气。

但诗人梦又告破灭。并非才气不足，只为机遇使然。后来是我的导师李玲璞教授在一次体育锻炼时发现了我这个似乎"孺子可教"的学生。在李先生指引下，我渐渐爱上了古汉语尤其是古文字。我开始如痴如醉地抄写《说文解字》。记得当时坐在汽车中向窗外望去，马路边的店招上的文字一个个变成了小篆。在大学期间，还认识了当时我系汉语教研室主任史存直教授，听了他的古汉语课。史先生后来也成为了我的导师。此外，王国维的学生、著名文字学家戴家祥先生的课，我也多次听过。大学二年级，我的第一篇论文《"心"字探源》被选为参加上海市研究生大学生学术讨论会的论文，另外,此文又在1979年我校校庆报告会上作重点发言,由于后一个报告会上只有两篇语言学文章中选(另一篇是教师所写),这自然是我不小的荣誉。《青年一代》杂志在对上海青年古文字学社的事迹做专题报道时,对我做了有趣的介绍。大学四年级,我参与编纂的《甲金篆真四体六百字》被印出,用作我校中文系汉古文字课的教材,上海《文汇报》曾对此做过报道。我爱上古文字,与其说是它使我获得成绩、受到表彰,还不如说是古文字本身的吸引力使我陶醉和欢愉。

大学期间,我办了婚事。我的妻子在成婚时是我的同学,现在是我的同事,她目前在主持我校图书馆的西文编目工作。

以下似乎又是一段欧·亨利式的故事。当史存直、李玲璞二位教授招收硕士生时,我因实际年龄超出报考硕士生允许范围四个半月,无法报考,只能听候分配。但是,在报名结束那天,我的坚决请求和我在大学四年中的全"优"成绩终于感动了校和市研究生招生办公室的负责人,经讨论,破格同意我报考。录取后,我在古汉语的海洋中遨游了三年。我广泛接触了古代汉语各方面的知识,写了研究《毛诗古音考》韵部的文章,还写了从修辞角度研究鲁迅笔名并从中发现新辞格的文章。然而,最使我受到启发的,是《说"方"》一文的撰写。

那个静谧的下午,使我一生难忘。一杯香茗使我兴奋起来,我想着宇宙的无限,人生的漫长,语言的美妙,文字的神奇,胡乱翻阅着案头的书籍和卡片,思绪无羁地漫游。忽然,一个甲骨文字"方"()映入我的眼帘,我联想起在《纳西象形文字谱》上有一个字,表"以刀切物"义。我想,如把它转过90°,岂不是太像甲骨文的"方"了吗!可见,汉字"方"的本义兴许也是"以刀切物"。于是,我发了疯似的查阅各种典籍和工具书,发现从字源看,"方"确有"判分"义,因为大量以"方"为声符的字如"旁""房""仿"等意义上均同"判分"有引申关系,另外,一大批双唇音字如"分""别""半""边""班""剖"

“掊”和“辨”等含“判分”义，当是“方”的同源字。由此可见，甲骨文“方”()中的即“刀”，而为某一物，恰表“以刀切物”。如果汉字还保留着甲骨文之前的更原始的形态，那么它当同纳西东巴文的字形体更近。后来我又想到，苏州方言中的 pã 也表示“判分”义，与“方”是一对同源字。到此，“方”的本义已昭然若火了。

那个下午之所以难忘，倒不在于考出了一个字，而在于它为我指出了此后多年的努力方向：在文字学研究上，要学会使用比较方法；在语言学研究上，则要全面兼顾音、形、义，多方位地看问题。前一点促使我在 1983 年冬天去西南边陲的纳西族聚居地寻师访友，听东巴(纳西巫师)诵经，搜集东巴文字资料。今年，我的著作《汉古文字与纳西东巴文字比较研究》问世，它记录了我几年来有关研究的心得，受到了海内外一些专家、学者的好评。而后一点则促使我全面研究语言学的各个分支，尽可能在具体研究中把语言学视为一个整体。

1984 年，我通过答辩，获得了文学硕士学位。此后，我留在华东师范大学中文系古汉语教研室任教，主讲“古代汉语”和“普通文字学”两门课程，并兼任《中文自学指导》杂志古代汉语、现代汉语和语言学概论三个栏目的编辑工作。今年，我得到了华东师范大学校级(1985—1988)优秀教学成果奖，这项奖励每四年颁发一次。我获奖的主要原因是在“古代汉语”课的教学上进行改革，改变了多年来该门课程不受学生重视的局面。在我目前执教的 91 名学生中，半数参加了古代汉语兴趣小组，不少学生立志投考语言专业研究生，不少学生的论文在全国性刊物上发表。可以说，由于我和我的学生的共同努力，为“古代汉语”课程争得了地位。

现在，我又在编织着一个新的梦——留学深造，为了心爱的语言学，为了我系语言教学的进一步提高，也为了自己向往已久的博士学位。愿这梦化为现实，愿这次的结尾不再是欧·亨利式的。

我的治学观

王元鹿

学问是高贵的。学问是低贱的。

高贵,是由于它的不为功利。低贱,是由于它的无可为功利。

学问不是为了自身。学问是为了自身。

因其不为自身才有益社会。因其为自身才乐在其中。

学问的关键在于不变。学问的关键在于善变。

不变才能锲而不舍。善变才能推陈出新。

学问不是幻想。学问尽是幻想。

只幻想则无证据。无幻想则无发现。

所谓"治学观",首先在于认识以上种种矛盾,以造成对这些矛盾的心理和生理承受力。试看古往今来的大学问家,有几个不是在这些矛盾的夹攻之下讨生活的?

(原载于《华东师范大学校报》第 267 期,1989 年 5 月 2 日)

王元鹿先生学术年表(修订版)

邓章应　朱建军

1946

9 月 16 日,出生于江苏省苏州市卫前街 70 号。

1952

入读上海市徐汇区景鸿小学(后并入宛平路小学)。

1958

入读上海南洋模范中学初中。

1961

入读上海南洋模范中学高中。

1964

高考前体检因肺结核病而休学。

1966

毕业于上海南洋模范中学高中。因“文化大革命”待分配。

1968

进入上海自行车螺丝厂当冲床工。

1978

3 月,入读华东师范大学中文系(77 级)。

1979

9 月 12 日,撰写论文《"心"字探源》。12 月 17 日改定。

1980

参与编纂的《甲金篆真四体六百字》由华东师范大学中文系油印出版(该资料为"古文字教学参考资料第一种",由王元鹿负责选字编排,王延林负责缮写整理,姚平参加了部分字的检校工作)。

论文《"心"字探源》,发表于上海青年古文字学社《古文字》第 2 期;又收于《王元鹿普通文字学与比较文字学论集》,上海古籍出版社,2012 年。

1981

12 月,华东师范大学中文系本科毕业,获文学学士学位,本科学位论文《甲骨文造字方位性研究》。

1982

3 月,进入华东师范大学中文系攻读硕士学位,专业为汉语言文字学,专业方向为文字训诂,导师为史存直、李玲璞教授。

参与检校的《说文部首汇释》由华东师范大学业余教育处油印发行(该资料为古文字研究小组集体成果,历经两年编成)。

1983

论文(署名"元鹿")《漫话"象形"》,发表于《文科月刊》1983 年第 8 期。

论文(署名"吴人")《"指事"浅说》,发表于《文科月刊》1983 年第

8 期。

论文《我是怎样写毕业论文的》,发表于上海市高等教育局研究室编《大学生谈学习方法》,华东师范大学出版社;又收于《王元鹿普通文字学与比较文字学论集续集》,中西书局,2019 年。

1984

华东师范大学中文系硕士毕业,获文学硕士学位。硕士学位论文《汉古文字与纳西东巴文字的比较研究》,指导老师:史存直、李玲璞教授。

进入华东师范大学中文系任教,任助教。

论文《于细微处见功力——简析鲁迅使用笔名的修辞技巧》,发表于《修辞学习》1984 年第 1 期;又收于《王元鹿普通文字学与比较文字学论集续集》。

1985

论文《略说"字同音异"现象造成的原因》,发表于《中文自修》1985 年第 4 期;又收于《王元鹿普通文字学与比较文字学论集续集》。

文章《古汉语自学答问(五题)》,发表于《中文自学指导》1985 年第 9 期;又收于《王元鹿普通文字学与比较文字学论集续集》。

1986

论文《纳西东巴文字黑色字素论》,发表于《华东师范大学学报》1986 年第 1 期;又收于《王元鹿普通文字学与比较文字学论集》。

论文《说"方"》,发表于《辞书研究》1986 年第 2 期;又收于《王元鹿普通文字学与比较文字学论集》。

论文《书体的演变及其原因》,发表于《中文自学指导》1986 年第 4 期。

论文《谈谈识别入声字》,发表于《中文自学指导》1986 年第 8 期;又收于《王元鹿普通文字学与比较文字学论集续集》。

1987

论文《纳西东巴文与汉形声字比较研究》，发表于《中央民族学院学报》1987 年第 5 期；又收于《王元鹿普通文字学与比较文字学论集》。

论文《纳西东巴文字与汉古文字假借现象的比较及其在文字史上的认识价值》，发表于《徐州师范学院学报》1987 年第 2 期；又收于《王元鹿普通文字学与比较文字学论集》。

论文《纳西东巴文字与汉字不同源流说》，发表于《云南民族学院学报》1987 年第 1 期；后以《东巴文字与汉字不同源流说》为题收于郭大烈、杨世光主编《东巴文化论》，云南人民出版社，1991 年；又收于《王元鹿普通文字学与比较文字学论集》。

文章《古汉语自学答问(二题)》，发表于《中文自学指导》1987 年第 5 期；又收于《王元鹿普通文字学与比较文字学论集续集》。

论文(署名“述弘”)《如何依据字形推求本义》，发表于《中文自学指导》1987 年第 5 期；又收于《王元鹿普通文字学与比较文字学论集续集》。

论文《如何判定一个汉字的结构方式》，发表于《中文自学指导》1987 年第 5 期；又收于《王元鹿普通文字学与比较文字学论集续集》。

书评《〈纳西象形文字谱〉评介》，发表于《辞书研究》1987 年第 4 期；又收于《王元鹿普通文字学与比较文字学论集》。

论文(署名“吴人”)《略谈形声字中形符与声符的作用》，发表于《中文自学指导》1987 年第 12 期；又收于《王元鹿普通文字学与比较文字学论集续集》。

1988

任华东师范大学中文系讲师。

2 月 11 日，撰写《〈汉古文字与纳西东巴文字比较研究〉后记》；又收于《王元鹿普通文字学与比较文字学论集》。

由硕士论文增订完善的专著《汉古文字与纳西东巴文字比较研

究》由华东师范大学出版社出版。

参与编写的全国高等教育自学考试教材《大学语文(全国组编本)》(徐中玉、钱谷融主编)由华东师范大学出版社出版。与潘文国一起执笔该教材篇末“思考与练习”中有关古汉语知识的练习。

1989

论文(署笔名“玄机”)《汉字异体流变说》,发表于《汉字文化》1989年第4期;又收于《王元鹿普通文字学与比较文字学论集》。

9月,获“上海市优秀教育工作者”称号。

12月,获华东师范大学优秀教学成果奖(1985—1988)。

1990

任华东师范大学中文系副教授。

论文《尔苏沙巴文字的特征及其在比较文字学上的认识价值》,发表于《华东师范大学学报》1990年第6期;后收于李绍明、刘俊波编《尔苏藏族研究》,民族出版社,2008年;又收于《王元鹿普通文字学与比较文字学论集》。

硕士毕业论文《汉古文字与纳西东巴文字的比较研究》的摘要收录于《语言学新探——1978—1983年全国语言专业研究生论文提要集》(高等教育出版社)。

参与编写的文科自学书系《古代汉语精解》(李玲璞主编)由上海文艺出版社出版。主要执笔“文字”部分以及“附录”的一部分。

4月,被评为中文系一九八九年度学生工作积极分子。

1991

论文《东巴文计数习俗中所见原始思维》,发表于《中国民族古文字研究》(第3辑),天津古籍出版社;又发表于郭大烈、杨世光主编《东巴文化论》,云南人民出版社;又收于《王元鹿普通文字学与比较文字学论集》。

论文《在文字的背后——略说东巴文字中所见纳西族先民的意识特征》,发表于申小龙、张汝伦主编《文化的语言视界:中国文化语言学论集》,三联书店上海分店;又收于《王元鹿普通文字学与比较文字学论集续集》。

论文《古文标点与古代汉语形式标志》,发表于《中文自学指导》1991 年第 5 期。

赴美国华盛顿大学(圣路易斯)人类学系访学,师从美国著名人类学家、考古学家、新派考古学的代表人佩蒂·乔·华特生,主攻考古人类学及文字史。

1993

文章《关于八种"异形文字"》,发表于《人民日报·海外版》。

文章《关于"端午"》,发表于《圣路易时报》(美国)。

文章《漫说语言(一)》,发表于《圣路易时报》(美国)。

1994

文章《漫说语言(二)》,发表于《圣路易时报》(美国)。

结束美国华盛顿大学(圣路易斯)人类学系访学回国。

国家社会科学基金一般项目"比较文字学"获准立项(项目编号94BYY010)。

1995

3 月 3 日,撰写《〈普通文字学概论〉后记》;又收于《王元鹿普通文字学与比较文字学论集》。

论文《北美印第安文字对文字源泉研究的启发意义》,发表于《华东师范大学学报》第 6 期;又收于《王元鹿普通文字学与比较文字学论集》。

论文《猪与古代文化》,发表于《中文自学指导》1995 年第 1 期;

又收于《王元鹿普通文字学与比较文字学论集》。

论文《汉字中的"猪"》,发表于《咬文嚼字》1995 年第 1 期;又收于《王元鹿普通文字学与比较文字学论集》。

论文《转注与假借》,发表于《咬文嚼字》1995 年第 5 期;又收于《王元鹿普通文字学与比较文字学论集续集》。

书评《读〈汉字文化学简论〉》,发表于《书城》1995 年第 2 期;又收于《王元鹿普通文字学与比较文字学论集》。

文章(署名"元鹿")《外来语补说》,发表于《上海采风》1995 年第 7 期;又收于《王元鹿普通文字学与比较文字学论集续集》。

1996

5 月,专著《普通文字学概论》由贵州人民出版社出版。

人民大学报刊复印资料《语言文字学》1996 年第 3 期全文转载《北美印第安文字对文字源泉研究的启发意义》。

论文《洪水滔天话远古——说"昔"》,发表于《咬文嚼字》1996 年第 8 期;又收于《王元鹿普通文字学与比较文字学论集》。

论文《"白"与殷人的白色崇拜》,发表于《咬文嚼字》1996 年第 8 期;又收于《王元鹿普通文字学与比较文字学论集》。

论文《北美印第安文字对文字源泉研究的启发意义》获上海市第三届哲学社会科学优秀成果论文类二等奖。

1997

上海市哲学社会科学规划课题"汉字发生研究"获准立项。

1998

3 月,专著《普通文字学概论》荣获"一九九七年上海市高校优秀教材三等奖"。

任华东师范大学中文系教授。

1999

论文《表词—意音文字记录语言方式的比较——兼论汉字的某些特殊性格》，发表于《中国文字研究》（第一辑），广西教育出版社；又收于《王元鹿普通文字学与比较文字学论集》。

任常务编委的《古文字诂林》（第一册）由上海教育出版社出版。

6 月，指导的硕士研究生刘凌毕业，硕士学位论文《“水书”文字性质探索》。

6 月，指导的硕士研究生秦桂芳毕业，硕士学位论文《纳西东巴文与甲骨文情境异体字比较研究》。

6 月，指导的硕士研究生袁胜红毕业，硕士学位论文《纳西象形文字指事字研究及其对汉字研究的启发》。

2000

春，撰写《〈比较文字学〉后记》；又收于《王元鹿普通文字学与比较文字学论集》。

任常务编委的《古文字诂林》（第二、三、四册）由上海教育出版社出版。

论文《表词—意音文字记录语言方式的比较——兼论汉字的某些特殊性格》获上海市第五届哲学社会科学优秀成果论文类三等奖。

2001

兼任教育部人文社会科学重点研究基地华东师范大学中国文字研究与应用中心研究员兼民族文字研究室主任。

专著《比较文字学》由广西教育出版社出版。

论文《关于纳西东巴文“天”字的若干文字学思考》，发表于《语苑集锦》，上海教育出版社；又收于《王元鹿普通文字学与比较文字学论集》。

论文《由若喀字与鲁甸字看纳西东巴文字流播中的发展——兼论这一研究对文字史与普通文字学研究的意义》，发表于《华东师范大学学报》2001 年第 5 期；又收于《王元鹿普通文字学与比较文字学论集》。

论文《古代是如何"休闲"的》，发表于《咬文嚼字》2001 年第 6 期；又收于《王元鹿普通文字学与比较文字学论集》。

6 月，指导的硕士研究生史燕君毕业，硕士学位论文《汉古文字与纳西东巴文形声字比较研究》。

6 月，指导的硕士研究生王慧敏毕业，硕士学位论文《甲骨文会意字在〈说文解字〉小篆系统中的流变》。

国家社会科学基金一般项目"比较文字学"结项（结项证书号 20013582）。

2002

论文《关于我国少数民族古文字字库建立的若干设想与难点及其对策》，发表于《中国文字研究》（第三辑），广西教育出版社；又收于《王元鹿普通文字学与比较文字学论集》。

论文《"龙"，你到底是什么?》，发表于《咬文嚼字》2002 年第 8 期；又收于《王元鹿普通文字学与比较文字学论集》。

任常务编委的《古文字诂林》（第五、七册）由上海教育出版社出版。

教育部人文社会科学重点研究基地重大项目"古汉字与其他民族古文字同义比较研究"获准立项（项目编号 02JAZJD740015）。

论文《由若喀字与鲁甸字看纳西东巴文字流播中的发展——兼论这一研究对文字史与普通文字学研究的意义》获上海市第六届哲学社会科学优秀成果论文类二等奖。

2003

论文《"水文"中的数目字与干支字研究》，发表于《华东师范大学学报》2003 年第 3 期；又以《水文中的数目字与干支字研究》为标题收于《王元鹿普通文字学与比较文字学论集》。

论文《玛丽玛莎文两次调查所得单字的比较及其文字学意义》，发表于《中国文字研究》（第四辑），广西教育出版社；又收于《王元鹿普通文字学与比较文字学论集》。

论文《水文方位字研究及其对普通文字学研究的启发——兼论水文研究的必要性与方法论》，发表于《湖州师范学院学报》2003 年第 2 期；又收于《王元鹿普通文字学与比较文字学论集》。

任常务编委的《古文字诂林》（第六、八册）由上海教育出版社出版。

6 月，指导的博士研究生郑飞洲毕业，博士学位论文《纳西东巴文字字素研究》。

上海市哲学社会科学规划课题“中华民族古文字资料库与电子辞典”获准立项（项目编号 2003BYY003）。

2004

论文《汉字发生研究材料论》，发表于《柳州职业技术学院学报》2004 年第 4 期；又收于《王元鹿普通文字学与比较文字学论集》。

论文《汉字发生研究目的论》，发表于《中国文字研究》（第五辑），广西教育出版社；又收于《王元鹿普通文字学与比较文字学论集》。

论文《玛丽玛莎文字源与结构考》，发表于《华东师范大学学报》2004 年第 2 期；又收于《王元鹿普通文字学与比较文字学论集》。

任常务编委的《古文字诂林》（第九、十、十一、十二册）由上海教育出版社出版。

6 月，指导的博士研究生周斌毕业，博士学位论文《东巴文异体字研究》。

6 月，指导的博士研究生甘露毕业，博士学位论文《纳西东巴文假借字研究》。

6 月，指导的硕士研究生曹萱毕业，硕士学位论文《纳西哥巴文造字研究》。

《比较文字学》入选教育部学位管理与研究生教育司推荐的2003—2004年度“研究生教学用书”。

2005

论文《汉字发生研究方法论》,发表于《黔南民族师范学院学报》2005年第2期;又收于《王元鹿普通文字学与比较文字学论集》。

论文《十九世纪末以前汉字发生研究的历史回顾》,发表于《中国文字研究》(第六辑),广西教育出版社;又收于《王元鹿普通文字学与比较文字学论集》。

论文《说“犬”侃“狗”》,发表于《中文自修》2005年第12期;又收于《王元鹿普通文字学与比较文字学论集》。

文章《似梦非梦忆高考》,发表于《大学梦圆:我们的1977,1978》,宁夏人民出版社;又收于《王元鹿普通文字学与比较文字学论集续集》。

4月,撰写《〈纳西东巴文字字素研究〉序》。后刊于郑飞洲《纳西东巴文字字素研究》,民族出版社,2005年;又收于《王元鹿普通文字学与比较文字学论集》。

5月,撰写《〈东巴文异体字研究〉序》。后刊于周斌《东巴文异体字研究》,华东师范大学出版社,2005年;又收于《王元鹿普通文字学与比较文字学论集》。

5月25日,撰写《〈学生常用古汉语词典〉序》。后刊于《学生常用古汉语词典》,华东师范大学出版社,2008年;又收于《王元鹿普通文字学与比较文字学论集》。

6月,指导的博士研究生高慧宜毕业,博士学位论文《傈僳族竹书文字研究》。

任常务编委的《古文字诂林》的出版受到上海市委宣传部的通令嘉奖。

11月,《比较文字学》获上海市教学成果奖三等奖。

2006

2月，完成与裘小龙关于汉语诗词英译的对话。后以《经典过二三十年就应有新翻译(代序)》为标题刊于裘小龙英译《"轻松英语"唐宋诗词100首》，华东师范大学出版社，2006年。

论文《东巴文与哥巴文、玛丽玛莎文、达巴文的关系之初步研究》，发表于《中国文字研究》(第七辑)，广西教育出版社；又收于《王元鹿普通文字学与比较文字学论集》。

论文《十九世纪末以来的汉字发生研究的历史回顾》，发表于《内江师范学院学报》2006年第5期；又收于《王元鹿普通文字学与比较文字学论集》。

3月28日，撰写《〈傈僳族竹书文字研究〉序》。后刊于高慧宜《傈僳族竹书文字研究》，华东师范大学出版社，2006年；又收于《王元鹿普通文字学与比较文字学论集》。

6月，指导的博士研究生朱建军毕业，博士学位论文《古汉字与滇川黔桂彝文同义比较研究》。

上海市哲学社会科学重大课题"中国文字数字化工程——中文信息化补缺建设"获准立项。

论文《玛丽玛莎文字源与结构考》获上海市第八届哲学社会科学优秀成果论文类三等奖。

任常务编委的《古文字诂林》获首届中华优秀出版物奖、上海图书奖(2003—2005)特等奖、上海市第八届哲学社会科学优秀成果著作类一等奖。

2007

论文《我国含表意成分的民族古文字的定义及其学术研究上的意义》，发表于《中国文字研究》(第八辑)；又收于《王元鹿普通文字学与比较文字学论集》。

论文《水文在文字学研究中的认识价值与研究方法》，发表于

《中国文字研究》(第九辑),大象出版社;又收于《王元鹿普通文字学与比较文字学论集》。

4 月,撰写《〈中外语言学史的对比与研究〉序》。后刊于俞允海、潘国英《中外语言学史的对比与研究》,上海三联书店,2007 年;又收于《王元鹿普通文字学与比较文字学论集》。

6 月,指导的博士生邓章应毕业,博士学位论文《西南少数民族原始文字的产生与发展》。

12 月,指导的博士生翟宜疆毕业,博士学位论文《水文造字机制研究》。

任常务编委的《古文字诂林》获首届中国出版政府奖。

2008

王元鹿、邓章应、朱建军、李静、李明、邱子雁合著的《中国文字家族》一书由大象出版社出版。

主编的《学生常用古汉语词典》由华东师范大学出版社出版。

论文《关于文字传播的同义比较的意义与任务》,发表于《中国文字研究》(第十辑),大象出版社;又收于《王元鹿普通文字学与比较文字学论集》。

论文《关于民族文字发展研究若干问题的思考》,发表于《中国文字研究》(第十一辑),大象出版社;又收于《王元鹿普通文字学与比较文字学论集》。

论文《关于我国民族古文字性质的同义比较:意义与任务》,发表于《杭州师范大学学报》2008 年第 3 期;又收于《王元鹿普通文字学与比较文字学论集》。

6 月,指导的博士生黄思贤毕业,博士学位论文《纳西东巴文献用字研究——以〈崇搬图〉和〈古事记〉为例》。

6 月,指导的博士生李明毕业,博士学位论文《〈古壮字字典〉方块古壮字研究》。

6 月,指导的硕士生李杉毕业,硕士学位论文《水文异体字研究》。

6 月，指导的硕士生李子涵毕业，硕士学位论文《纳西族四种文字比较研究》。

2009

与刘悦合著论文《东巴文“大”字字形演变蹊径对文字学研究的启示》，发表于《华西语文学刊》(第 1 辑)，四川文艺出版社；又收于《王元鹿普通文字学与比较文字学论集》。

与刘悦合著论文《东巴文异体中所见简化现象及其思考》，发表于《南宁师范高等专科学校学报》2009 年第 4 期；又收于《王元鹿普通文字学与比较文字学论集续集》。

与朱建军合著论文《“坡芽歌书”的性质及其在文字学领域中的认识价值》，发表于《华东师范大学学报》2009 年第 5 期；又收于《王元鹿普通文字学与比较文字学论集》。

论文《纳西族东巴文符号化简论》，发表于《兰州学刊》2009 年第 11 期；又收于《王元鹿普通文字学与比较文字学论集续集》。

文章《元化先生平常的一面》，发表于陆晓光主编《清园先生王元化》，华东师范大学出版社。

6 月，指导的博士生李静毕业，博士学位论文《纳西东巴文非单字结构研究》。

6 月，指导的硕士生邱子雁毕业，硕士学位论文《民族文字中的汉字借用类型研究》。

2010

论文《中国南方民族古文字研究的一些瓶颈》，发表于《中国海洋大学学报》2010 年第 3 期；又收于《王元鹿普通文字学与比较文字学论集》。

3 月 28 日，撰写《〈纳西东巴文献用字研究——以《崇搬图》和《古事记》为例〉序》。后刊于黄思贤《纳西东巴文献用字研究——以〈崇搬图〉和〈古事记〉为例》，民族出版社，2010 年；又收于《王元鹿普通文字学与比较文字学论集》。

6 月,指导的博士生陈永生毕业,博士学位论文《古汉字与古埃及圣书字表词方式的比较研究》。

6 月,指导的博士生胡文华毕业,博士学位论文《纳西东巴文形声字研究及其文字学意义》。

6 月,指导的博士生刘悦毕业,博士学位论文《基于异体现象描述的东巴文字发展研究》。

6 月,指导的硕士生冉启坤毕业,硕士学位论文《纳西东巴文字结构研究史论》。

国家社会科学基金一般项目“汉字与南方民族古文字关系研究”获准立项(项目编号 10BYY049)。

教育部人文社会科学重点研究基地重大项目“古汉字与其他民族古文字同义比较研究”结项(结项证书号 10JJD0130)。

2011

论文《比较文字学视界中的汉字发生研究》,发表于《华西语文学刊》(第五辑),四川文艺出版社;又收于《王元鹿普通文字学与比较文字学论集续集》。

论文《关于我国南方民族历史古文字的一些谜团》,发表于《中国文字研究》(第十四辑),大象出版社;又收于《王元鹿普通文字学与比较文字学论集》。

论文《东巴文字研究随想》,发表于《中国文字研究》(第十五辑),大象出版社;又收于《王元鹿普通文字学与比较文字学论集续集》。

论文《我们将会更加了解东巴文》,发表于《兰州学刊》2011 年第 12 期;又发表于《中国文字研究》(第十六辑),上海人民出版社,2012 年;又收于《王元鹿普通文字学与比较文字学论集续集》。

与白小丽对谈《华东师范大学王元鹿教授访谈录》,发表于《华西语文学刊》(第五辑),四川文艺出版社;又收于《王元鹿普通文字学与比较文字学论集续集》。

3 月 29 日，撰写《〈纳西东巴文异体字关系论〉序》。后刊于刘悦《纳西东巴文异体字关系论》，安徽文艺出版社，2011 年；又收于《王元鹿普通文字学与比较文字学论集》。

6 月，指导的博士生李杉毕业，博士学位论文《纳西东巴文造字机制研究》。

6 月，指导的硕士生张艳花毕业，硕士学位论文《纳西东巴文经书中省略现象研究》。

6 月，指导的硕士生李小希毕业，硕士学位论文《纳西东巴文形声字意符类化研究》。

教育部人文社会科学重点研究基地重大项目“中华民族早期文字资料库与《中华民族早期文字同义对照字典》”获准立项(项目编号 11JJD740015)。

2012

论文集《王元鹿普通文字学与比较文字学论集》由上海古籍出版社出版。

论文《早期文字研究散论》，发表于《淄博师专学报》2012 年第 1 期；又以《早期文字研究刍论》为标题收于《第三届中日韩(CJK)汉字文化国际论坛论文集》，上海人民出版社；又收于《王元鹿普通文字学与比较文字学论集续集》。

与朱建军合著论文《坡芽文字的结构及其在文字史上所处的阶段》，发表于《华东师范大学学报》2012 年第 4 期；又收于《王元鹿普通文字学与比较文字学论集续集》。

论文《评黄思贤〈纳西东巴文献用字研究〉——兼论东巴文研究中用字研究的意义》，发表于《华西语文学刊》(第 6 辑)，四川文艺出版社；又收于《王元鹿普通文字学与比较文字学论集》。

5 月 3 日，撰写《〈西南少数民族原始文字的产生与发展〉序》，后以《序》为标题刊于邓章应《西南少数民族原始文字的产生与发展》，人民出版社，2012 年；又收于《王元鹿普通文字学与比较文字学论集续集》。

7 月，撰写《〈看懂中国字，读懂中国心〉序》，后以《序》为标题刊于主编的《看懂中国字　读懂中国心》丛书；又收于《王元鹿普通文字学与比较文字学论集续集》。

12 月，撰写《〈中国文字发展史 · 民族文字卷〉前言》。后刊于王元鹿、朱建军、邓章应主编《中国文字发展史 · 民族文字卷》，华东师范大学出版社，2015 年；又收于《王元鹿普通文字学与比较文字学论集续集》。

6 月，指导的硕士生王赟毕业，硕士学位论文《〈汉语大字典〉异体字研究》。

6 月，指导的硕士生袁香琴毕业，硕士学位论文《方块古壮字非纯借源字的重新审视》。

国家社科基金重点项目"'世界记忆遗产'东巴文字研究体系数字化国际共享平台建设研究"获准立项（项目编号 12AZD119）。

2013

3 月，主编《看懂中国字　读懂中国心》丛书，首批四本书（王元鹿《汉字中的符号之美》，刘悦《汉字中的生活之美》，俞水生《汉字中的人文之美》，黄思贤、魏明扬《汉字中的自然之美》）由文汇出版社出版。

《看懂中国字　读懂中国心》丛书入选上海市"十二五"重点图书出版规划、获上海文化发展基金图书专项出版基金资助。

论文《普通文字学术语"拼盘文字"的提出、意义及对它的认识的发展——兼谈文字学术语的辩证运动》，发表于《中西文化交流》学报 2013 年第 1 期；又收于《王元鹿普通文字学与比较文字学论集续集》。

论文《他留文的定性及其对早期文字研究的价值》，发表于《中国文字研究》（第十七辑），上海人民出版社；又收于《王元鹿普通文字学与比较文字学论集续集》。

论文《任务、意义与方法——中华民族文字的内在历史联系研究刍议》,发表于《中国文字研究》(第十八辑),上海人民出版社;又收于《王元鹿普通文字学与比较文字学论集续集》。

6 月,指导的博士生白小丽毕业,博士学位论文《纳西东巴文文字单位与语言单位对应关系演变研究》。

6 月,指导的硕士生韩立坤毕业,硕士学位论文《纳西东巴文天象类字研究》。

8 月 30 日,撰写《〈汉字与圣书字表词方式比较研究〉序》,后以《序一》为标题刊于陈永生《汉字与圣书字表词方式比较研究》,人民出版社,2013 年;又收于《王元鹿普通文字学与比较文字学论集续集》。

8 月 31 日,撰写《〈水文造字机制研究〉序》,收于《王元鹿普通文字学与比较文字学论集续集》。

文章《李老师,我永远的导师》,发表于刘堂江、华学诚主编《李玲璞先生八十诞辰纪念文集》,语文出版社。

2014

1 月,《看懂中国字　读懂中国心》丛书首批四本书入选国家新闻出版广电总局制定的《2013—2014 年农家书屋重点出版物推荐目录》。

1 月 24 日,撰写《〈桐乡方言志〉序》,后以《序二》为标题刊于桐乡市地方志办公室编《桐乡方言志》,方志出版社,2014 年。

10 月,《看懂中国字　读懂中国心》丛书首批四本书繁体字版由香港中华书局出版。

论文《初始早期文字研究刍议》,发表于《中国文字研究》(第十九辑),上海书店出版社;又收于《王元鹿普通文字学与比较文字学论集续集》。

论文《壮族古文字的研究价值与待解谜团》,发表于《龙岩学院学报》2014 年第 3 期;又收于《龙岩学院学报》编辑部编《标准语、方言、文字研究论文选辑》,厦门大学出版社,2017 年;又收于《王元鹿普通文字学与比较文字学论集续集》。

论文《“马”力无穷》,发表于《语言文字周报》2014 年 2 月 26 日。

6 月，指导的博士研究生王娟毕业，博士学位论文《纳西东巴文辞书研究》。

6 月，指导的硕士研究生李晓兰毕业，硕士学位论文《哥巴文字源考释》。

7 月 17 日，撰写《〈东巴文与水文比较研究〉序》，后以《序》为标题刊于邓章应《东巴文与水文比较研究》，人民出版社，2014 年；又收于《王元鹿普通文字学与比较文字学论集续集》。

12 月，撰写《〈普通文字学概要〉序》，后以《序》为标题刊于邓章应《普通文字学概要》(西南师范大学出版社，2014 年)；又收于《王元鹿普通文字学与比较文字学论集续集》。

2015

1 月 25 日，撰写《〈壮云楼文集〉序》，后以《序二》为标题刊于钱定一《壮云楼文集》，常熟市博物馆、海宁市博物馆，2015 年。

3 月，《看懂中国字　读懂中国心》丛书第二批四本书(俞水声《汉字中的礼仪之美》、蒋德平《汉字中的历法之美》、胡文华《汉字中的思维之美》、古敬恒《汉字中的建筑之美》)由文汇出版社出版。

3 月，《看懂中国字　读懂中国心》丛书首批四本书以精装本形式由文汇出版社再版。

王元鹿、朱建军、邓章应主编《中国文字发展史·民族文字卷》由华东师范大学出版社出版。

与袁香琴合著论文《新发现民族古文字的研究及其文字学价值》，发表于《中国文字研究》(第二十一辑)，上海书店出版社；又收于《王元鹿普通文字学与比较文字学论集续集》。

论文《比较文字学的诞生、运用与展望》，发表于《比较文字学研究》(第一辑)，人民出版社；又收于《王元鹿普通文字学与比较文字学论集续集》。

论文《纳西东巴文对中华民族古文字研究的启发意义》，发表于《纳西学研究》(第一辑)，民族出版社；又收于《王元鹿普通文字学与比较文字学论集续集》。

文章《美不胜收的汉字世界——我编“看懂中国字·读懂中国心”丛书》,发表于《光明日报》2015 年 11 月 3 日第 11 版;又收于《王元鹿普通文字学与比较文字学论集续集》。选摘《美不胜收的汉字世界》发表于《南京师范大学文学院学报》2015 年第 4 期。

6 月,指导的博士研究生高新凯毕业,博士学位论文《东巴文记音成分研究》。

2016

与刘悦合著论文《经书中东巴文语同文异现象探索》,发表于《中国文字研究》(第二十三辑),上海书店出版社;又收于《王元鹿普通文字学与比较文字学论集续集》。

2 月 3 日,撰写《〈方块古壮字非纯借源字研究〉序》,后刊于袁香琴《方块古壮字非纯借源字研究》,安徽人民出版社,2016 年;又收于《王元鹿普通文字学与比较文字学论集续集》。

与朱建军对谈《华东师范大学王元鹿教授访谈录》,发表于《华西语文学刊(第十三辑)·王元鹿先生古稀寿辰纪念专辑》,四川文艺出版社;又收于《王元鹿普通文字学与比较文字学论集续集》。

与朱建军对谈《华东师范大学王元鹿教授访谈续录》(未刊稿),收于《王元鹿普通文字学与比较文字学论集续集》。

6 月,指导的博士研究生张春凤毕业,博士学位论文《哈佛燕京学社藏纳西东巴经谱系分类方法研究》。

6 月,指导的硕士研究生金瑞毕业,硕士学位论文《贵州古彝文与汉古文字比较研究》。

《中国文字发展史》丛书(全五卷)获第四届中国出版政府奖、上海图书奖一等奖(2013—2015)、上海市第十三届哲学社会科学优秀成果奖(2014—2015)著作类二等奖、第六届中华优秀出版物奖优秀图书提名奖。

10 月 8 日,被聘华东师范大学正高二级岗位,起聘时间为 2015

年 12 月 31 日。

2017

与刘悦合著论文《东巴文考订十二则》，发表于《中国文字研究》(第二十六辑)，上海书店出版社；又收于《王元鹿普通文字学与比较文字学论集续集》。

12 月，《看懂中国字　读懂中国心》丛书第三批四本书(蒋德平《汉字中的天文之美》、袁香琴《汉字中的谋略之美》、李静《汉字中的戏曲之美》、姜慧《汉字中的色彩之美》)由文汇出版社出版。

6 月，指导的博士研究生袁香琴毕业，博士学位论文《方块古壮字与水文的比较研究》。

6 月，指导的硕士研究生王敬婷毕业，硕士学位论文《东巴文象形字研究》。

上海市教育委员会科研创新计划“冷门绝学”项目“近年来刊布的我国民族古文字解读及数据库建设”获准立项(项目编号 2017－01－07－00－05－E00065)。

国家社科基金一般项目“汉字与南方民族古文字关系研究”结项，结项等级为“优秀”(结项证书号 20171525)。

2018

与朱建军合著论文《汉字与南方民族古文字关系研究任重道远》，发表于《社会科学报》2018 年 3 月 15 日第 5 版；又收于《王元鹿普通文字学与比较文字学论集续集》。

6 月，联合指导的博士研究生李晓兰毕业，博士学位论文《纳西族哥巴文文献校译与研究》。

6 月，指导的博士研究生韩立坤毕业，博士学位论文《傈僳族音节文字研究》。

6 月，指导的博士研究生刘杨翎毕业，博士学位论文《水字与古彝文比较研究》。

2019

任常务编委的《古文字诂林》修订本(全 12 册)由上海教育出版社出版。

3 月,指导的博士后张春凤出站,博士后出站报告《哈佛燕京学社藏纳西东巴经谱系分类研究》。

国家社会科学基金重点项目"'世界记忆遗产'东巴文字研究体系数字化国际共享平台建设研究"结项(结项证书号 20190506)。

12 月,论文集《王元鹿普通文字学与比较文字学论集续集》由中西书局出版。

2021

8 月 10 日晨 6 时 40 分,因病医治无效于上海市普陀区中医医院与世长辞,享年 75 岁。

12 月 9 日,上海市教育委员会批复同意上海市教委科研创新计划"冷门绝学"项目"近年来刊布的我国民族古文字解读及数据库建设"终止。

2022 年 3 月 1 日修订

作者简介

邓章应,2004 年至 2007 年华东师范大学中国文字研究与应用中心汉语言文字学专业博士生,师从王元鹿教授。现为西南大学文学院教授。

朱建军,2001 年至 2003 年华东师范大学中国文字研究与应用中心汉语言文字学专业硕士生,2003 年至 2006 年华东师范大学中国文字研究与应用中心汉语言文字学专业博士生,师从王元鹿教授。现为上海外国语大学国际文化交流学院教授。

室友元鹿兄

赵丽宏

老同学王元鹿去年不幸去世,他才 75 岁,走得太匆忙,让人叹息。

王元鹿是我在华东师范大学中文系上学时的同班同学,我们都是恢复高考后被录取的大学生。1978 年初春,我去华师大报到,第一个认识的同学,就是王元鹿。我很清晰地记得我们见面时的情景。我提着行李走进寝室时,他正在整理床铺,见我进来,热情地上来帮我提行李,还笑着自我介绍:“我叫王元鹿,请多多关照。”他戴着深度近视眼镜,一看就是读书人的模样。

大学四年,我和元鹿互相投缘,有很多交往。我曾在崇明岛“插队落户”,当过农民,他从工厂参加高考,我们都是“老三届”。他曾经开玩笑说:“我们也算是工农结合。”元鹿生于 1946 年,长我 6 岁,在我们班上,属于最年长者。我们一个寝室六个人,年龄最小的是当年的应届高中生,比他小 17 岁。元鹿看上去像个老夫子,却不是一个刻板迂腐的人,他生性幽默,爱开玩笑。在寝室里,他是最活跃的一位。晚上寝室熄灯后,我们会在黑暗中聊到很晚,他常常会出一些字谜让大家猜。他说,每一个汉字,都可以成为谜语。他后来成为研究中国文字的大教授,就是源于他对母语和汉字的兴趣和热爱。

上大一时,中文系的同学热衷文学创作,文史楼走廊和学生宿舍的门厅墙壁上,办起了文学壁报,同学把自己写的诗歌、散文和小说贴在壁报上。这是当时华师大校园里非常吸引人的景象，不仅中文系的同学围观，其他系的同学也来看。我们寝室，那时也办了一个壁报，就在第一宿舍的走廊里，壁报的编辑是阮光页，元鹿也是积极参与者，壁报中出现过他的诗歌和散文。元鹿很谦虚，把他写的每一首诗、每一篇散文都先给我看，请我提意见。我们都对福州路有感情，因为那里有很多书店，我和他都曾在这条路上有过难忘的记忆。我建议我们各自为这条路写一篇文章，他很赞成。我写了《小鸟，你飞向何方》，后来在新创刊的《散文》杂志发表，成为我那个时期的代表作。元鹿也写了一篇散文，题为《漫步福州路》，有三千多字，以工整娟秀的钢笔小字，誊写在五百格的稿纸上。他在文章中回溯了福州路的历史，从旧时代藏污纳垢的红灯区，到新社会的文化街，也写了"文化大革命"中福州路上惨淡的景象，一直写到他近日去福州路买书感受到的新气象，写得情感充沛。记得他是用郭沫若《太阳礼赞》中的诗句作为文章的结尾："光芒万丈地，将要出现了哟——新生的太阳！"我曾把他这篇散文推荐给几家报社的编辑，但很不顺利，都没有被刊用。那叠文稿，最后又回到他手里。我想继续为他推荐，他笑着说："不必发表了，留着自己看看吧。我大概不适合搞创作。"此后，没有看到元鹿再写这类文章。也许，他对自己未来的事业走向，在那时心里就有了打算。

在和元鹿的交往中，还有一些让我难忘的事情。那时，我们经常交换自己在读的书，他还邀请我去他家做客。元鹿的家在衡山路上，离我家很远。一个星期天的下午，我骑着自行车去他家还书，边骑车边想着事情，在离他家不远的15路电车车站上，一头撞在一辆停在路边的15路电车的尾部，额头撞出一个大包，自行车的三角架也撞得扭曲变形，无法再骑。我把自行车搁在路边，很狼狈地到了元鹿的家。记得是元鹿的母亲用热毛巾为我擦拭了额头的伤，涂了药。那天元鹿执意要送我，从他家出来，他陪我走到15路电车站，找到那辆车架扭曲的自行车，两个人一起扛着、推着，走了不少路，找到一个修车摊。修车花了很长时间，元鹿不肯回家，陪着我站在路边说话。自行车修好了，我推着车又送元鹿回到他家门口，然后挥手道别。这时，天已经黑了。那天和元鹿在路边说了些什么话，已经记不清了，但他站在家门口向我挥手的样子，我至今记得。

我和元鹿兄同窗四年，在同一个寝室住了四年，结下了很深的友谊。毕业后的几年，我们也曾不断有联系。他方向明确地走他的学术之路，一步一个脚印地成为研究文字的著名学者教授。1993年，他把他新出版的第一本著作送给我，让我感到惊喜。这是一本学术专著，研究古代汉字和纳西东巴文字之间的关系，是一本奇异深奥的书，其中的内容，对我来说是完全陌生的。读这样的书，我非常钦佩，也为元鹿兄高兴，他确实走上了一条前人没有走过的学术之路。此后，我不断听到元鹿在学术研究和教学领域取得成就的消息，虽难得见面，但衷心地为他高兴。最近这二十年，忙忙碌碌，我和元鹿见面的机会很少。十多年前见他时，发现他竟已步履蹒跚，完全是一个老先生的样子，这不免让人心生悲凉。他的身边，有年轻的学生陪着，看到他的学生们对他体贴入微的样子，又让人感到欣慰。

元鹿兄生命的最后两年，一直被病魔折磨着，没有人可以分担他的病痛。他的离去，对他自己也许是一种解脱，但对于他的亲人朋友，对于热爱他的学生们，是无法弥补的损失。我和班上的一些同学一起，参加了元鹿兄的追悼会，和他做最后的告别。在追悼会上，我看到那么多人来送他，其中大多数是他的学生，及他的学生的学生。他从教数十年，已经桃李满天下。我听到他的学生用深情的话语述说着对恩师的感激和怀念，让人动容。

世界上没有完美的人生，元鹿兄的人生，也许有遗憾。但是，作为一个研究中国文字的学者，作为一个教书育人的教授，作为一个老朋友，他留下了珍贵的财富，留下了他对这个世界的一片真情。

2022年2月27日于四步斋

作者简介

赵丽宏，华东师范大学中文系1977级本科生，王元鹿先生同班同学。著名作家、散文家、诗人。

深切怀念大哥王元鹿

郑　芸

王元鹿在我的印象中是个大哥。说他是大哥，不仅因为他是我们华东师范大学中文系 77 级一班年龄最大的同学之一，更因为他有大哥风范。

提起大哥这个词，容易让人联想起帮派的老大，高高在上，颐指气使，作威作福。但是，王元鹿这个大哥，可亲可敬，助人为乐，知识渊博又温良恭俭让，总之，他对人很好。

我们班到毕业时，考试成绩全优的有两位，王元鹿是其中之一。我们有些同学，不太会考试，到了考试时，该如何答题，心中没数。王元鹿就把包括我在内的这些同学聚集起来，借用校内朋友的几个小时有空的宿舍进行考试攻略辅导，设定一个题目，然后自己讲解，或者让大家讨论从哪几方面去回答，举什么例子为好等。有时难以借到有空的宿舍，我就把我家作为场所提供，因为我家离学校的距离三站多路，走路都能走到。我感到参加这样的考试攻略辅导不仅对考试，对平时的学习也助益匪浅。

在华师大读书期间，我开始学写小说。写完之后，我喜欢拿给王元鹿看，王元鹿评论得很仔细，不仅谈总体感觉，还评论局部的情节和细节，对措辞用语也进行分析。这些评论就像古书中的批注，布满字里行间，充满幽默感，妙趣横生，读来忍俊不禁。我觉得他的评论远远胜过我的文章。

大学毕业后，王元鹿读研究生，后来留校做老师。我分配到市委党校工作。当时，市委党校在三门路，离华师大颇远。但我喜欢去华师大，那里有我最好的朋友陈洁和王元鹿。

有一天早晨，党校食堂有卖活鲫鱼，我排队买了四条大大的鲫鱼，中午休息时把鲫鱼斩杀洗干净，傍晚下班后，就提着鲫鱼去了华师大。先找到陈洁，又找到王元鹿。王元鹿见有四条鱼，就去叫了南帆来，当时南帆在华师大读研究生。我们涌进了一男研究生的宿舍，此时该宿舍只有一位主人，他在离开之前给我们提供了电炉、锅碗瓢勺，还有盐。在煮鲫鱼时，我们不由自主地望向窗台上的一丛长在一只脸盆里的葱。王元鹿告诉我们这是某位同学的女朋友种的，还说这是爱情之葱，最好别摘。我说葱摘了以后还会长出来，只要不连根拔就行，就摘了几段葱放进了锅。煮鲫鱼汤本该把鲫鱼油炸一下，煮出的汤就会像牛奶一样白。我们的葱盐鲫鱼清汤，也很美味，主要因了同学相会的快乐。

王元鹿后来成为带研究生的导师，他说，这些学生就像自己的子女一样。可以想象他定会如自己所说，像对待子女一样对待学生的。

当然，对同学、对朋友，他也是一以贯之地以诚相待，竭尽全力帮忙。在市委党校工作了十一年后，我突然想走出国门，去外面的世界看看。去美国要考托福，我没有正儿八经地学过英语，对考托福没有自信，就想去日本，因为去日本不需要考什么试，有保证人就行了。可我在日本没有认识的人，于是向王元鹿求助。当时王元鹿在美国做访问学者。他立即写信给苏州大学的一位姓陆的老师，说陆老师在日本做访问学者刚回国，估计她在日本有熟人。陆老师也很帮忙，立即找了一位姓川久保的女教授做我的保证人。王元鹿说，看你保证人的名字就知道她会长久地做你的保证人的。陆老师帮我找好保证人后，还帮我写日语信，因为那时我连一个平假名都不认识。在贵人们的帮助下，几个月后，我到了日本，开始了留学生活。

王元鹿对我的帮助我没齿难忘。

对于王元鹿的深刻印象除了对人很好以外，就是爱书如命了。

大二的暑假，我去北京探亲。临走时，王元鹿给我一张书单，说如果在王府井的书店看见有这些书的话就买下来寄给他。在此时，我才知道有些书是要在特定的书店才能买到的，原以为出版了的书是全国各地的书店都能买得到的。到了北京后，就去王府井书店寻找王元鹿书单上的书，书单上的书有二十几本，不知我不会找还是真的没有，我只找到一本书，这本书的具体书名现在忘记了，内容是有关甲骨文的，是精装本，又大又厚，其体积如现在我们用的电脑包那么大，比电脑包要厚。我买下来，寄给了王元鹿。书的具体价格忘记了，印象中相当贵。王元鹿虽然是带薪上学，但那时候工资都很低，那本书最起码是他半个月的工资。回到上海后，去王元鹿家，看见桌子上正摊着那本书。我坐在桌边，无意中手搁在桌子上，胳膊肘碰到了这本书。王元鹿就着急了，说你的手别碰到书，我吃了一惊，连忙把手放到桌子下。

王元鹿家里，书籍铺天盖地，其景象惊人。2018 年夏天是我最后在他家里看到他。那天，我像往常回上海时一样，打电话约王元鹿出来吃饭。我知道他腿脚不便，便想和过去一样，把儿子叫上，让他搀扶王元鹿。王元鹿在电话中说自己已经不太能走动了，希望我去他家。我买了午餐，提了去王元鹿家。门开着，我看见了坐在门口客厅里的王元鹿，他几乎被淹没在书的海洋里。我进门后，想找个地方放下手中的东西，正东张西望之时，王元鹿叫我放在地上，这时候的他还一如往常的幽默。确实是的，桌上、椅子上和其他家具上都堆满了书，空间只剩我走进来的羊肠小道。我只好先把东西放在地上，然后把桌上和椅子上的书归拢，腾出空间把带来的午餐放上桌子，再清出一把椅子给自己坐。

王元鹿知识渊博，跟他博览群书分不开，研究成果累累也和书本分不开。当然王元鹿也不是一直泡在书斋里，在腿脚好的时候，他常走出书斋，去云南等地考察，取得了研究纳西族语言和东巴经的第一手资料。

王元鹿的离去让人担心研究这些稀有的语言和文化，是否后继有人？

祝愿大哥王元鹿一路走好。在天堂幸福，能够继续研究心爱的学问。希望那里不要有那么多书。我一直怀疑是过多的书阻碍了他的行动，造成了他的腿脚不便，卧床不起，造成了他的早逝。

祝愿大哥王元鹿在天堂腿脚利索，没有病痛。

2022 年 2 月 20 日

作者简介

郑芸，华东师范大学中文系 1977 级本科生，王元鹿先生同班同学。1982—1993 年，任上海市委党校助教、讲师；1996—2002 年，任日本近畿大学中国语非常勤讲师；2000 年开始至今，于日本公文教育研究会担任编写中文教材的工作；于 2022 年 8 月退休。

王元鹿二三事

刘业雄

我和王元鹿同学，还同庚，都属狗。1946 年出生，他 9 月，我 12 月。

考进师大时，班级里，论出生年月，他第二大，我第三。

全班同学年龄参差不齐，且差距甚大，最小的是来自西藏的克珠群佩，1959 年生，比我们俩小 13 岁，几乎像两代人。

我们中学同为 66 届高中生，属于老三届的"顶端"，他南模，我格致。

我们还是同乡，都是苏州人。他戏称为"苏州同胞"。我存心抬杠：只有台湾同胞、港澳同胞，从来没有听到过苏州同胞。

他眼一瞪说，侬没有听到过的事体多了。

我只好吃瘪。

所以，我俩是四同：同学，同庚，同届，同乡。

他名"元鹿"，"原"是快"乐"人。

他爱闲聊，常常语出惊人、屡爆金句，而且生性诙谐，天生幽默，喜欢讲冷笑话，属于上海人讲的"冷面滑稽"。

有几件事，记忆尚在。

有一次闲聊，他对我感叹道：我发现，阿拉这些 46、47、48 年出生的老家伙们，基本上都长得不怎么"登样"，五官都马马虎虎。

我饶有兴趣地问：侬想过是啥个原因吗？

他神秘地说，那时候国共内战，打得一塌糊涂，侬讲，阿拉的爷娘会安安心心地造人吗？老实说，阿拉能够养出来已经不容易了。

我佩服之至。

上大学前，他是厂里工人，我是去上山下乡的。都干足了10年。

我羡慕地对他说，工人多好！“工人阶级领导一切”，这句话多扎劲！

他反诘道，大家都叫工人“叔叔”，农民“伯伯”，谁大谁小？

我哈哈一笑：有道理的，听君一席话，胜读十年书！

他紧追不舍：侬晓得为啥君子的一席话能够胜过十年书？

我摇摇头——在他面前，我基本只有摇头和点头的选择。

他说，因为君子至少读过十年书。

这次我点头。

他经常“牵”我“头皮”。

入学后半年多，不知道他从什么地方查出来，他高考总分363分，我362分。他开心地对我说，正好“克克侬小辫子”——“分不在高，超过就灵”。

我哭笑不得，但我估计自己语文不错的，就冒险地问一声，侬晓得语文成绩吗？

这下，他有点吞吞吐吐了，侬98分，我93分……

我像抓住了救命稻草：侬看侬看！

他突然发现了什么：哎，哎，我是先写第一个题目《在抓纲治国的日子里》，记叙文，中途改写了第二个题目《知识越多越反动吗？》，议论文，我等于写了一篇半，这93分应该乘以1.5！懂吗？

我就抓住不放：那侬应该去寻招生组！

他嘀咕了半天：反正我比侬总分多1分……

后来，他会常常在我耳边轻声说——克克侬小辫子。

他非常喜爱古典文学，据他自己说，他能够写格律诗。

我非常羡慕，在我眼里，会写格律诗的属于非凡人物。

入学一个月后，一年级写作课，老师布置的作文题目是《迎春》。我写一篇小说，其中需要一首格律诗，是小说里的一个正面人物的“作品”。

那天下午，我厚颜地向他求救。

他一口答应：现在我要去打排球了，你晚上来取。

晚上，他得意地递上一纸，上有一诗。

他说：以后如果有稿费，一人一半！

我说：按字数分。

他瞪了我一眼：我收回！

我忙说：一人一半，一人一半！不过，如果被批为大毒草，也一人一半！

他冷冷一笑：凭侬本事，还想写大毒草？

我唯唯诺之，录之，剽窃到我的作业里：

“华岳峥嵘旭日照，
东风得意百花笑。
扫除四害万家欢，
十月神州春意闹。”

也是在一年级，中文系几个好事之徒发起搞一本“自己的”杂志的活动。

我代表一班凑一名编委。杂志名为《百草园》,典出鲁迅之名作。三班一同学(编委)借助关系,请了名人拉了大旗——请刘佛年校长题签,请"三毛之父"张乐平画封面。

杂志以学生会的名义出了 4 期。从刻蜡纸油印到机印,从中文系到文、史、政教三个系。1980 年 1 月,出了"终极版"。

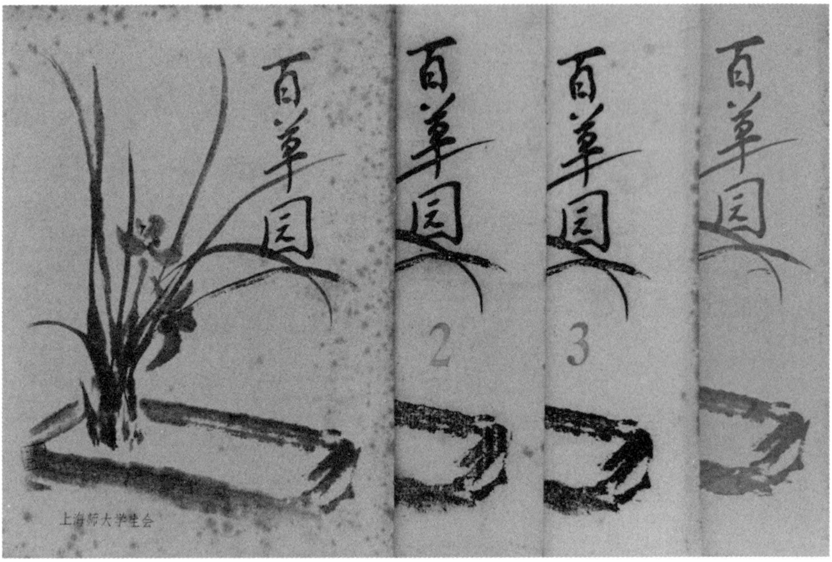

我在本班约稿,同学都非常踊跃,现在翻看,可称名家荟萃豪华版,可见当时的风气之正,不求名利,拼命攻读,团结一致。

王元鹿非常积极,前后写了三篇,都是诗。分别发表在第一、三、四期里。每一次给我的时候,几乎都会故意装出一种傲慢的样子,说一声:"这叫赐稿!"

我回一句:"用不用,我有权的。"

"你敢!"

"你看我敢不敢。"

当然,凡同学投稿,都是刊登的。何况,王元鹿的诗作绝对是好的,我们求之不得。

我们俩互相揶揄,互相不服输,逗趣逗了四年。

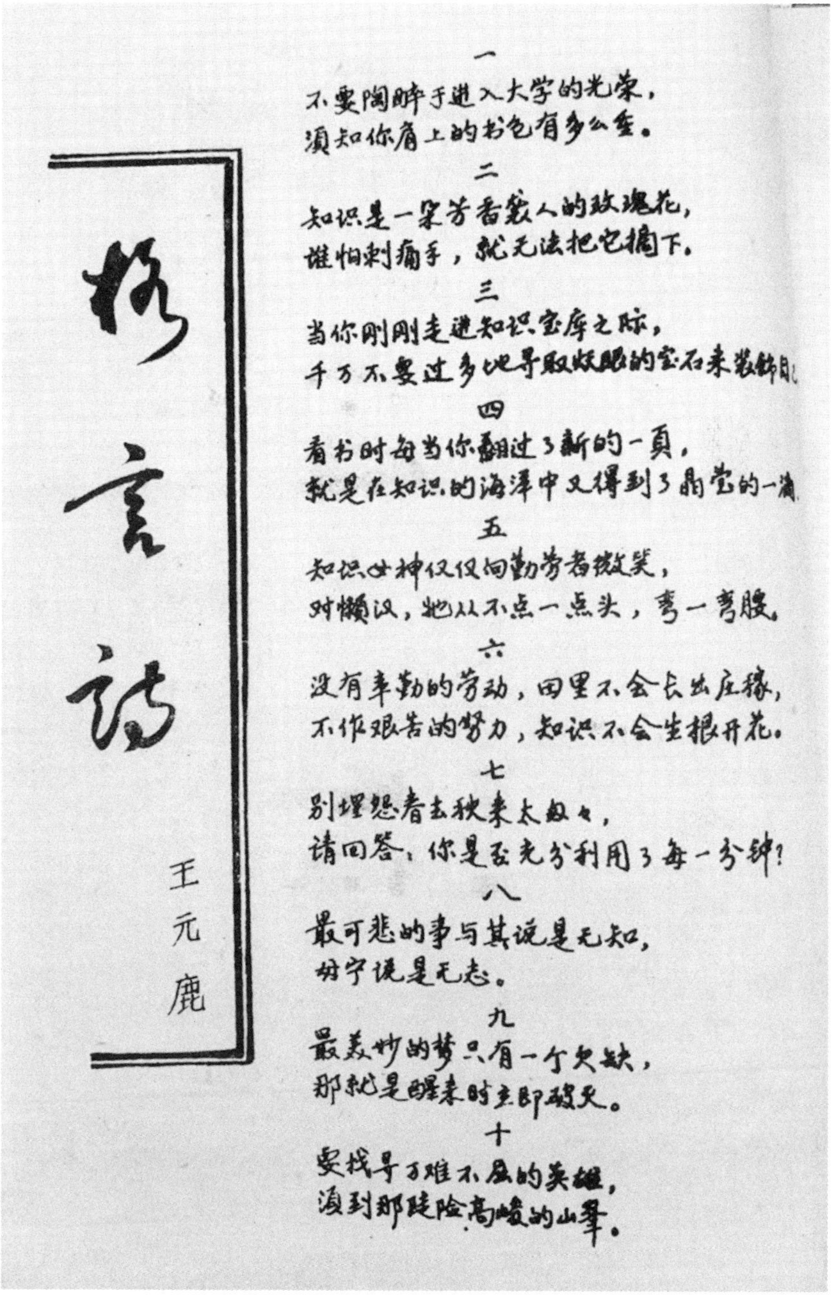
格言诗
王元鹿
一
不要陶醉于进入大学的光荣，
须知你肩上的书包有多么重。
二
知识是一朵芳香袭人的玫瑰花，
谁怕刺痛手，就无法把它摘下。
三
当你刚刚走进知识宝库之际，
千万不要过多地寻取炫眼的宝石来装饰自
四
看书时每当你翻过了新的一页，
就是在知识的海洋中又得到了晶莹的一滴
五
知识女神仅仅向勤劳者微笑，
对懒汉，她从不点一点头，弯一弯腰。
六
没有辛勤的劳动，田里不会长出庄稼，
不作艰苦的努力，知识不会生根开花。
七
别埋怨春去秋来太匆匆，
请回答：你是否充分利用了每一分钟？
八
最可悲的事与其说是无知，
毋宁说是无志。
九
最美妙的梦只有一个欠缺，
那就是醒来时立即破灭。
十
要找寻万难不屈的英雄，
须到那陡险高峻的山峰。

第一期 《格言诗》

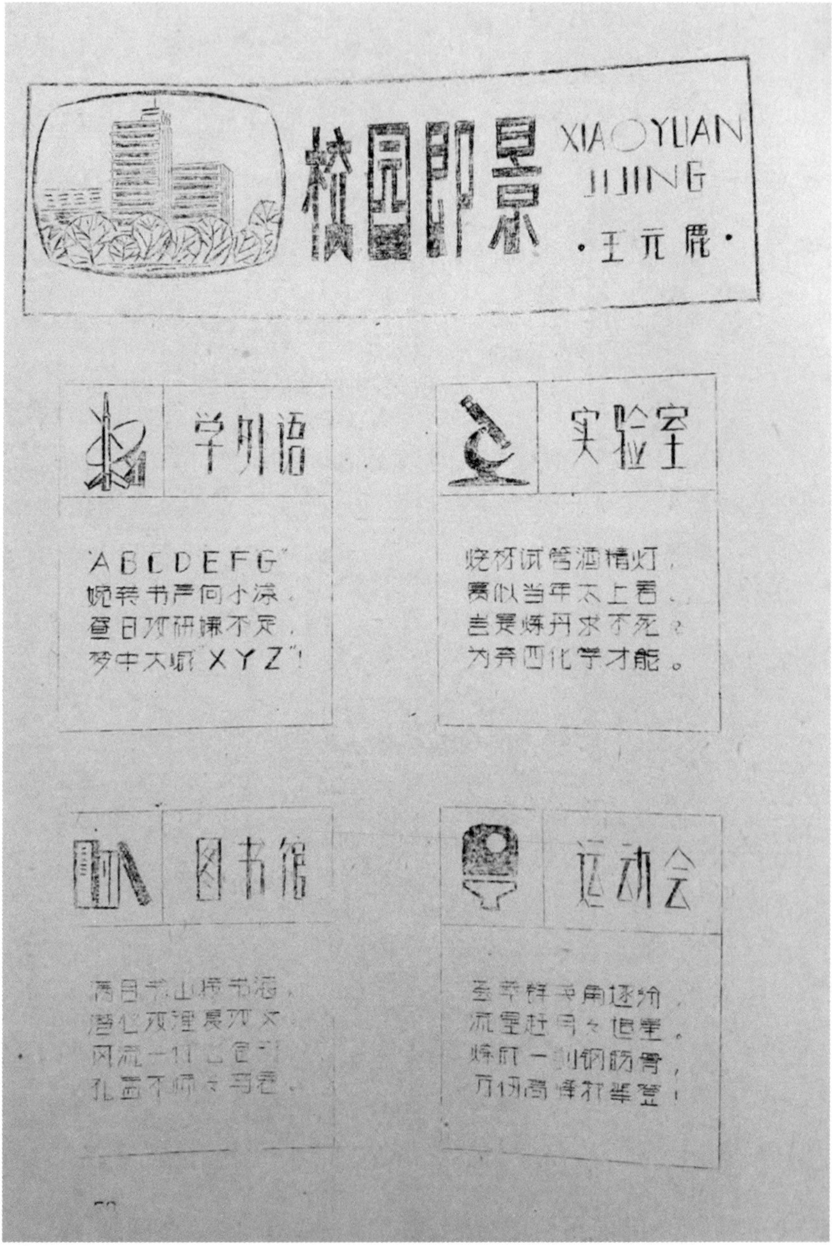

第三期 《校园即景》

这一篇《校园即景》一如王元鹿平日风格，诙谐，机智。

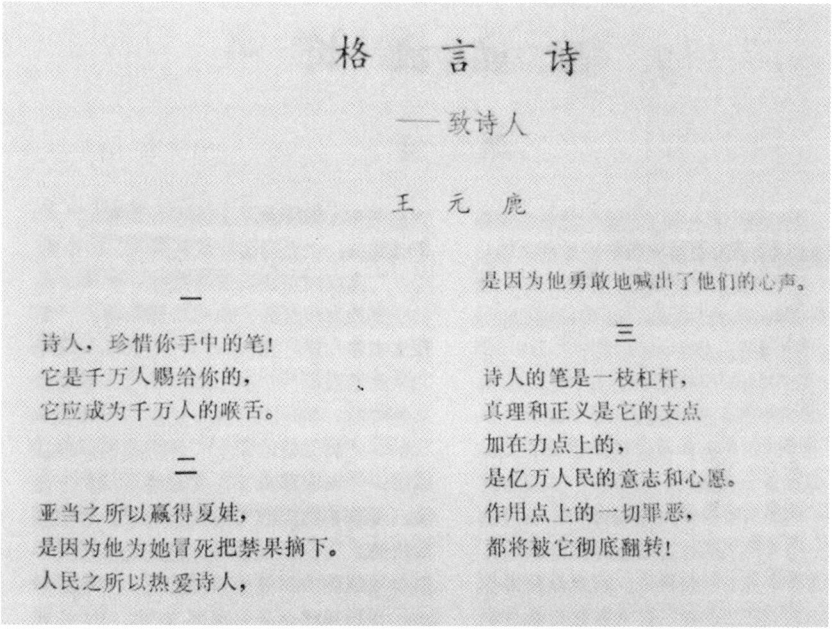

格言诗

——致诗人

王元鹿

一

诗人，珍惜你手中的笔！
它是千万人赐给你的，
它应成为千万人的喉舌。

二

亚当之所以赢得夏娃，
是因为他为她冒死把禁果摘下。
人民之所以热爱诗人，
是因为他勇敢地喊出了他们的心声。

三

诗人的笔是一枝杠杆，
真理和正义是它的支点
加在力点上的，
是亿万人民的意志和心愿。
作用点上的一切罪恶，
都将被它彻底翻转！

第四期 《格言诗——致诗人》

毕业后，分道扬镳。

再见面，已是花甲。

在境外同学归国的同学聚会上或者校庆时，我们能够见上一面。他依然喜欢讲一些金句，让我钦佩，让我开怀。

有一次他把我拉到一边，郑重地要我去购买一套《汉语大词典》，说东西不错。如果到编辑部去买，价格更合适。

友命不可违。

我搬回来厚厚十二大册，加一册稍薄的“附录 · 索引”。查找编委名录，没有他的大名。

这套词典被置于书橱顶层，因为一本《现代汉语词典》已经够用，我一直很少爬上去查找什么。

但隔一段时间我会一本一本捧下来，掸掸灰，随手翻翻。这时耳畔偶尔会回响起他的笑声：

“克克侬小辫子”……

2021年10月20日

作者简介

刘业雄，华东师范大学中文系1977级本科生，王元鹿先生同班同学。

老夫子　真君子
——悼王元鹿

姚　瑶

辛丑七夕
为你送行的日子

一叶扁舟独归西
奈何桥头孤身渡

刘业雄撰写了班级的挽幛
心祭元鹿
夏雨同悲
7703132 同窗宛在
——中文系 77 级 1 班全体同学

终于找回了你的学号
7703132

学号
建立了我们最早的关联
也是学生在母校的唯一身份识别
几天里

在分别 39 年后
41 个学号与其主人
因为你只为你
魔幻般网络聚齐

是日
彻夜大雨
未有停歇
怆然追忆
音容笑貌
气质神韵
历历在目

无念无住无修证
不温不火不蹉跎
古风古韵古文字
大智大愚大幽默

永远的夫子
真正的君子

往　原路
罔　元鹿
望　远路
网　愿辘

2021 年 9 月

作者简介

姚瑶，华东师范大学中文系 1977 级本科生，王元鹿先生同班同学。

一个纯粹的学者
——我记忆中的元鹿兄长

俞水生

王元鹿教授是我当年华东师范大学中文系的同班同学，也是我四十多年的老朋友、好兄长。

我们曾是“文化大革命”后恢复高考的77级大学生。77级作为那个特殊时代的特殊群体，其生源包括从1966到1977年所有中学毕业生，故学员年龄相差甚大，情况也非常复杂，除了少量应届中学毕业的，大部分都已参加工作，还有不少已成婚的。就拿我班——7701班来说，年龄最大的已32岁，最小的只有16岁，正好差了一倍。王元鹿当年进校也是32岁，按月份排行他属老二。我当时22岁，年龄在班里属于中等还稍偏小，但自我感觉已老大不小，在学习上总有一种时不我待的紧迫感。因为与元鹿他们那批老三届高中生相比，我们这些小字辈在文化功底上是有很大差距的（虽然其中也有拔尖的，但数量不多），而且这种感觉竟越来越明显。与现在的高考不同，我们刚入学时，每个人都还不知道自己的高考成绩，后来，才从系里得知名列前茅的都是那些老三届考生。按当时政策，考生年龄越大，录取分数也就越高，所以这样排名也属正常。在这些大年龄同学中，王元鹿可谓是明星级的存在，用现在话来说就是妥妥的“学霸”。在印象中，大学四年，他的各门功课全优并已初露学术锋芒。平时他也不全钻在书堆里，该放松的时候放松，班里一些文体活动偶尔也能见到他的影子，但每次考试前几名总有他的名字。大学二年级时,他以一篇《"心"字探源》参加市里大学生论文竞赛并得奖,在同学中引起很大轰动。四年级时,他参与编纂的《甲金篆真四体六百字》已被用作我校中文系汉古文字课教材。有些人感到纳闷,同样都在拼命学习,为什么就赶不上王元鹿呢?在大学毕业后与他一次闲聊时才得知,当年高考他是以第一名的成绩进入华东师大中文系的,原来起点这么高,怪不得后来一直这么优秀。

在我们班所有同学中,王元鹿的人缘特别好,这与他一贯为人谦和分不开。他虽然功底深厚扎实,却从不炫耀,反而始终保持低调,加上他天生具有的幽默感,平时虽然话不多,但总有许多同学喜欢与他交往,特别是每到期中或期末考试时,找他的同学就会更多,而他也总是乐于帮助他人,所以在大家心目中,他就是一个可亲、可敬的老大哥。由于年龄关系,我开始与他交往并不多,但有一件事我至今印象深刻,无形中拉近了我与他之间的距离。大学期间,我担任班级体育委员,一次系里组织年级乒乓球比赛,各班需三人参赛(团体赛),但直到报名截止前几天我班还少一人,无奈之下,我在偶然碰到元鹿时姑且一问,谁知他竟一口答应下来了。这真是帮了我的大忙,可谓救了燃眉之急。实际上他的球技一般,完全是为了班级荣誉而重在参与。当年比赛名次早已忘了,但有一点我记得很清楚,在年级四个班所有参赛同学中,他的年龄应该是最大的。由此,他竟然喜欢上了打乒乓,而我也逐渐增加了与他接触、交往的机会。大学毕业之际,元鹿又以优异成绩考取了本系史存直、李玲璞先生的研究生,后毕业留校。

我与元鹿的真正交往还是在他从美国访学回来之后。1991 年他前往美国华盛顿大学人类学系做访问学者,临行前他与我通过电话,在电话中我向他表示祝贺。20 世纪 90 年代初,国内流行出国潮,许多高校教师作为访问学者出国后就留在了国外定居。当时,我以为元鹿可能也会选择走这一条路,谁知三年后他突然回来了。当我接到电话得知这一消息时,感到非常惊讶,第二天就前往他家(当时还在衡山路)拜访。隔了三年再相逢,元鹿比之前似胖了些,因时差关系人稍显疲惫，但精神、气色都不错。元鹿回来，我既感到高兴，又有点不解，后来才知道，原来他主要还是舍不得放弃自己的专业。在美国三年下来，他是完全可以站得住脚的，语言交流也已没有问题，但想要在自己汉语言文字学专业方面再有提高则很难，另外父母已年迈需照顾，所以考虑再三决定还是回来。他做出这一决定是不容易的，曾经考虑了很长时间，还顶着很大压力。于是我发现，在元鹿身上除了为人随和的一面，还有着性格执拗的一面。他为了自己深爱的文字学专业，宁可放弃其他许多东西也在所不惜，这不是一般人所能做到的。正是有了这种执念，他回国后全身心地投入到文字学的教学和研究中去，几乎没有通常该有的休闲娱乐。如果说每个人都有自己的人生乐趣，那么，元鹿最大的人生乐趣就是他的学术事业。这几年可以说是元鹿学术研究的高产时期，取得了一系列科研成果，并顺利获得了博士生导师的资格。

2003 年，由于原来在衡山路的住房动迁，元鹿把家搬到了曹杨四村，与我的距离更近了，这样，我与他的来往也就更方便了。我原对文字学知之甚少，可能在与他长期接触中受其影响，也开始对此关注并产生兴趣。2006 年，元鹿提议要编一本中学生古汉语常用词词典，以方便中学生学习古汉语。他邀请我参加，当时我有点犹豫，后来在他的鼓励下，我才硬着头皮参与其中。这虽是一本小词典，但工作量还是很大。先要把近年来不同版本的中学语文教材收齐，而后做反复比较、对照，从中挑选出中学语文教学常用的古汉语词语加以归类，再进行逐条解释。作为主编，元鹿不仅亲自设计框架，撰写序言，还严格审阅把关，保证了编写进度和质量。通过这本词典的编写，使我对元鹿的治学精神有了更直接的了解。2012 年，当元鹿发起撰写“汉字之美”系列丛书时，我又参与其中，独自撰写了《汉字中的人文之美》《汉字中的礼仪之美》二书，这也与元鹿的帮助、指导分不开。此套丛书后入选上海市“十二五”重点图书出版规划，并获上海文化发展基金图书专项出版基金资助。丛书陆续出版后，社会影响较大，《光明日报》文化版还特邀请元鹿专门发文予以介绍。

元鹿的身体本来不是很好,长期患有高血压等多种慢性病,但他还是把主要精力放在教学和科研上。2006 年他已满 60 周岁,申请延聘得到批准,他仍像以前那样带研究生,还多次承担国家科研项目并乐此不疲。后来他不幸得了股骨坏死症,出行极为不便,2008 年虽在市第六人民医院做了手术,但也未能治愈。在这样困难的情况下,他还坚持每周乘班车去闵行校区上课,后来实在不行了,他又专门包了一部出租车,让司机上门接送。为此,我曾多次劝他退休算了,还开玩笑说,你这样上课也太奢侈了,去掉车费所剩课金还有多少?元鹿的解释倒很现实但也很无奈:这笔账我懂,但我如不去学生怎么办?总不能让他们都挤到我家里来上课吧。正是出于对学生负责的态度,元鹿只能克服自身病痛坚持一次次地出行,这种坚持一直到 2016 年他 70 周岁二次聘任期满。也就是说,他在病痛折磨下,还比一般人多工作了整整十年。令人唏嘘的是,现在有不少人是因恋权、恋钱而不愿退休,而元鹿则完全是为了自己所追求的学术事业。

元鹿是一个谦谦君子,也是一个纯粹的学者。他为了他所喜爱的学术事业付出了毕生的心血,也获得了相应的回报。他的学术成果主要表现在比较文字学、普通文字学及少数民族古文字的研究上,这些成果已使他成为了当今国内著名的文字学家。作为他的同窗好友,我为他的过早去世深感惋惜,以他的才华,如天假以年,当有更大的成就。让元鹿生前感到欣慰的是,他所精心培养的一批博士生、硕士生有不少已在专业领域崭露头角,这就是所谓的薪火相传吧!

2021 年 10 月 10 日

作者简介

俞水生,华东师范大学中文系 1977 级本科生,王元鹿先生同班同学。上海对外贸易学院副教授,已退休。

忆学长元鹿兄

刘志基

元鹿兄离开已经大半年了，一直想写点什么，但提起笔来又觉得格外艰难，因为我们四十年的交往有太多值得记下来的东西，真的不知如何选择。最后决定索性不选了，信手记下脑海中最先浮现的几个场景。

一、日语课上的初识

我们是77级的大学同学，但却不是一个班。77级华东师范大学中文系招生挺多的，大概有一百七八十个，所以如果不是同班同学，一般并不熟悉。我与元鹿兄的第一次近距离交往，是在日语课上。

77级的外语分班，采用了一种很务实的方法：中学学英语的进英语班，学俄语的进俄语班，但是还有一些中学恰逢“文化大革命”高潮的几届学生，既不能算学过英语，更不可能算学过俄语，于是就进日语班。我是中学72届（本来应该是71届，因“停课闹革命”延迟毕业时间，遂改为72届），自然毫无争议地进入日语班。有一次，日语课堂里出现了一个生面孔，那便是英语班来旁听的元鹿兄。因为恰好隔着走道坐在我边上，便有了第一次对话，于是发现我们似乎还有些缘分：首先是住得很近，我家住天平路衡山路口，元鹿兄住衡山路宛平路口，步行只有5分钟；其次我们还是南洋模范中学的校友，但他是66届高中，我进校时他已毕业离校，所以中学里并无交集。另外还谈了些啥，现在已经记不住了，但是课堂上元鹿兄的表现，却令我至今难忘。记得日语老师提了一个挺难的问题，日语班各位（当然也包括我）个个面面相觑，不知如何回答。没想到第一次来旁听的元鹿兄主动作答，答的是啥，当然我是没懂，只听老师说："你说的这个，我们还没教呢。"这一次，我初识的不仅是元鹿兄的外语能力，更领教了他的博学以及好学。后来，他因为写哲理诗、参加青年古文字学会等业绩在中文系77级中日渐受到同学们的关注，也进一步提升了他在我心目中的学长地位。

二、帮元鹿兄抄书

读过元鹿兄的第一本书《汉古文字与纳西东巴文字比较研究》的人都知道，那是一本手抄后照相排印的书。而那本书的主要抄写者便是我。

这本书是元鹿兄的硕士论文，经过评审筛选，获得了资助出版的机会。出版社看了满纸古文字（而且是两种）的稿子后认为只能是手抄后照相排版。因为在"文化大革命"中有抄大字报的积累，我的书法被元鹿兄认定为不错，于是成为他求助者之一。当时确定的是三位抄手：元鹿兄的父亲、历史系的同学姚平和我，而最后抄得最多的是我，整本书的一大半都是我的手迹。之所以如此，一个重要原因，是我发自内心地感到，这是一个很好的专业学习的机会，因此抄写效率颇高。

抄书被认为是最有效的一种读书方式，抄写的过程，是先读一句记熟，再逐字背着写在纸上，的确是没有比这更深入精细的读解方法了。在这一过程中，我读懂了元鹿兄的学术，也领略了书中俯拾皆是的胜义。这虽然是元鹿兄的第一本书，但是至今我还是认为，这是一部极富思辨灵性和学术个性的论著，是文字学论著中海派学术的典范之作。在我初入文字学专业之门的阶段，抄书这件事,与其说是我帮元鹿兄,不如说是元鹿兄在帮我。虽然我后来做了与元鹿兄有所不同的专业方向,但是努力追求个性与灵性,是我从元鹿兄那里学到的东西。如果说我后来写的一些东西还能看看,真心地说,与元鹿兄对我的影响不无关系。

三、两　地　书

硕士毕业以后,我有幸留校成了元鹿兄的同事。但是不久以后,元鹿兄争取到了去美国做访问学者的机会,于是,我们的交往只能以书信的形式继续了。

那还是前数字网络时代,通常情况是,人出了国就不比在国内时悠闲,是不太有时间写信的。但是元鹿兄好像是个例外,来信颇勤,而且频率与时俱进。最初大约每月可以见到一封,后来变成隔周一封,甚至有时一周一封,以致我当时觉得回信成为一种负担(真是罪过!)。而信的内容也是有所变化的:起先较多谈的是文化人类学,这应该是他做访问学者的研究课题。后来则变成什么都写,记得还有对我的钢笔字与毛笔字水平反差颇大的批评和分析。而且信纸也越来越厚,会写到四五页,以元鹿兄那种小小的行楷字,密密麻麻布满信纸,至少有五六千字吧。再往后,就谈及自己的文字学专业发展在美国难有合适的学术环境的问题,说起如果要想继续做学术,只能考虑转专业。还有一次来信,他询问目前华东师范大学中文系的教师待遇变化问题,我告诉他,现在工资已经提升了,他回来应该有300来块。他回信说:我后面大概就得靠这300来块度过后半生了。

不久,元鹿兄真的回来了,而且是只身一人回来。对于为什么做这一选择,元鹿兄后来只是淡淡地说,要在美国混下去很容易,而且物质生活会比在国内优越很多,但是,要为此放弃自己的专业,无法接受。

四、子 夜 电 话

那是一个寒冷的晚上，因为家人手术，那天我整日在医院，将近晚上 12 点才回到家里。刚刚躺上床，就接到了元鹿兄从医院打来的电话，根据他含糊不清的话语，我确认他是要我马上去他住的医院。

十二点半的大雨瓢泼之夜，已经打不到车了，只好穿上雨衣骑了近一个小时自行车赶到曹杨路上的老年医院。但是到了以后，虽经百般努力，最终还是没有弄清元鹿兄究竟为什么叫我。反复交流中，可以确定的只有一点，就是元鹿兄背部有一处痒，而手脚不便的他无法止痒。于是我就帮他好好地抓挠了一番，直到他安然睡去。

人的离去，其实并不是发生于一个时间点，而是一个慢慢的过程。其实早在"古稀"之岁退休之前的几年，元鹿兄的身体已经有了不好的状态。记得有一次研究生答辩日，忙了一整天后打车送元鹿兄回家，他却记不得回家的路了。以后又发生了脑梗，导致了语言的障碍和行动的障碍。而如果没有这些，他一定是可以取得更大学术成就的。

令人唏嘘的是，即便是在这样的状态中，元鹿兄依然全身心地坚持他的教学与研究。临近退休的那几年，他和我同上一门名为"汉语文字演变与中国文化传承"的课，拄着拐杖，并由学生搀扶着走在去往教室路上的他，成为校园里一道令人瞩目的风景，以致很多老师都跟我说起，并一同感叹。退休前不久的一天，他特地打电话告诉我(那时还没有语言障碍)："今天我上完了今生最后一堂课……"语气中带着哽咽。即便是在已经退休的情况下，元鹿兄依然努力做项目，还成功竞标了上海市"冷门绝学"重大课题。

人无完人，元鹿兄当然也是。元鹿兄嗜烟，且好高脂肪食品(名言是"高脂肪才有高智商")，却不喜健身。我曾反复劝诫，但是效果不佳。戒烟是戒过几次的,但是每次戒烟的结果却是烟量更大。说到底,表面看去理性而谨慎的元鹿兄,骨子里却是非常率性的人,绝不忍受自己不愿意忍受的事。实话实说,这是他过早进入带病状态的重要原因。记得是在退休后不久,元鹿兄便有了语言障碍:无数次接到他的电话或是给他打去电话,双方都说了无数话,但是最终我还是没明白他究竟想表达什么意思。后来元鹿兄入院,每次去看他也都同样地无法用语言交流,就像前面说到的那个晚上一样,就这样眼看着病床上痛苦的他,又不知怎么帮他,实在是令人崩溃的。每去一次,会几天缓不过劲来,于是就不大敢去了。后来发生了疫情,医院不让进了,我好像也找到了个不去的借口……

写到这里,突然觉得最后这段是不是应该隐去?但思索再三,还是决定留下。我想元鹿兄如果在天有灵,也一定会希望我把真实写出来,给还在的朋友们一个借鉴;同时,我也想对在元鹿兄最后几年中与他有交集的朋友们,特别是他的学生们说:如果这一时期的元鹿兄有什么事做得让你不太高兴了,请一定谅解,因为他那时已经是病人了,请记住他平日的好。

差不多就在元鹿兄走的那段时间,华东师范大学发布了"量子宣言",全校都沉浸在量子研究的热情里。我不懂量子,但是听说在量子的世界里,人的灵魂是永生的:人类死亡之后的灵魂会以量子的力量形式展现出来,而这种灵魂力量是在人类所处的宇宙维度之下无法认识的。我真心希望这是真的,这样,我和元鹿兄的交往还有机会继续下去。

作者简介

刘志基,华东师范大学中文系 1977 级本科生。华东师范大学终身教授、博士生导师,教育部人文社科重点研究基地中国文字研究与应用中心副主任。

怀念学兄王元鹿

姚　平

王元鹿是对我学术道路影响最大的学友。如果没有他的引导和帮助,我不会去美国伊利诺伊大学读文化人类学,也就不会有之后的治学经历。

最早认识王元鹿是通过中文系的李玲璞老师,当时戴家祥给他的两位研究生开古文字课,允我、李老师和历史系古文字组的潘悠老师旁听。不久李老师介绍他的得意门生来旁听,于是见到了王元鹿。1979 年夏,叶保民筹建上海青年古文字学社,来信联系我,我便与王元鹿和王延林一起加入。在社长叶保民的带领下,青年古文字学社出刊物、与古文字学家交流见面,搞得很红火。不久,王元鹿又组建了华师大古文字小组,邀我参加,我是唯一一位中文系以外的成员。小组经常一起讨论各自的读书心得、研究课题以及可以合作的项目,王元鹿关于"心"字的研究和甲骨文造字方位性的研究都是先在我们的小组聚会上讨论的。因为大家都住在同一栋学生宿舍(华师大一号楼),我们聚会的频率超过在青年古文字学社时。即使寒暑假回家了,王元鹿也会召集大家见面。图 1 就是我们在一号楼的一间寝室里拍的,应该是 1980 年的暑假吧。

王元鹿对华师大古文字小组的活动和成果非常满意,因此介绍了小组成员参加上海青年古文字学社。1982 年,上海青年古文字学社成立三周年时,我们一起去南京路拍下了这张极有纪念意义的照片(见彩图 3)。15 位成员中有 5 位是我们古文字小组的成员。

图 1　上海青年古文字学社活动照片

（左一王世伟，左三王荣峰，右起姚平、王元鹿、王延林、何崝）

大学毕业后，王元鹿如愿以偿地成为史存直先生的研究生，我则考入复旦大学，师从杨宽先生，主攻西周史。当时我们的青年古文字学社方兴未艾，所以我与王元鹿兄经常见面。那时王元鹿开始对东巴文感兴趣，我也因此受到感染。由他介绍，我在 1987 年春参加了在丽江举行的纳西文化学会的讨论会，并发表有关东巴文中与女性有关的文字的简短演讲，这应该算是我的第一个学术报告了。在会上，我结识了纳西族学者、民族领袖和万宝，和老邀我到他家住几天，给我介绍纳西文化的特点和他对纳西文化学的期待。1988 年春，王元鹿又介绍我与当时在华师大学报工作的胡范铸老师一起去丽江参加纳西三多节活动，之后我们到以走婚习俗著称的摩梭人居住地泸沽湖考察，这是我产生学习文化人类学、研究婚姻制度之念的源头。1990 年我如愿以偿地被伊利诺伊大学人类学系录取为博士生，1991 年秋我选修历史系伊沛霞教授的妇女史课，从而转学妇女史。三十年来,我的研究课题一直以女性和婚姻为主,这是与元鹿学兄的引导分不开的。

硕士毕业后,王元鹿留校任教,我则去了上海教育学院当讲师。我们见面聊天时,他经常会兴高采烈地提到他讲课的内容和学生的成就。王元鹿讲课之精彩和风趣是大家都熟悉的,他天生聪明、幽默,他的课受欢迎毫不意外。但我知道,这也是与他精心备课分不开的。他曾告诉我,备完一堂课时,金嘉琳(我一直跟着他叫"小金")常常会问他:"今天准备了哪些笑话和趣闻呀?"可见他课堂上的许多"插曲"是有备而来的。

王元鹿与小金的伉俪之情一直是我深深羡慕的。他温文幽默,小金热情爽快。他们家在衡山路一幢公寓的三楼,我去看望他时,会在楼下大叫"王元鹿",他伸头看到我,便下来开门,小金赶忙倒茶,张罗糖果。我在待人处世方面有疑惑时,他会提出自己的看法,然后加上"小金会这么做"之类的引导。我 1990 年到伊利诺伊大学后不久就得知王元鹿受华盛顿大学的邀请即将来美做访问学者的好消息。1991 年 7 月王元鹿到圣路易斯后,马上与我商量筹款办理小金赴美手续。三个月后,小金即与王元鹿团聚,这大概是当时我们大陆来美的留学生和访问学者办理 F2 和 J2 签证中最为神速的。

王元鹿好朋友特别多,这既是因为他的人品好、风趣,也是因为他待朋友无私、热情,处处想着别人。记得我们研究生毕业后,王元鹿会去探望住在虹口的好友刘大为,他总会再坐几站路来复旦(当时我住在复旦教师宿舍)看望我们,给我女儿买玩具,逗她玩,与我们分享他读到的有关养育幼儿的文章。我印象最深的是,他关照说,婴儿睡眠是否充足对大脑发育影响很大。这是我第一次听到这样的理论,但我知道,只要是王元鹿说的,肯定不会有错!

王元鹿是最早提出比较文字学应该成为一门系统的、独立的学科的学者之一,他的《比较文字学》一书为这一学科提供了概括性的理论基础和研究方法。他有关早期文字多以方位和颜色表义(以色表义,以色别义,方位表义,方位别义)的精辟见解也正是在比较文字学的视野下研究古文字的结果。他对文字学做出了独创性的贡献,我也因之而为有这样一位学兄感到荣幸和骄傲。我从 1997 年起在加州州立大学洛杉矶分校教历史,每学期都会教一门世界古代史,我常常会在课堂上讲到早期文字的共性问题,这也是受了元鹿学兄的影响。

学兄走得太早,但他的学术成果将永久留在世间。今后,我的世界古代史课程会专门安排一节世界古文字的起源和比较的课,这样,我就有机会介绍元鹿学兄的研究成果,让我的美国学生们都知道中国有这样一位了不起的学者!

作者简介

姚平,华东师范大学历史系 1977 级本科生。美国加州州立大学洛杉矶分校教授。

永远清晰的怀念

何　峭

毕业离开母校后，与上海同学，特别是留校任教的同学常常联系，其中联系最多的就是元鹿兄了。我们的联系方式随着时代的进步而逐渐改变，先是通信，后来有了电话，便是既通信又打电话了。及至有了手机，联系的方式便改为发短信为主，平常常发短信问候，逢年过节少不了祝福的话语。

2019年元旦将至，我忽然想起好久没有收到元鹿的音讯了，便给他发了一条祝福语，发出后久久没有得到回复，又给他打电话，电话是接通了，传来的却是咿咿唔唔含混不清的声音，过了一会这样的声音也没有了，我隐隐觉得情况有点不妙。怎么跟他联系呢？他没有子女，妻子早已离他而去，父母也已去世，只有一个妹妹，我又不知道她的电话，于是我想起了他的一个学生刘凌。

刘凌是元鹿的硕士生，毕业后在上海某单位工作，因此能有条件常去看望老师。我去上海时也常常见到刘凌，元鹿有时也让她帮忙给我发些资料来，故也相熟。但找了一阵却没有刘凌的电话号码，只有她的邮箱地址，我只好发了一封电邮给刘凌，希望她能告知元鹿的近况。电邮发出后没有几日，刘凌的回信来了，她在信中说：

“王老师住在医院已经整整三年了……上次收到您邮件后不久，我去看王老师，那时他很严重的肺炎刚刚才好转，不能说话，特别没精神，始终是半睡半醒的状态，我跟他说了您的问候和关心，他有微笑的表情。……”

由此看来，元鹿已生病好几年了，先前和他通信，却从不见他提起，看来他是怕别人为他担心，给别人造成心理负担。元鹿遇事总是为他人考虑，这次生了病也是如此。多年的老友忽然患上难以逆转的病，竟至连语言交流也很难了，不免令人感到一阵悲凉，与元鹿交往的往事也就渐渐浮现在眼前。

我与元鹿相识，是在古文字研究小组。古文字小组是母校华东师范大学中文系成立的学生课外兴趣小组之一。当时中文系领导为了早出人才，快出人才，激发学生的求知欲，引导学生成立了多个课外兴趣小组，包括中国文艺、外国文艺、文艺批评、美学、语言文字学、古文字学……几乎囊括了中文系科研、教学的所有领域。参加兴趣小组要经过考试，每个兴趣小组都有专业老师做指导，且在查阅资料时还有许多便利，如在系图书室或校图书馆可以调出许多参考书阅读、参考，这就比一般同学借书方便多了。

古文字研究小组的指导教师是李玲璞老师，他于文字学很有研究，教学经验也很丰富。当时加入古文字研究小组的同学有 77 级的王元鹿、王云峰、姚平、徐莉莉，有 78 级的王世伟、王延林和我。李老师鼓励我们自学《说文解字》和古文字，有时也给我们上课。李老师说，研究古文字学，要占有大量资料，在阅读资料的同时，要多动手、多思考，写成论文，才能深入这门学问的堂奥。我深知自己阅读古文字资料还不多，要多阅读资料才能打好基础，便在李老师的安排下，与一位同学合作编纂了一部有关《说文解字》的资料。而元鹿早已撰写出一篇洋洋洒洒数千字的古文字学论文。当时学校举办了一次学术讨论会，全校教师和学生都纷纷贴出论文，并举办讲座。我看见元鹿的文章也贴了出来，读后感到非常佩服。他这篇文章也得到老师们的肯定，而我自己在那时还没有入门，还写不出文章。从此我对元鹿是敬佩有加。

因小组活动常常见面，我和元鹿越来越熟，经常在一起讨论学问，由于元鹿见多识广，我从他那里学到了不少宝贵知识，对我后来的发展很有帮助。例如他告诉我，研究古文字，眼界要宽，除了中国学者的著作外，日本学者的研究也很有成就，他们的著作也值得参考。他还帮我购买了日本学者岛邦男的《殷墟卜辞综类》，这是一部很有价值的甲骨学工具书，直到现在我还经常使用。

元鹿毕业后即考上李玲璞先生的硕士研究生，读硕期间，他的兴趣发生了很大变化，又扩展到少数民族古文字。这时我也已毕业，被四川大学历史系的徐中舒先生吸纳为助手，到四川大学历史系工作。元鹿来信，谈到他正收集少数民族文字，因四川是少数民族聚居区，故希望我能为他提供一些少数民族的文字资料。我很快找到一些彝文、尔苏文资料给他寄去，他很高兴。后来他的硕士毕业论文出版，题目是《汉古文字与纳西东巴文字比较研究》，把汉古文字（主要是甲骨文字）与纳西族的东巴文进行比较，这一工作早由古文字学前辈董作宾先生开始尝试，但因种种原因，只是浅尝辄止。数十年后才由元鹿继续这项研究工作，并且取得了杰出的成绩。语言文字学界的前辈徐复先生说，作者"把两种文字作了性质和历史方面的研究，可以开拓我们对汉古文字研究的境界，富有启发性"。李玲璞先生也指出："元鹿从事此项工作，对于民族间的比较文字学的研究和汉文字学的研究，乃至中华文字学的建立，无疑是十分有益的。而中华文字学的科学总结又必将改变普通文字学的某些论断，以它特有的法则丰富普通文字学的理论宝库。"

《汉古文字与纳西东巴文字比较研究》一书出版后，元鹿又经过数年潜心研究，写成一部新著《普通文字学概论》。普通文字学是研究人类文字一般规律的学问，在我国还没有学者从事过这方面的研究，因此元鹿这部著作是开创之作。要总结出文字产生、发展、特性、传播、使用等一般规律，必须要深入了解世界各民族文字发生、发展、使用的情况，元鹿在这方面做出了很大的努力，他不仅了解多种世界民族的古文字，尤其对国内许多民族的文字有深入的了解，在撰写了《汉古文字与纳西东巴文字比较研究》之后，他便顺理成章地写成了《普通文字学概论》这部专著，得到了学术界的广泛赞誉，产生了深远的影响。

元鹿还打算把我也争取到民族古文字的研究阵营中来。大约在 2007 年,元鹿来电说,他将和黔南民族师范学院联合举办一次水族文字水书的讨论会,特地邀请我参加。我说,我对水书素无研究,不好意思去混会议伙食。元鹿说,就文字生成问题谈谈看法也是可以的,又说,咱们很久没有见面了,这也是聚会的好机会啊。他后面一句话打动了我,我决定去参加会议。我很快赶出一篇文章,去贵州黔南民族师范学院参加了会议。

这次在黔南的聚会是令人高兴而又难忘的。此时我们已有近十年没有见面了,许多话要讲也讲不完。而元鹿谈得最多的还是民族文字,他谈到民族文字对文字学的重要性,并谈到自己通过民族文字的学习,得到许多启发和领悟,他劝我也研究一下民族文字。但由于此时我手里正有一个项目在进行,加之深知自己水平有限,不敢好高骛远,便婉谢了元鹿的盛情邀请,令元鹿感到失望,我至今对元鹿十分歉然。如果不是十年浩劫耽误了我们这代人的青春岁月,我一定会爽快地接受元鹿的建议。失去了十多年的时间,使我提醒自己不要把涉猎的范围扩展过大,否则可能一事无成。区区寸衷,尚望元鹿在天之灵鉴察。现在,当年在黔南与元鹿倾谈的情景还历历在目,却与元鹿人天两隔,令人感到悲惋。

但这次聚会是十分愉快的,我们不仅畅谈学术,也畅谈生活。他多次问起我的孩子,关心他的学习情况,并说,孩子将来如有机会到上海工作,他非常愿意作为长辈尽到照顾的责任,令我非常感激。同时我也问起他重新安家的事,他笑着说,已经有对象了,最近一两年大概可以解决这个问题。后来我因事到上海又一次和他谈起这件事,记得还是和刘凌一起劝说他早日安家,他仍说已有对象,但从此也就没了下文,直到他生病住院,仍是一个人。我想,要是他早些听从劝告重新安家,平时生活有人照顾,身体状况也许不至于迅速崩溃,也许现在还能和大家一起高谈阔论,畅叙幽情。但这"也许"却永远不会成为现实了,冷酷的现实是元鹿永远离开了我们,也给我们留下了不解之谜:元鹿为何独身近三十年却不重新安家?是他心中早有心仪的却又难以企及的女神，还是他决心献身于他的文字学？而我，却更相信是后者。

这次聚会还有一个值得回忆的情节是与元鹿在车上唱和。开会期间会议安排参观少数民族村寨和几个景点，我与元鹿被安排在两辆车上，车行间元鹿发短信问候，我也短信作答，后来发现可以聊天，在手机上天南地北地聊了一阵，不知谁发起，我们又开始作诗唱和。元鹿平时很少作诗，但那次的车上唱和，却吟出了许多好句子，令我感到惊奇和佩服。我本打算回成都后把唱和的诗录存下来，不料手机出了故障，唱和的诗怎么也恢复不了，使我与元鹿的交往出现一段空白，这是永远难以弥补的遗憾。当我从刘凌那里得知元鹿病重的消息时，心里十分难过。因他已经失去言语功能，我忽生奇想，写一首诗，请刘凌念给他听，或许能唤起他的记忆，有利于他的康复。诗写成后寄给了刘凌，但奇迹最终没有发生。不过此诗似可略为弥补唱和诗遗失的损失，让我的愧疚之心略得安慰。诗云：

闻元鹿兄病甚有作

故人不见久，迩来竟何如。
激电频问讯，音讯却全无。
稍传实台祟，存问阻远途。
情岂关山隔，遥祷瑞气敷。
爰询伊弟子，具告乃师瘏。
近已不能言，食亦不能茹。
神明犹耿耿，哀伤云何吁。
忆昔在庠序，悃诚乐相输。
耽习古书契，惟兄颇起予。
兄更陟坤维，旁求东巴书。
钩沉探赜苦，悬解夷经图。
古族有文教，兄乃述其初。
边徼爰复礼，厥功曾不居。

祇今遭二竖，忍令兰质枯。
申浦俊乂薮，何处觅扁卢。
吾语聊充檄，痌瘝或能祛。

2021 年 8 月 10 日，大约是下午，我接到刘凌的一条微信，说元鹿已于今晨 6 时 40 分逝世，因疫情期间，医院不让外来人员进入，故未能见元鹿最后一面。虽然这是预料之中的事，但仍令我十分伤感，永远不能再见元鹿了，这是多么残酷的现实！在悲痛中撰成一副挽联，请刘凌代我献于元鹿灵前：

远逾文字之交，与兄相契同金石；
痛失胶庠之杰，尔后谁堪追慎雄。

作者简介

何崝，华东师范大学中文系 1978 级本科生。四川大学历史文化学院教授，已退休。

希望天堂也有红烧肉

——悼念元鹿兄

俞允海

元鹿兄虽然已经卧病在床三年多了，但我一直觉得会有奇迹发生，总觉得他会慢慢康复。然而，前几天打开微信，竟然收到了他去世的噩耗，我这才真正感到失去“兄友”的疼，眼泪夺眶而出。

元鹿略比我年长，但他一直称我为“师兄”，他与我同属史存直师门，我只是高他一届而已。其实，无论学识还是为人，他都是我的榜样。

元鹿与我交往三十多年，两人亲如兄弟。每次我去上海，元鹿家是必到之处。当年，我与苏向红、潘国英两位赴美国参加国际学术研讨会，赴美国前和回国后，都是元鹿兄招待我们一行。虽然，他腿脚略有不便，但起劲地为我们张罗食宿。我记得就餐是在他家附近的“鸿瑞兴”餐馆，让我们品尝到了地道的上海美食。然而，元鹿不在了，我们再也没有这样惬意的机会了！

在元鹿身体尚佳时，每年我总要去上海几次，也曾带去过我的同事和朋友，他们无一不赞叹元鹿的学识渊博与热情好客。记得有一次，我带了两位同事拜访元鹿，他不仅在学术上予以指导帮助，还送给她们好多书，并请她们吃了披萨，至今她们依然记得当时的情景。

我曾推荐两位学生考他的研究生。每次他都是满腔热情地指导学生，视同子女，关怀备至。我想能做元鹿兄的弟子，也是上辈子修来的福分。

元鹿是著名的东巴文博导，他曾来湖州师范学院讲学，他丰富的东巴文字知识，深深吸引了文学院的师生。他向年轻学子打开了少数民族文字的神秘大门，引发了他们对东巴文字的好奇，其中一位女生张春凤因此考上了研究生，最后成为元鹿兄的博士，走上了研究少数民族文字的道路。

元鹿兄平生最爱吃红烧肉，他曾来过湖州两次，都是在湖州的百年老店丁莲芳吃的千张包和红烧肉，说来也巧，两次坐的位置竟然是同一张桌子。看到元鹿大快朵颐享受美食，我们只能弱弱地对他说"高脂肪的少吃些"，谁知道元鹿兄的回答竟然是"高脂肪，高智商"。在谈笑之间，一大块扎肉和狮子头已经落肚，元鹿心满意足，我们也都充满快意。

书籍也是元鹿的酷爱之物。凡到一处，逛书店是第一要务。我们去上海，元鹿总要带我们去各类书店逛一逛，看中了什么书，就毫不犹豫买下来。他来湖州时，也特别喜欢逛湖州的书店，记得当时在博学书店购买了八百多元的书带回上海。因此元鹿的家，其实就是书库。除了书架，桌上、地板上甚至床上都堆满了书，整个屋子就是书的世界，怪不得元鹿知识如此渊博。

元鹿患病期间，我仅去上海探望过两次。第二次时，他虽然已经不能说话，但他的眼神依然流露出相识的目光，似乎要说什么，可惜我们都听不懂，回想当时的情景，真是有点惨然。

人的一生，生老病死，是自然规律。元鹿兄虽然已经远去，但他的道德文章却依然留在我们的心中，翻看他的著作，仿佛可以听到他的声音，看到他的神态。

元鹿兄，希望天堂也有红烧肉！一路走好！

作者简介

俞允海，华东师范大学中文系1981级硕士生，师从史存直先生。湖州师范学院文学院教授，已退休。

永远的师兄王元鹿

林清书

王元鹿，华东师范大学中文系1977级本科，毕业后读研究生，然后留校。我在大二的时候，参加了李圃先生的古文字兴趣小组，由77、78和79级十几位同学组成，主要任务就是编写《说文解字手册》，把读若、重文等每一项都选出来重新编排，我负责的是“重文”。后来又担任李圃恩师“甲骨文选读”课程的课代表。78级还有何崝、王延林等人。何崝毛笔字小楷非常棒，他非常勤奋，1980年放寒假，大家都要赶车了，他自己的行李还没有收拾，还在编写《说文》，舍友着急了，只好帮他收拾。他的篆刻也非常好，还在边款上帮同学刻肖像，活灵活现。我就这样认识了一帮师兄，其中联系最多的就是元鹿师兄了。他性格温和，愿意花时间跟我们充分交流。我的毕业论文也是他帮忙指导的，是中日汉字比较的选题。工作以后，一旦有机会，我就会去看望恩师和师兄，平时书信、电话经常联系。1987年我在北师大进修，师兄参加民族古文字的会议，邀请我一起参加。我还陪他去拜访了傅懋勣先生，去中央民族学院(现中央民族大学)拜访了彝族的一位老师。1998—1999年，我参加了历史系王东教授组织的中国古代史研究生课程学习班，元鹿兄也经常召唤我见面聊一聊。2004年我跟从元鹿兄访学，协助他的部分课题研究工作。这一年师兄家里发生了一件大事，伯母在2003年冬天不小心摔倒，刚开始医生说还好，只是骨折。没有想到从此一直卧床不起，到后来炎症发作，不幸辞世，终年90岁。那个时候，我经常陪同师兄去看望伯母，由于住院的地方离家很远，打车要 100 元，每次来回都不容易。最焦虑和痛苦的是师兄，看着母亲一天比一天衰弱，心如刀绞。伯母是新中国成立前上海美术专科学校的毕业生，年近 90，还经常关注足球、通用汽车，她跟我们聊的话题都很时尚。送走了最亲的老母亲，家里只剩下照片，师兄非常悲伤。在他最难过的时候，我和他的学生们一直陪伴着他，多少也有一点分担。这一年的暑假，德平父女也来看望他。德平在师兄家里做出了重要决定，离开一直不能适应的省工商行的环境，回到母校读博士。师兄对朋友、弟子都很真诚，会直截了当地分析各种情况，提出自己的建议，倾其所能提供帮助。博士们毕业前夕，往往都要操心他们的工作，工作安排好了，他才会放心。他身上很少有"世故"的东西，能够坦诚相见，这是大家喜欢他、尊敬他的最主要的原因吧。

为了迎接师兄的 70 岁生日，弟子们还专门出版了纪念文集。此后，弟子们还编选出版了《王元鹿普通文字学与比较文字学论集续集》。出书的钱，也由弟子们负责。对师兄来说，这是莫大的安慰。师兄在甲骨文和东巴文等少数民族文字的研究方面下了很多功夫，提出了很多真知灼见，目标指向比较文字学和普通文字学。

大家都希望他能在退休后安度晚年。没有想到的是，退休没多久，他就生病了，而且病情逐渐加重。说话越来越含糊，到最后根本说不出话来，写字也很难看得清楚。医生说生命体征很正常，脑子还很清楚，却无法表达、无法交流。这样一病就是三年。三年来，上海的弟子们精心照顾，轮流看望。外地的弟子们、朋友们也都经常去看他。上海的一些师友、世交也来提供无私的帮助。单位的同事们也经常来看望。他有一个亲妹妹，是非常优秀的中学教师，年纪也蛮大的了，每天都来照顾，非常操劳。师兄的夫人，在图书馆上班，我们都叫她嫂夫人。后来师兄去美国访学，嫂夫人也跟着去了，结果师兄觉得美国生活虽好，但学术上无从发展，又回到母校，嫂夫人却没有回国，两人就这样慢慢分开了，也没有孩子。没有孩子，他就移情到弟子们这里，对弟子如子女。

8月10日早上6时40分，因心包积水，心肺功能衰竭，师兄不幸辞世，终年75岁。从8月初，我几乎每天晚上都梦见去世的亲人，自己都觉得难受，不知道是不是师兄在托梦。由于疫情，不能亲自去送送他，非常遗憾。我跟德平说送一个花篮吧，德平问怎样称呼，称师还是称兄。我想，亦师亦兄，应该是非常精确的。但是我们叫了一辈子师兄，那就还是师兄吧。

他未竟的事业，将会由他的弟子们以及再传弟子们继续努力，逐步向普通文字学的目标靠近。更重要的是，他的爱心，平易近人，众生平等的理念和实践，给弟子们树立的榜样，会世代流传。

2021年8月15日

作者简介

林清书，华东师范大学中文系1978级本科生。龙岩学院师范教育学院教授，已退休。

深情缅怀元鹿兄

徐时仪

2020 年 1 月 24 日除夕那天，我原打算去医院探望元鹿兄，不曾想因瘟疫肆虐影响到日常生活，整个社会处于疫情防控的非常时期，一下子停摆而未能成行。此后一直想着等医院恢复正常探视再去探望，不曾想 2021 年 8 月 10 日上午 8 点 40 分友生金瑞告知“王老师走了”，心情一下子陷入沉痛之中难以言表，深陷痛失一位知心学长和人生挚友的无奈无助。8 月 14 日亲朋好友门生弟子抱着见最后一面的悲痛心情，纷纷前去送别大家心目中可亲可敬的王老师，追悼会上时不时有抽泣哽咽，似是一些切身感受师恩的门生弟子流露的悲伤真情，令人心碎，泪水盈眶，心如刀剜。

元鹿兄走得很孤独，令人十分不忍，深感无奈。

记得 2018 年 10 月我和友生牧天去元鹿兄家，还约好一起协助他整理四处堆积的书，腾出一点活动的空间。我们总想帮他做些力所能及的事，希望他有一个相对舒适一点的做学问的环境，可能元鹿兄不想给我们添累，一次次推延直到不得不住院医治。

元鹿兄刚住院时还颇健谈，每次探望见面话题广泛，尽管身卧病床，心仍系挂学界，倾注着探究学问的热忱。有几次我与金瑞同去，他想喝水，我们帮他拿水杯；他想抽烟，我们帮他点烟。看着他吞云吐雾，言谈自如，感觉上很快就能出院。他也流露出康复在望的自信，期待着回家，牵挂着正在进行中的国家社会科学基金重点项目。每每说到下星期就能出院，一次次约好过些天出院后一起品茗，一起聚餐。

那段时间元鹿兄还常常来电，一开始还能听清，渐渐地声音越来越模糊，再后来就听不太清楚了，语音中能感觉到缥缈无助的寂寞和失望。2019 年 2 月 4 日除夕，我去医院探望，交流时元鹿兄尚能表达想说的意思。2019 年 9 月 13 日中秋节探望时，元鹿兄能听出我们的声音，说话已有点含混，感觉到他心情郁闷。面对他的病况，感到人世无常，我们说的宽慰的话显得那么苍白无力，心里很难受。

我与元鹿兄相识于一起参编《古文字诂林》。《古文字诂林》的编纂始于 1991 年，共十二册，1999 年出版第一册，2004 年出版第十二册。编纂初期的每个周末我们都风雨无阻，在华东师范大学文科大楼 13 楼 1307 室一起整理资料，一起切磋研讨，一起吃工作餐。编纂进入各自拟撰初稿阶段，几乎每月也都会相聚一两次协调编纂进度，一起讨论撰写中遇到的问题。日居月诸，多年来我们经常促膝相谈，成为莫逆之交。

我与元鹿兄在为人处世上可谓同气相求。正如其在《似梦非梦议高考》中所说："当时我有一个梦——做一个正直而有知识的人"；"李白的'天生我材必有用'是我的座右铭"。[①] 我在所写《幻梦成真》中也有同感。[②] 我们都是 77 级，珍爱失而复得的学习机会，惜时如金，苦读有得，拼搏成才，崇尚真实，视学术为生命，眼里揉不下沙子，厌恶不下苦功毫无敬畏学术之心的投机取巧，鄙视人模鬼样玷污学术还自诩史无前例标榜新创的恬不知耻，不屑于与心口不一追名逐利者为伍。

元鹿兄曾说："实践往往先于理论，并为理论开辟道路"[③]；"学问亦无涯，资料亦无涯，保持客观的科学精神，专事炒作、哗众取宠，更

① 载《王元鹿普通文字学与比较文字学论集续集》，中西书局，2019 年，第 387 页。

② 《幻梦成真》，载《玄应众经音义研究》，中华书局，2005 年，第 812—816 页。

③ 《华东师范大学王元鹿教授访谈录》，载《王元鹿普通文字学与比较文字学论集续集》，中西书局，2019 年，第 206 页。

是必须坚决反对的”[①]。我们做学问都注重务实,注重实干。学问乃天下公器,研究学问要在前贤时秀已有研究成果上有所开拓,学问高下之分就看谁在巨人的肩膀上更上层楼,在于有无自己殚精竭虑的所思所想,有无自己钻研所得的独创贡献。理论是建立在实证基础上,不能指导实践的理论说得再天花乱坠也不可能是正确的理论。

元鹿兄是66届高中生,根底扎实,我则与其妹一样是一个事实上未读过初中的1969届初中生,16岁就被扔到江西插队落户。元鹿兄深深体恤我们1969届初中生的坎坷艰辛,不仅是我的学长,而且也是我的兄长,相识相交数十年对我推心置腹,关爱有加。小女高考时,他热忱力请妹妹百忙中悉心辅导;我身体不适时,他嘘寒问暖托友寻医诊治;当我横遭鄙陋卑猥之徒中伤诽谤时,他嘱勉我行我素,坦然处之,宁为玉碎不为瓦全,好人自有好报。凡此种种,点点滴滴,无不历历在目,铭感在心。

元鹿兄一生勤勉治学,研究东巴文、水文、壮文、傈僳竹书、彝文等民族文字,在文字学理论和实践及普通文字学理论探索上筚路蓝缕,辛勤开拓,所著《汉古文字与纳西东巴文字比较研究》《普通文字学概论》《比较文字学》等论著具有学科开拓性和创新价值,在学界享有盛誉。他博览名著,学贯中西,吟诗作词,才华横溢,传承了父母的“幽默感、对人的尊重与热情慷慨、为人诚实正派等品质”,[②]待人热情,爱护体贴学生,还喜好观看世界杯球赛,打得一手好乒乓。其所学第一外语是俄语,又自学了日语,令人钦佩的是英语也很在行。每年我们上海师范大学古典文献学专业研究生答辩,我总是邀他做答辩委员会主席,直到他住院。他主持答辩得心应手,点评引古征今,切中肯綮,不仅细看全文,而且每每指正英文摘要,于谈笑

---

① 《水文在文字学研究中的认识价值与研究方法》,《中国文字研究》第九辑,大象出版社,2007年。

② 《华东师范大学王元鹿教授访谈录》,载《王元鹿普通文字学与比较文字学论集续集》,中西书局,2019年,第209页。

风生中令人脑洞大开，终身受益。

元鹿兄给我的感觉不仅是儒雅睿智，治学严谨，学识渊博，幽默风趣，尤其是有担当，有骨气，讲义气，说一是一，一诺千金，有傲然自立的学者风骨。他解说"为什么活着"，即一方面是"活着"看看这个世界，一方面是"活着"让这个世界看看，[①]堪为经典之说。人生一世，不可虚度，更不可妄度。有的人蝇营狗苟，欺世盗名，走了，也就烟消灰灭；有的人学高身正，光明磊落，走了，德泽长存，人们思念不舍，还一直活在人们的心里。元鹿兄没有虚度此生，不但没有虚度，而且事业有成，有思想，有创建，有情义，活力四射，潇洒自如，尤其是培养了一批卓越的硕士、博士研究生。这些门生弟子多已成为教学科研的生力军，足以告慰元鹿兄的辛勤栽培和殷切期许。

如今凛冽的寒冬即将悄然隐退，我们有着五千年文明底蕴的华夏神州又岂容瘟疫恣意摧残，放眼世界，春回大地，万象更新，桃李芬芳，元鹿兄门生弟子也拟编辑出版《王元鹿先生纪念文集》。月前奉到其高足建军教授约稿大函，亲朋好友门生弟子皆各自撰文寄托内心的思念。元鹿兄自题肖像云"吾爱纳西夏色美，东巴神曲彻层林。玛莎少女真情在，此曲颇堪回壮心"[②]。其音容笑貌犹在我们眼前，仍是那么帅，那么目光炯炯，风度翩翩，神采奕奕，满溢着人格魅力。有大家的思念，元鹿兄不会孤独的。

人生在世，难得知己挚交，谨以此文略表缅怀之深情。

壬寅新春于上海师范大学

作者简介

徐时仪，上海师范大学人文学院二级教授、博士生导师。

① 《华东师范大学王元鹿教授访谈录》，载《王元鹿普通文字学与比较文字学论集续集》，中西书局，2019 年，第 225 页。

② 载《王元鹿普通文字学与比较文字学论集续集》卷首，中西书局，2019 年。

深切怀念元鹿学长

张玉来

一

时光如梭,转瞬间,元鹿学长离开我们半年多了。其门生朱建军等友想要出一本纪念元鹿学长的文集,约我写一篇怀念文章,以我跟元鹿相知之深,我不假思索就答应了。

我与元鹿学长相识相知缘于共同的老师——盖兴之先生。盖先生是我的济南老乡,北大的高才生,藏缅语专家,精通多种云南少数民族语言,尤其对傈僳、基诺两种语言有精深研究。1985 年秋季学期一开学,我即奉先师殷孟非先生之命,出外学习民族语言。20 世纪 80 年代,学术界百花齐放,语言学研究轰轰烈烈,学习各种语言和文字是一种潮流。大约 8 月初,我先去广西学习了一段时间的壮语和侗语,并踏着李方桂先生的脚印到过武鸣,在壮文学校跟陆雄老师学习了一周左右的壮文。大约 9 月底,我转道贵阳,来到了云南,打算学习拉祜语和傣语。抵达昆明并在云南民族学院招待所住好后,我先是跟着常竑恩先生学习了两三周的拉祜语音系和语言面貌,中间得空多次拜访盖兴之先生,了解傈僳语和基诺语概况。从盖先生处了解到,元鹿大约在 1985 年春上来云南学习了纳西语和东巴文。后来从元鹿处了解到,学习期间盖先生帮了不少忙。元鹿是通过傅懋勣先生的介绍跟盖先生相识的。盖先生高度评价了元鹿的学习成效,对其未来成就寄予了极高的期待。盖先生愿意介绍我们联系,并给了我元鹿的联系方式。因为盖先生的赞美,我不由得对元鹿心生仰慕之情。此后,我又去景洪学习了几个星期的傣语,因路途颠簸,居无定处,没有立即跟元鹿联系。

1985 年 11 月底我回到学校后不久,即写信给元鹿学长交流学习心得和在云南游历的收获,并汇报了盖兴之先生的情况。这样的通信持续了四年,期间元鹿在他主编的一个内部刊物上发表了我的一篇小文章,好像是《论语言的民族习俗因素》(不敢确定,底稿和刊物都找不到了)。直到 1989 年 8 月,我因公出差,我们才第一次在上海见了面。这次见面是提前写信约好的,他详细告诉了我他家的具体地址。那时电话稀缺,网络和微信什么的还没问世,书信最为靠谱。我虽早知上海居大不易,当来到元鹿位于衡山路上的居家时,还是大吃了一惊。两间逼仄的阁楼房,不知有没有 50 平方米。元鹿父母住的那间稍大点,他们夫妻住的那间小一些。上海夏天的傍晚十分溽热,实在没法落座,我们就到马路边的石凳上聊了两个多小时。此后,除了 90 年代元鹿去美国华盛顿大学访问的三年,我们又多次见面。在这么多年的交往中,我们主要交流学术和生活心得,从纳西东巴文谈及埃及象形文字;从表形文字聊及表音文字;从文字表词、表语素论及表语段……我从中收获了很多很多,知道了很多文字方面的知识。

2001 年我南下苏州,来到了元鹿的家乡工作,我俩又平添了一份乡情。大约 2005 年秋间,我请元鹿等几位学者在姑苏饭店参加一个学科建设的评审会,闲暇时我们一起行走在水乡的小街小巷间,有说不完的话,有聊不完的学术。再后,我来南京工作后,工作压力陡增,事情繁杂,跟元鹿的联系就相对比较少了。前年听王平教授告知,元鹿身体不好了,我想他一定会吉人天相,待我找机会来上海看看他,谁承想,竟然就没有成行的机会,不久就传来了他辞世的噩耗!悲夫!

二

元鹿一生都在研究文字学，他在普通文字学与比较文字学体系的构建、东巴文、坡芽文字、汉古文字以及中国少数民族古文字研究理论等领域耕耘四十多年，出版了数量可观的论著，为学术做出了杰出贡献，并构筑了自己的文字学研究体系。

元鹿大部分有关文字学的论著我都认真读过，从这些论著中，不难发现元鹿的文字学研究中充盈着自己的学术灵魂，装载着很强的学术使命感。他掌握的文字材料十分丰富，对各种文字体系的本质与性质的认识精确到位，对文字发展规律的把握全面而细微。我仅以《汉古文字与纳西东巴文字比较研究》（华东师范大学出版社1988年版，以下简称《汉纳研究》）和《普通文字学概论》（贵州人民出版社1996年版，以下简称《普概》）等有限的论著为例来谈三点元鹿的贡献。

1. 搭建了一个富有特色的普通文字学架构

《普概》这部著作，元鹿是抱着一种使命感来完成的。有鉴于我国历史上的文字学的局限，比如材料的局限、比较的缺位、系统性不够等，他认为，如果说老祖宗们的认识和做法情有可原，那么时至今日，当我们已经清楚地了解到世界上还存在过和存在着种种别的文字系统，而且即便中国的文字也远不止汉字这一种的时候，要是仍把“文字学”作为“汉字学”的代称，便几乎是无可谅解的事了。普通文字学应该是一个从个别到一般，从微观到宏观，从实践到理论的学术体系。在这种搭建学术体系的使命感的促使下，他以开拓的勇气尝试建立了富有中国特色的普通文字学体系，他认为这个体系应该包括学科性质论、文字本质论、文字类型论、文字发生论、文字历史形态论、文字传播论。《普概》围绕这个体系的构建展开了大开大合的学术讨论，提出了一系列的极富参考价值的学术观点，处处闪耀着他的学术的智慧。

2. **文字发展有其内在规律**

文字产生与发展具有共同的规律，比如自源性的古文字基本起源于图画，意音文字是文字发展的重要阶段。元鹿认为，把一些原始图画拿来同上古图画文字的残余进行比较，足以证明汉字渊源于图画，而东巴文对于东巴画，也有明显的相似、同源和承继关系。(《汉纳研究》第 57 页)他还认为，由于汉古文字和纳西东巴文字的渊源都来自图画，又都经历了从以全体性的“画成其物”发展到“画成其意”的过程，所以，这两种文字造象形字时所使用的手段大致是相仿且对当的。应该说，这一共同之处也是世界上许多较为发达的意音文字的共性。

元鹿关于早期自源性文字基本都起源于图画的论述，我们只要比较一下圣书文字、苏美尔图形文字、楔形文字、克里特文字、玛雅文字，就很容易证实其说的合理性。除了图画，符号也是文字的源头之一。元鹿举的例子如东巴文的“甘”、汉字的“甘”；东巴文的“苦”、汉字的“苦”里，除了口形外，都含有抽象符号，表示嘴里所含之物。

元鹿认为，文字是一种符号系统，所以，只要不影响记录语言的精确性，它总是由繁趋简地发展的。文字主要渊源于原始图画，其功能又是充当符号，所以，从图画走向符号性，是文字的符号体态发展的主要趋势。(《汉纳研究》154 页)元鹿所勾画的文字发展的链条是：表意文字→意音文字→表音文字。

3. **文字表达的语言单位具有多样性**

学术界一般认为，从文字记录语言的方式(即这个文字系统用何种方式造字来记录语言)来分析，文字体系可分为表意文字、意音文字与表音文字三类。表意文字是直接用文字的形体表现它所记词义的文字系统，如尔苏沙巴文字。意音文字是用一些形体直接表现词义，又用一些形体符号表达读音的文字系统，如汉字、东巴文字。表音文字则是用字母来记录词的读音的文字系统，如日语的假名，以及英文、俄文等许多字母文字体系。

但是,不同的文字体系在表达语言单位的时候,实际存在着不同的情况,不见得都能准确无误。比如,在已经发现的东巴经文里,文字记录语言的精确度是不同的,有的记录语言的精确度只有40%左右,有的达到60%,个别的达到100%。那些不精确的文字也是文字体系的一部分,不能摈弃于文字系统之外。因为,它们只是记录语言的单位有所不同罢了。(王元鹿、朱建军《"坡芽歌书"的性质及其在文字学领域中的认识价值》,《华东师范大学学报》2009年第5期)

自源性的古文字记录语言的精确度低的原因是它们记录单位有些是语段。元鹿说,一种自发产生的文字,其萌芽发生阶段,都经历过语段文字的阶段。(《汉纳研究》第134页)比如纳西东巴文字的文字符号与语言单位的对应关系,带有较强的语段文字的特征,只能记录语言的大意,记录的语言单位往往是一句话或一段话。(《汉纳研究》第22页)甲骨文也有语段特征,"坡芽文字"也记录语段。(王元鹿、朱建军《"坡芽歌书"的性质及其在文字学领域中的认识价值》,《华东师范大学学报》2009年第5期)

实例这里就不列举了。

方山苍苍,太湖漭漭;
元鹿之光,日月同长!

作者简介

张玉来,南京大学文学院教授。

悼念文字学家王元鹿先生

杨福泉

今天惊悉华东师范大学教授、著名文字学家王元鹿先生病逝。心情黯然。回忆起1989年,王元鹿先生来到云南,我们在和志武老师家里相聚,当时王先生赠送了我一本他在1988年出版的《汉古文字与纳西东巴文字比较研究》。王元鹿先生的这本著作是对纳西东巴文和汉古文字进行比较研究的一本力作,也是我国改革开放后文字学界最早进行这一比较研究的一个重要成果。我认真拜读过。

2017年5月,我与丽江东巴文化研究院李德静院长和该院青年学者和霁然参加在上海举办的纳西族史诗《黑白战争》连环画创作展览,期间一起去拜访了王元鹿先生,先生当时腿脚不便,中午还坐着轮椅来盛情请我们在一家饭店吃淮扬菜。

没想到时隔4年,王元鹿先生就离我们而去了,中断了他热爱的治学生涯。去年今年人间多灾多难,我的好几个亲人师友都离开了人世,心情悲凉,黯然神伤。今日天下大雨,我在云南遥祭元鹿先生,祈愿先生一路走好,祈愿先生能在另一个世界继续自己喜欢的学术探研。

王元鹿先生千古!

治学勤耕耘,素心留华篇。
为师育桃李,薪火得相传。
重逢在上海,漫忆云之南。

闻君辞世去，遥祭隔关山。

2021年8月10日昆明

作者简介

杨福泉，纳西族，云南省社会科学院二级研究员，云南大学民族学博士生导师、中国民族学学会副会长、中国西南民族学会副会长、云南纳西学研究会会长。

挚　友

孙勤凤(Qin Feng Krimmel)

惊悉著名语言文字学家、民族古文字学家、我的挚友元鹿先生故世,我非常难过和痛心,他只有75岁。

这些日子我一直在想,如果元鹿能在生活上多保重,多注意身体,也许他还健在,因为祖国需要他这样的人才,我们需要这位能为朋友两肋插刀的兄长。

我还记得和他谈生活的点点滴滴,谈我事业上的发展,他曾经和我开玩笑,说我的才华在美国被发掘了。对我来说,是很高的评价。如他还健在,一定会继续为祖国的古文字事业做重大的贡献。

我和元鹿结缘是在1991年。他作为访问学者来美国的华盛顿大学进修,我当时在哥伦比亚大学读硕士。我和他在华师大只是点头之交,他来美后,他的家人希望我能多关照他。我的学校离他住的地方坐火车是两个多小时,我一般是周末去看他,他非常感动我能挤出时间去拜访他。他的语文和语言的天赋令我敬佩,他英语的进展令我惊讶,短短几个月他已能正常地和人交流。因为学业紧张我不能常去他的学校拜访他,所以我常和他电话交流。我很能理解元鹿,当时因为刚来美国,生活非常不习惯。远离亲人家人,非常孤独。我告诉他,一切都会好起来的,因为我也经历了思乡的痛苦。

时间长了我们成了无话不说的好朋友。我曾经问过他:如果时间倒转我会成为一名中文系的好学生吗?他的回答是"Yes"。有一件事令我非常感动。我当时和我的男朋友Chad相恋,但我父亲反对,父亲希望我找一个中国人,因为爸爸担心美国文化,担心美国高达50%的离婚率。我订婚后带 Chad 去见元鹿,两位学者如鱼得水,他和 Chad 成了好朋友。元鹿还给我老爸写了长信,告诉我父亲我的选择是对的。他还参加了我的婚礼。他是一位善良、很为他人着想的人。他为人诚挚,感情非常细腻。在今天的社会,很少能找到像元鹿这样人品的人。

我最后见他是在三年前。他去我上海的家,和我、我先生、我儿子 Charley、我妹妹交谈了很长一段时间,他知道我先生喜欢茶,还特地买茶叶给我先生。这是我和元鹿最后的会面。可惜老天爷把他带走得太早了。

元鹿是一位学者,但是我有幸了解元鹿生活的另一面。他对事业的执着,对爱情的忠诚,对父母的孝顺不是一般人能做到的。悲痛之极,我非常荣幸能和元鹿有20多年的友谊。他的过世是语言文字学领域非常重大的损失。现在我能做到的是在事业上更上一层楼,以报答元鹿。如果在天有灵,元鹿一定会含笑九泉。因为他所尊敬的挚友 Qin Feng Krimmel 已是美国联邦军人医院事业有成的佼佼者。

元鹿,愿在天堂你没有痛苦和疾病的折磨,在天堂继续做你喜欢做的事。

2022年2月22日

作者简介

孙勤凤,英文名 Qin Feng Krimmel。在华东师范大学工作十年。1987年赴美留学,现为美国联邦军人医院的 Inventory Management Secularist。

追怀王元鹿先生

木仕华

2021年8月11日，我从微信上得悉华东师范大学王元鹿教授因病遽归道山，享年七十有五。常言有“人生七十古来稀”之说，但依现今的医疗条件，依然让人痛惜。我马上联系了丽江东巴文化研究院的张福龙先生，请他及时通知同单位的李静生先生，李老师与王先生彼此相知甚深，理应知道此讯。李老师也因病尚在康复中，怕受刺激，张老师和李老师的儿子商定暂时封锁消息，次日方知李老师已经在当日发了唁电。随后，在疫期溽暑中，我亦自然而然开始回忆起与王元鹿先生相识以来的诸种交往和旧事，觉着应该梳理一下思绪和记忆的碎片，记下心中对他的感激之情和缅怀之意。

我与王元鹿先生第一次见面相识是2000年在北京密云水库宾馆举行的中国民族古文字研究会学术年会上。那时我刚从学校毕业不久，当时我的导师涟水王尧（天挺）教授尚健在。记得会议报到当日下午在宾馆二楼与王元鹿先生、照那斯图先生、张公瑾教授等几位前辈同道一起讨论交流了丽江发现的吐蕃古藏文碑铭的研究事宜，我在会上帮忙跑腿，没有全程陪伴，只是在走过他们身边时听见他们几位前辈在认真倾听王尧老师对丽江吐蕃碑的研究心得介绍，甚为快慰。如今这几位前辈均已作古，可谓昔不至今。会议休息期间，王元鹿先生告诉王尧老师，他多年前曾与王尧老师的早期弟子褚俊杰先生一起，在上海与王老师有过一面之缘，可惜王尧老师居然给忘了，为此王尧老师连忙致歉。王尧老师向我介绍说：

“元鹿先生是江苏老乡，苏州人，研究你们纳西族的文字，以后你们就彼此好好交流吧。”在王尧老师的引见下，我算是与王元鹿先生相识了。

那次会议王元鹿老师还领着研究生郑飞洲、史燕君同学一起参会。会议间歇他们几位还到水库边上买了葡萄，在宾馆大厅碰面时王老师让去他的住所吃葡萄，我因其他事务没能前往。当晚晚餐时与王元鹿先生同桌，席间王老师给我讲述了他的许多师友，同时还介绍了他去美国访学期间的所见所闻，风趣幽默，笑声盈盈，我只记得他对我说他去访问的那个大学有十几个诺贝尔奖获得者，该大学在国际上的学术地位颇高等。就餐时我们不停推杯换盏，品享丰盛的晚餐。我们大家伙在吃饭之际，王元鹿老师一个人在餐桌边一会儿静默，一会儿与大伙聊天，一会儿喝酒劝酒，一会儿自己个儿抽烟。我陪侍左右，就跟王老师说，请他先吃饭，餐后再抽烟。王先生蔼然一笑，对着我的耳朵说，我吃饭时一般都是气体、液体、固体一并品享，我只得在王老师的香烟缭绕中用完晚餐。

此后几年，我与王老师见面的机会较少，但彼此大都了解各自的情况。有一回他的硕士研究生刘凌女史来京收集资料，也到我们研究所，见面时，我还特意问起王老师的近况，刘女士还专门赠送了王老师的新著《普通文字学概论》，这本书我很认真地拜读过，珍藏至今，十分感谢他们的好意。限于当时的条件，好像我也没能帮上刘女士什么忙，但也算认识了，十几年后见面时还记得彼此。2008年我去华东师范大学闵行校区参加文字学会议，却没见到王元鹿先生，倒是见到了他的几位学生，才得知王老师身体欠安，我请他们转达问候之意之后，匆匆离开上海回京。一年后中日韩文字学会议在华东师范大学校本部召开，我有幸参加此次会议，王老师拄着拐杖，走路有些费劲，在会议间隙与我见面，彼此问候，互道珍重。他坚持听完了会议，没有发言。记得那次会议他还专门邀请了李静生、朱文旭两位老师参会。我因事没有停留，也没有参加会后的活动，这算是最后一次见面。

此后有几次学术会议上也与王老师在华东师范大学的几位同事如臧克和教授、刘志基教授、董莲池教授、潘玉坤教授、张德劭教授等相识，常与王老师的几位在沪上各大学工作的学生如朱建军、翟宜疆、刘凌、高慧宜等各位相逢，自然也会询问王老师的健康情形，得知恢复良好，亦顺祝安康。这期间还得知王老师去丽江调研，与众纳西学者们交流，留下许多影像，受到丽江有关方面的盛情接待，我得知后，亦十分替他高兴。

2016 年适逢王元鹿先生七秩寿庆，其学生和同人在《华西语文学刊》出专刊，庆贺王老师的七秩寿辰，彰显先生的道德文章，我亦有幸受唐均先生之邀，在朱建军先生的协助下，滥竽其间，撰写祝寿文章《纳西东巴文祝辞“延年益寿”本义为“长寿饭饴”说》为王先生贺寿，我在祝寿文章的开头写了一小段题记云：

> “丙申年恰逢华东师范大学苏州王元鹿教授七秩华诞寿庆，西南交通大学唐均先生邀我撰文参与其役，恭敬不如从命。仕华不才，既属边鄙蛮夷，又非王门登堂入室之弟子，偶治纳西东巴文之故，于文字学殿堂外廊庑间有幸与王元鹿教授相逢相识，诚释家所谓因缘也。王元鹿先生治学专精，待人恳挚宽和，奖掖后学，不遗余力，学高为师，行为世范，道德文章堪为我辈模范，值此七秩华诞，特撰小文为王元鹿教授祝寿，谨祝长寿饭饴！”

此文的撰写和问世也可以算是我和王元鹿先生学术交谊和缘分的一项明证，如今看来，弥足珍贵。

王先生为苏州人士，苏州是近代纳西族高僧名宦十分推崇的富贵红尘中天堂般的名城胜地，也是参禅悟道的绝妙去处。近代以来，苏州一直是纳西族得道高僧归隐林下和官员宦海收帆之后终老之所的首选之地，这种风习我估计最迟在晚明时期就已经开始了，至今苏州小王山一带尚有丽江纳西族和云南各地官宦人家的墓茔和滇籍高僧墓塔留存，堪为历史明证。丽江古城的民居建筑风格也在一定程度上具有苏州民居建筑深刻影响的因子，诸如十分注重水体与城市建筑间的合理配置的做法。粉墙黛瓦，小桥流水人家，宛然是两座城市的明显标志，丽江古城也素以“高原姑苏”的雅称名垂天下。

在我儿时在家乡丽江生活的记忆中，家乡人惯用汉字对联抒写胸臆，家中老人过世后，书家常用唐代诗人张继的《枫桥夜泊》一诗中的“月落乌啼霜满天，江枫渔火对愁眠”作为挽联贴于丧家大门两侧的抱柱之上，抒写出家中亲人去世后的悲凉的情境，姑苏名城与寒山古寺的钟声大名早在儿时已是耳熟能详。这也可以说是我们丽江人和纳西族对苏州这座江南名城及苏州人的历史缘分和情谊的缘起之点。因此，对王元鹿先生作为苏州学人却以纳西族文字研究为其终身志业的理解也就十分自然顺畅了，可以说是缘分早已注定。

王元鹿先生之所以被纳西族学者们所记挂，一则与他的研究领域有关，二则他十分善于发现他人的长处与优点，而且更值得我们后学推崇的是，他总是在别人背后肯定和推崇他人的观点和新见，这是十分难得的嘉言懿行。他对我们这些后生也是一视同仁，贯穿始终，这理当是我辈必须铭记心碑的恩泽。这与一些擅长苛责贬低他人和打压后学的居心不良者的做法相比，彼此境界，确实有天壤之别。

先师荣成马学良（蜀原）先生在世时，一再告诫学生，一定要把时间精力用在自己的研究和兴趣之上，而不要忙着去指责别人的错漏与缺点；对于学者而言，发现别人的优点和新见才是拜读他人成果的目的，过分纠结于他人的错漏大可不必，人无完人，难道你就没有错处，不必以苛责别人为己任或凸显自己有多么高明独绝。坚守先生如此教诲，警示自己为人治学，一直以来我从未“致力于”此种学问方式。

王元鹿先生待人诚恳，低声细语，不喜欢高调，很多场合他一般都是在一边静默，在私底下与他交流时，他却十分幽默，有时让人忍俊不禁，但他却非常平静，诚高人乎！他的著作和论文都是以平实严谨、深入浅出见长，从未见他玩什么心机或指责他人。王先生写的书评也非常有特色，和志武先生生前就十分服膺王元鹿先生撰写的《纳西象形文字谱》的书评，一再向我推荐须细读此高文。后来王先生评价约瑟夫·骆克的《纳西-英语百科词典》，也是尽量去发现别人的优点和高见，但又能把所评著作中存在的问题与值得改进的方面说得清清楚楚，可谓文如其人，信守温良恭让的古风。

时下学界浮躁纷扰，抽主编疯、发课题病者大有人在，在各种江河湖海山为名的利益帽子的诱惑下，见利忘义，"短、频、快"生产学术垃圾；更有甚者，学术研讨会议俨然成为一种学术演出活动，派系斗法，互相贬斥，沽名钓誉，有辱斯文，道德与学术的底线早已如踏平的门槛一般废弃，在此种情境中尚能坚守学者求真求实的底线，胸怀知识人的骨气与底气者，实属难得。于此而言，王元鹿先生能在终其一生的治学和生活的艰难困苦中，以及晚岁病痛中坚守学者职志，心存仁者温良的恕道，实在是我辈后学的真正楷模！

人世几何，往来成古今，自古伤情者唯别而已，黄鹤不知何处去，白云千载空悠悠，逝者如斯，怆然涕下。惜缘知恩，理当是人生的第一要义！为人治学亦概莫能外。王元鹿先生以文字学研究为终身志业，又以比较文字学和纳西文字研究而名世。先生的过世，使纳西族失去了一位值得敬重的师友，学界失去了一位仁德宽厚的智者和尊长，何其悲哉，特此敬悼王元鹿先生！

2021 年 8 月 11 日于京西畏吾尔村

作者简介

木仕华，纳西族，中国社会科学院民族学与人类学研究所研究员。

像王元鹿老师那样做老师

叶　开

王元鹿教授是我大学时的古文字学老师。

刚看到谭杰同学发来他去世的消息，我竟不敢相信——华东师范大学中文系的老师们普遍长寿，王元鹿老师才七十岁出头，实在是太年轻了。

王元鹿老师可算是我的恩师。我虽没有读他的研究生，不算正式拜入师门，但从乡村到上海，一入大学就幸遇一位温文儒雅的先生，让我深感人生之幸运。

我们实际应该称王元鹿老师为先生，才更符合上海本地的习惯。我上大学时，听上海本地孩子用上海话称老师为先生，自然而然地十分妥帖。叫先生才是对的，但已经叫不出口，强而为之，未免矫情。

依稀记得王元鹿老师是世家之后，但我觉得也不必去考证了。

王元鹿老师生于1946年，童年刚过，就进入一个大时代——青年时代上山下乡，经历"文化大革命"，人到中年了才有机会入大学，才有机会做学问，真是什么苦都吃过了，什么罪都受过了。但能上大学能深造，能有机会做学问，比起同辈人，王元鹿老师算是幸运了。在最需要营养的青年时代营养匮乏，在需要休息休养的时代过分劳累，或许这些给王元鹿老师的身体留下了隐患。上大学时，就觉得他身体不太好，在讲台上，虽然温和，却也中气不足。

1987年10月，我们87级新生军训一个月就结束了。

军训结束不久，王元鹿老师就出现在文史楼307教室里（也可能是其他教室）。

那时王元鹿老师四十三岁，还不如我现在年龄大。但他头发已花白，厚厚的眼镜，用一根绳子系着腿挂在脖子后面，说话前先咳一声，然后在黑板上写几个漂亮的粉笔字。

王元鹿老师不是大踏步走路，而是稳稳重重地迈步，这让他看起来特别有气质。

同学们毕业后回忆，都认为王元鹿老师是大学里少有的儒雅知识分子。现在的大学，闲杂人等都当了教授，很多人形象实在不堪，但王元鹿老师真是属于文质彬彬、谦谦君子的标准形象。回想起来，他的模样就是和蔼可亲，觉得不仅是一位老师，更是一位可靠的父辈。

王元鹿老师不仅形象好，为人谦和，脾气也友善，是真心关爱学生。对懵懂无知的新生，他不吓人，更不讨厌。讲授深奥而枯燥的文字学，他也能娓娓道来，让我们听得有滋有味。

那时王元鹿老师的硕士论文《汉古文字与纳西东巴文字比较研究》出版不久，看起来是薄薄一册，却是古文字学与少数民族文字比较研究领域的开创性作品。但那时我们刚入学，对古文字学一无所知，更弄不懂纳西东巴文字这种天书般的字符。

我也赶时髦买过一本，但至今也没有看完。也是因为王元鹿老师的影响，后来我去丽江，还赶时髦买了一块纳西东巴文字的木刻板，带回家挂在墙上。

即便对文字学陌生如此，作为翘课大王的我，竟然从不逃王元鹿老师的课。我不仅坚持到上完，还认真地写了文字学课的小论文。可能王老师为人实在太好了，我实在不好意思逃他的课。你上课时，总觉得他那么深情地看过来，看着你，让你无处可避。那时候，我有种感觉，王元鹿老师是理想父亲的模样，让我想起自己的父亲——我父亲只是一个普通人，但他对待我们总是好脾气，从不打骂批评，尊重得有点过分，这与王元鹿老师在气质上莫名地有共通之处。或许是发自内心的友善,或者是悲天悯人,又或者天性谦和,对年轻学生持以平等尊重的态度。

上课时,王元鹿老师对每一位同学都很友好,让我们这些在中小学挨惯老师训斥的人,开天辟地头一回感受到了平等与尊重。

在课堂上,王元鹿老师最爱说的一句话:"……也可以成为一家之说。"

这句话我和同学们记忆尤深,一说起他,就想起这句话。

无论我们在课堂怎么突发奇想或异想天开,甚至滥发一通不知所云的感慨,王元鹿老师都会认真地看着你,听着你,尊重你,你越说越要流汗,不知道怎么结束。以至于很不好意思,课后只好去找他的书来读,找他提到过的古文字学著作来读。不然,真觉得太对不起他了。

我从小捣蛋惯的,一次在课堂上声称:古文字中的"江"与"河"的引申义,在战国时期就有了,而学界认为到隋唐时才出现。我对此实无研究,这么说只是想出出风头,也没什么研究材料支持自己的观点。

但王元鹿老师却连连点头,说:"很好,很好……也可以成为一家之说。"

因王元鹿老师之鼓励,我就真起劲了。为证明不是滥发谬论,我得好好研究一下。确实没有证据支持的话,下次课上我就向王元鹿老师道歉。

那时,上海古籍出版社出版的影印本四书五经,黑色硬皮精装三卷。按理说我根本看不下去,却花十几块钱巨款买了一套。然后,我用了两个多星期,把三卷本从头到尾翻了一遍,有"江""河"二字的地方都画了线。很多词句还看不太懂,但我只是找字,可以不求甚解,竟然就翻完了。我把画线部分的内容抄下来,分析之后写了一篇小文章《论"江""河"的引申义》。文中列举了出现在四书五经里的"江""河"二字,对不同地方的本义和引申义都做了分类与归纳,最后认为最晚在战国时期,"江""河"的引申义就很明显了。

这篇小论文仅检索《四书五经》，没有翻阅《老子》《庄子》《墨子》等其他先秦著作，证据不够充分，竟敢推翻古文字学界的共识——通常认为，唐以后才出现“江”“河”的引申义。

小论文交上去后，王元鹿老师给予充分的鼓励，说极有价值，发人深省，打算推荐给《古文字研究》杂志发表。

又过了一些天，龙凤清同学不知什么原因，可能私下去拜访了王元鹿老师后，王老师托他带回这篇论文。他郑重其事地跟我说，复旦大学的一位教授有篇文章，观点跟我类似，不知道我是否“参考过”？龙的语气委婉，文质彬彬的样子，跟这家伙平时的风格完全不同。

龙同学来自张家港，农民之后，当时应该是个粗糙家伙，不像后来的“龙总”。那时龙同学竟如此有修养地、像个知识分子地说话，大概是王元鹿老师嘱咐过的，教他要怎么说话，怎么表达，才不会给我造成伤害。

这是我猜测的，有一定的合理性。刚进大学不久，龙同学怎可能如此细腻呢？高中生刚升级大学生，大多是愣头青，混不吝的家伙。

即便如此，我还是深为受伤，十分地不高兴。

我说：“我花了两个星期在书里找字，你又不是不知道。复旦大学教授竟是这种水平！我一个大学一年级新学生写的文章，跟复旦大学教授的水平竟然一样！哈哈！”

龙同学说：“你别生气，先看看复旦教授这篇文章。王老师给你复印了，你看能不能改一改，改过之后他还可以推荐给杂志发表的。”

“不改了，不改了。”我那时真是无知无畏。“文字学原来这么简单，我还改什么啊。不发表就不发表吧。”

我就这样使小性子，发脾气，辜负了王元鹿老师的一片好心。至今，我都欠他一个道歉。

王老师宽宏大量，肯定早就忘记了。但每每想起来，我都为自己的胡闹而感到遗憾。如果我诚恳拜读复旦教授那篇文章,老实修改后得到王元鹿老师的推荐发表,可能就走上古文字研究的道路了——同年级李同学在《古文字研究》上发表过一篇小论文,后来考了语言学研究生,又读了文字学博士,再后来,成了语言学教授。

不过,我这种性格确实也不合适做文字学研究。要说搞文字学研究,还是像老同学张再兴教授那样坐得住冷板凳、认真地做学问的人才行。

性格决定命运,人各有自己的命运。

我太太也是王元鹿老师的学生,自然是比我好得多的学生。

王元鹿老师去世,我们都感到十分悲伤。

太太说:"……要像王元鹿老师那样做老师。"

她这句话脱口而出,为这篇不成敬意的小文起了一个好题目。

学习王元鹿老师,做一个爱护学生的好老师,是对他最好的纪念。

太太又说,我们不把王元鹿教授称为教授,而是称为王元鹿老师。

王元鹿老师,是我能想到的一位老师最好的样子。

2021 年 8 月 11 日于多伦多

2022 年 1 月 28 日改于多伦多

作者简介

叶开,原名廖增湖,华东师范大学中文系 1987 级本科生。

当时只道是平常

——忆与王元鹿老师的交往

张再兴

来到华东师大，遇到王元鹿老师是我的幸运。从1988年上古代汉语课开始，30多年来我成长的每个阶段都有王老师的陪伴和指点。在交往过程当中，我深切地感受到了他的学者风范、长者风范和师者风范。

我跟王老师的交往大致可以分为三个时间段：华师大中文系就读阶段、中医大工作阶段、华师大中文系教书阶段。

在华师大读本科的时候，王老师从大一第二学期开始教我们古代汉语。给我们上课时，他大约40出头，作为77级大学生，研究生毕业不久，又刚评上讲师，意气风发。我从第一学期现代汉语课开始，就对语言类的课程感兴趣，古代汉语课也算比较用功，自然而然的，就与王老师的接触逐渐增多。

印象最深的是有一次在河东食堂的门口遇到了王老师。他和金老师一道，他便向金老师介绍我说："这是小张。"其实并不是什么特别的称呼，但是对于一个刚从乡下来到大城市读书的乳臭未干的小子来说，我一下子有了长大的感觉。

他是愿意花时间在学生身上的老师。大概是我本科二年级时，他组织了古汉语兴趣小组，一开始参加的人很多，很是兴旺。时逢上海民俗文化学社刚成立，办了一个内部刊物《国风》，王老师和刘志基老师一起办了一期"文字与民俗文化专号"，兴趣小组好多同学写的文章都在上面发表,其中的好几人后来都考上了研究生。我和向洋兄翻了半天的《说文解字》,也写了一篇《"晶"字所示原始文化一斑》,这是我的第一篇印成铅字的学术性文章。刊物印刷时,王老师派我和另外一位编辑去常熟印刷厂进行校对,这也是我人生第一次出公差。

1989 年,王老师和李玲璞老师、巢宗祺老师一起计划编纂一部少数民族古文字同义对照字典。我负责彝文,开始学着做资料卡片,得到了基础的研究方法熏陶,也引起了我对彝族语言文字的兴趣,我的学年论文就是有关彝语的。

当时我对古汉语的学习偏重于文字音韵训诂这些基础理论书籍的阅读,但王老师鼓励我要有自己的想法并且把它写下来,我自认为基础不好,要先打基础,王老师便说了一句我至今都印象深刻的话:"基础是打不完的。"另外一件对我研究影响很大的事是王老师要我学着做灵感卡片,把自己的想法随时记下来。他自己就随身带了一个小的拍纸本,随时记录想法。我在以后的汉字文化、秦汉简帛研究中记录了好多本子,其中的一些想法就形成了学术论文。

除了我这样对古汉语感兴趣的同学之外,王老师对其他同学也都很尊重和关照。一位来自新疆的维吾尔族同学,古汉语基础不是特别好,王老师便叮嘱我帮助她,很惭愧我没有遵照他的嘱咐做。刘健同学总说王老师很好,后来她去了新加坡,回国时常拉我一起去看王老师。很多年以后,我们这届同学举办过一次聚会,约有二十来人,大家专门请了王老师一起参加。

1994 年,我研究生毕业,去了上海中医学院(现在的上海中医药大学)教医古文。那时王老师的家在宛平路衡山路口,是一座三层小洋楼的三楼,大型车驶过的时候,整个楼都能感觉到震动,王老师说这是这栋楼牢固的表现。后来修徐家汇公园,楼被拆掉了。当时中医学院就在零陵路靠近宛平路那里,离王老师的家很近,骑自行车几分钟就到了,我隔三差五就会去他家里坐坐,还有幸尝到过他妈妈亲手烹饪的苏州菜。具体的谈论话题以及王老师的教诲已经完全不记得了，只记得当时写了好几篇关于中医文化的小文章，王老师帮助推荐给了《上海大众卫生报》发表。

2000年博士毕业后，我有幸调到华师大中文系，成了王老师的同事。不久，王老师家拆迁，搬到了曹杨新村，离我家也很近，因此我们之间的交往就更加频繁了。王老师退休前的几年，腿脚已不太方便，我因为离他家近，所以经常会开车载他一起去文字中心或者中文系开会。路上，我有时会跟他谈及我自己学术研究当中的顺利和不顺利，他总是给予热情的鼓励。由于常在一起，我也认识了众多的王门弟子。我的学生和他的学生来往也很密切。有一年岁末聚餐，我们还一起跟学生吃火锅。十几个人，熙熙攘攘，很是热闹。

作为同事的二十年里，最多的交往是参与王老师的课题。王老师的研究从《汉古文字与纳西东巴文字比较研究》到《普通文字学概论》《比较文字学》，研究材料的范围不断拓展，研究不断深入，一直在朝着他的宏伟清晰的理论构想目标前进。在这些著作的前言后记里都对实现这一目标的学术过程做出了相应的回顾、总结和展望。他主持的多个不同级别的大型课题，都和国内少数民族乃至世界范围的古文字数据库建设相关，顺应信息化时代的需求，是他的研究设想的重要组成部分。因为我对数据库略知一二，所以有幸几乎全程参与了王老师的大多项目。在项目开展的过程当中，我不仅学习到了许多组织大型项目的经验，更体会到了王老师清晰的学术思路和孜孜不倦的学术追求。王老师已经发表的学术成果只是他学术构想的很小一部分，就已经在学术界产生了巨大影响，如果天假以年，他一定会取得更加卓越的学术成就。

作者简介

张再兴，华东师范大学中文系1987级本科生。现为华东师范大学中国文字研究与应用中心教授、博士生导师。

王元鹿先生的敏捷与木讷

魏明扬

我梦见自己又回到了大学课堂。年轻的王元鹿先生正给我们一个年级两个班共六十多名同学讲“古代汉语”。文史楼里的一间大教室,窗外有一个阳台,坐在教室里望出去,远处是新落成的文科大楼,大楼前面,隐隐窜出几根行道树的树梢。王元鹿先生高大健壮,虽有些发福,但步履矫健。每个人面前都摊开着王力主编的《古代汉语》教材,摊开的那一页,文字却又看不清楚。先生用带有吴语口音的普通话,发出一连串提问,颇像武林高手甩一甩袍袖,一串暗器倏然飞出:究竟是梦中生了庄公,让姜氏受了惊,还是庄公倒着出生,因为难产吓坏了姜氏?是不义且不暱,故厚将崩,还是不义必不暱,因而厚将崩?突然间,黑板上的汉字隐去,变出了一个数学计算式:$\sqrt[3]{300}\approx 6.69$,仍旧是王先生的声音:说百雉就是城墙体积为300立方丈,那300开立方,开出来,城墙每一面长就是6.69丈,这样的城墙根本算不上长,怎么称得上不制了呢……以杖荷蓧,直接放肩头是扛着,挂在杖头,扛着杖,杖上挂着蓧,还能说是丈人扛着蓧吗?植其杖而芸,是先把杖插进泥土里吗?既然走路不用杖,除草也不用杖,为何要带着杖呢?为何除草之前必须插杖呢?孔疏看似牵强,恐怕总有几分道理在吧……白露为霜,是从白露时节到霜降时节吗?还是蒹葭上的白露化成了霜?露水能变为霜吗?座位上的每一个人都瞪大了眼睛,面前原本平展展的书页突然如暴风来临的海面,卷起了层层波涛……我低了头瞥一眼书上的注释,再抬起头来，教室里的灯都已经亮了起来，突然到了晚自习时间，王先生正站在讲台上郑重介绍今晚来讲课的先生。请来讲课的是一位面容有些清瘦的先生，说话带胶东口音。这位先生讲课时很有激情，一边说一边用手做一个敲击的动作："风到底是什么？就是一种盘，用来敲击的盘，就像《红高粱》里那样喊着唱，边唱边敲击这个盘……"

二十世纪八十年代中期，我从穷乡僻壤的一个小县城考进华东师范大学中文系，和当时很多同学一样，我们多是地地道道的小镇背书家，通过昏天黑地的背书，或许更多得益于遗传性好记性吧，从众多背书同伴中胜出了，走进了大学课堂。人是进了大学课堂，心里仍旧带着一个寻求标准答案、记诵标准答案的定势。按理说，古代汉语课，传授的是已不再使用的过去的语言，应该会给我们布置更多的记诵任务，但事实恰恰相反，担任这门课教学任务的王元鹿先生，最重视训练学生的思考能力。我们用的教材是王力先生主编的《古代汉语》，王元鹿先生讲课时，在这本教材之外，不仅参考郭锡良先生等主编的《古代汉语》教材，还会把王力先生主编教材时对具体语言现象的解释做出定夺时所摒弃的一些影响较大的观点一一介绍过来。课堂上，王先生带着大家思考一个个问题，如同带着一群年轻武士挥舞刀枪剑戟四面御敌，杀出重重包围之后，师生共同享受克敌制胜的喜悦。

一个人，独立思考是最本质的能力。从惯于记诵，惯于赞同，几乎忘记自己还有一个可以思考的头脑，到再也不会满足于接受现成答案，凡事都要自己从头到尾想个明白。这一变化是王先生的课堂收获的显著的育人效果。从某种意义上说，王元鹿先生主讲的"古代汉语"，和他后来又为我们开设的"普通文字学"课程，对我们那一个年级的学生来说，不啻起到了生死肉骨的作用。

毕业10年之后，我因报考硕士研究生重回母校拜访老师，意外得知在我毕业前出国从事学术研究的王元鹿先生又回到了系里工作，心中极为惊喜。而王先生从同学那里得知我来考研时，应声说道："噢，那个写《葫芦》的魏明扬要来考研啊。"《诗经中所见的葫芦》

是我在王先生“古代汉语”课上所写的一篇小论文性质的作业，王先生批改后还帮我公开发表了。此后我来母校攻读中国古代文学专业的硕士、博士学位，后来留校工作，王先生既是我问学的师长，又成了我精神上、生活上的导师。

2012年夏的一个星期天中午，我因事从南翔乘11号线地铁到华东师大一村。地铁到了上海西站，我突发一想，想去逛逛我前不久曾陪王先生逛过的桂巷路上的一个书摊。时间还宽裕，于是我就从上海西站下车，沿兰溪路向南一直走过去。书摊在桂巷路中段、农贸市场的入口处，不大，多数书都排在一辆黄鱼车上。摊主是个说话带四川口音的中年人，和气。摊上书不多，我略微逗留，买了厚厚的一册《咬文嚼字》合订本，就继续我的行程。走出桂巷路，沿杨柳青路，走过枣阳路口。当日阴天，但是气温高，还是走出了一身汗。在杨柳青路曹杨环浜边我停下来休息，刚在道边坐下，手机响了，是王老师。电话中王老师笑着问：“明扬，你刚才是不是来桂巷路了？书摊老板说我的一个学生刚刚来过，我觉得应该是你。”原来我前脚刚走，王老师后脚就来了，他是趁着天气不是很热，来桂巷路喝咖啡的。咖啡店和书摊隔马路相对，先生总是先浏览一下书摊，再进店坐下。我立即返回桂巷路，和先生相见。

作为王先生的一个老学生，我有幸常陪先生吃饭、喝茶、聊天，咬文嚼字活动是先生和我聊天的一项主要内容。王先生聊天时，一如他在讲课和写作时，反应敏捷，在幽默中包含独到的见解，阐述见解时总会呈现出严密的判断。因此，跟先生谈话，就是享受思维的盛宴。耳濡目染，陪先生谈话时，我会不自觉地效仿先生也去思索语言文字现象背后的一些规律。记得一次陪先生去静安寺附近的避风塘吃饭，进店时，一名服务生用带了一点京味的口音招呼先生：“您里边请！”这口音在本地较为少见。落座后，我就对“您”字即兴发挥：“您，是你们两字的合音。明明来访对象是一个人，但是主人却把单个人当作多个人来称呼和招待，把一当多，所以您就是敬辞。”王先生颔首，接续道：“当我一人对众人发表我自己的看法时，为了不造成一人高高在上的感觉，便说：我们认为……，而不说我认为……，把一当多来自称，这也就是谦辞。”像这样的情形，王门弟子都有更多亲身体会，王元鹿先生往往通过轻松言谈，让学生在学问上得到夏雨春风般的熏陶。

跟先生交往久了，我深深感受到先生谈话中过人的敏捷植根于他对思考质量的不懈追求。2008 年，王先生住进上海市第六人民医院，接受股骨部位的手术，手术之后，麻醉作用尚未完全退去，躺在病床上的先生最担心的不是别的，而是自己的思考能力是否受到了损坏。他请前来探望的一名女研究生出一道数学思考题，记得那位小师妹出了如下的题目：某生物实验室，在营养钵里培养一种细菌，一只细菌一分钟可分蘖一次，即一变为二。如此分蘖下去，一小时之后细菌可布满一个营养钵。如果在一个空钵里，改为一次投放两只细菌，那么这次需要多长时间可以长满一个营养钵？王先生略做思考，便轻声回答：“是 59 分钟吧？”由此之后，先生才略为释然。恢复期间，他还让我为他从图书馆借阿加莎·克里斯蒂的侦探小说，他以侦探小说中的内容为媒介锻炼自己的想象力和推理能力。

一生追求高质量的思考，使王先生的学术研究、写作和谈话都别具一格，敏捷是其中一个突出表现。即使到了古稀之年，王元鹿先生和学生、亲友谈话时仍然保持鲜明的王氏风格：深刻，清晰，规范，不时爆发出幽默。2019 年，先生已因肌肉萎缩引起脑部疾病，不得不长卧病床。夏天，转到兰花大厦隔壁的曹杨社区医院疗养。我的业师赵山林先生前来探望。赵老师跟先生既是一个系的同事，又是攻读研究生期间的同学、朋友。王先生其时讲话已经比较吃力了，两位老朋友还是谈了将近一个小时。临别，王先生向赵老师赠送了自己新出版的著作，同时另赠一份专送赵老师新在大洋彼岸一所大学任教的女公子。赵老师笑着说：“谢谢你关心小朋友！”王先生随口应道：“谢谢你关心老朋友！”那份敏捷，让我等驽钝之辈望洋兴叹。

但是，有的时候，王先生似乎失去了口才便给的优势，表现出平常难得一见的木讷。有一次,在先生家里,我提到我家乡豫东方言中表达骂人这个行为的动词,在“骂”之外,还有一个发音为“卷”的词,不知其写法。这个词到了豫西方言里,发音又接近于“掘”。籍贯为鲁西的季羡林先生,方言和我家乡的豫东方言接近。季先生在散文中也用到了这个词,他径直根据发音写作“卷”,当然是加了引号的。这个词的本字该怎么写,我一直想不明白。王先生沉思了几秒,说:“这个字就是‘诅’。”这个解答让我在一瞬间豁然开朗,还生出了几分雀跃之喜。此后一段时间,我就搜罗我方言中说得出却写不出的词,一一求其本字。在校参加工作之后,此兴不减,花费了不少精力。结果确有不少方言本字我能推测出来,但还是有不少词苦思不得。我资质驽钝,又未能下功夫从根本上掌握语音的演变规律,靠的是野狐禅一样的零碎思考摸索答案,但在当时我未能反省到这一层。遇到先生时,出于求取现成答案的动机,我常借机向先生求证自己的摸索结果。然而我明显地察觉到,先生不像第一次那样迎刃而解,而是表现得迟疑不定,说话也木讷起来。以后,当我受自己趣味的驱使,不识相地喋喋不休时,先生待我啰里啰唆地讲完,快刀斩乱麻般地说出他的见解,然后突然反问我:“明扬,你考证这个,意义大吗?”原来,在先生看来,罗列方言现象,甚至把玩方言现象,都有致远恐泥、忽略根本的危害。先生认为,深入思考,想常人所未想,或从他人想不下去的地方接着思考,得出合理解释,实现以一总万,这才是学问的正途。就考本字而言,先生认为,掌握了汉语语音演变的规律,方言本字不难一一推理出来,像我那样零敲碎打的摸索,正是犯了思而不学的错误。思而不学,表现在外就是流于琐碎。我做事、治学,都有流于琐碎的问题,之前王先生已经很委婉地提醒过我了。

我去看望先生时,常常随身带着我正在读的书,一方面是因为习惯,另一方面也是借机和先生进行相应的交流。记得有一次我在先生客厅坐下,从口袋里掏出我正在读的记述近代欧洲生活史的《屠猫记》时,先生表现得像是视而不见;而另一次,我匆匆走进先生客厅，无意中从口袋里掉出我正在读的《汉语语法》时，先生则大加嘉奖，连声夸奖我好学。此时先生的神情，一如在大学课堂上，引导一群不知天高地厚的年轻人一丝不苟地思考，每当有人超出人云亦云的看法，对某一语言现象得出独有见解时，王先生总是用兴奋而又认真的口气赞许道："一家之言，一家之言！"为何王先生不鼓励我阅读《屠猫记》这类书呢？现在想来，先生并不是对我涉猎的社会生活史这类学科有什么偏见，而是对于我散漫的治学之路上偏于猎奇、堆砌，有獭祭鱼的倾向非常着急，因此，即使在喝茶聊天时他也用自己言谈的方式表明自己的态度，以温文尔雅的方式让我警醒。

在其他场合，口才便给的王先生也有木讷的表现，有几次给我留下了很深的印象。2001 年，王先生在衡山路的住宅被拆迁了，不得已到武宁路赁屋居住。刚想在武宁路买屋安居时，那里也传出动迁的消息，只得又改选他处。此时，先生已渐渐不良于行，四处觅屋，过程甚为劳苦，好在终于在曹杨兰花大厦安居下来。乔迁之后，从武宁路搬过来的图书堆在两个房间里，高度几乎能顶着天花板。我们几个老学生就陪着先生四处采购匹配新居格局的家具。记得我陪先生在徐家汇一个家具城看中了一种背板为网格状的白色不锈钢书架，样式简约，承重可靠，先生很中意，当即付款买下。到从仓库出货时，商家却又告知我们书架部件不齐，侧面缺了两个挡板，但请我们先放心买下来，短缺的挡板一个星期之后一定补送过来。一个星期之后，挡板不见送来，王先生打电话去问，对方答以还是暂时缺货，要王先生再等等。又过了一个星期，王先生催要，商家仍说要等。整理书是先生新家整理布置中的头等要务，因为书架部件不齐，整理工作就整个给耽搁下来了。一个商家，不能这样不负责任！王先生拿电话的手有些抖了，但他对着话筒好久又说不出什么来，表现出他以往罕见的木讷。最后，还是先生的一位非常干练的博士生获悉了，主动前去交涉，声言：当天必须解决，否则必通知上海电台消费热线前来曝光！那商家这才忙不迭地从他处调来配件送上门来。

王先生迁居的兰花大厦所在的小区面积不大，平面呈矩形，三幢高层占了矩形的三个角，只在空出来的西南角留下了一个袖珍花园，旁边还见缝插针地设置了停车位。先生邀我们来家玩时，常常带我们到这个袖珍花园坐上片刻。大约在他搬来后的第三年，有关部门决定将这个袖珍花园改建为几间平房，用作居委会办公用房。这是小区规划设计图上原来所没有的项目，也意味着原本巴掌大的绿化带将不复存在了。对于这一改变，小区业主们当然不同意，王先生也在接到的征求意见书上签名表示反对。但随后有关部门并未调整这一计划，而是通过派人上门访谈、召集业主会议讨论等多种措施做业主的思想转化工作，最后，多数“反对派”都抱着多一事不如少一事的态度，转变了方向。然而，仍有不多几名业主还是坚持反对意见，王先生就是其中一人。于是有关部门就定下时间要来拜访王先生，把他作为重点对象开展说服工作。到了人家要来访时，王先生左思右想，实在不知道该如何应对，最后还是决定避而不见。他约了我们几个学生去逛书店、喝茶。喝茶休息时，王先生用他擅长的几何证明法给我们阐明了他的想法：小区绿化少是事实，小区原规划没这些平房是事实，有关部门要建房且计划定而不可移也是事实，现在这三种事实打架了，而结果又是可预见的，不是我所能左右的，我有什么好讲的呢？还不如沉默的好。

王先生接受股骨部位手术后的某一年春天，一日，天气暖和，很难得，我和李明兄陪着先生去兰溪青年公园慢走。先生坐在公园门口的长椅上休息时，看到面前正对着桂巷路的马路边有一个小伙子推车卖零碎日用品，就让我前去买一套指甲刀。卖货的小伙子农村人打扮，推了一辆黄鱼车，上置一木橱，分多个小格，放了纽扣、针线、打火机、指甲刀等零碎物件。我走过去，像在菜市场买菜那样，不假思索，口才便给地对小伙子讲：指甲刀怎么卖？便宜点卖吧。小伙子腼腆地笑着，讷讷地不知怎么回我的话。这时，我听到先生在背后急促地呼唤我。我转身走回到先生身边，先生抬眼望着我，轻声提醒道：“那些小用品，本来就不值多少钱，那个小伙子做个小生意，老实、本分，我们不该鼓励他吗？”我感到自己脸一下子热起来了：刚才，我的口才过于好了！

时间已至2022年，春天又快要来了，我再也没机会到公园陪先生慢走了。寒风中，看到路边挑着担子卖货的人，我马上又记起先生的言传身教：一个人，不仅要会敏捷，还要会木讷。

作者简介

魏明扬，华东师范大学中文系1987级本科生。现为华东师范大学图书馆副馆长。

恩师王元鹿,我的永念

张根余

王元鹿教授离开我们近一年了,时间真如箭一般飞逝,但我的心里永远记得我的恩师。这一年里,每当夜晚想起他来,我竟无法入眠,悲不自胜。有几次他悄悄走进我的清梦里,好像我又能和他在一起了,这让我得到些许安慰。

初识王老师是在二十四五年前了。当时,上海市所有的中小学老师都得要提升学历,我是 1987 年毕业的大专生,需要在职进修本科。我属于 1996 年到 1999 年第一期培训生。可能是在 1998 年前后,王老师由华东师大派出,来到青浦,给我们上"古代汉语"课。如今,我只记得那三四年里的零碎,比如,我经常在课间把黑板擦干净,1998 年获得过一张成绩优秀的奖状,考前与烟抽得更加厉害的老同学硬记复习题,几个叫得出姓名的同样是教青浦初中语文的同班同学。我不记得那三四年进修学习的具体情况了,一是我没有记日记的习惯,二是当时可能生活工作比较有压力的原因。此后多年有一次王老师与我聊天时说起他来青浦教学的经历。他问我当年的班主任蒋老师的情况,问我某个同学的情况,由于我与当年的班主任蒋老师以及一起拍过毕业集体照的同学一别再无联系,音讯已断,这不能不说对我对他都有点遗憾。他跟我说起,他来青浦教师进修学校(现已改名为青浦教师进修学院)上课,当时在什么地方乘什么车到哪里下,又在什么地方吃中饭,还有他去过青浦曲水园等。说第一次给我们上课是由华师大中文系的刘志基教授代他的。我一直有个感觉，也许是错觉，那时他是刚从美国访学回来，就来给我们上课的。可惜的是进修期间，我与他没有太多的交往，也不曾留下多少深刻的印象。

此后没几年，在2001年的某一天，他联系到我，找我办一件事。那时，王老师的父亲去世了，他要在徐泾西园公墓买块墓地，要我帮个忙。我那时并没有多少社会关系，只有一个特别要好的同学，在税务所上班，我找他帮忙。很巧，他认识一位女士，她借了税务所里的地方办公，是西园公墓一个主任的家属。于是，买墓地得到了一点优惠。我没想到做成这事对王老师很重要。在后来的一次聊天中，王老师说他当时很是困难，花了多少钱买墓地，通过关系省了多少钱，他那时身上已经所剩无几。我能感觉到，其实没节省多少，也许不过是少而又少的几百几千而已，但对当时的王老师来说，颇为要紧。也许正是因为这件事，他特别上心，后来对我不是一般的好。

此后每年的清明和冬至，王老师必来徐泾扫墓。每次扫墓，我都会陪他，也因此与王老师兄妹结下了不是亲人胜似亲人的情缘。

每当临近那些日子，王老师说他会梦见亲人。他来徐泾，事先与我联系好，到隔日必在电话里约定。他一般都趁我双休日来扫墓。如不是双休日，遇到我上班，我总是先调好课，抽空出来相陪。王老师一早就打电话告诉我几点从家里打的出发了，将到徐泾了他又给我打电话。每一次见面，我总是有点感动，因为，又见到熟悉的可敬可亲的王老师了。王老师与我或坐在徐泾公园绿荫下的石凳上一边休憩聊天，一边等他妹妹从浦东家里赶过来。阳光从高高的树叶缝隙里透射下来，隔着绿树的是隐隐约约的栅栏外马路上的汽车飞驰而过的声响。或坐在振泾路上沙县小吃店里，王老师会买两份蒸饺，还为自己点上一份苏州人最喜欢的豆腐干和卤蛋。或蹒跚走经振泾路上几个店家，买几只苹果、香蕉，买几瓶咖啡饮料，买几只打火机、几包香烟等。有的店老板是外地的，王老师只要一听口音，便能知道他们是哪里人。徐泾汽车站里有一间只有十来个平方的屋子，是西园公墓的接待站，站里还有一辆大巴士，是用来接送扫墓者的专车。等三人到齐,我们便搭乘专车到离汽车站有两三里路的西园公墓。进了墓园,来到大厅,王老师总先把备好的特别好的茶叶从黑色拎包里掏出,泡上几杯茶,有一杯是自己喝,另外有两杯要敬他父母。小憩片刻,王老师兄妹与我三人手里拎满了诸多祭扫用品,慢慢地赶往公墓东南角,东安五区,王老师父母的墓地便在那里。王老师因为右腿动过股骨头置换术,拄着拐杖,走路蹒跚。又因为年龄也大了,体力不好,走路很缓慢,累了,没地方坐,他会极力支撑着。对他来说,扫墓是力气活。我尽量手里多拿些东西,慢慢地陪着走。每次在王老师父母的墓碑前,我都能感受到老师对父母那种永恒不变的挚爱真情。每一次,王老师掏出黑色水笔在装纸钱的纸袋子上填写日期、姓名,在他们兄妹俩姓名后都要添上我的姓名。他们兄妹烧好纸钱后会又一次向父母鞠躬,此时我也会鞠躬表示敬意,他们兄妹也会彬彬有礼向我鞠躬回礼。这些都令我特别感动。在墓前祭扫,王老师始终站着,也许要有三刻钟到一个多小时,他一定是很累的,但他们兄妹俩一定有太多太多的感情要与亲人相叙,累也就不觉得什么了。王老师妹妹每次祭扫,都会给前后左右别人的墓,烧一个元宝,想着应该是希望这些好邻居对父母多多照应。兄妹俩在给父母的祭品中,总要带上些父母喜欢的,像苏州糕点之类。香渐短,烛渐熄,烟渐散,告别离去。王老师走路特别辛苦,他走得很慢,一看到有座位,就坐下来,再点上一根香烟,抽上几口。扫墓结束回到镇上,找家饭店用餐。但用餐后王老师兄妹俩从不让我掏钱买单。有几次,我都想请王老师到我家里坐坐,可是多少年里,他们只去过我家一次。那时我还住在最初学校分给我结婚用的二十五平米小屋里,当时与王老师妹妹下了一盘围棋,我输了。那时我也许有业余 3 段水平。王老师妹妹年轻时接受过围棋培训,与当年的一些国手共同成长过,她的围棋造诣比我高许多。即使现在,我纵然已是业余 5 段,每天还在努力,但自认还是比不上她。王老师说他也懂围棋,可遗憾的是,我没与他交流过。后来,我才明白,为何王老师不愿意去我家,只是因为,他们觉得,扫了墓是不能去人家家里的。真是遗憾,我其实挺希望王老师到我家里来的,我也曾有过等哪一天如果把我的联体别墅装修好,让王老师搬过来住的想法,虽然我知道对于他的学术人生而言,我的环境不太可行,但真希望能够改善一下王老师的生活条件,他的家里全是书,近三万册,九十平米的屋子,挤得很。伤心的是人生不可测,王老师已经驾鹤离去,愿望已成空。

王老师也曾应我邀请,来过两次青浦。一次是十四五年前我弟弟大喜的日子,他来到青浦白玉兰酒店赴宴,我特别高兴。陪他同来的是他的两个研究生。大家围坐在王老师身边,我心里倍感温馨美好。一次是我女儿结婚,那是在 2016 年的 5 月,我邀请王老师参加。在青浦陈桥饭店,他带着两个陪他的研究生打的来的,见到德高望重的王老师,我特别激动。因为,他年龄大、工作忙、身体不好,但还是很乐意把我的事情当作他的事情。筹办女儿婚姻大事,因为担心开销超支,我找王老师相助,王老师很爽快,特地借给我五万元,这让我心里更踏实放心了,而且,他还随礼五千,令我没想到。我不能不为他对我的好而感怀一生。

有许多深刻的印象总不能忘记。

记得有一次扫墓后,由我哥哥开车,我们三个去赵巷镇的崧泽博物馆参观。王老师与我哥哥坐在凳子上休息聊天,我拍了下来。如今,我带学生参观博物馆,看到那堵白墙,那张长凳,就会想到王老师。

有一年,王老师搬离衡山路,我去帮过忙。那一次,一个个的纸箱里装的都是书,从三楼搬下来。后来,王老师告诉我,一共有七十多箱。我从没见过如此多的私人藏书。

还有一年,王老师在六院动股骨头坏死的手术,我曾陪过,照料过。老师的一些学生,把王老师当作自家人一样,忙前忙后。

每年的 9 月 16 日,是王老师生日。这是我期待的日子,因为王老师会很风趣地告诉我,留给我一个名额,邀请我参加生日宴。我一般都会准备王老师喜欢的香烟,像云烟啊,玉溪啊,中华啊,作为生日礼物送给他。我曾带着我的女儿,一起参加过他的生日宴,我也曾带着我的女朋友,一起参加过他的生日宴,更多的时候是我一个人去。

在这样的聚会上,我认识了他的许多学生,熟悉了他们,更多更真切地感受着他们的人生风采。在这些聚会上,我认识了王老师的许多朋友,有艺术家、大学教授、医生、做生意的老板等等,感受到正是因为王老师为人的谦逊、真诚、热忱,所以他才拥有这么多这么好的朋友。大家去过鸿瑞兴、江苏饭店、苏浙汇等许多地方用餐,还有不少咖啡店,享受过太多美味、欢乐。如今,人去楼空,再也没有与王老师一起谈笑风生的相聚,没有那样的欢乐了。

我曾有过一段在王老师身边的特别难忘的经历。那时,我基本上每个周末都去曹杨四村他家里,帮他一点忙。他一个人生活,年龄大,行动不便。他特别高兴我能够在他身边。我按响门铃的同时,就能听到他的声音传出来:“来了。”有时候说的是苏州话,似乎特别高兴。我一般都会给他捎点东西,有时候是他关照我的,诸如梅岭南路兰溪路口的东方书报亭老章那里的几份报纸,或者是什么有助睡眠的药、降血压的药,什么香烟、打火机。我也会给他捎上苹果花园的糕点,什么大小羊角啦,蛋挞啦。王老师最喜欢吃的就是上点档次的蛋挞、蛋糕、面包。他自己不怎么会照顾自己的生活,尤其是在身体状况更差、行动更加不便以后。家里常备的吃的都是一些罐头食品。我能帮到的其实也十分有限。帮他做的都是一些琐碎的事情,比如去邮政局订报刊杂志,寄送资料,取汇款单上的钱,去便利店交水电煤费,去曹杨商场吉买盛购买生活必需品等。王老师对我很信任,从不因为给我几百块钱购买多少东西去核算。我也是尽力帮他,诸如学校发的新手机直接就给了他,用自己的医保卡去为他买药,贴钱多买些他的生活所需,只希望他能够过得好一点。有许多次,我从曹杨商场买好东西去他家,双手拎的东西太多太沉,不能不在两三百米的路上歇一歇。有一次,在兰溪路枣阳路的路口过红绿灯,脚下一滑,一屁股坐到枣阳路的斑马线中央的地上,可能把44路的驾驶员都吓了一跳，我也不感到特别尴尬。打滑并没有让手里两大袋东西掉下，自己赶快站了起来。此事后来也没对任何人说起。想到在生活中发生的让王老师与我尴尬的事情，还是有几件的。比如，陪王老师看病，在医院里为他跑前跑后，一开始，我都不知道看病流程，懵懵懂懂的，因为很多年来几乎没有进过医院；有一次，王老师摔倒在地，我急忙从徐泾家里赶过去，他太沉，我扶不起来，又打电话叫魏老师；2018年的生日宴上，当时王老师身体已经不太好，我在酒店餐桌上扶他坐正，因用力过猛，裤裆线迸裂，不得不叫我女朋友从青浦开车来接我回家；有一次在医院里扶病床上的王老师，也是用力过猛，只听我腰间发出一声响，我担心闪腰了，过几天才知是虚惊一场；医院里护工与王老师辩论职业的贵轻，我似乎感觉到声音响亮宏粗的更为得意，而王老师偃旗息鼓；招手打的，王老师躲在我身后，我打到车，他才出来，慢慢地吃力地坐进副驾驶位子上，他说人家驾驶员看到他的样子不肯停。

王老师对物质生活要求不高，更注重的是精神生活。我觉得许多普通人可能都要比王老师更加注重家庭建设，更注重物质生活。王老师，他实在无力去改善他家里的物质条件。他说他有两套房子，我只知道他住的地方，虽然也有九十平方，但除了书之外，还是书。我一开始到他家里，很吃了一惊，理解了他以后，我就只剩感慨与感动，还有深深的难过悲伤。他会客时，坐的地方很拥挤。他的房间，有一个电视机，一张小床，一个工作桌，其余都是书柜，书柜里书实在放不下了，就往地板上堆，越堆越多，床下也是一堆书。王老师阅读速度很快，且过目不忘。他记性特好，某本书在哪里，都是十分清楚的。他的小床上，到处是报纸、地图册等，帮他整理，在床边缝隙里，可以找到掉落的书报、笔、打火机。有个布袋，挂在床边柜上，里面放些小东西，挺方便实用的。他一直想换个洗衣机，可是，一直没能换，那个洗衣机脱水不听使唤，不能平衡就不脱水。王老师与我都要碰运气，才好让洗衣机脱水成功。我在王老师家里，在他身边，与他一起喝茶聊天，与他一起吃从梅岭南路鸿瑞兴买回来的面条、馄饨、双档、素鸡等,从桂巷路、兰溪路买回来的振鼎鸡等熟食,与他一起看体育节目。他有博闻强识的能力,对曾经去过的他家附近的所有店铺以及店里的东西都了如指掌,要买什么,到哪里买,我都听他的。他或坐在狭小拥挤的客厅的靠墙的椅子上接待客人,或躺在最宽大的房间的一米多宽的床上休息看书报看电视体育节目。我有时坐在他对面的小板凳上,有时坐在他床边的工作桌边的椅子上。我听他聊,听过太多太多的话。知人论世,他绝对是高手。我俩都把对方当作很亲很近的人,也聊些很隐私的情感。王老师时常请我去他家里,不只是让我帮他做一些琐碎的小事,有时是特地请我一起外出打牙祭。时常去的地方是复旦大学,那里有真诚好客、为人热忱的龙老师,还有教授餐厅的价廉物美,还有鹿鸣书店。但凡这些消费,有打的的费用,有用餐的费用,喝咖啡的费用,购书的费用,所有这些开销,无论多少,王老师从不要我负担。我想要什么书,买了,他翻一翻,看一看,然后再签个名,送给我。王老师与朋友一起,与学生一起,他是特别高兴,也特别大方的。他更愿意替别人着想,为别人出钱出力。他出门前总要戴上他从美国带回来的精美的手表,注意衣服的整洁,带个黑色拎包(他用过两个这样的黑色拎包)。一般我帮他提着,包里有茶叶、香烟、乘出租车等开销所要用的钱等。在他退休后,是住院期间,有一次他特别开心,告诉我,他的手机里有信息提示,存款满一百万了。我很为他高兴。这一定是他努力积攒所获得的成功。现在想来,如果他买车买房,还有各种游山玩水,或者有子女要养育什么的,存钱定然不这样容易了,可是,王老师并没有这些方面的开销。作为华师大的教授、博导,工作到七十岁才退休,还是二级教授,手里有两个研究课题,出版了多本学术著作,应该获得更多报酬。他投身学术,不怎么讲究生活质量,我们每个在他身边的人都格外理解他,也格外尊敬他、热爱他,他是真正的有我们这些人的父辈身上的那种吃苦耐劳的品质。

王老师年岁渐高,生活上专门请了之前开书报亭的章老板来家里照顾饮食起居。因为政策不允许街头开书报亭，章老板其实也是失业了，王老师之前经常在他那里买报纸，于是也算是互相帮助。每天上午和下午来稍微照顾一下，王老师给他每月工资三千。于是我心里也就放心不少。自那以后，去王老师身边少了许多。不过，我能够感觉到，他的心里并不快乐，可能是文化隔阂，可能是感情上的隔阂，总之王老师并不怎么开心。

王老师后来一直因病住院，我也去看过，他还是书啊报纸啊手机啊收音机啊不离病床。还是喜欢喝茶喝咖啡抽烟，还是偷偷抽半支中华烟就掐了扔掉。有一阵他还积极锻炼哑铃。再后来，情况似乎不好，他说话声渐弱，写的字不成形了，可能那时，他的脾气也有点改变。因缺少锻炼，消化不良，营养不足，他魁梧的身躯逐渐消瘦下去了。

2020年新冠疫情开始以后，大家出行受限，我都不敢再去看望他了，怕他怪我没去看望他问候他，因此对我生气，虽然几十年里，我没有什么让他生气的事。我心里其实是一直想他的，我一直祝愿他能够有他父母般九十多岁的高寿。然而，日子一天天过去，越是等不到好消息，也就越怕有坏消息传到，也就特别想念他，经常梦到他。有一个梦很清晰：车声隆隆而过，我与他彼此望见，他来到我身边，伸出手来，对我说，我叫得出你的名字。梦境如真如幻，我却不胜感慨。

王老师去世的消息传来，我与大家一样心里十分难过，悲伤，我失去了一位最好的恩师，一位最好的朋友，一位如父亲一样的亲人，很恸。我已经是很久没去他身边看望了，时不待人，天人永相隔。

离去的王老师，他留下的美好形象，身材高大魁梧，眉眼间流露着温暖慈祥，坚韧智慧，衣服靓丽，总在我眼前。

王老师追悼会是2021年8月14日上午在龙华殡仪馆长安厅举行的，他生前的单位华师大的有关领导，还有他的许多同学、同事、亲朋好友，还有他的许多学生，都来送别他，感念他人生中的无限风采，寄托对他的最深厚的感情。那一个个花圈，从大厅里一直蜿蜒到厅外两旁,再蜿蜒开去,一直蜿蜒到车道旁,寄托着数不清的人的无限哀思。那一天的天空,洒落下无数的雨丝,沾湿了我们的眼睛和我们的心。

2021 年 12 月 2 日,王老师的骨灰安放仪式在西园公墓新址举行。王老师亲朋好友,还有部分学生参加。这是我与他的学生、他的家人们的又一次相聚,我还是抑制不住悲伤,眼泪涌流。他永远陪在父母身旁,也永远留在我们的心里。希望有什么神灵能够让王老师获得真正的快乐!

我在 2003 年前后,曾参与过他主编的一本字典,后来他给过我一笔稿费。我竟然与老师、与老师的朋友和学生,一起出过书了,也因此倍感自豪。

我在考研这事上,得到过王老师特别多的帮助。我有要读研的心思,主要是受他潜移默化的影响。他很早就希望我读研,限于各种因素,诸如早些年经济条件差,工作压力、家庭压力大,我没能早早成为他真正的研究生。2010 年,我考研通过后,在复试资格审查时遇到麻烦,我打电话给他,他安慰我不要紧张。我在上师大边上的桂林公园,等了半天,终于接到上师大研招办通过审查的电话。尤其我完成毕业论文的时候,王老师从头至尾关注并鼎力相助,比如拟题、构思、部分文稿的撰写等。期间,我还得到了王老师的许多同事、朋友、学生的帮助,这些都铭刻在我心底。一点一滴的关爱,实在太多了。我感觉到他是一个在工作时全身心投入的人,也是对学生最热忱的老师。

王老师妹妹说,她哥哥身体垮掉是由于不顾年龄大,不顾身体差,继续忘我工作,不管工作任务有多多、有多重。我觉得妹妹评价哥哥早逝原因十分准确。因为,王老师始终是活在学术研究中的,而这需要劳心劳力。

王老师每出版一本著作,都会赠予我。每每看到他的签名、亲切的称呼、秀美的文字,我都会感到很幸福。这些书,我都一一珍藏着。没有他一个人在寂寞孤单里的自我奋斗,哪会有如此这般的斐然成就。他与书为伴，一是阅读无尽，二是写作不辍。我想，他是很希望我写出东西来的，坚持人生的理想的，而我是辜负了他了。

王老师离去后的这一年里，我总想到与王老师一起的那些情形，有许多许多画面是历历在目的：他所居住的曹杨四村，花溪路的梧桐，路东的景观河，王老师在河边歇息、抽烟、晒太阳、理发；王老师带我们一群人去老半斋、王家沙享受美味，他的硕士、博士研究生，都很能干，帮他搬椅子，让他舒适坐下，点上大家喜欢吃的菜；他写的随笔，有几篇给我看过，放在永存的邮箱里，他家里的某个小箱子里，应该还有好些诗词文章；他有一篇大学生谈自学方法的文章，那本书可能是我读中学时就已经买了的；收在《大学梦圆》里的那篇文章，同样是我爱不释手的；他定制好衣服叫我到那个我所陌生的城市角落去取；一起坐出租车时，一边看城市的风景、建筑，他一边聊起他的经历，一边指点给我看。所有这些都将保存在我的记忆里。

现在，想起王老师，我难免十分悲伤，不能自已。

现在，梦见王老师，我与他还在一起，备感安慰。

2022年7月27日

作者简介

张根余，上海市青浦区徐泾中学教师。

我与王元鹿老师的交往

唐　均

华东师范大学王元鹿教授，长期供职于臧克和教授领衔的中国文字研究与应用中心，以中国南方民族文字研究为其学术专长，尤其是在纳西东巴象形文字剖析和比较文字学理论建设两个方面筚路蓝缕，无论是个人学术研究还是指导学生、提携后进，都在学界反响甚巨、影响颇大。虽斯人已逝，但长江以南研治南方民族文字的学者，想要找出一两个跟王元鹿教授没有半点学术"瓜葛"的人来，那还真不是一件容易的事情呢！

我跟王元鹿老师的交往，是从"神交"到"人交"的典型实例。早在 20 世纪 90 年代中期我还在南京大学读书之时，有次偶然于图书馆中邂逅王老师的硕士学位论文——在 1988 年所出专著《汉古文字与纳西东巴文字比较研究》，这是学界公认、也为作者自许的代表作，而当时它吸引我的，首先在于全书正文都是一手娟秀的书法手写而成(不用印刷排版，是便于文中频繁出现的大量特种文字图符得以顺畅植入)，然后才是论著的内容——把我们熟悉的汉字跟彼时的我分外陌生的云南纳西族东巴象形文字加以对照考察，众多诘屈聱牙的"六书"等文字学术语在横平竖直的汉字和形象生动的东巴文图符的佐证下，就焕发出了迷人的光彩，加之王老师通俗简洁的行文和切中肯綮的诠释，让我一个犹自沉浸在理科氛围中的本科生，都能对人文学科的见解心悦诚服，不啻为我打开了一扇通往文字比较研究学术殿堂的大门。后来我的学术轨迹逐渐转向多种语文的研习，乃至于在中国北方民族汉字式文字研究中屡有收获，至今思来，与王元鹿老师这部代表作的无心引导关系匪浅！这本书在穷厄困顿的中国学术“改开”初期印制，本来就印数寥寥，所以我一直没能获得一册原本。后来还是自北京毕业前夕，我从北大图书馆借出馆藏，仿照原书样式复印、装订一册加以收藏，用以表达我对此书的崇高敬意。

限于当时的种种条件，即使是我所寓居的南京和王元鹿老师所在的上海，两地相距并不算远，但是我也是迟至新世纪伊始的 2000 年 10 月，才在北京密云召开的中国民族古文字研究会第六次学术讨论会上，见到了我单向神交久矣的王元鹿老师。当时您带着博士生郑飞洲和硕士生史燕君，从上海来到首都参会。那次王老师的发言是研究东巴文的两种变体——若喀字和阮可字，我当时的学术积淀还不足以听得很明白，但发言中的文字比较研究思路后来不时忆起，特别是在后来跟王老师多次面晤时谈及，您辛勤开辟并一以贯之的比较文字学思想就已清晰可辨了。

待到您发言完毕的茶歇之时，我便主动上前毛遂自荐，自此“单向神交”迅速转化为“双向人交”，王老师谦逊自然的态度和娓娓道来的谈吐，立马将我们之间跨越代际和地域的隔阂消弭于无形之间了。由于我有限的学识和生来的个性，这次跟王老师的初次见面，我们没有什么能够记得的学术交流，我更多的记忆却在于会后大家一起游览司马台长城。金秋十月，风高气爽，其时尚未开发出来的司马台野趣盎然，加之刚刚热播不久的海岩剧《永不瞑目》对这一景点浓墨重彩的倾情推荐，我跟王老师的同框首秀至今还像一幕 3D 电影，不时在我脑海清晰回放：彼时的您尚自身轻体健，我们一道徒步攀越，登上了大半陡坡，又全程从坡上走下来，其间谈天说地，时而取景合影，不亦快哉！又不知是哪个好事者还带着风筝，大家逸兴遄飞，纷纷接手施放，仰首观瞧图案斑斓的塑料风筝在长城之上的猎猎风中游弋，留下的美好回忆至今不绝。

这次面见后王老师回到上海继续教学科研，我则长时间留在北京攻读学位，六七年间偶有三两次赴沪参会经历，我也跟王老师多有接触：华东师大中北校区前门出去不远的上岛咖啡、后门附近的枣阳路书店，就是他跟我聊学术、谈思想的主要阵地；作为一个穷学生，此时的我跟他交往完全不对等，都是王老师请客，吃喝为主，购书为辅；我还清楚记得，王老师在“请吃”时给我讲过不少淮扬菜品的来龙去脉，我对上海本帮菜中代表作之一的腌笃鲜生发出来的兴趣以至于现在每吃必点，庶几归功于王老师的启蒙和提点！也正是在这期间，我和王老师指导的弟子们开始熟识起来，现在长江头的西南大学邓章应教授、长江尾的上海外国语大学朱建军教授，都是这一时段结识而成的今日挚友和学界同侪。

2008年我从北大毕业，来到成都西南交大工作，由于我供职于外语学院，所以都是我出去参会、谒见王老师的时机居多，而王老师从上海来跟我们碰面的机会则是少之又少。依稀记得只有2010年左右在重庆西南大学跟他有过一次不在上海的碰面机会，而当时王老师身体已不算太好，所以我们只有会上听他发言和点评的学习契机，会间和会后的觅食游乐却也难再共情了。而我在2014年举办的会议终于有条件邀请王老师前来蓉城指导了，还是因为他的身体不堪长途重负而最终未能成行，这也就成为我们之间永远不能弥补的遗憾。

在我毕业供职西南的这么些年，只要有机会沪上参会，我都抽出时间跟王老师约个地方碰个面吹个牛，有时喝咖啡有时吃个饭，这时他的建康状况更为不佳，所以我们少了俩人独处的私聊，我又多了继续认识王老师学生的机会。印象最为深刻的是2016年，他的学生们集体给师尊庆祝古稀之寿，我也受邀，遂义不容辞打飞的往来沪上，亲身参与并亲眼见证了他在缠绵病榻之际难得的欣慰和满面的红光。

我跟王元鹿老师交往如许，但为他做的事情太少太少，只有我在成都主持的学术集刊《华西语文学刊》，因为西南交大外国语学院新旧院长的更迭而面临停办之际，适逢王老师七十大寿，在其前述师门聚会之外，他的两位大弟子——重庆邓公和上海朱公跟我合计，最终我们合力在第十三辑《华西语文学刊》上整帙刊布了“王元鹿教授古稀纪念专辑”，数十篇文章和十几副寿联，全面反映了王元鹿老师对当代学界的影响。尽管在翻过头的2017年初西南大学举行的祝寿专辑首发式上王老师因病不能出席，我们还是将现场录制成视频，让他感受到了您以一己之力嘉惠学林所取得的反响。

王老师的最后这几年，主要是因为小脑有恙而无法脱离病榻。我在2020年暑期，因疫情期间沪上有事，专门联系上外朱建军兄一道前往看望。其时他不但卧病不起，而且已经语不成声，我将耳朵贴近他的嘴角，也只能依稀听见他在叫我的名字。想到曾经健谈娓娓的诗意之人如今思维清晰但却无法与人交流，真是令人百感交集、悲从中来。

如今王老师摆脱病痛魂归天国，像我这样尚在凡尘的碌碌之人不再有一位如此亦师亦友的至交，心中难免怅然若失。尤其是在我终于来至沪上常驻，本可以尽情畅怀、共享语言之声文字之色，老天爷却让我与他失之交臂，怅然怎不化为恸感！我唯有借助文字之心香，爬罗剔抉旧日的美好时光，希望他在天上，能够感知我们对他的仰望。

作者简介

唐均，上海外国语大学全球文明史研究所教授。

回忆受教于王元鹿先生的二三事

杨亦花

初“识”王元鹿先生，是导师喻遂生先生给我们讲授东巴文时提到的一些轶事：“不打不相识”——跟丽江东巴文化研究所的李静生先生、华东师范大学的王元鹿先生“打文架”，讨论汉古文字与东巴文的比较研究等问题，经过“文战”，成了好朋友。喻先生还嘱咐我们学习东巴文时必看王元鹿先生的《汉古文字与纳西东巴文字比较研究》，等等。

第一次见到王元鹿先生，是 2009 年 11 月我们西南大学汉语言文献研究所召开的第一届“出土文献语言文字研究与比较文字学研究全国博士生学术论坛”，我们邀请王先生来做比较文字学研究方面论文的评议专家。当时，王先生因为股骨做了手术，行走很不方便，但他还是忍着疼痛来了。开完正式会议后的第二天，我们组织参会者和专家去重庆一些景点参观，王先生因为脚疼不方便行走，只好留在学校里。喻先生让我和春风负责陪王先生吃午餐，并趁这个难得的机会跟王先生多多请教。王先生不仅解答了一些我们文字学方面的疑问，还幽默风趣地给我们讲了他的很多经历和他喜欢的美食。因为我是纳西族，王先生就问了我对语言和思维两者关系的看法。因为之前没有思考过这方面的问题，我当时回答得自己都不满意。午餐时，王先生点了两道肉菜和蚝油生菜，我点了一道绿色豆花，并给他们介绍了老家那道菜豆腐的做法，三个人吃得很开心，聊得很愉快。后来，因为色香味俱全又简单好做，蚝油生菜也成了我在家请客做饭时几乎必做的一道菜。

“王老师,我今晚在准备明天春节联欢会的主持人串词,我要用西南官话丽江塔城上亨土村的汉语方言土语主持,刚刚边想边写了很多土语句子。这时我突然意识到自己脑子里都是土语的句子和词语,以及我们村土语中夹杂的特色纳西语词汇,而不是普通话。我也联想起了 2009 年 11 月您到我们学校指导第一届博士生论坛的时候,跟我讨论的关于语言和思维的关系问题……”2012 年正月初二凌晨,靠在床头打会儿盹,又坐起来一会儿,凭着不时蹦出来的灵感,我一会儿写几句一会儿写几句,串联着第二天联欢会的节目,因为怕想法稍纵即逝。突然,我意识到自己完全在用我家乡丽江塔城上亨土村的汉语方言土语进行着一系列串词的思维,所以不顾已经是凌晨 2 点多钟,兴奋地给之前跟我讨论过语言与思维问题的王元鹿先生写了这么条短信发了出去。

没想到早上 5 点多钟,王元鹿先生就给我回了个短信,说方便的时候就马上给他电话讨论。我看到短信时已是 7 点钟,赶快起来简单洗漱后马上给先生打了电话。先生说他在美国待了几年,后来感觉到在那里经常说英语影响到了他的思维,影响到了他研究汉字等问题,因此,他毅然决然地回来了,继续做汉字和其他少数民族文字的比较研究、文字学理论研究,等等。我说这次因为做节目主持人,在家乡用方言土语做节目串词可以调动乡亲们的积极性和主动性,使联欢会的气氛更热烈些,所以反反复复地琢磨用哪个土语词合适,说什么一句方言土语,加什么一句纳西语,等等,然后比较深刻地感受到了语言和思维的问题:在想说一句具体的什么话的时候,我的脑海里确实闪现的是那种语言,也就是说我在用该种语言进行思维……在那个冬天的大清早,从这个问题延伸聊到那个问题,王元鹿先生给了我很多启发,我们愉快地聊了将近一个小时。

只要先生拿着手机,收到短信他就会秒回,这是我常常感叹王元鹿先生做事速度快的又一个例证。每到节日,我都会给王先生发个问候和祝福的短信,或者想问先生什么问题时,我也会先给先生发个短信问他有没有空帮我回答问题。还没等我把手机放下或放到口袋,先生就经常给我回了过来,让我把问题发到他的邮箱去,说等他空了就给我回邮件。王先生回邮件常常也很快。博二的时候,有一次先生问起我的博士论文进展情况,我说正在整理材料,先生就建议我先写一个比较详细的提纲,然后边整理材料边把相关的内容放进提纲中相应的章节框架里去,还让我整理得差不多了就给他看看,他再给我提些建议。我受宠若惊,按照导师喻遂生教授指导的方法和王先生的建议,加快了论文的步伐。经过半年左右的充实,论文的详纲有了点模样,感觉可以给王先生汇报一下了。一天晚上,我把详纲打包发给了先生,第二天打开邮箱的时候,就看到了王先生帮我批阅了一个多小时的论文详纲修改建议稿!王先生说他习惯早睡早起,5 点钟起来洗漱后打开邮件帮我看了一个多小时!我泪目了,因为我这个编外的学生能得到王先生如此的关心和指导!赶紧跟喻老师汇报了王先生的建议,讨论了论文结构等方面的一些问题,便接着鏖战了。终于,在王先生、各地东巴老师和众多师弟师妹的帮助下,经过喻老师一次又一次认真细致的指导修改,我的博士论文终于完成了初稿,顺利通过答辩,还在 2016 年获得了国家社科基金的后期资助。

最后一次见王元鹿先生,是 2015 年到上海交大参加一个会议的时候。会议前一天,我给王先生打电话说想去拜访他,他说家里全是书,没有“落脚”之地,还是直接到饭店边吃边聊比较惬意,他请我吃饭。于是,春风带我去了他指定的饭店,我们三个人又难得地在一起吃了一顿开心午餐。王先生说,因为他腿脚不便,所以为了拿取方便,他把书都堆到了座位四周,但这样一来,书也挡了他的活动的道,前一段时间因为水烧开了,他去倒水的时候就被绊倒了,到医院住了好几天。我说,还是搞几个矮小些的书架,请两个学生去收拾整理一下,把书放书架上,那样也是方便拿取的。王先生说,不不不,别人放的书我找不到,反而耽误了时间。于是我们也只好请他以后看到水开了、电话响了,都不要着急去处理,慢慢走路。

以后几年，跟王先生都只是电话问候和短信交流，更多的信息都是跟春凤聊天了解的。从 2019 年开始，越来越频繁听到的是王先生住院的消息。起初，王先生还能说话、写短信，后来越来越虚弱，只能听春凤每次去探望后的感慨聊天消息。一位思维活跃、性格开朗的语言文字专家、身材魁梧健硕的先生、喜欢美食的人，最后竟然被疾病折磨得说不了话、瘦骨嶙峋、吃不了东西，而我们又是多么痛心却又爱莫能助啊！

2021 年 8 月 10 日，噩耗传来，王元鹿先生走了！悲痛之余，也觉得先生不用再在世间受疾病折磨，也是一种解脱了……

感谢王元鹿先生对我的提携和关怀，因为课题任务紧，没时间写纪念先生的学术论文，深感惭愧，仅以小文缅怀王元鹿先生。

最后用先生研究颇多的东巴文写两句纳西族谚语来缅怀先生：

第一句，纳西语读作 tʂhuɑ^{55} mo^{55} ko^{21} ʂuɑ^{21} hɯ^{21}，khuɑ^{21} phər^{21} mæ^{55} tɕi^{33} iə^{33}。汉语的意思是：鹿老隐深山，茸角留后世。第二句，纳西语读作 dzi^{33} mo^{55} he^{21} dy^{21} hɯ^{21}，ɳuɑ^{33} ɑ^{21} sv^{55} le^{33} sɑ^{55}。汉语的意思是：人老隐神地，福泽佑世人。

作者简介

杨亦花，纳西族，西南大学汉语言文献研究所副教授。

纪念王元鹿老师

陈婷珠

丽娃河里柔波荡漾，大夏路旁梧桐叶簌簌而落，2021 年 8 月 10 日，迷人的华师大校园里却少了一位我敬爱的老师。

第一次见到王元鹿老师，是在 1998 年。华东师大中北校区文史楼三楼最大的那间教室里满满坐了百十号人，来自五湖四海的大一新生济济一堂。印象中最深刻的是，当年的王老师大步流星走上讲台，拿起粉笔刷刷写下"普通文字学"几个大字。教室里一下子没了嘈杂的声音，只听见王老师声音洪亮地告诉我们文字学中各种奥秘，讲解中国文字大家庭，体悟汉字之美。课堂上妙趣横生，掌声雷动，课后他也不能离开，被学生们紧紧包围着。那时，文史楼前两树花无声绽放，关于文字学的知识就这么第一次被大家听入耳朵，记在心田。

王元鹿老师就是这么一位领着我进入古文字学大门的老师。王老师身材高大，他站在哪里，哪里就是一道风景。他给了我们这批学生无条件的宽容和信任。初见他时，那一身温文尔雅的气质令人折服，后来多次课堂和课后的教导更让我感受到他那海纳百川的气概。他的性格、文字学功底和教学技能都让人打心眼里敬佩。三尺讲台上一站就是一生。几十年的教学生涯中，桃李满天下，大家都发自内心敬重地叫他一声："王老师！"

时光易逝，转眼间王老师离开我们已有半年多，但音容笑貌仿佛就在眼前。还记得他给我们讲解纳西东巴文，给我们讲解古埃及文字和楔形文字，给我们讲解自源文字与他源文字的区别；还记得他曾带着青春的豪情和意气为我们的夏雨诗社题词，带着我们在中山北路一边喝咖啡，一边讨论论文，斟酌字眼，遨游在知识的海洋之中，漫步在文字学殿堂之中。王老师还给我们看他写的诗歌和小说。印象中，他思念母亲的诗句让人忍不住落泪。无论时间过去多久，这种感觉也依然还在。美丽的校园、优秀的老师，从相遇的那一刻起，就时时刻刻地滋养着学生的内心。

1931 年梅贻琦在就职演讲中提道："一个大学之所以为大学，全在于有没有好教授。孟子说：所谓故国者，非谓有乔木之谓也，有世臣之谓也。我现在可以仿照说：所谓大学者，非谓有大楼之谓也，有大师之谓也。"学高为师，身正为范，王元鹿老师就是这样一位影响我的老师。

作者简介

陈婷珠，华东师范大学中文系 1998 级本科生。2002 年至 2007 年为华东师范大学中国文字研究与应用中心汉语言文字学专业博士生，师从刘志基教授。现为上海交通大学人文学院副研究员。

前行，是最好的纪念

姜　慧

还记得初次和先生深入交谈，是2012年在闵行文史哲楼恩师的办公室里：先生来上专业基础课，在此稍做歇息和准备。门下弟子围在先生身边，相互交流着近况，不时地谈笑、打趣几句，气氛温馨，使人倍觉亲切。坐在旁边的我，显得有些许拘谨。不知何时，先生发觉到我的不自然，便关切地询问我生活里的爱好和学业上的进展。不知不觉中，言谈的话题更宽泛了一些，反倒让我感到放松自在。这是第一次近距离地感受到先生的谦和儒雅、睿智幽默，令我印象深刻。

随着和王门弟子来往密切，加之恩师与先生的深厚交往，我有幸经常得到先生的指点和照顾，逐渐成为了"半个"王门人。不论学习还是生活，都能真切地感受到先生的学者风范和长者风范。

学业上，遇到问题和困惑，先生总是亦师亦友地答疑解惑。点拨了对于研究还懵懵懂懂的我，使我较快地进入研究正轨。更难得的是，先生思想活跃，不仅谈及研究问题本身，还引导我求教问学，"站得高，看得远"。时刻提醒我在积累学问的同时，要有意识地进一步提高业务能力，"不能放低对自己的学术要求，你应该有自己的标准"。生活上，相处时诸多小事，也尽显先生的学养修为和拳拳爱心。比如先生时常带我们去老半斋、王家沙、鸿瑞兴、振鼎鸡打牙祭；听闻男友来沪，先生热情周到地设宴招待，推荐有名的上海特产风味带回乡；每逢节假，殷勤询问家人近况等……感恩谆谆教诲的十个年头里，蒙受关爱，先生教我如何为人处世，不断引领我去思考、探索学术和人生。先生的学识渊博、睿智幽默、乐观豁达都将长远深刻地印在我的心里。

2015年下半年，正值博士三年级的时候，先生告知计划让我一同参与编写系列丛书“看懂中国字，读懂中国心”的想法。我感觉既荣幸又紧张，因为是第一次写文字学的普及性读物，内容安排、逻辑框架、行文风格等都没有把握，怕辜负厚望。但是先生鼓励我要勇于尝试，把自己的想法写下来，还不厌其烦地为我分析可行的写作角度、形式方法等，指导我如何将趣味性和知识性并重，体现“字”特色的同时，折射出文化。历经数月小书写成后，先生不厌其烦、字斟句酌，给出了大量的修改意见。正是这第一次的普及读物的写作尝试，让我体会到哪怕是通俗散文形式，终成一文也有诸多的不易，着实考验涵养和水平。

后来，2018年8月上海书展时，我和几位老师应邀成为悦读分享这套丛书的嘉宾，准备和读者面对面地分享汉字与传统文化。此时的我已经进入出版社工作，平时仍会偶尔与先生通电话。先生在得知我正准备讲稿后，仍坚持要逐页翻看成文的打印稿，强打精神不辞辛苦，用颤颤巍巍的手在纸上艰难地写着，逐一标注修改意见。要知道当时先生的身体和精力已大不如前，本不想打扰先生休养，但他却仍耐心地为我调整措辞表达，使之简明精练、风趣幽默，利于加深听众的印象。修改完文稿后，先生还不忘语重心长地叮嘱我现场时要拎提纲，凸显色彩之美，更加贴近读者的生活，注重生动有趣……先生神情慈祥坚定，让我定心不少。如此事无巨细的关爱与提携、鼓励与期待，着实令我受宠若惊。

2022年是我来上海的第十一年，很多与先生相处的瞬间依旧历历在目。仍旧记得当我因考试受挫情绪低落时，先生说的那句“放开眼界来看，要看到终点”，让我真正明白了——不论生活还是学术，很多时候正是在“坚持一下”“放眼未来”时出现转机。仍旧记得当我的学业论文遇到瓶颈心生烦闷时，先生说的那句“自己的学问做到一定程度就要自娱自乐”，让我真正明白了做研究要辩证地分析问题，方法论要自己勤于总结，学力更完善，才会更好。

感恩先生的学养深厚、治学严谨，让我一次次地实现了由此及彼的自我成长，面对挑战时更多了一份勇敢和信心。感恩先生的豁达睿智、幽默乐观，让我一次次地实现了从无到有的大胆尝试，面对生活时更多了一份淡定和沉稳。愿在未来的人生路上，带着这些纪念，更加坚定地继续前行。

作者简介

姜慧，2011 年至 2017 年在华东师范大学中国文字研究与应用中心攻读博士学位，师从张再兴教授。现为上海辞书出版社编辑。

深切的感恩和愧怍

——怀念王元鹿老师

许　可

可以肯定地说，如果没有王元鹿老师的帮助，我极大可能是无法实现人生中很多梦想的。而我却再也没有机会报答他的恩情了。

2017年，我回到华东师范大学工作。在正式入职之前，由于京沪之间户口调动繁琐，我有两个多月处于“待业”状态。在家里焦急等待落户消息的一个傍晚，我给王老师打去了一通问候电话。我先问他身体如何，他只笑言：“老样子老样子。”我向他汇报我将回母校工作的消息，他开心地说：“我听说了。要祝贺你啊，小许！”就像是我还在读书时那样，他喜欢叫我“小许”。而这，也是他第二次对我说“祝贺”。

2013年春，我完成了硕士学位论文且如愿通过了清华大学的博士生招考。在写论文和备考的半年间，我一直住在南京家里，没有回上海。直到去北京完成面试后，我才返回闵行校区。当天，刘志基老师和王元鹿老师在闵行校区参加学术活动，两位正准备打车回市区，我和同门沈成彦一起跑到系楼门口向许久未见的老师们致意。我们俩气喘吁吁地奔跑到两位老师面前，他们都以慈祥和善的笑容迎接我们。刘老师不紧不慢地从帆布袋子里掏出刚出版的《郭店引得》样书送给我们。王老师则对我说：“小许，刘老师跟我说你考上了。很好！祝贺你！好好干！”春天夕阳的余辉，伴着玉兰花香倾洒在王老师宽大的白T恤上，又在他蹒跚的步履后留下长长的背影。如今,每次我经过人文楼前的路口时,都会想起这一幕——我敬重的两位老师,曾以他们各自的方式在我人生的关键节点鼓励过我。

早在2011年底硕士论文开题后,硕导刘志基老师就激励我考博。性格疏懒的我,彼时觉得能继续跟刘老师再读三年,就已经善莫大焉了,但他却让我去尝试考清华。我对他的提议一无心理准备,二无任何信心,只觉得刘老师是异想天开了。那段时间,我还在筹划次年赴辅仁大学交换。刘老师倒不急着让我表态,而是说:"你在台湾的时候可以再想想看。"但当时办理赴台手续也很不顺利。一日下午,在和王元鹿老师课间聊天时,我向他抱怨起申请赴台交换的材料被延宕,恐无法成行。他居然在回中北校区的校车上特地给我打来电话,提醒我某一份需要档案馆出具的材料实可办理加急。受益于这一通电话,我得以在三天内就备妥厚厚一叠申请材料,进而顺利获得赴台交换的机会。在那里,我旁听了许多文字学、音韵学、文言写作课程。在那里,我结识了许多情谊维系至今的师友。也正因为此,在那里,我逐步坚定了考博的决心和致力于从事本专业研究的信念。所以说,如果没有刘老师的鼓舞,没有那天下午王老师的提醒,今天我的职业生涯是很难想象的。只为这一点可能他自己看起来都不足挂齿却影响我一生的帮助,我就必须终身铭记和感恩王元鹿老师!

我在读时,王老师与我们的聊天,大多是在他课间休息时和送他去坐校车的路上进行的。涉及的话题,从学术史到足球赛、鹿鸣书店、上海小吃,看似东一榔头西一棒子,但无不彰显出王老师广博的知识和爱好。有一次,他提起多年前曾看到过一套德国出版的百科全书 *Was ist was*,英文名是 *What Is What*,建议我去翻翻,对学外语很有帮助。当年为寻觅此书,我还颇费了一番周折。没想到时至今日,这套书已引进内地图书市场,成为广受"鸡娃"家长们追捧的童书。

我想,正是由于掌握多门外语、涉猎广泛、经历丰富,王老师才会对很多问题持有如上超越时代的、高屋建瓴的看法。比如2013年夏天，在我们这一届硕士生的毕业论文答辩会中场间隙，我将王老师搀扶到休息室休息。当年还使用现金支付报酬，答辩秘书郭瑞老师嘱我协助他分发酬金，我便在休息室内清点钞票。王老师则掏出香烟、打火机，对我说："小许，你忙，我要加加油了。"不一会儿，他在吞云吐雾间突然呵呵笑起来，说："小许，我看你两只手配合数钞票的样子，很熟练啊！以前没少数钱哦？"我连头都没敢抬，惴惴不安地回答他："王老师，您不要打扰我。我数学不好，您跟我一说话，我要是数错了，还得返工。"他笑得更为开心，幽默地说："我看未必。你现在在数谁的钱？只要不是给我的，我干扰你一下，也无妨。"等我把现金全部紧张地分点清楚、核验过一遍，王老师已经抽完了两根烟。这时，他喝了口水，拿出手帕擦擦嘴，握住拐杖的头，严肃地跟我说："小许，我看数学还是重要的！即便学我们这种纯文科的人，也要有很好的数学底子。苏联一些社科专家的数学也不错。除了数学，逻辑也很重要。很多学文科的人，文章写得不好，其实是因为逻辑不行。"当年的我，自然是没看过多少好文章，听了他这话并未有什么触动。随着研究的深入，越发觉得王老师说得很对，也越发为我自己数学和逻辑俱差而感到羞愧。

再次回到前述2017年秋天我与他的最后一次通话上。在电话里，他的喘息声愈加沉重，我怕他劳累，不敢多讲，只好说："王老师您多保重身体，少抽一点烟。"他却主动说："不好意思，我好像现在没有什么能帮到你的了。"现在想起他这句话，我真是十分内疚——在他身体不适的情况下，我冒冒失失地给他去电，他却在第一时间想着还能不能帮助我这个愣头青。我当时也只好忐忑地说："王老师，谢谢您！我现在还在等着办手续，等我去上海报到以后再去看您！"他则略显含糊但似乎仍努力让人感到心安地对我说："好好好，小许，后会有期。"

那是我最后一次和王老师通话。他住院后，因为工作变动和疫情等原因，我无缘去医院看望他，只能屡屡向刘凌师姐询问他的病情。师姐总叹着气跟我说“蛮不好的”甚至“特别不好”。我也不敢深问，仅向师姐提起他曾帮助我的故事，师姐回复我：“是呀，他真的帮过好多人！”

实际上，我和王老师相处的机会并不多。当年，他只给我们这届研究生讲过一次“训诂学”课，参加了我们的硕士学位论文开题、预答辩和答辩等活动。我甚至没有从他那里学到多少普通文字学或比较文字学的知识。但他对我的帮助和提携，是足以改变我一生的。毫不夸张地说，除了我的家人和导师，他是对我影响最大的长辈。因此，我未能在入职后兑现诺言去看望王老师，这已经远远超出“遗憾”这个词的范畴，而是我对他最大的愧怍。

作者简介

许可，2010 年至 2013 年华东师范大学中国文字研究与应用中心汉语言文字学专业硕士生，师从刘志基教授。现为华东师范大学中文系讲师。

家兄王元鹿生平琐事

王　茵

童　　年

哥哥属狗，生于1946年9月16日，阴历八月二十一日申时。

算命先生说他有的吃，但吃了要干活（傍晚出生的狗，喂饱了要看门）。

哥哥出生在苏州原卫前街70号①的家里。

当时请了苏州城里最好的妇产科医生李寿（音）到家接生，以免被人说这孩子不是我父母亲生的（父母婚后10年才得子）。哥哥生下来时没有哭，原因是脐带绕在手臂上了，医生把他拎起来，拍了一下才哭出声来。

哥哥自幼聪慧，父母十分喜爱。六岁时父亲带他去燕平小学报名，那所小学的老师看重衣着，非常势利，居然没有录取。后来就到景鸿小学读书，班主任是沈静儒老师（王遽常教授夫人，七君子沈钧儒之本家）。

六年级时，燕平小学与景鸿小学合并，根据学生成绩重新编班，哥哥在成绩最好的一班，许多燕平小学的学生却落在后面几个班里！

① 1954年国家征用，成为苏州市第二人民医院，现在为苏州市立医院，地址是道前街26号。

哥哥在小学里是中队墙报委员，他善写作，加上父亲的美术指导，他出的墙报内容充实，图案新颖别致，很受欢迎。

数　　学

小学毕业后哥哥进了南洋模范中学，初中成绩一直很好，某次数学考试哥哥得了 100 分，当时全年级只有两个满分，另一人就是刘伟民（上海市数学竞赛一等奖获得者）。他的考卷展出在校园橱窗里，却不知何故失踪了。

到了高中，他喜欢的是文科，但是自从张茂昌老师任教他们班数学课以后，他就打算改选理科了。后来 1977 年恢复高考时，他的数学几乎是满分。

有一天哥哥回家时，鼻子上涂了红药水，妈妈问他为什么，他说是被同学朱龙希（音）从领操台上推下来，鼻子摔伤了。后来就觉得数学没有那么好了。可能这也是他选择文科的一个原因吧……

哥哥给我买过一本《十万个为什么 8 · 数学卷》——我最喜欢的一本书，我看了几十遍。

哥哥兴趣广泛，还推荐我看趣味天文学、趣味物理学等科普书籍，也给我后来考理科打下了基础。

在哥哥的藏书中，有许多本《飞碟探索》杂志（得病前几乎每期都买)，也有不少科普的书籍。

同　　学

初中到高中，哥哥最要好的同学是李正中，同桌六年。毕业后也一直有联系。

1964年5月，哥哥因毕业体检发现肺结核浸润期而休学。虽然那时是高三，同学们都在准备迎接高考，但是来我家探望、慰问的同学很多，我记得的就有李正中、马和武、何黎明、蒋继申、沈文炳等多人，一直有联系，直到哥哥病后也都来医院探望。

休学两年(其实是1964年5月份到1965年8月底)后回到南洋模范中学。正好第二年是1966年——“文化大革命”开始的那一年。很多同学都出去大串联，哥哥没有去，做逍遥派，期间参加了一个“飞鸣镝”战斗小组。我看到的是他和同学们从学校领来的大张红纸和白纸、糨糊，还有墨汁、毛笔等，在我家抄写大字报，贴到龙华去。他们收集资料，认真地写了不少。我去龙华看了一次，发现贴大字报的地方很偏僻，根本没有人看。

我家离南洋模范中学步行不到十分钟，他的同学们常来我家玩，通常是打牌。那时候哥哥和刘杭生、吴良赋最要好，人家称他们三人为“三K党”，这友谊一直维持到老。刘杭生会理发，帮哥哥理。我学着做，结果把他的头发剪坏了，还打电话把刘杭生请来救急。

“侦　　察”

“文化大革命”中，哥哥担心有些同学家里可能受到冲击，就派我去“侦察”——看他们家门外有没有被贴大字报。

他说我年纪小，不容易被人发现。去过的有李正中、包光炎，还有一位姓傅的同学(和傅聪是亲戚)的家。

评　　弹

阿哥自幼喜欢听评弹，这是他一生所好，即使在病中也不忘伴着收音机哼几句。

阿哥会唱不少开篇，如蒋调的宝玉夜探、杜十娘、战长沙等，也有其他流派的开篇如林冲夜奔、打棍出箱等，不但自己唱，还能教我学唱。他天生好嗓子，又善于模仿，唱得极有韵味。

由于听得多，许多长篇如《三国志》《水浒》《三侠五义》等大书(评话)，《三笑》《白蛇传》《珍珠塔》《玉蜻蜓》等长篇评弹都十分熟悉。

正是这样，《三国志》里的人名，某个姓氏有几个人他都说得出来。他还和我比赛：某个姓氏的人名，他和我一人说一个，谁说不上来就算输。当然是他赢得多：他比我大七岁，高八个年级。

幼时还听他唱自编的曲子嘲笑我："等王茵、待王茵，买好子鲜花等王茵，插好子红旗待王茵，等到完结等着子个小坏人。"(要用苏州话或上海话念，子就是"了"的意思。)

运　　动

哥哥小时候喜欢打乒乓，买过许多球拍，其中不止一副红双喜。球艺不错，到退休前还和朋友打，赢了很得意。他还能在大约 25 厘米×40 厘米的凳子上不用球拍用手双手左右开弓自己打着玩。

他也踢过足球，印象中曾经见过他摔伤了膝盖，涂了红药水回家。

棋　　类

我家有各种棋具：中国象棋、国际象棋、围棋、陆军棋、海陆空军棋、跳棋、斗兽棋……哥哥都会玩，也教会了我。

围棋最早是哥哥教我的，那时我才二年级，不懂规则，全听他说。记得有一次他说：凡是被包围起来的棋子都是“死棋”，于是我眼睁睁看着棋盘上所有的黑子被他拿掉了。

我四年级时，学校开了围棋普及班，请了教练。由于我会下象棋，速算比赛多次得年级第一，班主任推荐我参加。

哥哥听说了很高兴，正好他学校要去下乡学农一个月，于是他就和我下了一盘棋，把我打得落花流水。

在围棋班里，我一直处于无敌状态，这是因为早就和哥哥下过棋。所以哥哥是我最早的启蒙老师。

一个月后，他回到家，就再也没有赢过我：因为我懂得了围棋规则，也学了不少技巧。

家　　务

哥哥不喜欢做家务，也许和母亲的宠爱有关。记得大概是他小学的时候，有一次姆妈让他去拷油，他回家时膝盖上都是血，油瓶也打破了。后来就很少让他做事了。

1964 年 5 月份，当他毕业体检查出肺结核浸润期，不能报考大学以后，就更不做家务了。

去美国访学，哥哥带去的衣服，全部穿过一遍没有洗，于是再按照先后顺序又穿了一遍，直到他的家人去美国陪读才帮他全部洗干净。

在自行车螺丝厂当车工

66 届毕业分配时，哥哥先是分到隔壁的中国唱片厂，可是唱片厂嫌南洋模范中学的几个毕业生身体不好，不肯收。后来才分到了弄堂小厂——上海自行车螺丝厂。

他的工种是“打头车工”,要使用一种自动的冲床。哥哥很重视学技术,学好了就有空看自己的书。他有一个黑色的人造革手提包,里面总是装满了书,上班有空就看。天天带出带进,那个手提包的拎攀(把手)断裂了,修补后继续用。他看过的许多书上留下了黑色的指纹,那是车床机油的痕迹。

他曾经说,不能进大学,自己要把大学的课程全部自学完。我学他,不能进高中,把高中的课本都通读了一遍。后来恢复高考后果然派上了用场。

文学与书法

本来哥哥的字就好看,而且和父亲年轻时的笔迹很像,我很羡慕他。他还用节省下来的钱买了不少碑帖,加上自己家现成的,经常临摹。

家里有两本《白香词谱》,他最喜欢;《唐诗三百首》他几乎都背得出来。于是开始写诗、填词,主要参考王力的《诗词格律》。至今可以看到他床头书橱里放着多本古今诗词的书籍。

哥哥喜欢填词,坐班车去闵行校区时也会在手机上写,至今我还保存着他的旧手机,在里面找到过他写的几首词。

哥哥喜欢写作,他在“文化大革命”后期写过几个短篇小说,记得有一篇叫《许伟的爱情》,讽刺主人公虚伪的爱情。还有一篇是说某个偏爱数学的怪人,测量衡山路上的国际礼拜堂尖顶的角度,用 π 的数字谱曲等。写在一本笔记本上,有五六篇,还有一些不记得了。可惜的是当时“运动”不断,哥哥怕给家庭带来影响,忍痛烧掉了。

哥哥的文笔好,也曾经派过特殊的用场:帮父亲写检查。

我曾经问他:你若退休了,准备做些什么事呢?他说准备写作,写自己喜欢的东西。

20世纪90年代,他在《大众卫生报》上写过不少短文,很幽默。

如《功夫在场外》《模糊围棋》《后天下之乐而“乐”》等。

在“文化大革命”中，新华书店只卖毛选和语录；图书馆藏书几乎都因是“四旧”而被迫闭馆。当时出现了“书荒”，看不到任何中外文学作品。哥哥和他的要好同事、同学之间偷偷地交换着看那些能找到的“禁书”，有的只能借一天，于是他就和我，还有邻居许选民三个人夜以继日轮流看。

1976 年后，新华书店卖起了一些新译的外国文学作品，哥哥想尽办法去买，我也参加过排队的行列。买到的有《悲惨世界》《红与黑》《九三年》《安娜·卡列尼娜》《莫泊桑中短篇小说》等。有时排通宵也在所不惜。可能这也是他后来特别爱藏书的一个原因吧。

饮　　食

哥哥曾经得过肺结核，姆妈一夜愁白了头发。为了让他尽快恢复健康，她想尽办法给哥哥补充营养，也养成了他无肉不欢的习惯。

他对蔬菜不感兴趣，连鱼也不算荤菜。有一次他和邻居许选民到我学校来，我们一起去永嘉路上的乔家栅饭店吃午饭，我点了鱼虾类的菜（选民爱吃），哥哥不高兴了，说我请他吃素。

大　　学

1977 年恢复高考，他积极鼓励、帮助我去考。不仅把他读的高中课本给我看，还问同学李正中、施振标借课本和参考书。他买了全套的《数理化自学丛书》，我几乎全部做完。有不懂的地方可以问他——南洋模范中学的高材生什么问题都能回答。由于时间仓促，77 级我没有考上；1978 年我以高分考进了华东师范大学化学系（这是我的第一志愿。哥哥叫我填复旦的，我没有听他的话）。

他自己临时决定报考，成绩喜人（是全上海分数最高的 500 人之一）。但是听说复旦喜欢年纪小的考生，于是报了华东师范大学中文系，成了77级1班的一员。

工　资

哥哥在自行车螺丝厂时学徒工资才18元/月，加上一点夜班补贴、津贴费等，不知是否能拿到20元/月。满师后是36元/月，再有一点奖金和夜班补贴，不过40元左右。

当父亲“文化大革命”中被扣减了工资时，哥哥毫不犹豫地把自己的工资拿出来给姆妈补充家用。

去美国留学时，他几乎没有积蓄，借了一些外债才成行。到了那里，他省吃俭用，很快还清了债务。他把借款记在一本小本子上，还一笔记一笔，最后还的是家人、亲戚、好友。

他一直很感激他的导师，不仅给了他访学的机会，还让他通过帮导师收集资料给他资助。

后来，当他归国后回母校任教，成为硕士生、博士生导师后，也经常资助他的学生，在他的一本笔记本里我看到过部分账目。

哥哥一直很乐观，准备在退休后好好享受生活，做自己喜欢的事。想不到才退休一年多，就被病魔缠上了。在医院辗转治疗了两年半，不幸离开了这个世界。他的离去，实在令人伤心！

我只写了他的青少年时代的一些往事，后面的事请看朱建军、邓章应老师编写的学术年表。

2022年3月30日

作者简介

王茵，王元鹿先生胞妹。

思念我曾经和永远的爱人、师长和朋友
——王元鹿先生

金嘉琳

奉献给爱他的亲人、学生和挚友们

感情不易外露的元鹿的内心世界极其丰富细腻,充满了诗意和炽热的爱。他对爱情的渴望、炽热和忠诚不渝使我无愧自立!被他爱是幸福的!我曾拥有一块闪光的金子,但永远失去了。失去了的才觉得更可贵!

初恋是纯真美好的

1973年初春的一天,我在上海休假时同元鹿相遇了!那年我差几个月满26周岁,元鹿差几个月满27周岁。那年我在上海崇明向明农机厂工作,他在上海自行车螺丝厂工作。

元鹿的表姐——聪姐,是我们的介绍人。那天天空非常明朗,聪姐、芸姐与元鹿,我妈与我,五人在复兴公园见面。稍聊了一会,妈和聪姐等回家了,我同元鹿继续在公园内边慢走边相谈。我从未谈过恋爱,不知如何,很尴尬。但很快被元鹿的侃侃而谈、宏博的知识而吸引了,似乎觉得他是我的一个老同学、老朋友,不陌生,很谈得来,很自在。

几天后,元鹿打电话来邀我外出再次相见。以后我们经常去漕河泾的公园游玩，有时我还带着调皮的外甥王玮一起去，我们去外滩游，我们也去苏州一日游。

有一次我随口说了一句“我很想继续上学，但是中学学的内容都忘了”，想不到第二天我们在公园约会时，他带了一本中学数学复习课本。我们在公园椅子上坐下，他帮着我复习数学，一道道解题。我真佩服得五体投地。离开学校多年，他未忘记所学的知识！以后我们约会时，一起复习功课是我们约会时的一项“任务”。后来上海广播电台开设了日语课，他在上海市区，我在崇明，分别开始上日语课。自那以后，我们的约会又多了一项“任务”，一起学日语。

我在崇明工作，三班倒，每三周回市区两天，一年有两周休假。长相思啊！聚少离多。他天天写一封信或诗歌给我，我天天去工厂的传达室取信。每次回市区，我们有谈不完的话，他总是侃侃而谈，我像海绵一样从他那儿吸取文学、艺术、戏剧、哲学……各种知识。

当我们相恋半年后，我确实有自卑感，觉得工作在郊区，低人一等，而且婚后会有许多不便。我对他说要慎重考虑我们的关系，想不到这大大刺伤了他的心。他连续给我几封信，阐述了自己的伤心之处。我真想不到他爱我爱得这么深，他爱得纯，爱得严肃！信中他写道：“……当然，我也不止一次地想过，要是同你分开，那么我今后在恋爱生活中是绝不会有什么主动的努力了，结婚的可能是相当小的……”他 1973 年的想法，25 年后竟成了事实！

后来我决定设法调到市区工厂再成婚。尽管他想早点成婚，但他还是支持了我的想法。1977 年得知厂领导决定调我到市区工作，同时也得知全国高考将恢复，我决定放弃上调市区工厂的机会，参加高考。他也同意我的想法，积极鼓励我参加高考。对他所爱的人，他从不说一个“不”字。他太“宠”我了！

我们互相鼓励要参加高考。他给我寄了许多复习资料，还特地到他的母校——上海南洋模范中学，取了复习资料寄给我。他是个深思熟虑的人，对自己是否参加高考，他考虑再三，最后在高考报名截止之前报了名。

在华东师范大学的日子

1977年底，他如愿被华东师范大学中文系录取。1978年底，我被华东师范大学图书情报学系录取。

1979年初，我们结婚了！结束了长相思的日子。

在华东师范大学的时期是我俩最欢乐的十几年。乐融融！

当时图情系有一个专用教室在文史楼，他大学住校的宿舍在文史楼附近，几乎每天中午他都来教室同我及我的同学们聊天。那时他还是大学本科生，由于他的博学，我的同学们尊敬地称他“王老师”。

从大学本科起，他已初露学术锋芒，不断地发表文章或出版书籍，也获得过学校优秀教学成果奖等。

我与他一起分享着成功的喜悦！但是我更注重照顾他的日常生活。金无足赤，人无完人，他是个只专注学术、不善于料理自己生活起居的人。

我们相继从华东师范大学图情系和中文系毕业。我留在学校图书馆工作，他硕士毕业后留校当教师。

那时的周五下午或傍晚，我们经常从师大后门穿过长风公园，然后再乘车回家。边走边谈，或在公园长椅上小息，我们似乎有永远谈不完的话，学习、学术、学校和系里的事，天南地北，海阔天空……

周日我们常去书店、博物馆，也去近郊游，如松江佘山的天文台和天主教堂……

还记得有一年暑期我们去了桂林游玩，在漓江的游船上我们边观赏着美丽的山水边品尝着鲜美的漓江鱼……

还记得有一年暑期我们一起参加了学校工会组织的黄山游，我俩携手登上了莲花峰……

还记得有一年暑期我们去青岛游，他似乎对青岛美丽的海滨不太感兴趣，游完青岛，他建议去崂山。那时好像还未有去崂山的旅游团，我俩乘着普通班车上山，班车绕着崎岖的盘山公路缓慢行驶，终于上了山！我们追随着蒲松龄的足迹漫荡在山间，元鹿滔滔不绝地谈起了蒲松龄的《聊斋志异》及其诗词，非常兴奋！

回旅馆后他还想去曲阜瞻仰孔子墓。于是第二天我们乘火车去曲阜。临行前他特地换上了一套新衣服，到了孔子墓前，他恭恭敬敬地鞠了三个躬，端正衣冠，让我给他在孔子墓前照了相……

但也有使他心酸的事。在我们相爱到结婚后，很少红脸。20世纪80年代初，我曾闹得家中不和睦(同他妹妹及未来的妹夫闹矛盾。是我的错！)。他爱我，也爱他妹妹。他自吞难处，也未责备我，采取了回避的方法，不介入，继续他的学业和复习准备投考研究生。几年后，家中关系转好，他只轻轻叹息一声"八年抗战"！他承受了多少心理上的压力啊！我实在对不起元鹿啊！

赴美做访问学者

80年代，全国有一股出国热。我极力鼓励他出国开眼界深造(真不该鼓励他出国！)。再三考虑了几年后，最后他决定出国深造。后来他对我说，他决定出国的其中一个原因是为了我能有机会出国看一看外面的世界，因为在此之前我曾失去了一个赴美访学一年的机会，非常难过。为了我，为了爱，他做了可能他原先不太想做的事！

在美国圣路易斯华盛顿大学人类学系做访问学者几年间，他除了为Petty Watson教授做研究、翻译等，还在学校内进修、苦读英语，到回国时他的英语水平已非常高了。

他后来告诉我，他的一份发自肺腑的简略自传深深打动了Watson等教授，决定吸收他为访问学者。

除了研究、学习外，他最爱去的地方是书店、图书馆和文具店。他买的许多书籍文具等(如各种英语大词典、古典音乐磁带、铅笔、笔记本、信笺本等)我还保存着。他买的铅笔、笔记本等，我这一辈子都用不完！

在美国圣路易斯几年，他没时间没兴趣去游山玩水。他连美国首都华盛顿及纽约都未去过，只有在1993年夏天我硬“逼”着他，参加旅游团从圣路易斯出发，一路往西，游览了科罗拉多山脉公园、大峡谷、黄石公园及旧金山。

几年的访学对他的学术研究有极大的帮助，但美国不是他的祖国，英语也不是他的母语，他总有一种失落感。访问学者到期后他决定一天也不多待，马上回国。当时我已报名参加一个旅游团，将游览美国首都华盛顿、费城、纽约、弗吉尼亚州威廉斯堡等。我希望他一起参加，旅游后再回国，而且我也想在美国再多待一段时间。我俩开始有了矛盾。

我们为何时回国而红脸。他回国后，我写了一封信，抱怨他“自私”，未考虑到我的想法。他回信谈起了这段心酸时期。他在1994年8月17日的来信中说：“……至于您的归期，坦白地说，我上次归前与您谈过不止一次我的意见，您有不同的意见，我完全理解。只是几次商量，您的态度都是不可商量，是否像您在我走后给我的第一封信那样属于‘自私’，我很难说，但如此断然的态度，我即便理解，也毕竟为之伤心。所以，既然有这么一次，而且我能在很大程度上理解您和谅解您……但是我这以后，绝不会再要求您怎么决定了。请理解我……”，“我始终认为一个人有对他前途的决定权，任何旁人均无资格决定。有时常常为您想了很久，提出一些想法，您都第一句话就反驳，使我很难过……”

元鹿回国后（“剪不断，理还乱”）

1994年7月1日他回国后，被父母、妹妹、亲人、朋友、导师、同事及领导的爱及关怀所围绕，他的心里是充实的，但对我的思念及爱跃然于字里行间。我8月去旅游，他在7月19日信中写道：“尽可能早些叫王 hold 票，并尽可能在旅游之前即准备好一切，一回来就动身,不要拖延。无论怎么,我将仍然理解您、尊重您、爱您。只是希望您不太疲劳,不太多虑,不太粗心,万事细心一点。"

1994 年 7 月 28 日的一封来信中写道:"……所以心中很念您,盼您回来……从我看,是下定决心回国的,因此除享受到祖国、家庭的温馨之外,也承受着若干不适应。但这一切我都认了……"

1994 年 8 月 25 日的信中写的一首词:"菩萨蛮——与内子通电:雁书阅夜将半,夕(?)思早被相思断。电话底时鸣?谁怜痴汉情?隔洋无别语,但问平安否?语罢意徘徊,伊人归不归?"

"关于您自己,一定要保持乐观、健康、安全,免我牵挂。对自己的未来,有一个估计、把握,不要太勉强地留在海外……"(1994 年 10 月 8 日来信)

"我觉得近来越发念您,也许是日子长了……"(1995 年 4 月 18 日来信)

1995 年 12 月 16 日的信:"……长期以来,您一直为我操心,因此您不在时我总觉若有所失。幸好父母、岳母、两个妹妹等大力帮助我……"

他在 1996 年 4 月 14 日的信中写道:"……总有一日,您我会重在一起荡马路……"这期间他给我剪辑寄来了许多他发表在报刊上的短文及小品。

他说:"……在这里,毕竟有一种创造的乐趣。生活很充实……只是真的想念您。我真发现我的潜能是无穷的,这么多年,亏得您的照顾、理解、欣赏与支持……写作使我平静与超脱,又 feel 自己的能力。对我来说,这是一种心理疗法……"(1994 年 9 月 25 日来信)

1998 年当我们正式决定离异后,8 月,我收到了他给我的最后一封纸质信(写于 1998 年 8 月 21 日)。这是一封感人至深,催人泪下的信。信中他毫不责怪我的决定,理智地分析了我们的分离,谆谆嘱咐我保重,并再次表达了他对我深切的爱!他同时说他要振作起来:"如今,我一再要求自己重振雄风……在生活上过得去,在事业上更上一层楼。尽管我面临着许多困难,尤其离异之痛本是人之常情……然而,我还是要走完我生活的末一段路,而且是出色地走完……因为爱过我的人们是多么无私地给了我许许多多,因为爱着我的人们是以多大的关切注视着我的未来。我不能自暴自弃,因为这不仅是对我的背叛,也是对爱我的人们的不负责……"

他认定的事就会坚定地去做。他的后半生的学术、教育成就显示了他出色地完成了他认定的事!我想自那以后他把对我的爱与怨深埋于心底,将他全部心血及爱奉献给了他心爱的学术、教育事业及他的学生们!

我们离异后,我想由于他个人精力时间有限,他经过权衡,在考虑"个人问题、身体健康问题"与"学术事业及学生"之间,选择了后者。他毕竟更爱后者!

后　　续

我离开圣路易斯之前,元鹿在圣路易斯的好友,作家、诗人裘小龙夫妇为我饯行,在餐馆中我不禁掩面痛哭,我自问:为何我们的婚姻成了悲剧?!

1998年8月底我带着这个大问号离开了这伤心之城——圣路易斯,搬往波士顿,开始了我的新生活。

在这分离的20多年中我时时刻刻牵挂着他。我不担心他的学术事业的发展,只担心他的身体健康。我深知他是个不会照料自己生活起居的人。

我修完了图书情报学的课程,获得了硕士学位,并在哈佛大学图书馆干着我的老本行——图书编目管理工作。在美国的生活稳定后,我愈发挂念元鹿,觉得欠了他的情。

2002年12月,我在出国11年后第一次回国,我决定同元鹿见面。我的妹妹帮我联系了华东师范大学中文系,知道了元鹿的电话。于是我打了电话给他,当时我很紧张,怕他怨恨我,不见我。但是他见我了!

我们去了衡山公园。公园对面当年的住所已改为绿化草坪，他精确地指出当年父母的房间及我们的房间的位置。当时他母亲，我曾经的婆婆，还在世。我带了些西洋参，托他给他母亲。他对我说：姆妈说我们两人虽离婚了，还是欢迎你像朋友一样去我们家里。但我终究未去他的家！此后的近 20 年中我们保持着朋友/同事的关系，通过简短的 E-mail 和长途电话互相祝贺生日或节日快乐！有时我也通过 E-mail 向他请教古文字上的问题。每次电话中我总是希望他注意身体，注意饮食卫生，要去装一副假牙……他总是说，等有空了会去装假牙的……

以后几次回沪，我们在新天地喝茶，吃点心，在静安寺附近的餐馆进餐，或去他家附近的咖啡店喝咖啡，常谈到咖啡店打烊。每次见面，他总谈他的学术，他也谈到他所挚爱的学生们，谈到他所挚爱的父母、妹妹及亲人们，他对他们的爱及感激之心溢于言表！当然他也谈到他的 dating 之事，我多盼望他能早日成立新家庭啊！但他对他的身体健康之事只是轻描淡写。每次见面看到他一次比一次衰老，觉得很对不起他，很辛酸，但我又不能表现出来。他不是一个要被人怜悯的人！

我回沪时，或偶有他熟悉的来哈佛大学的访问学者回沪，我总设法带一些衣服、鞋子等东西给他。有一次他说他脚疼，走路不便，我立即寄了一双高档鞋给他……总希望能弥补一些我在身心上给他的创伤！

2016 年 12 月回沪，我邀他外出同我见面，这也是他最后一次外出同我见面。我们约在北京西路常德路口的王家沙点心店。因为回沪只有 10 天，时间匆忙，同他见面后立即还有一个安排，所以只匆匆谈了几句。从王家沙点心店出来，在寒风中，他叫了辆出租车，我护他上了车，目送着车远去，这一幕依旧浮现在眼前……

在我回美国的前一天，我打电话再约他，不知是他对前一次见面时间短而失望，还是身体不好，他不想外出了。我带着怅惘的心情回了美国！

2018 年，我连续几次打电话给他，都无人接听。我有一种不祥的感觉。这年 7 月，我查了网页，打电话到他所居住的居委会问询，他们说不知道情况；打到中文系，可能正值暑期，无人接电话。终于在 8 月初的一天，打给他的电话通了。他的学生在他的病床边接的电话，我才知道他生病住院了。后来通过他以前的学生——复旦大学的龙向洋老师，知道他生病住院的详细情况。我请向洋转达我的问候，告诉元鹿，年底将回沪看望他。向洋告诉我，他打电话给元鹿，转达了我的话，元鹿显得很高兴。

我随后请我妹妹去看望元鹿。第二天我妹妹及妹夫去医院看望了他，并且同元鹿的妹妹联系上了。

这年 12 月，我回沪后去医院看他。那时他还能说一些简单的话。他对我说："侬来看我，我蛮开心！"那时他还能坐轮椅，那天护工和我推着他去普陀区中心医院针灸，医生问我是谁，我一时不知如何回答，元鹿大声地代我回答："Ex-wife！"

2019 年 9 月 16 日，元鹿生日。元鹿妹妹说许多学生、朋友都通过视频祝他生日快乐(元鹿还是幸运的，有这么好的、这么多的学生、朋友们爱他，关怀他！)。

元鹿妹妹问我要不要开视频祝贺他，我怕看到他后控制不住自己感情而哭泣，不吉利，所以叫他妹妹不要开视频。我在电话里唱了生日快乐的歌，并对他说，在大洋彼岸的我祝他生日快乐！我未忘记他，一直牵挂着他！他妹妹后来对我说，元鹿当时显得很难过！听到之后，我心中非常难过！

在他住院后生命的最后两年中，感谢元鹿的妹妹每次去医院时，开微信视频让我们见面、通话。我通常在周日打长途电话给他，护工帮着拿起手机让他听，我鼓励他有信心好好活下去，并给他读我们初恋时他写的诗，还请他原谅我以前的错误……那段时期他已说不出话了，只能"哼""啊"地发声，我完全了解他想说的话！

2020 年 9 月 16 日，他生日。通过视频她妹妹和我先后唱了英文歌"生日快乐"，祝他生日快乐。然后他妹妹扶着他的手，切了一小块蛋糕。那时他已很虚弱，但脑子清醒。

2021年8月8日上午，我同他通了7分钟电话，告诉他等疫情好转，我年底会回去看他。他“啊！啊！”地连续发声，回应迅速，声音洪亮，非常有精神，我非常高兴！想不到这次是最后一次通话，8月10日上午，噩耗传来，上帝还是将他带走了！

痛定思痛后，我终于明白了：由于我的自私、固执及鲁莽，导致他的前半生——我们25年的爱情婚姻划上了句号！导致了他后半生个人生活的悲剧。

他所挚爱的学术在中国，他应该在中国发展，他不是个善于照料自己的人，他需要一个贤妻照顾他的生活起居，关怀他！他应该能活得更长久！更健康！他对我的爱要比我对他的爱执着、深沉！当时我根本未考虑到他、未考虑他的事业及他对我的爱，只考虑自己要留在美国。我背叛了他！我毁了一个天才的身心！

我将在我的余生祈求上帝及元鹿的在天之灵原谅我！

作者简介

金嘉琳，王元鹿先生前妻。

怀念恩师王元鹿先生

刘　凌

王老师离去不久，就到了教师节，姑苏王门的群里，弥漫的是茫然无措和悲伤。然后是王老师的生日、春节、清明节，每一次，思念和悲伤真切地在那里，大家的心情彼此牵动。如今，王老师离开已经一年多了，作为深受师恩的老学生，我也能够平静下来，回想这些年王老师给予我的点点滴滴，想从我的视角去纪念我的老师。

王老师追悼会的那几天，我看到同门刘悦师妹写的一句话：王老师是改变了我命运的人。这句话，可以格外真切地用在我身上。认识王老师的近三十年，我学业、工作的所有重要时刻，王老师都在不言而切实地帮助我，回想这些年的点点滴滴，格外感念和悲伤。记得1995年我准备报考王老师的研究生，满心忐忑地写信给王老师，王老师不但每信必复，还把他家里的电话号码给了我，方便我随时请教，对我自始至终温和耐心，并且不断鼓励，不曾因为我是中师毕业没有读过大学而有丝毫嫌弃。几个月后考研结果出来，报考王老师的学生中有五位达线，王老师录取了前三位，我终于走进了向往已久的大学校园，看到了更加广阔的世界和优秀的同学们，也知道王老师的秉公取舍是多么不易，那种感激是刻骨铭心的。入学后，王老师始终是他一贯的风格，各方面关心我们，永远是鼓励，永远觉得我们说的"有道理"，所以我们敢在王老师面前发表任何观点，甚至跟他辩论。王老师以他的广博与活跃的思维，引领我们逐渐打开了学术视野，尤其是王老师比较文字学和普通文字学的研究实践，在学术史上具有筚路蓝缕之功，对我们这些弟子影响极大，让我们突破了学术思维的许多窠臼。王老师爱好广泛，带着我们去了不少好地方，随时谈学林轶事，随时感受生活与艺术之美，书店更是必去的地方，很多书店老板都跟王老师成了朋友。当时很多研究生同学羡慕我们，经常说的一句话就是“你们老师对你们真好”。

因为王老师的推荐，硕士毕业的时候，我有机缘去了上海辞书出版社工作，当时我忙于考博、找工作，学位论文写得不顺利，手忙脚乱的时候，王老师没有批评，而是默默地帮我做了推荐，他知道我适合这个工作。以王老师不愿麻烦别人的性格，我们这些学生的就业，没少让他操心。工作后，王老师始终关心我，叮嘱我不要放弃学术，让我参与他的课题，他的良苦用心让我感念，也让我最终没有离开学术之路。2007 年，王老师带着一群在读的学生去贵州开一个关于水族水书的学术会议，也喊上了我。在火车上，我们跟着王老师畅谈学术，王老师还有同门翟宜疆兄觉得我应该回华师大读博，埋藏在心里多年的火种就这样被点燃了。王老师当然希望我跟着他继续读少数民族文字方向，他觉得这个方向大有可为，而且因为冷门更需要传承，可是我考虑到自己的兴趣点和知识结构的不足，想换古文字方向。那段时间正好王老师刚做完骨关节置换手术，我煎熬了很久，待王老师恢复得差不多时，终于跟王老师如实汇报了自己的想法。王老师当时很意外，顿了一会儿，然后说“这样也挺好，按照自己的兴趣来”。报考前，王老师特地为我写了推荐信。博士毕业时，因为我想争取留校，王老师又为我写了长长的、言辞恳切的推荐信；留校工作后，王老师一如既往地在工作上指点我，关心我……想起这一切，想起王老师，我心里常常充满愧疚，为自己资质贫乏，在专业上跟不上他的思路；为自己缺少他所希望的对学术的纯粹和挚爱；为他身体、心境糟糕而我没有能力为他做点切实有用的事情。王老师生病后，这种痛心和负疚一直伴随着我们这些弟子，我们总觉得自己可以做些什么，却又什么也做不了。所有的负疚和痛惜，随着王老师的离去，都只能永远放在心里了。

王老师出生于苏州的诗书之家，他以此为荣。爷爷奶奶（我们那时这样称呼王老师的父母亲）都是读书人的清雅做派，奶奶更是一位大家闺秀，对我们这些学生格外慈和。那时的王老师心境是温暖愉悦的，以读书、写文章与教导我们为乐。爷爷奶奶过世后，王老师心境日渐悲凉，日常生活各方面都是凑合，身体越来越差。在王老师生病后、去世后，我才更多地体会到了王老师的清静、孤寂与无所求，他就是一个温润如玉的读书人，善良地对待所有世事，与人无争，只需要有一方安静的书斋，过他喜欢的诗书生活，再加上他的各种爱好。王老师是生活在精神世界里的，对于世俗生活，他的要求很低很低。他把他的热情和精力都放在了学生身上，最希望的就是我们在学术上成长，把传统学科发扬光大。王老师深深地影响了我，让我更看重从精神世界中寻得安适。也是从王老师开始，我才觉得老师不是高于学生的，而是可以亲近、平等地一起探讨问题的；才知道有些老师对学生的关爱是至诚无私的。就像同门朱建军兄说的，王老师对待学术的热爱与执着，对待学生的包容与平等，深深地影响了我们，让我们也学着像他一样去做老师，去关爱影响我们的学生。

王老师去世后不久，有一次我和家人外出，突然看到一家苏州饭馆，不由自主地走了进去，翻开菜单，看到那些王老师爱吃的菜，一下子低头闷在那里。家人知道我的感受，默默陪我吃完了这顿饭。王老师关爱我们这些学生，学生家属也都敬爱王老师。多年来的春节，魏明扬兄、龙向洋兄必定会带着家人陪王老师过春节，弟子们也常带着家人一起去拜年，大家济济一堂，畅快地聊天、看球赛、吃苏州菜，那时候的王老师一定很愉快吧，他给了这个世界很多温暖，自己却过得那么孤寂。他以他的广博和审美影响了我们，让我们去欣赏江南文化的美好，去感知自己所生活的城市中的美，感知生活中的艺术，王老师给我们的影响不仅仅是道德文章，还有对这个世界细腻温润的爱。

王老师追悼会那天，太多师友前去送别，送别的花篮从大厅一直延伸到外面的大路上，透过泪眼回望，在细雨中，那是一条很长很长的、绚烂的花径，让人悲恸，让人惊叹，让人慰藉。王老师，您在天有灵，也会感到欣慰吧？桃李不言，下自成蹊，您对学生的关爱与影响，您对所有人的善与爱，您对学术的执着与成就，大家都深深地铭记与珍惜。

去年冬至的时候，王茵老师带着我们为王老师举行落葬仪式。看到王茵老师一样一样摆上王老师爱吃爱用的东西，悲痛铺天盖地地涌来。当骨灰盒放进墓穴，工人一遍遍涂抹胶水，放上盖板的那一刻，悲痛到无以复加，那时候，我终于真真切切感受到，王老师是真的离开这个世界了，他与这个世界的缘分尽了。从墓园出来后，有很长时间我的心情难以平复，后来走到阳光下，走了很久很久，忽然觉得从王老师生病以来的那种沉重积郁的感觉没有了，感觉很轻松很解脱。我愿意相信有另外的世界，相信王老师已经去了另外的世界。愿意相信经过这一世的苦乐与修为，一颗尊贵的灵魂的种子会落入一片丰沃的土壤，落在像苏州那样的丰饶优美之地，那时的王老师，该会在一处清雅的院落，在苏州评弹声里，和一二好友品茶抽烟、畅谈诗文吧？王老师，愿您在另一个世界少尘世之烦忧，多诗书之享乐，生活得更加清雅、更加如意自在。您的精神已经跨越了时空和虚无，留给了我们一笔不可多得的财富，这该是最让您欣慰的吧。

作者简介

刘凌，1996 年至 1999 年华东师范大学中文系汉语言文字学专业硕士生，师从王元鹿教授。现为华东师范大学中国文字研究与应用中心副教授。

怀念恩师王元鹿先生

王慧敏

恩师于 2021 年 8 月 10 日离开我们，至今已一年有余。与王老师相处的点点滴滴，时时浮现心头。

我本科是在辽宁读的。1998 年 5 月，我怀揣梦想，踏上开往上海的火车，参加华东师范大学中文系汉语言文字学专业比较文字学方向的硕士研究生招生面试。下了火车，第一时间给王元鹿老师打电话，王老师约我在地铁一号线衡山路站书报亭见面。那是我第一次见到王老师。王老师穿了一条米白色的裤子，浅色 T 恤。和善、亲切、儒雅长者，这是王老师给我的第一印象。初到上海，人生地不熟，王老师安排我住在刘凌师姐的宿舍。这是我和刘凌师姐深厚情谊的开端。面试的时候有王元鹿老师、刘志基老师，还有哪些老师参加，已经记不清了。面试场面并不是很严肃，问了一些专业上的问题，问我读了哪些书，还问了我有哪些兴趣爱好，外语系毕业生为什么想到考中文系研究生等。老师们对我的回答似乎还算满意，就这样，我通过了研究生面试，正式成为王老师的弟子。

入学后，我和同时入王老师门下读书的同学史燕君一起，为《古文字诂林》的编写做一些基础性的工作。我们在王老师的指导下，学习相关基础知识，筛选、编辑资料，标点校对，得以一窥学术研究之门径。

王老师给我们上的第一门课是纳西东巴文字研究，参考书是王老师的专著《汉古文字与纳西东巴文字比较研究》。王老师让我们边读边思考,有不同观点,可以拿到课堂上讨论。之前接受的教育,都是被动接受书本上的知识,奉书本为权威。给老师的著作挑毛病,对我们来说还真是新鲜事。但是初生牛犊不怕虎,我们对老师书中的一些观点提出商榷意见,在课堂上面红耳赤地争论,而老师非但没有生气,还鼓励我们查看更多资料,将自己的想法成文。在王老师的鼓励和指导下,我写了《试论“纳西”之“纳”是否表“黑”》和《从凯伦·海勒的早年生活看语言与思维的关系》两篇文章。这两篇文章的观点,都是跟王老师唱反调的,王老师不以为忤,还将我的文章推荐给学术期刊发表。正是因为王老师的大度包容,使我有了与权威对话的勇气。毕业后,我进入出版社工作,这份勇气使我不畏权威,能够坚持自己的观点和见解,成为我职业生涯中最大的助力。

我本科学的是英语专业,王老师一直鼓励我用好英语,不要因为读了中文系研究生,就荒废了英语专业基础。老师介绍我参加上海科技出版社一套引进版图书的翻译工作。1999 年暑假,我完成了《沟通技巧》一书的翻译工作,该书于 2000 年 3 月出版。在读研期间,我的英语没有丢弃,反而有了用武之地,这使我欣喜异常。研究生毕业后,我从事英汉词典的编辑出版工作,这跟老师的鼓励和支持是分不开的。

刚刚入学没多久,王老师就带我和史燕君去上海图书馆,详细讲解各个楼层的图书类别和借阅注意事项,还垫付押金,帮我们办了图书证。

我是辽宁人,史燕君是宁波人。常年吃食堂,很是单调乏味。有一次,我们跟王老师吐槽食堂的饭菜有多难吃,王老师请我们改天去他家吃饭。到了那一天,刚一进门,肉香扑鼻。饭菜上桌了,慈父般的王老师小心翼翼地看着我们对他亲手烧的饭菜做何反应,看到我们大快朵颐,才露出欣慰的笑容。其实那之前和之后,都没听说王老师会烧菜。为了安慰远离家乡的我们,王老师竟亲自下厨。那一餐,一直深深温暖着我们。

我研究生毕业后不久，王老师就做了股骨头置换术，此后行动能力不如之前，且有每况愈下之势。2018 年初，王老师因静脉血栓住院，之后基本一直在医院里度过。即使在医院里，王老师还在思考学术问题，有时会打电话给我，让我查资料后发给他。

王老师的生日是 9 月 16 日，每年的这一天，是同门一起相聚庆祝的日子。2018 年的这一天，我们一起给王老师过了生日。之后，王老师几乎没再出过医院。但王老师的妹妹、同学、朋友、学生经常去探望王老师，我去医院的时候，经常在病房碰到其他人。2019 年年底新冠疫情爆发，进医院探望受到很大限制。2021 年春节后，我曾去看望王老师。那时候王老师已经不能说话，但眼神中闪现着欣喜。之后工作繁忙，进医院探望又受到诸多限制，想着王老师生日前后再去探望，没想到这一愿望竟成了永远的遗憾。

王老师走了，但他给我的鼓励、教诲，时时回响在耳畔，使我不敢懈怠，努力奋进。

作者简介

王慧敏，1998 年至 2001 年华东师范大学中文系汉语言文字学专业硕士生，师从王元鹿教授。现为上海辞书出版社副总编辑。

谆谆如父语，殷殷似友亲
——回忆与恩师王元鹿先生相处的点滴

甘　露

2021年8月10日早晨，按例拿出手机进行每日的健康打卡，突然发现王门群有许多条未读信息，点开一看，才知道王老师于当日清晨驾鹤西去。看到消息的一瞬间，欲语泪先流。与王老师相识二十一年，过往相处的点点滴滴，像放电影一样，一帧帧在眼前闪过。

在读硕士时，我偶然了解到有纳西东巴文这种神奇的图画文字，当时碰巧在云南丽江召开"99国际东巴文化艺术学术研讨会"，于是写了第一篇关于东巴文的学术论文《甲骨文与东巴文农牧业用字比较》参会，从此与东巴文结下不解之缘。学术会议结束后，我又阅读了一些关于纳西东巴文的论著，其中之一是王老师在硕士论文基础上增订而成的《汉古文字与纳西东巴文字比较研究》，这是第一部甲骨文与东巴文比较研究的专著，在比较文字学研究领域具有非常重要的地位。

至今还记得2000年那个雨后的夏日，我因为咨询报考博士研究生的事拨通了华东师大中文系办公室的电话，本意是想问一下王老师的电话号码，以便与他进一步交流考试事宜。电话接通后，才把王老师的名字说出口，就听接电话的老师大声喊着老师的名字，原来王老师正巧去交试卷，刚刚离开办公室。后来王老师聊起这件事，他说那天只在办公室待了几分钟，再晚几十秒的话，就接不到我的电话了。与千里之外的王老师偶然通过电波相识，虽未谋面，但老师的热情和蔼给我留下了深刻的印象，通话三日后，便收到王老师用特快专递惠赠的大作《普通文字学概论》。时至今日，每每回忆起当时的点点滴滴，依然有一股暖意在心底流动。

感谢王老师的不弃之恩，给予我一个继续求学、继续探寻民族古文字奥秘的机会，使我得以向更多优秀的同行前辈学习。在三年的求学生涯中，王老师如师如友，在学业上给予指导和点拨，在生活方面给予了慈父般的关心与帮助，这些恩情是难以用“谢谢”这两个简单的字表达的。

记忆最深的是博士论文的选题和写作。博一时，我查阅相关文献资料后，发现纳西东巴文假借字研究得不多，还有很大的拓展空间，于是向王老师谈了初步想法，王老师肯定了我的选题。然而在我着手之后才发现，之所以没有多少人涉足这一领域，是因为假借字的研究有太多困难，除了要收集整理字典中的假借字资料外，还必须结合经典才能进行，而论文所涉及的东巴文字典、经典和应用性文献中假借字的整理是一个浩瀚的工程，对于初涉东巴文研究领域的我来说，不啻为一个巨大的挑战。三思之后，我多次向王老师表达了力不从心想放弃的想法，王老师总是给予积极的鼓励与支持。历经艰难痛苦，论文终于初具轮廓，每一稿交给王老师后，大到理论框架，小到字词句读，他无不一一仔细批改，在老师的悉心指导下，论文终于完成并顺利通过答辩，为我后来的研究工作奠定了坚实的基础。

除了在学业方面进行高屋建瓴的指导，王老师在为人处事和生活方面也经常从长者的角度与我们交流。最让同届学友羡慕的是王老师的亲和儒雅、幽默风趣，在学生面前没有一点架子。因为同门多从外地赴沪求学，王老师经常带着同门弟子一起品小吃、逛书店、打乒乓，一起流连于上海的大街小巷。从生煎到小笼包，从大夏书店到上海书城，从真如到徐汇，让我们这些异乡学子感受到家的温暖，同时，也对上海的前世今生有了更多了解。

2004 年我博士毕业离开上海后，一直通过电话与王老师保持着联系,每次通话结束时,他总会一一向我的家人问好。与王老师最后的语言交流是2017年底,再往后就听说王老师不能用语言交流了。

最后一次见面是2019年的夏天,我专程带孩子去见王老师。此时,他只能用手势与我交流,我在笔记本上一边写着我们一家三口的名字,一边向他介绍着,他颤颤巍巍地在旁边写下了他的名字,王老师的字原本写得非常漂亮,但此时的字迹已经难以辨认。后来他示意我低下头,紧贴着我的耳边,用尽全身力气说了6个字:“甘露,我好想你。”在病房压抑的环境中,我开始一直极力控制着情绪,一听此言,不禁潸然泪下。那天在医院拍的照片一直尘封在相册中,因为,我希望记忆中王老师永远是高大帅气的。

师恩难忘！师恩永存!

愿天堂没有病痛！愿所有的哀痛化作一束光,照亮我们前行的道路。

作者简介

甘露,2001年至2004年华东师范大学中国文字研究与应用中心汉语言文字学专业博士生,师从王元鹿教授。现为广州大学人文学院副教授。

忆 元 师

李 明

虽然还是在三伏天里，但倾泻在上海街头的暴雨，还是给人带来丝丝凉意。深一脚浅一脚走在积满雨水的街道，已经感觉不到湿透的鞋和裤脚，傍晚乌黑的天空仿佛有滴不完的水，那是天公悲伤的泪，虽撑着雨伞，但面部从额头到下巴已经淋湿，我已分不清是雨水还是泪水。以往这个时候可能是去往王老师家的路上，期待着早些见到那个坐在纵横交错书堆之间等着我们的长者，但是这次却再也无法重现那个熟悉的情景。我们敬爱的老师王元鹿先生永远地离开了我们！王老师病重住院后，第一次去探望时，他还能坐在轮椅上活动，形神状态与健康时看不出大的差异，在病房交谈向他汇报自己的工作时，还都对他充满信心，希望很快会好起来。后来听说病情变化转院，又与再兴兄一道去探望时，王老师已不能言语，形容瘦削，令人心疼。

2021 年 8 月 10 日早上 6 点 40 分，王老师在上海普陀中医院逝世，享年 75 岁。后来听同学和王老师妹妹王茵老师说，本来前段病情已经稳定，突然前一天心脏出现一些状况，没想到就这样匆匆离开了。惊悉噩耗，心情难受无以言表。从外地赶往上海，还是那个曾经熟悉的城市，那条熟悉的轻轨。坐在轻轨列车的车厢里，往日一幕幕熟悉的情景不断在脑海中重现。以前从外地到上海，王老师总是提前仔细询问交通情况，什么车次，什么时间到上海，什么时间能到老师家里或者约定的用餐地方。坐在轻轨列车上时，总会适时接到一个熟悉的号码打来的电话，然后是一个浑厚而富有磁性的声音："到哪里了?"而在几十分钟之后，就会见到坐在书桌前等待着我们的慈祥长者。而这次再也听不到这个声音，顿时忽觉自己变成了一个漂泊的流浪者，泪水已无法控制，隔着眼镜和厚厚的口罩还是不停滴落，列车上有人投来异样的目光，只好整理口罩以遮住更多面部。透过模糊的双眼仿佛又看到王老师对着我们微笑，一幕幕往事不断浮现眼前。

最初与王老师相识是在三十多年前，那时我们进入大学不久，正在华东师大中文系读本科，王老师是我们中文系87级的古代汉语课老师，因为课程延续了三个学期，王老师也成为本科期间连续教我们课程时间最长的老师。

王老师是一位平易近人而又对学生极其负责的老师。记得一次与同学向洋兄去丽娃河边老图书馆，走到图书馆的门口刚好见到王老师，和王老师打招呼，王老师停下脚步回应，并询问我们来自哪里。我们回答了之后，王老师幽默地说了一句"两个'南'"(湖南和河南)，这是我印象中在教室外第一次与王老师单独说话，后来的课上王老师便知道了我们的名字。没想到这也成为与王老师缘分的开始，当时班上的许多同学在此后的几十年中也一直与王老师保持着亲密的关系和情谊。自己后来也幸运地进入到王老师门下攻读博士，这也许就是缘分吧。

王老师教我们大学课程时，在班级中组织了一个古汉语兴趣小组，指导大家学习讨论古汉语相关的一些问题。常常邀请一些文史哲方面的老师为我们做专题学术讲座，在固定的晚自习时间在文史楼教室里总能见到王老师的身影。记得有一次王老师请来了历史系的姚平老师为我们讲古代的婚姻问题，受启发后在王老师鼓励下我也写了一篇关于姓氏文化方面的小文章，交给王老师，后来发表在上海民俗文化学社主办的内部刊物《国风》上，这也是我第一篇变成铅字的文章，虽然很幼稚但也着实让我欣喜。王老师教学及辅导学生时充分尊重学生的思想和意见，在我们表达自己观点时，他总是耐心倾听，最后总结一句“一家之言”。在论文修改中也极少直接指出应该如何如何，而总是在我们表达完自己观点后，再说明自己的意见。记得那时王老师为我们批改作业时有个习惯，修改批注多用铅笔，这样可以修改，意为未定稿。王老师待人谦逊温和，给我们这些后辈学生打电话也是自称姓名，我们这些同门学生称呼他不管是面称还是背称也都是王老师，也不像现在时下流行的直呼为“老师”或“老板”。关于称呼问题，我有次问王老师是否有“字”或者“号”，这样正式书面场合以便称字号，王老师说称呼“王元师”好了。

还记得大学期间有一事，也是王老师对学生的宽容。初入大学的我，对校园充满好奇，当时参加了一个武术的学习培训活动，在锻炼中不小心把手摔骨折了，很长时间日常生活很是不便，食堂买饭是由向洋兄帮助，但课程作业和考试却无法进行。痊愈之后，请教王老师作业，王老师让我写一篇论文，后来我提交了一篇虽然与古代汉语有关却是古代文学方面的论文，王老师只是轻轻说一句“你喜欢文学啊”。多年以后进入师门读研，也更多地体会到王老师对学生的负责和宽容的精神，这大概也是受益于先辈老师教育风格吧。曾听王老师谈起他写作研究生论文时的兴趣，原先师从史存直先生学习语法音韵，后来对文字学产生了特别兴趣，又随李玲璞先生研习文字，两位先生均以宽容态度给予悉心指导。我想这种作风也定会在师门一直延续和传承。

王老师也是一位极具生活情趣和才华的人。他虽然教我们的是古代汉语课，指导我们写作文字学的论文，但是对文学也有着极浓厚的兴趣，也会经常写作一些文学作品，散文、诗歌、小说，时常见诸报刊。也极偏爱古典诗词，外出或散步回来，时常会将所作的古诗词或对联发给我们，我有时亦想不自量力应和，怎奈多闹笑话。王老师喜爱看足球比赛，而且打得一手好乒乓。订有多份体育报刊，时常去报刊亭，因而与附近报刊亭老板成为朋友。每次到王老师家中也总能听到电视中体育比赛的声音。王老师也如极富情趣、感情细腻的诗人，会时常谈起曾经难忘的点滴，也会为了一个记忆中的美好，打车前往一个距离不近的地方。细雨天的鹿鸣书店、学校后门的咖啡屋、校园银杏树下、真如古镇、大华沧浪亭、九江路中医门诊部等，还有他家附近的小河边，与王老师一起的场景总是让人回味。也曾记得陪王老师到徐家汇衡山公园，坐在长椅上，金色阳光洒满公园和四周的道路，听王老师回忆着讲述他家老房子的样貌，那一幕幕场景仿佛就在昨天。

王老师也是一位极具幽默睿智的长者，记忆力强而思维敏捷。他曾经多次给我们讲起在美国生活购物的趣事。有一次在美国一家超市购物，按照中国人的习惯，在需要找零时，顾客如果方便可以先将自己的部分小的零钱交给超市收银员，收银员凑成一个整数，再找给顾客大一点的零钱，但是当时这样做时，当地超市收银员怎么也算不出应该如何找零，叫来另一个收银员一起算，算不出，又叫来店长，还是算不出，又叫来经理还是算不出，最后还是把顾客的小零钱加上原来应找的小零钱一起又交给顾客。王老师讲到这里时总会爽朗地大笑。我们也时常叹服他极强的逻辑思辨能力，看问题总能从极复杂的现象中很快抓住事物的本质核心。记得有一次在王老师家帮助修理一个窗帘滑轮，我自认为也有一定的逻辑和“工程”上的敏感，但是一直没有理顺拉线在滑轮上的套绕顺序，摆弄很久也没弄好，最后还是王老师以一个拓扑原理指明了问题所在而得以解决。

王老师在学术研究上的逻辑思辨力和洞察力，为我们的学习和论文写作提供了极大方便和指导，也启发我们对研究方法和研究对象的理论思考，如今再也无法听到王老师那拨云见日的教诲了。

王老师离开了我们，但是他的音容笑貌和精神品格将会永驻在我们心中。我不是一个唯心主义者，但此时，我却希望在我们生活的空间外也存在着另外一个世界，在那里，我们可亲可敬的王老师拥有着他应该享有的学术事业和幸福生活！

2021 年 8 月初稿

2022 年 2 月修定

作者简介

李明，华东师范大学中文系1987级本科生，2005年至2008年为华东师范大学中国文字研究与应用中心汉语言文字学专业博士生，师从王元鹿教授。现为中南大学文学与新闻传播学院讲师。

念恩师，思师恩

——怀念王元鹿先生

李　杉

呦呦鹿鸣，食野之苹。

我有嘉宾，德音孔昭。

每每触及《诗经 · 鹿鸣》，就会想起初入华师大时，一位老师在耳边的感慨："王老师的名字真是不错，头鹿啊！"对于当时古汉语小白的我而言，只是隐约觉得王元鹿老师的名讳实在是高大上；直至投身王老师门下，才恍然明白，这《鹿鸣》所言于王老师的品格而言是多么地贴切！

我是打小就没有老师缘的，不招老师厌恶就别无所求了，从来不妄想所谓的"师恩"，这大概与我天生"反骨"的劣性有关。可是，谁又想得到，在领域内"精英泰斗"级别的老教授，会对我这样"不走寻常路"的学生孜孜以教、诲育不倦呢？如师如父，说的就是我的恩师——王元鹿老师吧！

王老师在古代汉语、民族古文字学以及比较文字学等领域内的地位就不需要我来抄写和吹捧了，毫无争议的成就卓越。关键是，他还是一位了不起的老师，一位毫不藏私、视学生如儿女的老师。给学生传道授业解惑，无微不至地关怀学生的生活、品格以及人生……这说起来简单，做到实处非常不易。而以我的认知，鲜少有人能做到王老师这样！

初入华师大读古文字学硕士时,满脑子比较文学的我内心是崩溃、焦虑、迷茫的,甚至觉得自己根本不属于这个地方,整个人充满了悔恨和自我否定。可王老师说,比较文学拿掉两点就是比较文字,你合该要跟着我学习的。然后,除了各种节日聚餐以外,只要有机会:比如上课后,比如各种临时交作业时,甚至是路上“巧遇”……王老师都会召集我们一起去享受美食,总是说我有两个胃,又跟他是“肉食同好”,要多吃要吃好。在这一次次的聚餐中,他会一点点地引导我怎样利用自己已经获得的知识和方法去融入古文字的学习,会不经意地关心我的生活起居、精神状态……于是,仅仅经过几个月的学习,在王老师的指点下我居然就大胆地写出了自己第一篇关于文字学的文章并被推荐发表。当时,不少人会质疑一个“门外汉”码文的速度和质量,可是,王老师说:“李杉,你不要怕,要相信自己的特色,你有一双善于发现异同的眼睛。”就是这种言之有物的鼓励和日常的点滴教导及陪伴,使我迅速放下自怨自艾、忐忑不安的情绪,真正地融入新学科的学习。出乎我意料的是,即便过了初学磨合期,我开始转变成“老学生”,王老师的关爱和帮助不仅没有减少,反而日渐深厚:食肉、逛书店、散步……丽娃河畔梧桐的绿意、盘湾方舟里红烧肉的滋味、鹿鸣书店附近的咖啡馨香,逐渐变成了我们师生的日常。在同届学友羡慕嫉妒的眼神中,同门师兄师姐拍拍我的肩膀:“不用忐忑,这是我们王门的特色。”

尽管王老师待我们如子女,但是并没有因此而降低对我们的学业要求,相反,在科研上,他更要求认真严谨和精益求精的态度。他不止一次跟我们强调要自行安排课后的“专注科研时间”,要精不需多。记得刚开学时,王老师有一门课是在中午两点左右开始的,可偏偏我有午睡习惯,总是迟到。到了第三周,上课时我又一次姗姗来迟。当时,以为只是差了 3 分钟,王老师会轻松放过,但他一改往日的“和煦”态度,非常认真严肃地在课上点名批评我,还说了一句:“午睡这种风气,到底是谁带进学校的?”乍一听是他一贯的幽默个性所致,然实则是他本人珍惜时间、对待科研学问争分夺秒的品格使然。

王老师虽然在我入门两三个月就鼓励我放开手脚去写第一篇科研文章,对我的大胆与所谓的“创新”永远是支持和认同,但是,到成稿时,他让我一再修改,改了十几稿,到最后连一个标点符号都没有错漏了才停。他跟我说,你要是不改掉这种粗心大意、急于求成的毛病,将来会限制自己本该有的成就。

有人曾跟我说王老师一定很孤独。可是,我知道,他的人生经历过“文化大革命”那段想学而不可得的特殊时期,他对求学、做学问的时间珍如生命。无俗事所累,他才能在自己的领域里,追求更卓越的学术人生;于领域外、自己爱好中,才能发表更多的小说、散文,体验更有趣味的文字游戏。王老师待我们如亲子,而我们也待他如父如友。即便是毕业了,王门的孩子们都会每年为王老师庆生,陪伴他过节,日常更是有各种随访、小聚……王老师的话语和精神渗透到了我们生活的方方面面,我和家人、朋友的聊天中总是会带上“我导师说……”的话题。直到我旅居美国,再不能时时陪伴王老师身侧,但也一直保持通话视频……听到越洋电话另一端温和低沉的话语,总会让我倍感安心。

然而,以后再拨打那个+86021开头的电话,大概只有一片忙音,再也听不到那句“喂,李杉啊……”。只剩下深切的怀念在空荡荡的心腔里,伴着泪水,密密绵绵地涌出来……

作者简介

李杉,2005年至2008年华东师范大学中国文字研究与应用中心汉语言文字学专业硕士生,2008年至2011年华东师范大学中国文字研究与应用中心汉语言文字学专业博士生,师从王元鹿教授。现旅居美国,从事中文教学工作。

“学无止境，学无分科”

——怀念恩师王元鹿教授

李子涵

2021 年 8 月 10 日清早，从微信上得知亲爱的王老师永远地离开了我们，我简直无法相信自己的眼睛，不知要如何接受这件我最不愿意发生的事。

半年多过去了，我依旧没有学会如何面对王老师已离去的事实，在我的头脑中他分明还是那个永远谦和儒雅的王老师。直到最近王老师两次出现在我的梦境中，两次都是在我遇到困难、对生活感到心灰意冷时，梦境中的王老师总是用轻柔的语气对我说话，他的话语总能让我鼓起勇气、重整旗鼓。于是我相信，无论王老师是否已经走远，他仍然活在我的记忆与生活中。

我不会忘记，梦境中王老师犹在叮嘱我“学无止境，学无分科”。这句话本是王老师素来对自己治学的要求。他立足于南方多种少数民族文字，兼顾汉字文化圈内外的异域文字研究，由此不断开拓比较文字学的理论深度和学术疆域，为我们后辈提供了一个广博的视野。对我这样一个比较文字学研究领域的逃兵来说，这句话更是恩师对学生深切的宽慰与勉励。

先生提携识纳西

与王老师初次见面是在 2004 年 9 月 15 日下午，就在华东师范大学中山北路校区文科楼的七楼。那天我来参加中文系接受外校保送研究生的面试。当时我心里属意比较文学专业,本科阶段的老师劝我换成语言类专业,兴许更有机会。我在七楼电梯口紧张地徘徊,等着去面试现代汉语专业,其实心里还在犹豫是选择更感兴趣的古代汉语专业,还是似乎将来更容易就业的现代汉语专业。这时,电梯门开了,一位长者拄着拐杖走出电梯,他一边拿出手绢擦汗,一边走过来问:“您好,请问古代汉语的硕士研究生面试是在这里吗?”我回答:“是在六楼。”老先生客气地说声谢谢,然后便从楼梯走下去。我看着他的背影,觉得这位老先生真好,对我这样一个小毛孩儿也如此客气。当时的我并不知道他就是王老师,更不知道他将会成为对我人生产生重大影响的导师。

大约一小时后,没有通过现代汉语面试的我来到六楼,等待古代汉语的面试。这时我才知道王老师就是古代汉语的面试老师。他一项项地看着我的本科成绩单,仔细询问我本科期间古代汉语课程如何设置,更特意询问为什么有一门课的成绩看起来并不十分美好。我答:“那份考试卷上大部分是音韵学的内容,有点儿难。”王老师点点头,似乎是表示理解,却并不言语。面试结束后我心想,老师问得细致认真,合情合理,可谁叫我自己不争气、成绩不够好呢？后来结果一出来——我被古代汉语专业接受了！这下我的心情放松了,其他人也纷纷开始询问老师们的研究方向。记得王老师悠然地说道:“我嘛,做比较文字学,研究一些纳西东巴文,也做一些埃及文之类的。”这个回答立刻引起了我和李杉——后来的同门的兴趣。

很幸运,我和李杉后来都如愿成为王老师的硕士生。王老师知道我们并没有把古代汉语作为首选志愿,他并不强求我们立刻对文字学产生强烈的热忱,反而时常幽默地宽慰我们说:“比较文字和比较文学差得并不多,只差两点——去掉学字上的左右各一点,就是比较文字了!”王老师的诙谐和从容,让刚入学的我们大大地放松下来,去寻找自己的“可耕之地”。

更幸运的是,我们并不是漫无目地在瞎找。王老师当时承担了教育部人文社会科学重点研究基地重大研究项目“古汉字与其他民族古文字同义比较研究”课题，他指点我参与其中，我也对纳西文字产生了兴趣，逐渐明确了硕士论文的方向。但我所知的远远不够，有时脑海里闪现些许灵感又无法论证，总是随手就给王老师发消息、打电话。如今想来这样近乎随意的请教实在是多有打扰，可那时王老师每每收到我的求助，往往会立刻回复“我打电话跟您说”，然后回拨过来——细致如王老师，因为体恤学生收入不多，不肯让学生多花电话费，所以才这样不厌其烦地回电话、排疑解惑。

终于，我写出初稿。王老师读完后，依然很客气，对我说：“文章写得蛮好，只是有一些小地方我想与您商榷。”在我的记忆中，王老师从不打击学生，无论我们有什么样的想法他都认真地听，鼓励我们全数说出所思所想，然后再和和气气地指点，帮我们完善自己的观点。我在沪生活六年间，王老师所给予的自由、爱护和支持，让我能够在前三年自由地在比较文字学领域探索，后三年又在“闯荡社会”时充满勇气。

负笈海外念恩师

硕士毕业前，我几乎是毫不犹豫地排除了报考王老师博士生的想法。一方面，我深知自己学识浅薄，无法在文字学领域更深入地耕耘下去；另一方面，我对学校以外的世界充满好奇。我毫无保留地告诉王老师我的打算，他则一如既往表示理解。回望那几年在上海短暂的职业生涯，工作上没有多少亮点，心态上则更多的是离开校园后作为异乡人的孤独。那几年，王老师的家就像是我的心灵港湾，当我遇到困难和挫折、感到迷茫时，我便去看望王老师。他做学问和为人处世的专注、淡然、豁达和宽容，总能让我浮躁焦虑的心情平静下来。

正如同围墙效应，我毕业工作两年后，又开始怀念起校园生活。王老师明白我的心思，并不建议我去考他的博士，而是建议我“可以考虑出去看看”。是啊,这正是我想了很久却又不曾付诸行动的事——如果出国读博士,我能读什么专业呢?王老师提示说,可以试试人类学,他说,“当年我在美国访问时,就是在人类学系注册的”。这句话令我茅塞顿开:选择人类学作为入口,一来我可以继续研究纳西文字,二来也可以看看不同的学科如何做学问。只是那时候我尚未参透,王老师这个建议不仅仅是基于他个人经验,更是出于他深厚的学术思想和广博的视野。

2012 年春天,我在巴黎见到了现在的博士导师。她给了我一个在法国求学的机会,条件是我要在法国重新读一个人类学硕士。法国硕士学制为两年,从理论上来说,我已经有一个中国的硕士学位,可以写完一篇人类学硕士论文并修完一年的学分后立即申请毕业,但那时我几乎还不能说法语,人类学基础也相当薄弱。我想到自己已经将近 30 岁,如果再花两年时间去读硕士,岂不是要“读到老”?我又向王老师求助,他劝导我,说:“如果你真的想做学问,不差这两年的时间,读了基础会更牢固。如果你真的开始读这个博士,你会发现一个人类学和文字学交叉的新学科。”王老师这番话,是一位站在学术前沿的导师基于整个学科发展金子般的提点。我立刻接受王老师的建议,老老实实地重新读起硕士课程,虽然当时我还怀揣着这样的小心思——让我先读个硕士,要是发现自己不是这块料,那干脆就不用想读博的事儿了。

两年后,我真的在法国开启了攻读博士的新旅程,方向是从人类学角度研究纳西东巴文及其传承问题。这份博士论文的选题,同样离不开硕士期间王老师的启迪。硕士时我对纳西族多种文字之间的关系已经颇感兴趣,以此为题完成了学位论文,但仍觉得自己粗浅的研究工作尚不足以解答心中的疑问。后来在法国的人类学硕士训练,让我感到人类学这个学科似乎提供了一个新的角度,可以进一步解惑。于是,我开始了自己以文字作为研究对象的人类学博士生涯。

进入这个阶段,我才发现,原来在人类学领域里研究文字是西方这些年学术界的新潮流。我不禁感慨，当年王老师的判断不仅是基于他在文字学研究领域的广博学识，还与他当年在美国所打下的人类学研究基础有密切关系。如今，我正处在博士论文撰写的后期，当我遇到文字学术语在不同学科语境中不同含义所引出的问题，我都会捧起王老师的著作，并与西方人类学者的一些研究进行对比，更体会到王老师所说的、也确实做到了的"学问无分科"。他在《比较文字学》一书中采用了大量海外族群文字的案例，从文字学角度去理解令人信服，而且从人类学角度看也十分扎实可靠。王老师恰如其分地将北美印第安人文字的材料放入中国文字研究语境中进行分析，展示了不同于西方人类学者的研究路径，但又与他们殊途同归地聚焦于对文字产生与发展问题的探索。

回望这一路，王老师总是在我最迷茫的时刻，用他智者的声音，为我指点迷津。虽然我没有选择留在文字学领域，但王老师依旧用他的宽容与博学撑着我、托着我，让身在他乡的我把脚下的路走得更踏实。

2017 年 3 月，我在云南做完两个月的田野调查，便到上海看望王老师。那时，王老师的身体已不如我 2015 年回国时那么硬朗。记得 2015 年时，他还可以在学妹的陪同下打车从家里到建国西路来吃饭。到了 2017 年春，他虽然精神不错，但行动已有不便，需要护工的帮助。尽管如此，王老师还是饶有兴趣地听我讲述在云南的见闻。他表示虽然自己身体不太好，但头脑还是很灵活的，还可以考虑继续做一些科研工作。他还说自己要多加锻炼，让身体恢复到较好的状态。于是我也乐观地以为，等下一次，下一次我回国来看他时他的身体说不定会更好的。

我总暗暗希望早些完成学业，带着博士学位回来看王老师。可没想到，新冠疫情让回国变成了一件可望而不可即的事，而且法国社会的诸多状况使得我这一张小小的书桌亦难放得安稳。就这样，还没有等到我博士学位论文答辩，王老师就走了。我心中有无尽的遗憾，唯有化作一句："亲爱的王老师，愿您在天上安康如意，我会永远记住您的教导！"

2022年2月28日写于巴黎

作者简介

李子涵，2005年至2008年华东师范大学中国文字研究与应用中心汉语言文字学专业硕士生，师从王元鹿教授。现在法国巴黎第十大学人类学系攻读博士学位。

怀念王元鹿先生

李　静

王元鹿先生离开我们已经有半年多的时间了，阅读先生的专著或文章时，在课堂上讲到某个东巴文的知识点时，脑海里时常会浮现出先生的音容笑貌。

读硕士时，我的导师喻遂生先生，除了甲骨文方向外，也开始招收学习东巴文的学生。跟喻先生或东巴文方向的师弟、师妹们聊天，常常听他们提起王元鹿先生，知道先生在甲骨文、东巴文两个方向都有涉猎，尤其在东巴文理论研究方面颇有建树。到了研三，由于还想在学业上继续深造，自己对甲骨文、东巴文都有兴趣，于是没有任何犹豫地报考了王元鹿先生的博士研究生。

2006 年 3 月初的上海，春寒料峭。去华东师大参加博士生的选拔考试前，我预定了学校附近的一家宾馆，入住后发现宾馆的空调坏掉了，整个房间、被子又湿又冷，晚上冻得睡不着觉。周边几家宾馆也早已满员，入住的都是来参加考试的学生。本来觉着自己复习得不好，甚是忐忑，晚上又休息不好，整个人情绪异常低落。犹豫很久后才敢给王先生打了个电话，向他汇报已经到了上海，会按时参加考试。电话里，先生丝毫没有提及复习的事情，只是详细询问到上海后能否吃得惯，是否休息得好。得知我的情况后，当天晚上，先生就帮忙联系好了上海市地震局招待所，还记得先生在电话里半是玩笑，半是宽慰、鼓励我的话，说之前有两位师兄也住的这家招待所，后来都顺利地考上了博士。我跟先生保证，会抓紧调整好状态，努力去考，争取一次成功。

9月份，我如愿来到华东师大读书。父亲送我到学校报到，本想请先生吃个饭，表示感谢，但先生坚决不同意，说哪能让学生家长请吃饭，随后带我们打车到一家很远的、据说上海菜做得很有特色的馆子。席间先生不停地给我们夹菜，有一次一筷子夹了半条鱼到我父亲的碗里。每每回忆起跟王老师一起吃的这顿饭，父亲都忘不了那半条鱼，总是说你们王老师真是非常热情，跟印象中的上海人不大一样。

读博的三年里，跟着先生下馆子的次数不计其数，尤其是博一那年。我跟子雁师妹每周有一天，一早陪先生坐校车从中北校区出发，到闵行校区听先生讲一上午的课，再坐校车回去，下车后正好是饭点，先生就会带我和子雁到他家附近的鸿瑞兴吃午饭。每每上了一上午的课，先生的兴致还是很高，饭间天南海北地讲过很多有趣的事情，从诗词、数学、足球到戏曲，除了精神享受外，跟着先生在鸿瑞兴吃了不少好东西，特别是各种上海的小吃。

学业方面，先生对学生多是引导和鼓励，从来不要求大家一定按照他的想法选题或者写文章，先生常说："你们要有自己的兴趣，按照自己的兴趣选题做研究，选的题目即使是我不熟悉的领域也没关系，我自己去补相关知识即可。"由于我硕士阶段做的是甲骨文，对东巴文的学习相对有限，一直到博二上学期，毕业论文题目都没有定下来，当时特别焦虑。每次聊起这个事情，先生总是说不要着急，要多读书、多读文章、多思考。先生开玩笑，说如果实在选不出题目，到时他会拉我一把。吃了先生给的这颗定心丸，我沉下心来读书，每每有点心得就跟先生汇报，在先生的鼓励、启发下，论文题目也就定了下来。由于是自己感兴趣的内容，整个毕业论文做得比较愉快、顺利。

先生为人谦和、平易近人，从来都是谦谦君子、温言细语、宽厚长者的形象。即使是跟学生发短信或者打电话，总是称呼对方为"您"。学生有时说话、做事有欠妥当，先生非但不加责怪，反倒还顾及学生的情绪。有一次,我跟子雁师妹到先生家,忙完事情后,正是晚饭时间,先生提议在他家里一起吃点方便面。我当时想都没想,直接回复说自己最不喜欢吃方便面了。那天先生没有再留我们,后来听师妹讲王老师打电话给她,还在担心问我是不是生气了。毕业十几年后,每每想到这件事情,还是会为自己的少不更事感到后悔。

先生本就腿脚不便,生命中最后几年更是常年住院,卧床不起。疫情之前,借着微信群里,上海及附近的同门发的到医院探望先生的信息和照片,还能了解先生的情况。记得群里有位师弟讲每次去医院里探望先生,先生总是盼望他能在医院里多待两天。疫情以后,连学生、朋友也不能再去探望他。每每想到王老师躺在医院的病床上,生活不能自理,也没有学生、家人的陪伴,心中总会涌出一股酸楚和无奈感。

先生去世后,有次梦到读博时去学校上课,走到街边的一个转角,有辆汽车朝我驶来。定睛一看坐在驾驶室的竟然是王老师,戴着墨镜,一脸酷酷的样子,鸣着喇叭与我擦肩而过。午夜梦回,辗转反侧,我在想先生是不是以这种方式告诉我,在另外一个世界,他就像在我的梦中那样,行动自由、往来如风!如果真的有天堂,那么就希望王老师不再有病痛,每日吟诗写文,继续做他深爱的东巴文研究。

谨以此文,纪念敬爱的王元鹿先生!

2022 年 3 月 31 日

作者简介

李静,2006 年至 2009 年华东师范大学中国文字研究与应用中心汉语言文字学专业博士生,师从王元鹿教授。现为四川外国语大学中国语言文化学院副教授。

您是我心底永远的温暖

——怀念导师王元鹿先生

陈永生

2005 年 10 月,我跟随硕士导师去上海参加学术会议。对于我来说,此行的最大心愿就是见王元鹿先生,并向他表达考博的愿望。我硕士阶段的研究方向是中西语言文字比较,对人类最早的一批古文字(甲骨文、古埃及圣书字、苏美尔文字、玛雅文字)的异同充满兴趣,希望在比较文字学领域进一步深造,而王老师是国内比较文字学的奠基者之一,且是少有的招收此方向博士的导师。

不巧的是王老师因为一些临时情况未能到会。会后我给王老师打电话请求拜访,王老师同意了,并告诉了我他的住址。见面后,我向王老师介绍了自己的基本情况,他亲切地表示欢迎,并送了我两本他的专著的复印本(市面上已经买不到):《普通文字学概论》和《汉古文字与纳西东巴文字比较研究》,并题签:"永生先生斧正,元鹿奉于二〇〇五年秋日"。这令我受宠若惊,如此的谦虚与和蔼,让我倍感温暖,并下定决心全力以赴考博。

2006 年 9 月,我如愿以偿地从山东来到华东师范大学中国文字研究与应用中心,跟随王老师读博。在后面的四年时间里(即王老师 60—64 岁期间),我有幸近距离地感受他的学术修养和人格魅力。

王老师是崇尚自由和广博的人。在沪学习期间,他给了我非常宽松的空间和时间,很少给我指定具体的科研任务和学习内容,而是通过相处、谈话、讨论引导我对学问的理解和对研究方法的感悟。他还推荐给我很多专业之外的书籍,数学方面的、科学史方面的、诗词方面的,等等。这些经典书籍开阔了我的视野,丰富了我的内心世界。现在想来,当时能够在王老师的呵护下享受宽范围的阅读是一件多么幸运的事!

王老师从来不摆威严,总是愿意和我们坦诚交心,像一位非常要好的朋友。他跟我分享过自己很多的故事和心路历程,例如他的高考、他讲授的古代汉语课堂、他的慈母、他的前妻、他聪慧的妹妹、他的访美趣事以及他的旅美好友、他所经历的苦痛及坚持下来的原因等。从他的故事里,我学到了很多的人生智慧,并深切地感受到他的善良、细腻、重情和坚韧。很自然地,我也把王老师当作值得信赖的忘年交,跟他诉说自己的感情故事和人生困惑,他总是耐心倾听,并给予理解和建议。这些交流多是在他家的小客厅,陪他共同饮茶、共同吞云吐雾时进行的。笔至此处,王老师的神态和动作宛然就在我的眼前,客厅的书香、茶香、烟香一起温暖地洋溢在我的周围。

王老师特别懂得鼓励学生,他的信任给了我极大的勇气和动力。尽管几种古老文字的比较研究很有难度,但是他坚定地支持我在这个领域探索,并尽力为我提供一些条件和便利。2007 年爱荷华大学孔子学院从华东师大中文系招 2 名在读博士生去美国教授一年汉语,王老师鼓励我去参加电话面试,说我英语好有优势,成功了可以在美国搜集国外的研究资料(我们国内关于埃及文等其他古文字的研究资料非常少,制约了古文字比较研究的深入开展)。后来面试通过了,在做出国准备时,王老师又热心地给我很多建议,例如带哪些必需的东西,什么样的西装,去了以后可以联系他的朋友等,还送给我一只他当年赴美时用的大行李箱,真是无微不至。

回国后,当我想把博士毕业论文的选题定为"古汉字与古埃及文字记语方式比较研究"时,王老师也欣然应允。回想当时,不论是我还是他,对这个颇具挑战性的题目,应该心里都是不太有底的。

尽管如此,他还是选择了给我加油助威。在我写论文的愁苦阶段,想不明白的问题常去找王老师请教。有一次当我问出一个问题时,他没急着回答,而是对身边的几个师妹说:“看你们陈师兄能提出这么好的问题,你们要多向他学习。”焦虑的我得到表扬后,顿时能量满了起来。

2010 年夏,我毕业了。在离开上海的那个雨夜,我到王老师家道别。当时王老师特意穿得比较正式等着我,而且题签好了要送我的《普通文字学概论》原书。他还清楚记得初见时送我的是一个复印本,这次把手头仅有的几本原书之一送给我。我明白他的意思,他是期望弟子在他开辟的道路上继续前进。

王老师的儒雅真诚、宽容大方、敏锐通达深深地影响了我,我常常不自觉地仿效他待人的方式、思考问题的方式、指导学生的方式,甚至他说话的方式。然而,有些特质确实是学不来的,比如王老师极好的幽默感。他不但平时说话常带诙谐,而且也善于写短小精悍却充满神思的趣味小品文,读来让人开心一笑,又回味悠长。比如《噪音与天籁》(载《上海大众卫生报》1995 年 3 月 11 日,文中有一虚构的弟弟“王元牛”)、《功夫在场外》(载《上海大众卫生报》“生活天地”1994 年 12 月 3 日,笔名芦谷)、《休闲在心中》(载《齐鲁晚报》1996 年 5 月 26 日)、《模糊围棋》(载《生活天地》1994 年 11 月 12 日)等,以前读过,今日再读,仍觉妙趣横生。

令人悲恸的是王老师去年离开了我们,如今再也无法到他身边聆听高见、感受幽默、诉说衷肠。曾经一直憧憬的一同在春光烂漫时赏苏州、秋高气爽时游青岛的旅行,再也没有机会实现。驽钝自私的我后悔没能多看望他老人家,后悔很多时候没有理解他的心意,后悔对他的回报太少。

亲爱的王老师,感谢您给的一切,祝愿您在天堂里没有病痛、笑口常开、惬意自在。我会谨记您的教导,带着您给的温暖勇敢前行。

2022 年春

作者简介

陈永生,2006 年至 2010 年华东师范大学中国文字研究与应用中心汉语言文字学专业博士生,师从王元鹿教授。现为中国海洋大学文学与新闻传播学院副教授。

您是我的神吗？

——缅怀恩师王元鹿先生

刘　悦

2021年8月10日早晨，我像往常一样打开电脑，准备开始一天的工作，突然收到了一条信息“王元鹿老师走了”。噩耗如晴天霹雳，来得猝不及防，脚下的大地仿若瞬间撕开一道口子，悲痛呼啸而至，整个人恍惚不已，大口呼吸也无助于减轻内心的痛楚。我联系了一位心理医生朋友，平生第一次做心理疏导，和心理医生念叨了好几个小时我的导师和我的悲伤。

2006年我在华东师范大学访学，有幸听到了王元鹿老师的课。王老师讲的是东巴文，是一种我之前从没接触过的少数民族古文字，我当即被这种古老的民族文字吸引了。王老师上课很会启发学生们思考，让学生们畅所欲言。有一次，上课的教室讲台高，椅子矮，王老师坐在讲台后只露出了个脑袋，他故意缩缩头，俏皮地说，你们讲吧，我QQ隐身了，惹得在场的研究生们笑得像幼儿园的孩子。我很喜欢王老师上课的这种氛围。一次课后，我鼓起勇气问王老师我是否可以考他的博士生，王老师思考了一下说，要考就今年考，明年没机会的。听到这话，我紧张得全身细胞都支楞起来，立马投身复习迎考。备考中，我一度怀疑自己的能力，一次和王老师交流时，我说我都三十多岁了，现在才考博走学术之路，是不是太晚了。王老师鼓励我说：怎么会晚呢？我三十多岁时还是“文化大革命”期间，我还在工厂当工人呢。后来我顺利通过了考试，幸运地成为了他的博士生。

王老师上课，要从普陀校区坐校车到闵行校区。有课的时候，他五点半就要起来做准备。有一次，上课的前一天晚上，王老师发信息让我帮他买一瓶红茶、一包饼干作为早餐。那时候已经是 11 月的深秋，早晨寒意逼人，我想早餐怎么可以喝那么凉的饮料呢，于是我提前去超市买了保温杯，买了奶粉，第二天早晨冲了杯热气腾腾的牛奶带过去。没想到王老师一口都不喝，只喝冷饮。渐渐地我才了解到他还保留着很多在国外的生活习惯。几年后的一天，他突然提起那杯牛奶，说谢谢我。我说，那么多年了，您咋还记着这么小的事。王老师很认真地说，他不会忘记每一个给过他一丁点儿帮助的人。

初次到王老师府上，王老师问我喝茶吗，我拘谨地说我不喝茶，白开水就行。王老师说："你一不抽烟，二不喝酒，甚至连茶也不喝，那么你的灵感从哪里来呢？"说得我哈哈大笑，放松了很多。王老师的兴趣爱好非常广泛，乒乓球、足球、篮球等都是他的所爱，家里的电视常年"定格"在体育频道，收音机最常播的是昆曲。他还经常买《飞碟探索》杂志，他说对这个世界要心存敬畏。

王老师酷爱读书，家里藏书有三万多本，几乎所有的房间都堆满了书。他在《寄江城子 · 夜读》中写道："人生有尽学无穷，道非同，理相通。书城坐拥，娱乐古文中……""书城坐拥"这是一点不夸张的。他经常带我们去逛书店，鼓励我们不要局限于专业书，要多方面阅读。王老师知识渊博，我经常请教他各种各样的问题，每一次他都说出很多我闻所未闻的内容。有一次可能被我问烦了，他说："你把我当字典查吗？"

我们这些学生既仰慕王老师的学识，又叹服他高屋建瓴的见解和发散式的思维，他或是触类旁通，或是跳跃出来站在更高处看问题，总是能从一点生发出多维度的思考，帮助我们的思想打开一片新天地，并且他总是愿意俯下身去和我们平等交流。和王老师在一起，学到的不仅是专业知识，还有认知的觉醒和思维能力的提升。一次路过一所小学，还没到放学时间，很多家长就早早等在学校门口接孩子。王老师对我说："这些家长，把精力用在接孩子上，而不是提升自己，他们不明白，家长的高度决定着孩子的起点。”王老师的话，我牢牢记在了心里，后来我做了家长，经常会想起这句话，告诉自己还要继续努力。

博士二年级时我怀孕了，当时的我已经三十四岁，要孩子这事也不宜耽搁。一般老师都不喜欢学生在学业上分心，我也思量了好久，硬着头皮向老师解释，并向老师承诺，我不会耽误学业，我的父母、家人都可以帮我带孩子。没想到，王老师很幽默地回道：“不用担心，我也可以帮你带孩子。”一句话化解了我的焦虑和不安。坐月子期间，我正进入到紧张的博士毕业论文写作阶段，我每写完一章节就发给老师，王老师总会秒回我两个字“即看”。那时，王老师的腿走路已经很不方便，我能想象到他艰难地挪到书桌电脑前的情景。他总会很快把加了批注的文稿发回给我，并事无巨细一遍遍地给我电话指导。王老师的指导方式亦庄亦谐，我有时要琢磨一下才明白他是表扬我呢还是批评我。即便是批评，因为有了他的高级幽默，情绪上也不会受到打击，并且每次都能得到启发和鼓舞，然后乐呵呵地继续做。大多数人在做博士论文的阶段都是很辛苦的状态，而我回想起那段日子，养着孩子，写着论文，还乐在其中，完全不知产后抑郁为何物，充实而享受，甚至有哼着歌写论文的时候，说出来估计其他博士很难想象。我博士三年顺利毕业，毕业后王老师才对我说，在我写论文前半部分时，他是很为我担忧的，因为论文的难点都在后半部分，他担心我攻克不了，但当时又不方便对我说，怕打击了我的积极性。而我只是无知无畏地去闯去做，甚至没有意识到是王老师在背后苦心孤诣地指引我避开泥泞，少走弯路。

王老师对我最大的改变是让我变得自信。一次讨论书稿，我指出了王老师书中的一个小笔误，王老师立马夸我细致，夸我有文献功底。一次写完一篇论文请王老师指导，王老师又是一通表扬，最后还高调地加一句“以后你就是研究这方面的专家了”。一次王老师写了一首诗，我和了一首三脚猫的诗，他立刻给我回信息“有诗人潜质”。我心里明白我没有老师说的十分之一好，但王老师的鼓励，着实让我立刻充满干劲。就是在这样一次次的鼓励下，我由原本那个总是低着头、没自信甚至有些自卑的人，变得阳光、自信、开朗起来。

王老师一方面不停地鼓励我，一方面也会直言我的不足。有一次和王老师谈到了唐均老师。唐老师是当时国内年轻学者中的翘楚，才华横溢，是那种优秀到让别人绝望的学者。我和王老师说："我好想像唐老师那样啊！"王老师说："那不可能了，你起步太晚。"我想也是，遇到王老师之前，我一直是浑浑噩噩、晃晃悠悠前进的绿皮火车。王老师知道我虽然博士毕业了，但科研能力还有不足，于是又推荐我跟着徐时仪老师做了三年博士后。

王老师退休后，我们更担忧他一个人的生活。有时向王老师建议，是不是考虑找一家养老机构，王老师总是转移话题说，咱们谈学习、谈学术。他好像早已超脱了世俗来看待这个世界，对自己的病体总是不以为然，只想着把他的学生们尽快带入学术殿堂。

后来，再去上海看望王老师是在医院。推门进去，只看到病榻上躺着一位瘦弱的老人，我怀疑走错了病房，悄声问身边的护工，这是王老师吗，护工说是的。没想到几个月不见，王老师消瘦到我几乎认不出来。握着王老师的手，我百感交集，如鲠在喉，不知说啥好，眼泪使劲忍也没忍住。王老师看到我这个样子，竟然给了我一个很明媚的微笑。他当时已经说不出话来，他用他的笑容宽慰着我，仿佛在说，傻孩子，不用担心，我没事的。老师的微笑刺痛了我，至今我都不愿想起那次的笑容。他拼尽全力还是在为别人想，可是，我宁可老师不要那么坚强。

当时心中已隐隐感到不乐观。事后，我和沈喜阳老师交流，我说："感觉王老师在滑向一个黑洞，而我眼睁睁看着，却无能为力。"沈老师说同感。我们都很悲伤。这成了我心头永远的阴影，后来和朋友交流，我不止一次地说过，我最讨厌的人生感受就是"无能为力"。

2020 年 8 月我和胡文华师姐一起去医院探望王老师。王老师依旧说不出话，但还听得明白。我和胡师姐在王老师的床头回忆起王老师给我们上课的情景，回忆一起去过的地方，吃过的美食，还有很多有趣的事。王老师听着听着，眼泪从眼角流下来了。我和师姐一时语塞，有些慌了，赶紧换了个话题，汇报了我俩的工作。王老师用他仅略微能动一动的手指，指向床头的柜子，原来那里有王老师新出版的论文集，他是让我们每人拿一本他的书，这是老师送给我们的最后的珍贵礼物。那次相见，是我最后一次见到王老师。

遇到王老师，是我一生的幸运。他给了我方向和指引，给了我自信和勇气，改变了我的命运。没有他，我想象不出我现在的人生会是什么样子。曾经看过一篇文章，题目叫《与神同行》，是写一个自闭症的孩子，梦到了一个神仙模样的人，他对神说，你可不可以帮我变成和别人一样？神笑着问，为什么要和别人一样呢？孩子说，这样妈妈才会喜欢我。神说，我会帮你的，只是我必须变成普通人的样子，只怕到时你会认不出我来。孩子记住了神的话，后来在生活中每当有人帮助他时，他都会想，这是我的神吗？我也好想问问王老师——您是我的神吗？

王老师离开我们半年了。如今，看到白茶，我会想到这是王老师爱喝的茶；和别人交流，我时常会说出"我老师说过……"；遇到问题，我会想如果把这件事告诉王老师，他会教我如何做呢。读博士那会儿，王老师常带着我们去咖啡馆上课，每一次王老师都点卡布奇诺，现在再去喝咖啡，我也只点卡布奇诺，那是和王老师在一起的味道。

我曾一度总是思考，人生的意义是什么。现在想想，人来到这个世界，就是为了感受人与人之间真情的美好，再把接收到的爱传递给身边的人。

王老师走了，他不再出现在我的生活里，他永远在我的生命里。

作者简介

刘悦，2007 年至 2010 年华东师范大学中国文字研究与应用中心汉语言文字学专业博士生，师从王元鹿教授。现为淄博师范高等专科学校人文学院教授。

属于自己的那颗璀璨之星

——忆念王元鹿老师

善慧子

曾听说在我国佛教历史上，有博士学位类似的答辩考试，考试中需要答辩者衣着庄严。当时有一学僧说，因为没有太多衣服，所以只能考前去跟其他人借，答辩结束后，他将那些衣物各还原主，自己只剩以前的旧衣服，没有新的；同样的，心中拥有的一些学识功德，假设所有的老师都取回的话，自己就一无所有。

这些老师们，犹如满天星曜，在寒夜中带给我们所有的温暖和光明。承借着他们的光明和温暖，流浪旷野的我们，在黑暗中也敢前行，去寻觅安身立命的家园，直到随心所欲的快乐与幸福。

而王老师，便是我生命旅程中属于自己的那颗璀璨之星。

一、喜依旧窈窕，我心如醉

第一次见王老师，还是那迷惘追寻阶段的本科古代汉语课上。新生时，50 周年校庆刚过不久，静谧的丽娃河，高洁的文史楼，处处弥漫着继往开来的壮志。系里的入学系列讲座，德高望重的徐中玉先生和钱谷融先生首先亲临，如磐石般给予深蕴坚稳的安全港湾，而其他先生们继之以人文反思的呼唤，则如大风飞扬，教以振翅高翔直面生死，去追寻精神的家园。到了大二，穿越了现代烈火的喧嚣，我也开始寻向各个传统文化中圣贤的寂静。那时古代汉语王老师临时来代课。课间在走廊,我有点贸然地去跟老师请益,还得到王老师驻足片刻的关问。

在很多师友的启发下,我开始矢志从文字训诂深入中国学术思想历史,尤其希望克己复礼,亦步亦趋古圣先贤,来回答内心对生命的追寻。然而,仲尼殁而微言绝,七十子丧而大义乖,经过三千年未有的沧桑变局,俨然成为远逝的旧梦。因此,我一方面很好乐训诂考据,想从中窥见古圣对生命真理的诠释和解答,一方面也很渴望实际体验华夏传统文化的殿军——近古先贤的思想世界。

到了大三,选修了王老师普通文字学概论课程。王老师按照他同名专著,用一贯严密而清晰的逻辑思路,一字一句温婉道来,不但从理论上反思文字的内涵外延,从历史上探究文字发生的过程,新意层出,而且还按课提供许多议题,启发我们的浮想联翩,将我们引向那真理的国度;于是不能自已地亲近王老师,请求于王老师门下完成自己的学年论文。

在亲近王老师的过程中,更令我心旷神怡的是他的温文尔雅,不是文字雕饰的旧梦,不是玉帛钟鼓的陈列,而是融入到生命本然的境界,流淌在言谈举止中。于是从姑苏城内的故家,到衡山路上的洋楼,从颜文樑先生的客厅,到王蘧常先生的书房,从沧浪亭前的评弹,到玉龙雪山的神曲,这些世家文化的清丽画卷,就从王老师心中静静流淌到我的眼前,滋润着一个慕道者的衷肠,流连忘返,不胜欣喜。于是在心里不由自主地发愿,我要效学他、成为他!

王老师,以他一生的身教言传,黑暗中洒下所有的光辉,等候在我流浪的路上,因应我的根机,慰藉着我痛苦的渴望:为此,他又准备了多久?!

二、相伴桌前同品味

于是,大四时候,我开始入室,继续跟着王老师投入民族古文字的学习。那时候内心有一种决断,只有用全部的力量去做学问,去探索真理,才是生命唯一的意义。参考古人的治学门径,我打算继续报考文字中心,来加深小学训诂的素养。整天徜徉于图书馆与书店的我,智慧浅陋,福德缺少,单凭书生的意气,对于人间的烟火,没有想太多,想的也不太切实际,身心的困境不期而至。

然而同样流连书坊的王老师,他对我的志向非常欢喜,当面和背后都给予非常多的赞叹和鼓励。这些给了我非常多的自信。王老师不时还给我生活费用的补给,让我能够安心学习。在接下来的毕业论文写作中,王老师常常忙完其他事情很晚还打电话来宿舍,了解我的进展。不久升学考试失利,面对就业的选择,王老师也帮我介绍了一些单位,来解决我的生计问题。不久毕业离校,但还是决意继续考试,王老师也常电话关心备考的状况。经过一番努力,次年我如愿以偿通过初试。来参加复试后,王老师又让我配合参与了相关课题的学习,并且补给一些生活费用,以便我能在学术上从容含玩。

很快硕士开学,王老师再次询问我的专业选向。我说很愿意跟着老师学习。王老师听了,轻轻说了一声,谢谢。谢谢,这两个字本来应该出于我这个懵懂无知的学生之口,而今却轻叩在我的耳畔!我只能屏息凝视那一颗深心。

不时,王老师还会带着我去外面吃饭。鸿瑞兴是苏州风味,离老师住处不远,是常去的。顺路,王老师会让我捎一份足球报。王老师很会点菜,各种菜搭配得很好,点完会随即报出最后的价格。那时,东坡肉是王老师和我的共同爱好,几乎每次必点。量都很丰盛,剩下的会让我打包好带回住处。结账时也是王老师付钱,并且笑着说,等你毕业工作了,我知道你一定会请我吃饭。

然而不久,东坡肉前下箸的少了一人,因为我开始持斋茹素了。每次,我笑着坐在老师旁边,欢喜地品味一些锅边菜。对于我的他山之意,王老师虽然每次婉言相劝,但没有任何责备,君子和而不同,他给了我很多尊重的空间。真理之路的改弦易辙,我也纠结了很久。最终还是决定不再于此深造,但努力完成论文毕业。在毕业论文上,我固有的习性使得进展很不顺利,王老师花了很大精力关心我,帮助我。最后的论文差强人意。王老师默然尊重,给了我许多温暖和支持。

很快,我就毕业离开象牙塔,融入到这座都市的灯火阑珊中。时间转瞬即逝,一年过后,还没来得及请王老师吃饭,我已经决定离开这个都市。等到临行前,想跟王老师告别。一别江湖,后会不知何时。王老师特别找了一间饭店,是我没有去过的,王老师说几个招牌菜很不错。到后菜品一如既往地丰盛。席间饭菜已经不记得了,但其中老师一句话,让我品味至今。

“你不要永远觉得别人说的都是错的。”

结束时,王老师说,钱他已经付了。木讷的我,只能领受这一颗无限慈悲而温暖的深心。

那么多个日日夜夜,他一直陪伴着我,一直关注着我,补给我饮食衣服,鼓励我树立自信,脱离这喧嚣的尘世,扶助我栖身象牙塔内,又尊重我的抉择,继续鼓励我树立自信追求真理于方外,而今叮嘱着我改正习性,以免一生的空耗与无谓的痛苦。

他唯一期待的是,我能够找到那个永恒的精神家园,所有幸福快乐如繁花盛开。

然而没有想到,这竟然成了最后的诀别。

三、春气应常在,如何道老翁

刚刚见王老师时,他身体还很康健。后来慢慢地腿有点不舒服。记得在理科大楼文字中心,曾经放了一张乒乓球桌,以供大家运动。那次其他几位老师也在,一起放松比试,王老师也很欢喜地加入挥拍,果然身手很敏捷,有攻有守,颇占上风。结束后王老师还自豪地说,以前我的技术更好。

那时候,每当王老师要来学校,都会提前通知我们,说明他会在哪里上课,会在哪间休息室会客,相约时间是几点几分。每次我们赶去,王老师总是喜欢看着手表,计算我们早到几分几秒,迟到几分几秒。当时我对此不太在意,觉得无所谓。后来遇到很多师长,发现都和王老师一样特别注重守时,才发现这是一个宝贵的修为。

坐下后,王老师总会从随身公文包中拿出几个一次性塑料杯,里面早已经放好绿茶或白茶,数量恰好人手一杯。这时我的工作就是去找热水器,帮老师沏上开水,再回来呈给老师。茶叶一般都很多,可以反复添水。加水的量,有时王老师会稍微提醒。

后来,王老师腿脚越来越不方便,就不能常来学校。最后终于找到原因,医生建议手术。手术比较大,需要全身麻醉,同门就安排好,轮流去医院陪王老师。我去的时候,王老师手术已经结束,正在休息中。就听师兄说,王老师手术前让我们准备好几道复杂的数学题,要在麻醉苏醒后练习使用大脑,避免失智。后来算题都很成功。王老师醒来,看到我在旁边,还主动关心我,让我休息。

手术后的康复锻炼总体还不错。不久,王老师就可以借助拐杖比较自如地行动,来学校里面上课等。我们都很欢喜。

几年下来,王老师都是非常勇毅地面对病苦。这期间,王老师一点没有停止学术研究,也没有停止对我们的指导。

后来才了解到,王老师高中毕业后在工厂上班十年,期间从未忽视个性和意志的磨炼,虽然班次常常变化,王老师还是制定了一个雷打不动的作息时间表,并且用哑铃和冷水浴的苦行来锻炼自己,正是如此,为后来回到大学及以后的学术生涯奠定了基础。

同样,王老师这种坚毅勇悍的精神也为我做了很好的示范。面对生命中的困难,每当想起王老师面对时间的自律,面对病苦的自强,都给我莫大的鼓舞。

四、极期有日与清游

十年相濡以沫,江南成为我又一个故乡。舍离故乡远行方外,每逢佳节还是很想念姑苏,想念王门,想念王老师。即使有两次机会路经海上车过校门,任凭熟悉的校园掠影而过,因为总觉得道业未成家门何入,何况时间无限有俟他日。更多时候电话问候,但非常短暂。

一段时间几次电话过去,王老师气力都不足,又适逢王老师在医院,不便讲话。挂上电话,自己还是拖延懈怠,没有及时再拨。没过多久便听说,王老师已经常住医院,不能讲话,也不能写作。每想起王老师一生勇毅自律自强,默默祝福他能一如既往面对老病。

同门诸师很用心,整理出版了老师论文集的续编,并惠寄一册。捧读再三,很多王老师的文章,尤其是他对自己父母和师长的回忆,都深深慰藉了我的思念。您说为什么活着,为什么还想活一段时间,是为了看看这个世界,也为了能写些新的东西给大家看看。

其实,作为学生的我们,非常需要您写给我们看,跟随您的笔触和深心去一起亲近您的老师和尊长,去领略代代相传的真理和美善。学生我智慧浅陋,福德寡少,老师您不能亲笔书写,但何幸您的心还在跳动,您还在呼吸,只要老师一息犹在,都是我们学生永远的依靠。

而去年获悉王老师不治,示现无常,内心很怅然。回忆跟老师交往的点点滴滴,非常珍惜这一生能够值遇王老师,您的陪伴留给我们的,没有一丝时代的躁气,全是无限的温暖。我也相信,就像此生您的指导陪伴一样,在追求真理无死国度的路上,过去您亦曾经与我们为导为伴,在无尽的未来,也期待您与我们为导为伴。

五、宫 墙 万 仞

每个人都有生命中的贵人——师长,是属于自己的璀璨之星。我们所有人的璀璨之星共同闪耀在满天星河的夜空。这满天星河奉献出斑斓的星辉,奉献出光明和温暖,流照在流浪旷野的我们身上，蕴藏在我们心中，给予你我无尽的勇气和力量前行。没有老师们，我们的学识德行一无所有。

当我们凝心内境，回眸属于自己的那颗璀璨之星，不由想追随他，效学他，成为他，成为繁星万点中的一点，我们才发现宇宙的敻绝，才发现他内心的深广！这样的喟叹千年一如：

> 仰之弥高，钻之弥坚。瞻之在前，忽焉在后。夫子循循然善诱人，博我以文，约我以礼，欲罢不能。既竭吾才，如有所立卓尔。虽欲从之，末由也已。
>
> 譬之宫墙，赐之墙也及肩，窥见室家之好。夫子之墙数仞，不得其门而入，不见宗庙之美，百官之富。得其门者或寡矣。夫子之云，不亦宜乎！

同样的深心，同样的语句，镌刻时空中，现在仔细回首，才发现自己所值遇到的师长——王老师，他犹如宫墙万仞，而卑微的我所能感受的富美与高坚，只是大海中的一滴。

虽然"虽欲从之，末由也已"，但我相信在未来的生命中，这座无量的宫殿永远矗立在我的前方，这颗璀璨之星永远循循陪伴在我的顶门。

附[①]：

按佛教理，人在中阴七七之内必然往生他趣。今以从先生受业深恩胜缘，谨以论集续集扉页之吾爱纳西夏色美一诗步而和之，诗韵吾本不甚善巧，而不揣粗陋与诸同门共勉共享，唯愿同忆师恩，同报师恩，同臻莲邦，同达乐土。

① 以下所附七首诗，乃善慧子为纪念恩师于 2021 年 9 月 10 日至 16 日陆续写成。——编者

教师节步韵先生之一

吾爱姑苏旧王孙，
为觅幽兰游上林。
彻夜梦清馨香远，
一袭碧绿旷岫心。

教师节步韵先生之二

吾爱弄堂小厂深，
车间研阅比山林。
麻袋椅坐十年破，
常想昔人当初心。

教师节步韵先生之三

吾爱长风芳圃新，
丽娃翩舞盈诂林。
玉龙一顾惊天雨，
沿道垂文溯中心。

教师节步韵先生之四

怀师留美

吾爱慈恩西域行，
求师万里决稠林。
普通比较何明朗，
奉散香花归国心。

教师节步韵先生之五

怀师诲徒

吾爱普陀海潮音，
教灯不息传丛林。

千红万紫付问号，
同战风车孤臣心。

教师节步韵先生之六

怀师广化

吾爱妙音天女美，
沉思出归翰藻林。
大众普及一何迫，
雕龙文字摸象心。

教师节步韵先生之七

怀师再来

吾爱意喜慈氏尊，
云霓来御空双林。
灵山一会从未断，
常仰师心即佛心。

以上七首圆满于先生生日，供养先生及诸师，唯愿同怀师恩，同报师恩，同生乐土，同现吉祥。

沙门超祥虔十

作者简介

善慧子，原名冉启坤，华东师范大学中文系 2002 级本科生，2004 年开始跟随王元鹿教授求学。2007 年至 2010 年华东师范大学中国文字研究与应用中心汉语言文字学专业硕士生，师从王元鹿教授。

丽娃河畔读东巴

——怀念恩师王元鹿先生

李小希

想来自己已经为身边三位老师、朋友写过挽联，一位是大学本科时教授我们世界史课程的朱伟奇老师，一位是大学同窗好友冯思赫，另一位就是恩师王元鹿先生了。

离我远去的几位都是给予我知识与关怀或者优秀于我百倍的人，而平庸如我等仍然苟活于世，营营于生活琐事，想必这真的是上天存了私心，特唤他们前去清谈了，而我们则再无福气见恩师的笑颜了，上天无情至如此，命运不公至如此，令人无泪而叹。

恩师王元鹿先生离开我们已经有三月余了，朱建军师兄多次催我写下纪念老师的文字，无奈我拖至今日才迟迟动笔，却又觉得往事仿佛狭长泉眼中的涌泉，分明想要喷薄而出，却忽地硬生生卡在出口，只汩汩冒出几条细细的水流，苍白无力，我为这样的感受而愧疚无言，又深觉悲伤缓缓满溢上来。

还记得初入华东师范大学选导师的情境，当时王元鹿老师与刘志基、詹鄞鑫、董莲池等几位老师围坐在一起，谈笑风生，都着了妥贴合体的西服，颇显得神采奕奕，这给了刚从一所北方大学毕业的我一幕格外美好而崇高的印象。毕竟在北方的大学中，常有恃才傲物至放浪不羁之老师，不修边幅的洒脱形象深入人心，而眼前的几位先生，皆精致而儒雅，细腻而温柔。虽然我很快便得知詹鄞鑫老师是福建人，董莲池老师是吉林人，但似乎当时的那一景偏就浸润在江南午后的水气温柔中,分外有秀丽之感。

王元鹿老师和刘志基老师确实是上海老派作风十足的。因此,当刘志基老师向我们介绍各位老师的研究方向和拟带的人数时,我沉浸在一种得意而喜悦的高尚氛围中,以至下笔的手都有些颤抖,而心似乎异常地平静与沉着,我想,这样的感觉大约是和秦观拜谒苏轼时相似,只是我更加渺小而已。

王老师当时的头发还是浓密且黑的,讲话时轻松、潇洒,又时不时会嘟起嘴流露出可爱的神态,这样的形象一直到我最终的记忆也从未改变过。选定了导师后,会有照例的独自见面的环节,我与同门艳华一同陪王老师下楼,当时王老师虽拄杖,但步伐还算矫健。他拿出两本书送给我们,是他携几位师兄师姐共同完成的新书《中国文字家族》,大象出版社出版。我当时的第一反应是这是我家乡的出版社,王老师便与我闲谈了几句关于河南的印象。如今,我正坐在大象出版社的办公室内,成了一名编辑,人生的际遇就是这样常让人觉得冥冥之中似有注定一般。

说到家乡,王老师给予我们的关于语言文字的求索,常常不只来自课堂,妙语往往出自路边的散步,或曹阳四村家中的一次闲聊。我与同门艳华的家乡话,便是很好的探讨对象。艳华是山西人,她的文水方言所代表的晋语是中国方言中独具特色的一支,因此我们经常会让她用文水话来讲一些词语,听一听这种独特发音是否还有古音残留的痕迹。不过说来最让我们北方学生头大的,还是对入声的感受,因为北方话中入已派三声,我们很难体会到那种促而浊的力量感。王老师会用上海话中尚存的一些入声字的发音做示范,让我们对入声能有一些更具象的认识。当然,日语、英语、方言、东巴文,各种语言齐发,是王老师讲课的常态,这大概便是真正的普通文字学的意义。

王老师求学时外语以日语考入华东师范大学,后才开始自学英语,几年工夫已可在美国的大学中做英文的讲座。留校任教后,王老师于汉语古文字研究外,凭着强烈的好奇心与一腔热情,开始了纳西东巴文的研究，后又有玛丽玛莎文、水文、壮字、女书、喃字、埃及圣书字等诸多文字的涉猎，可以说，他以一己之力推动了普通文字学的发展。如果说前辈周有光等诸位先生勾勒了世界文字发展的脉络，开启了比较文字学的大门，那么恩师王元鹿先生便将比较文字学上升到普通文字学的层面，将眼光放在了文字学的上帝视角上，一改以文字为出发点又归结到文字本身的研究方式，找到了文字的本质的发展核心。

说起和王老师的闲谈，那会我正在德语培训班中苦学德语，常会冒出些异想天开的想法，如德语中的 see 一词，是湖的意思，也有海的意思，这和英语不同，和汉语也不同，却和东巴文中的用法相同。我把这个小发现告诉了王老师，王老师没有评价，只是说你可以找一些语言的产生与人类认知的关系类的书来看一看，可惜后来我虽然找了社会人类学的书来看，却终究没有再细究这个小问题。王老师对于我们这些天马行空的想法，从来不给予对错的判断，他最常说的便是："这个问题很 interesting，你可以试着研究一下。"无论是多么离谱荒唐的想法，都不会换来否定与训斥，而是温和地鼓励。正是这样包容的态度，让我们真正感受到了知识的魅力及求索知识过程中那种"衣带渐宽终不悔"而"那人却在灯火阑珊处"的成就感。

说到 interesting，不得不提到美食，这实在是越不过去的一个话题。但凡与王老师交流，若没有红烧肉、万三蹄、白斩鸡，那定然是不够畅快的。我们曾和王老师笑数，吃倒了几家饭店。王老师喜肉，犹喜肥肉，那时我们常常劝王老师要多注意身体，肉要少吃，但总不奏效。他在这一点上的坚持，就像早餐要有一杯咖啡，讲话要一直吸烟——吸烟只吸一半，尼古丁的伤害便极小，这大概是王老师为数不多的谬论。曹阳四村的小房子，无论我们如何软磨硬泡，也不让我们帮他整理，执拗得像个小孩子。我记得有一次，当时还在南开大学读书的男友、现在已经是我爱人的志远来上海看我，我们与王老师一同去鸿瑞兴吃饭。啊，鸿瑞兴，这个名字大概在姑苏王门中已不仅仅是一个饭店的名字了，鸿瑞兴的故事很长、很多，大概大家都讲不完。志远是学习历史的，他与王老师聊了许多计量史学的东西，也聊到足球，王老师是资深球迷，一时大家兴致高涨，也顾不及许多礼仪，加之我们俩也是爱吃之人，所以当万三蹄上来的时候，我们三人将筷子齐刷刷地朝一块肥肉奔去，以至筷子碰出了响声。王老师大呼要划一个楚河汉界，我们都笑不可支。

为人师者，到底什么样的才是好老师？我毕业后做了两年的中学教师，志远现在还忝居在大学老师的行列中，我们都曾思考过到底要教给学生什么才是真正有意义的。我想，在这一点上，王老师为我们做了极好的榜样。王老师带给我最大的感受，并不单单是知识传授的丰富，而是一种对待万物包容的平等和对待生活每一处细节的热情。有一次我和李杉师姐在花溪路上散步，李杉师姐笑着说："王老师就是一个很 open 的人啊！"open 一词实在是恰如其分，无论是王老师自身对知识的探求与学术的研究，还是对待学生的学业与生活诸事的态度，抑或是对待世间种种情感、关系、事物，皆是开放而包容的。正是这种开放，造就了王老师广博而大胆的学术积累与学术探索，给予了我们无私、公允甚至浪漫的求学平台，教会了我们平和地欣赏一切之美。初学文字学的时候，王老师说："文字学是很罗曼蒂克的。"这和刘志基老师说的"学文字学是要坐冷板凳的"截然不同，或许他们讲述了两种迥然的求知路径，又或许殊途同归，谁能说冷板凳上的孤独不是一种悠然的自得，学海无涯中的苦修不是一种内心充盈的浪漫呢？

那时我们常常逛书店，不单是华东师范大学的书店，也会坐车到复旦大学那边，庆云、鹿鸣，都是常客，还有那种路边拉一个架子车，书随地乱放的小书摊也不放过。王老师每每总能从中淘到好东西，更多时候则是我们一边逛，一边听王老师讲这本书的趣味、那本书的乐处。有时逛完书店，若还有时间，我们便会去茶馆或咖啡馆，王老师每次总是点碧螺春，清茶与清谈，足可消磨一下午的时光。那会儿看的书可真多真杂啊，戏曲、油画、诗歌、社会学、经济学，什么都读，大概还是害怕自己所知甚少，会在聊天时被训斥吧。但常常是读什么都想和王老师聊，读什么都能和王老师聊，聊起来了，也便沉醉其中，哪里还顾得上什么训斥不训斥的。这样的感觉，实在是痛快！

一日为师，终身为父，这种古人所言的师生关系，在当今社会的共鸣常常微弱，但是王老师给予我们的，恰恰是这样高山仰止的知识与品德、稳健深沉的关怀与照顾。那时我常常忍不住将生活上的琐事与王老师分享，似乎无论遇到什么，只要听到王老师那温柔沉静的话语，便内心熨帖。我刚从上海毕业回郑州，教师的工作令我繁忙、焦虑而不知所措，竟有一阵子没有和王老师联系。一日，王老师的电话打了过来，只一句："工作还好吗？"我便泪流满面，忍不住地说："好想您，好想您……"

2014 年清明前后，我因工作前去上海出差，特拐去探望王老师，当时王老师的腿脚已大不如前，走路非常缓慢蹒跚，但精神尚好，见我来了，执意要外出吃饭。当时鸿瑞兴似乎是出了什么事情，暂时歇业，我们便打车到了一家较近的小馆子。吃罢饭，我忙抢着把账结了，这对于我来说，是一个必要的仪式。求学三年，每每外出吃饭，都是王老师结账，那时我们也是有奖学金的，但是王老师坚持说："等到你们工作了，挣钱了再来请我。"这是我毕业后请王老师的第一顿饭，付钱的一刹那，我觉得自己仿佛又重新长大了一回，终于不是在王老师那里只有无尽的索取，而没有回报了。可惜这次相聚后，再次相聚便是两年后，王老师七十大寿。那时王老师头发已花白，几乎离不开轮椅，对于他最为钟爱的肉和烟，也小心谨慎，不敢多吃多吸，他与我们讲话，那种格外爽朗的语调变得缓慢而模糊，我当时觉得心酸，但终不愿相信人生归宿之类的理论，这在后来王老师常住医院后，我也一直如此安慰自己。

写到此，我发现自己已经泣不成声，想到已不能再见恩师的面容，不能再与其畅谈，不胜悲痛。而自己往日所学种种、所追求之种种，终究隐没于日复一日的柴米油盐的平凡生活中，更深觉愧疚。

想起王老师当时常作小诗送我们，我也曾尝试写古体诗以和，这样的写诗习惯延续至今——王老师给予我们的实在太多了！可惜当初的诗，大多存在那时的手机中，没有及时抄录下来，快节奏的生活总是让我们忘记记录美好而只满足于一刹那的动容。如今找不见了，我只记得有一句是“丽娃河畔读东巴”，是我假期回家后王老师和诗中的一句，现重新补齐一首，纪念恩师：

十载光阴等闲过，一霎相思一霎暇。
诂林遍向趣处索，字海长求在鬓华。
夏晚人归寂寞里，秋深月过曹阳家。
人间万事皆不似，丽娃河畔读东巴。

作者简介

李小希，2008年至2011年华东师范大学中国文字研究与应用中心汉语言文字学专业硕士生，师从王元鹿教授。现为大象出版社编辑。

他是个可爱的人

张艳花

几次提笔，却又放下，一想到王老师已经离我们远去，心中总是忍不住悲伤。近来，我总在想，“让我们悲伤”绝非王老师本意，那王老师究竟想留给我们什么呢？想到这里，往事如涓涓细流从岁月深处缓缓流过……

王老师爱吃，这是出了名的。

王门的人都记得“鸿瑞兴”，这家位于梅岭南路上的苏式菜馆，是我第一次跟着王老师“吃大餐”的地方。熏鱼、咸蹄髈、红烧肉、粉蒸肉、竹笋老鸭汤……这些都是王老师最喜欢的，也是我初次就牢牢记住的菜。可是时间久了，菜品逐渐变了，多了毛血旺，那是李杉师姐喜欢的；多了豆瓣酥，那是小冉师兄改吃素食后新添的；多了臭豆腐，是我和小希一次突然馋了要点的……这些菜王老师未必吃，但是他知道他的学生爱吃。

记得一次又是大家欢聚，去了建国西路上的宁波人家，那次桌上有一碗鸡汤百叶包。不知怎的，我那天觉得这道菜特别美味，吃完后直夸真好吃。没想到，王老师竟然记在了心里，以后再大家一起吃饭，餐桌上便又多了一道菜：鸡汤百叶包。

来自五湖四海的菜肴丰富了王门的餐桌，盛满了王老师对每个学生的关爱。

王老师爱书,简直是嗜书如命。

王老师家100平方米不到,在拥挤的市区这绝对算是大面积的房子了。可房间里除了书外简直是没有其他摆设了,书房、卧室里是书,甚至一度连卫生间、厨房也有书。刚开始,我和小希去拜访时,客厅里还有两张椅子可以供我俩坐;后来,就只剩了一张椅子,一人得坐小板凳;最后,我们都坐在了小板凳上,因所有的地方连同椅子都被书占领了。书不但多,而且庞杂,语言、文学这些并不稀奇,物理、数学、卜卦之类才叫人惊讶。后来,读到王老师的《似梦非梦忆高考》一文,提到在"文革"期间刻苦读书、抄书的情景,能搜罗到的书无不细致通读,才明白了王老师是真爱书,真爱读书,我想这正是王老师博学的原因吧！文中还提及妹妹的中学物理知识就是王老师自己辅导的,文理兼通,不得不叫人佩服。

兴致好时,王老师也会经常带着大家去淘书,桂巷路的旧书摊、复旦大学旁边的鹿鸣书店,是我们常去的地方。后来鹿鸣书店不知何原因关门了,王老师还因此遗憾喟叹了很久。

王老师很幽默,不经意间的一句话中总藏着智慧。

一次会议上,忘记了是因为什么原因,突然提到了王老师的一本书《汉古文字与纳西东巴文字比较研究》,可我大概是由于紧张,怎么也想不起这本书的名字,一时语塞结巴了半天,说道:"……就是王老师的那本小书……"我刚说完,对面的刘志基老师就接口,逗我道:"王老师这本书可不小呀!"听了刘老师的话,我更加窘迫起来,直怪自己学艺不精,头也不好意思抬。"抛开内容,就开本来讲,这本书也确实是小了点……"王老师不紧不慢的一句话,轻松愉悦之间就帮我解了围,对我没有记住他的书名没有丝毫责怪之意。

研二那年大家一起乘火车去西南大学参加文字学论坛,路过上饶,听闻上饶鸡腿特香,可过站时间是凌晨,睡前还跟大家说记得一定把我叫醒去站台买来尝尝。结果,一觉醒来,天光大亮,上饶早已不知道过了多少站了,我在那里直叹气,怪自己贪睡。王老师见状,哈哈大笑起来,说:艳华这可是擦“腿”而过了……这句话把我这个馋猫一下子逗乐了。多年后,每每想起这句话,仍会忍俊不禁。

“圆月清光,肥肉芳香”“为伴苍颜铁拐王”,王老师作起诗来言语间也有幽默诙谐的意趣,让人想起苏轼的“无肉令人瘦”。

王老师爱护学生,像一位慈父。

读书期间,每次我们帮王老师做点小事,他隔段时间就会发点“工资”给我们,三四百元对我们几个读书的学生来说真是一笔巨款。现在想来,王老师只是想让我们安心读书,不要为了钱而担忧,这些深意都是当时年少的我所不能领会的。而我当时只顾着谈恋爱,荒废了学业,辜负了他老人家的心意。

转眼毕业季,论文又成了大头,为了指导我的论文,在桂巷路的茶室里,王老师从第一稿开始悉心指导。一壶又一壶的碧螺春,我跟着老师不知喝了多少……改一改,王老师就肯定我有进步,激励我继续努力,其实我自知能力有限,但老师的鼓励使我不敢懈怠。

毕业后参加工作,也许是阴差阳错,也许是命运使然,选择了离男朋友最近的小学教了书。王门的学生中我是唯一一个进了小学的,时常会觉得愧对王老师,说“有辱师门”,未能继承衣钵也罢,反而降级太多。王老师笑笑,告诉我小学也一样,都是为人师,不要有这样的想法。再后来,我逐渐走上管理岗位,心中颇为忐忑,怕自己无法胜任,可王老师还宽慰我:“艳华,你举‘轻’若‘重’了,不要过于担心……”

泪不禁又从眼角涌了出来,感谢王老师从未放弃过愚笨的我……

若说从哪一天感觉王老师突然不那么“坚强”了,也许就是在他退休之后,70 岁的王老师一下子老了很多,腿脚更不灵便了。那时周末一有空就要去老师家坐坐,聊聊天,或听王老师在那里讲讲往事。每次讲累了,王老师就会进卧室稍微躺会儿,睡之前他总是要问句:“艳华,等吃过晚饭再走吧……”我慢慢体会到了王老师的孤寂,希望有人陪伴在侧。一次,王老师突然感慨道:“幸亏我还有几个学生呀!”那落寞的神情一直留在我的脑海里。再后来,王老师就一直住在医院了,日渐消瘦,令人心疼。

不知为什么,我不愿想起这段时间,想起王老师难受的样子,我就后悔。2017 年的夏天,我跟王老师说实在不行就去我家住段时间,调养调养,王老师想了好久,终于答应了。可后来又反悔了,可能是怕给我添麻烦吧。如果我再坚持一下,会不会有不一样的结果……

总愿意想起王老师以前快乐时候的样子,他爱美食,爱笑,爱生活中的一切,是个有点倔脾气的可爱老头。我知道王老师是不愿我们悲伤的,他也想我们像他一样,爱这活生生的世界。

2022 年 3 月

作者简介

张艳花,2008 年至 2011 年华东师范大学中国文字研究与应用中心汉语言文字学专业硕士生,师从王元鹿教授。现为上海市闵行区莘庄镇小学教师、师训兼科研主任。

追忆恩师

王　娟

2021 年 8 月 10 日清晨，王元鹿先生离世了。

火辣辣的三伏天气里，我感到了几分的冷意。先生去世的消息让我的大脑出现了短暂的空白，一种措手不及的惊愕让我怀疑着这件事情的真实性，看到师门微信群中大家在悼念着先生，我恍恍惚惚中感觉一切都那么不真实。我努力地用自己的感官来确认这件事情，“先生去世了”那几个字仿佛浮在半空，虚无又真实，先生的音容笑貌占据了我的整个脑海，十几年前的往事顿时涌上心头……

还记得 2008 年备考博士，我怀着忐忑心情联系先生，素未谋面的先生在电话那头欣然允诺，并给我指出了专业上需要读的参考书，以及备考的注意事项。2009 年 3 月，我去上海考完试以后，第一次见到先生，他拄着拐杖，温和慈祥。先生关切地询问了考试的情况，并嘱咐我好好工作，多多看书。5 月初，先生第一时间告诉我可以查分了，当得知我考上后，电话那头的先生也替我高兴。

在先生众多的学生中，我是最愚笨的，读博读了五年，延期的时间很是漫长，在师门中也是罕见的。在读博期间，先生不断鼓励我，并且帮助我排除各种困难，包括我的开题、预答辩、答辩，处处离不开他老人家的悉心帮助。

博士论文的选题是先生定下的，刚开始我并不接受，感觉没有什么可写的内容，先生说东巴文有写不完的内容，就看写的人会不会写以及怎么写。我只好硬着头皮去写这个自己并不认可的论文。

事实上,在纠结的心情下写出来的论文并不理想。预答辩后,先生和我商量再次延期的事情,我恳请先生给我一个参加答辩的机会。考虑良久,先生答应了我的请求,但明确要求我每修改完论文的一个小节就立即给他发过去。整整一个月的时间,只要我发过去论文的某一部分,当天电子邮件里就会收到先生的修改意见,小到标点符号错字别字,大到文章结构谋篇布局,总会有先生的各种批注。有时先生会直接打来电话和我交流,花费一个小时、两个小时,甚至更长的时间,告诉我应该把哪些内容修改得更好,并且让我拿纸笔及时记下他的想法和思路。先生怕我心理负担太重,会时不时开导我。他说即便将来我不从事东巴文的研究工作,经过这些年的磨炼,还是能更好地胜任别的专业方向。那一个月,我从先生身上学到了很多,不仅仅学会了如何修改完善论文,更懂得了如何在困境中迎难而上。

感谢恩师不弃！感谢先生一直给予我最大的帮助,带我走出了那段难熬的日子,现在想来,那是多么珍贵的一段时光！先生在一篇文章中写道:“让我们的一些嚷嚷着想不出学位论文写什么的硕士生、博士生悟到,至少在他们的有生之年,东巴文字的论文还不会被写完,因为东巴文字的方方面面远远没有为我们彻底了解。”[①]从毕业到现在,我发表的论文和申报的课题,基本都围绕着博士论文的选题,感谢先生帮我选定了一个可以让我毕生为之努力的方向。

毕业后的几年,我和先生的联系还是通过电话,多是逢年过节发一些祝福短信,或是电话中聊聊生活和工作。2018 年初,我把一份项目申报书发给先生,希望他能帮忙审阅,先生打来电话说他住院了,眼睛已经看不清楚,他鼓励我要坚持申报各种课题。当时的我并没有想到先生病情已经很严重,因为先生聊天时依然那么乐观开朗。直到后来,师门微信群陆续发来了很多先生身体欠佳的照片和信息。自此,和先生再也没有办法打电话和发短信了。

① 王元鹿《我们将会更加了解东巴文字》,《兰州学刊》,2011 年第 12 期。

“悲歌当泣，远望当归”，先生的声音再也不会出现在电话的那头了……

先生是我的博士生导师，可以这么说，正是由于先生的接收，才让我这个连着考了两年都没考上博士的学生终于有了着落。先生也是我人生的导师，在我处于低谷的时候，不断地鼓励我，给我以前进的力量。每每回忆起先生，总能回忆起电话那头慨然应允我报考的先生的声音，而这个声音最终渐渐地消失在时间的长河中……

先生曾经说，五百年前王姓是一家，他的祖上有可能是从山西太原迁出的，还让我带了本山西地图给他。我多次邀请先生到山西，但由于先生身体的原因，此事未果。如今，这一想法再也没法实现了，想到此，愈加悲痛。

谨以此深切缅怀恩师！

作者简介

王娟，2009年至2014年华东师范大学中国文字研究与应用中心汉语言文字学专业博士生，师从王元鹿教授。现为太原师范学院文学院副教授。

干兀广先生语录

——想念我们的王老师

袁香琴

直到现在，我还是无法接受我们的王老师走了的事实。一如既往，去年的教师节给王老师发了感恩短信，9 月 16 日给王老师发了生日祝福短信，新年给王老师发了新春贺岁短信——但我再也收不到王老师的回信了。要知道，之前王老师可是我手机通讯录中给我回复信息最快的联系人啊。

在我的电脑里，有一个名为《干兀广先生语录》的文档。“干兀广”是王老师的笔名，这文档里面记录了八年来王老师对我的谆谆教诲，包括短信文字和对话文字记录。记得王老师还问过我：“小袁，你知道我为什么取这个笔名吗？”我说：“不知道呢，但我发现这个笔名的每个字都是由您的名字少一个笔画或部件组成的，真是智慧！”王老师吸了一口烟，又吐出一缕白烟，笑着说：“这是我写小说或散文时常用的笔名，因为写这些文章的时候往往是我最享受最放松的状态，所以我也得给我的名字卸点妆呀！”“哈哈哈哈哈……”王老师总是这么幽默又这么睿智。

如今，我再也无法更新《干兀广先生语录》了，但它一直会在我的脑海里保鲜。每次打开这个文档，这些文字便在湿润的眼眶里跳动，温暖的往事历历在目……

2010年5月5日

“阻碍你前进的不是你未知的东西，而是你已知的知识。”

“要学会在框架下跳舞！”

“除了努力和勤奋，还需要创新。”

“攻和守是两个矛盾辩证的统一体，你不可能守好了再去反攻。”

“只要您愿意学，我就要好好地教。”

2010年5月31日

“其实学问也不难，方法对头肯用功总会上升。”

2010年6月1日干兀广先生和沈君祖春诗：

“晚霞哪得比朝霞，美煞多才音乐家。六一衰翁过六一，读君佳句眼偏花。”

2010年9月2日干兀广先生与我、赟姐在咖啡厅闲谈：

“梅李桃蔷薇石榴荷凤仙桂菊芙蓉水仙腊梅十二月花名。”

2011年9月26日

“无穷大相对性的证明——如果有一本有无穷大张纸的书，每张纸有2页，那么纸的张数和页数都是无穷大，但是页数却是张数的2倍。”

“我至少相信爱因斯坦的相对论不是绝对的真理。不管你信不信，反正我是信了。”

“学无疆界。我很佩服您的杂家精神，杂家意味着对学术的真正兴趣，人是自然与社会的人，必须要关心多方面，现在您注意过中微子问题吗？中微子是一种比光速快的物质，如果这一现象属实，现代物理学要重建，我们可以回到过去，也可以进入将来。”

“不定好像就是相对。”

“高脂肪，高智商！”

“专家何处在，余已巧梳妆。”

“情商有时体现在为完成一个目标去完成许多不喜欢的

事情。”

2011年10月9日

“我父母也节约又慷慨。如配眼镜要我配好的镜片，不必配好的架子。我就是在这样的教育下成长得相对合理的。”

“钱是必要的，崇拜钱是万万不能要的。”

“不顾一切地工作，其实是缺乏远见的表现罢了。”

“对于‘笨鸟先飞’这个问题，我认为先飞是需要，不可太飞，所谓以勤补拙是错误的方法，合理的方法是找寻合理的方法。”

2011年12月8日

“十多年前，我在一本《读者》上，大概是第一页，说一个韩国记者采访诸多诺贝尔奖获得者，得出他们的成功之道都是：几十年坚持不懈地干同一件事情！”

“把握好方向，要走向世界！”

2012年2月9日

今晚连续收到王老师四条一模一样的短信，我问王老师为什么发这么多，他说是手机提示“发送错误”。然后王老师又补充一条：“联而不通，移且能动。”（王老师最开始用的是联通号码）

2012年3月23日

我这几天都在努力消化王老师的论文批注，王老师提议说：“吃一些培菲康有助消化。”

前几天在等考博英语成绩，很是心焦，王老师鼓励我说：“要淡定，要有大将风范！”

2012年4月22日

“生活目的与业务水平有关，但绝不是一回事。”

“有教授却非读书人，有学生却是读书人，我更尊重后者。”

2012年5月21日

晚上陈师兄和嫂子从青岛飞过来请我们吃饭，我和赟姐之前没来得及买礼物，直接送钱又觉得不合适，所以就什么也没送了。饭后，在回去的路上，接到了老妈的电话，我说我什么也没送，她说："你怎么那么好意思，喝喜酒就光带张嘴啊！"我也觉得很不好意思。第二天和王老师通电，又提起这个事情，我们都觉得多少还是应该表示一下的。商量后我和赟姐决定一起送六百，王老师帮忙解释和垫付。因为我们自己也解释不清楚，所以还是想请王老师出面解释比较好。我跟王老师说了我们的想法，他回答说："可能我训诂好些！"哈哈，那是当然了！可爱如王老师！

2012 年 9 月 22 日

"真正的兴趣是有行动的！真正的兴趣，必须附带做一些无趣的事也在所不惜。"

2012 年 9 月 25 日

王老师最近都在忙申请项目的事情，忙得不可开交，我难的活不会干，只能帮他打打下手。为了这个项目，他甚至一连几天都不出家门一步，甚是辛苦。今天他难得出去了，但一想到明天就要交草稿了，只能放弃晒太阳，他在短信中这样描述自己的心情："像逃学的儿童不想回家。"好可爱的老师。我回复说："非常理解您的心情。"他说："是的。您是好孩子，我是坏孩子。"

他出来溜达，还是向刘师姐请假的，可惜也只请到三点半，他又发感慨："现恋着即将过去的一缕阳光舍不得走。"我告诉王老师："那赶快向刘师姐请示延长时间，因为明天是阴天了。"连晒太阳的时间都挤不出来，听着真是心酸啊！真的觉得王老师好累。他真的不想坐在电脑旁，一坐又是四个小时，所以他像是在偷着时间又在小区里站了会儿。我说："王老师不着急。您要保持放松的心情。"王老师："在这点上我要向你学习。"我："哈哈，百坦。"

2012 年 12 月 14 日

12 月 3 日刘悦师姐买了稻香村的糕点，让我转交给王老师。东西有点重，王老师带不回去。今天早上王老师来电说，让我们把糕点分了，还特意交代了要给姜慧。提到稻香村，王老师有感而发："我小时候就吃，就在苏州。我老家隔壁，当时是苏州第一点心店。""是在我家对面，但那时吃的是野鸭、麻雀、楂糕、榧子、蜜枣，不大吃糕点。"我说："王老师说的这些东西好诱人！"王老师："也是条件有限，我外婆来沪时才有机会吃几天。现在未必有这些。稻香村得名自《红楼梦》，似是李纨的家。"我查了下百度百科："那有两百多年的历史了呢！"王老师："这个店大概有百年以上的历史。"我说："哦，我错了……"王老师笑着说："也对的，算法不同。另一家叶受和，现在用我老家的门牌，观前街69号，我家是被五家食品店包围的。"

2013年3月12日

"老师身上有许多优点和长处，你们很多是学不到的，同样，你们身上也有很多优点和长处，是老师想学也学不到的。"

"与其刻意地去避短，还不如扬更多的长避一些短。"

有一次帮王老师整理报纸去卖，他看我的利索劲不禁感叹："小袁，你以后即使收废纸也会赚大钱的！"哈哈，谢谢王老师吉言！

2013年10月9日

前几天王老师血压一直很高，挂了两天盐水情况才有好转。今天他打来电话，让我转告我爸爸（王老师知道我爸爸也高血压），血压药不能一直只吃一种，要换。我："祝您身体倍棒。"王老师回复："谢谢。但由于我的健康现在是个负值。所以倍字可暂不用。"我："嗯。好的。祝您健康！"王老师："哈。开玩笑，希望晚一点是个i（可能i表示正能量吧？！）。"又："为我增加正能量。"我："哇哦！王老师用词好潮。正能量大大的有！"王老师："这在这里不是新词语，是个纯粹的数理术语。元芳你说呢？"我又无知了。王老师又来一信："我无法继续与您通讯。因为已想不出奇葩的词语。"我："哈哈。好的。这个理由很别致。"王老师真的太逗了，句句幽默。王老师："厚黑理由。"我回复:"刚百度了厚黑。我无法与您继续通讯了。因为我已经无法准确理解您的意思了。"王老师:"继续百度愿陪聊。"我:"百度跟不上百事通的。"

2014年9月17日

昨天是王老师的生日,他来学校上课了,我竟然忘了祝他生日快乐了!今天补说了。原定9月14日的生日宴会因王老师的脚未完全康复而延迟至9月21日。王老师刚来电说9月14日是个好日子,正好是他的阴历生日(八月二十一)。他说令他感动的是唐均老师送他的一首集诗(把几位诗人的诗句稍做改动,集成新的诗篇):

浮云由(游)子意,
落日固(故)人情。
松月生夜靓(凉),
风泉慢(漫)倾听。
——权作生日之歌敬上

我确实没有看懂。王老师打来电话解说我才明白。

2014年10月22日

这些天我一直在考虑《汉字之美》该怎么写,王老师给了很多很好的建议。他说要看看《三国演义》《三国志》《三十六计》《孙子兵法》《孙膑兵法》等书,我的底子很烂,所以说话声音都小了。王老师在电话那头说:"你好像声音小了。"我说:"是因为底气不足。"王老师又说了一些宽慰的话,然后说:"我往往希望把某些问题看得很重,但又要求用最捷径的方法去解决,这样这些重要问题就不是问题了。"王老师的话意味深长。

2015年1月13日

"世界上很多文字都没有户口,但是在我这里都给了它们户口。"

……

“每逢佳节倍思亲”，我在这样阴雨绵绵的日子读着《干兀广先生语录》，重温在王老师门下求学的美好时光。突然又想起了博士毕业找到中学教师这个工作后王老师对我说的那句话：“你是最让我失望的学生。”他一边骂着一边又安慰着：“但我相信你在哪儿都可以做得很好！”这就是我们的王老师，亦师亦友的好老师！想念您，王老师，好想再看看您边抽烟边给我们审阅论文的样子，好想再坐在您家的小板凳上喝一杯浓浓的绿茶，好想再听听您幽默又机智的话语，好想……

作者简介

袁香琴，2009 年至 2012 年华东师范大学中国文字研究与应用中心汉语言文字学专业硕士生，2012 年至 2017 年华东师范大学中国文字研究与应用中心汉语言文字学专业博士生，师从王元鹿教授。现为上海市进才中学教师。

忆 王 师

白小丽

又到一年教师节，又到了王门同聚为老师贺寿的日子，可是今年王门群里再无这样喜庆的消息和图片，只有沉默与寂静。老师没赶上今年的节日和自己生日就匆匆离我们而去了。虽说我们毕业后偏安西南一隅，但始终惦记着老师。以前每到这个时候，我们都会情不自禁地念叨一番，如没有亲往沪上赴会，也有种特别的期待，希望能听到或看到关于老师、关于王门的消息。

说起与老师的缘分，当始于 2004 年，那时从老邓处常常听到老师大名——王元鹿，当时觉得老师的名字很特别，有学者范，还在想什么样的书香门第才能取出如此好听的名字呢。后来，仔细拜读老师的大作之后，更是激发了我对早期文字的研究兴趣。2006 年，本想拜入老师门下攻读硕士，可惜自己愚钝，未能如愿如期考上。直到 2010 年，感恩老师不弃，我才有幸被招入门下继续求学。

初见老师，他看上去谦逊温和，当时虽已腿脚不便，但仍有儒雅大家之风。接触下来发现他不仅亲切幽默，还自带文艺气质，看得出来年轻时是一位温文尔雅的文艺青年。在沪上的三年求学时光里，老师对我的影响可谓异常深远。

首先，是老师的博学。似乎语言学大家们都有一个共同点，就是博学多才，涉猎众多的知识领域，诸如赵元任、周有光等先生。王师亦如此，他平时嗜好读书、买书，数学、天文学、诗歌、小说等等，博采众长，涉猎广泛，不受局限，这使得他在对文字学的思考上往往能摆脱传统思维的桎梏，见解独到，新意频出。

由于老师放纵自己买书这一嗜好，家里的藏书也是极其丰富的。90来平方米的居室里到处堆满了书，有时我们去他家，他都显得有点不好意思，因为无地可坐甚至无处下脚。他也喜欢写诗歌、散文，经常将有感而发的佳作发给我，我却因自己才疏学浅常常难以领悟，只能叹服老师的文学功底，这可能也是学生一辈子所望尘莫及的。每次经过华东师范大学的丽娃河时，他都会忆起自己当年在此“挥斥方遒，激扬文字”的求学时光，与一群诗友们吟诗作文的情景，顺便还告诉我丽娃河的来历。

老师做学问亦是相当严谨。每每去与他讨论论文选题或自己研究的想法时，老师总是会选在轻松文艺的环境里，也许是想让我在这样的氛围中松弛绷紧的神经，更清晰地理清思路，找到合适的选题。讨论时，他总能一语破的，击中要害，发现逻辑上、结构上抑或是思路上的漏洞，但也不忘鼓励学生。为了申请博士创新项目，老师与我多番讨论并修改申报书，甚至对于申请时答辩的PPT，从设计风格到页面布局也要精心审阅并修改，有时深夜还要在QQ或电话上将问题与我道明，生怕我遗漏或忽略任何细节。在批改我的每一篇论文时，老师都是字斟句酌，连英文翻译，甚至标点都不会放过。经过老师多次对我行文时语言的打磨与纠正，慢慢地，自己在行文及语言表达上不知不觉或多或少地打上了王门的印记，以至于老邓看我论文时常常戏谑说，这好像是王老师的写作风格。

老师对人间烟火的钟爱也是非同一般。虽孑然一身，素日里生活简单，但他喜好美食，熟悉各种地方菜的味道，尤其钟爱自己的家乡菜——苏州菜。记得我第一次到上海，他就隆重地推荐了几道经典的苏州菜，如卤汁豆腐干、苏式红烧肉等，谈论起红烧肉时不时还引经据典。与我谈起其他地方菜的特色和味道也是如数家珍。正所谓“人间烟火气，最抚凡人心”，在老师身上也体现得淋漓尽致，似乎没有什么烦恼和困难是一顿饭解决不了的。

忆起与老师一起的日子，犹如回到了那年那月，品着那菜那汤，论着那诗那文。"Remember me before the memory of love disappears."带着对老师的美好回忆,铭记师恩,我们继续前行。

2021 年 9 月 10 日夜记于重庆北碚

作者简介

白小丽,2010 年至 2013 年华东师范大学中国文字研究与应用中心汉语言文字学专业博士生,师从王元鹿教授。现为西南大学国际学院副教授。

怀 念 吾 师

李晓兰

转眼间已毕业三年,我也从一名学生成长为一名大学老师。今年 9 月我也能带自己的研究生了,您却走了,再也不能通过电话向您求助,到底怎样才能成为一名好的研究生导师。我开始回忆读书时老师对我在学习和生活上谆谆教导的点滴,摸索着在硕导的路上只身前行。

毕业时,因有家室在江西老家,没有听从您留沪工作的建议,还幻想着每周末可以从江西回上海看您。“现在交通这么便捷,不过是在火车上睡一晚就到了,别担心,我会常回来看您的。”毕业时临别的这句话也在琐事缠身的现实面前变得空洞。本想今年年末申请上师大的访问学者,那么 2022 年 9 月到了上海就可以常去中医院看望您,顺路带凯司令或者红宝石的蛋糕给您,就像 2018 年上半年一样。但是您就这么走了,所有的承诺和打算终成挽不回的遗憾。

9 月 10 日,教师节。我像往年一样给您发送祝福短信,只是试一试,居然发送成功了,但我知道电话的那一端再也不会有人和蔼地看着短信,回复我:“谢谢,同乐!”没打通的电话,您再也不会轻轻地留言:“稍后给您电话,好吗?”

您过世后的两个月内,每逢师门群内有师兄或者师姐发布纪念文章,我看后都会忍不住泪流满面,直到家人发现过来转移我的注意力。

曾经，有位同事惊羡于王门的这种凝聚力和学生们对您的敬佩之情，特来咨询我您是怎么指导学生的。我一时竟难以总结您作为导师的种种好处，只能举一些例子来讲，但这种举例性的讲解竟更能让人隔空感受到您为师的风采。

善于鼓励，为学严谨。在做学术的路上，您给了我莫大的鼓励，每当我兴冲冲地拿着刚出炉的草稿给您看时，您总是先给予肯定，再缓缓地一步一步地提出意见，不会一次性劈头盖脸地把存在的问题讲出来，担心学生受到打击。现在回头看自己当初的论文有诸多不堪之处，当时居然也能受到老师的认真对待和鼓励，心里非常感动，学术这条冷板凳也能在这些温暖环绕下坐得不那么清苦了。还记得 2018 年 4 月 10 日，我抱着博士毕业论文到位于普陀区曹杨路 1261 号的中医院，彼时您的身体状况已不理想，病床前我需得用手在一旁托住论文，您才能够翻阅。但即便是这样，您还是躺在中医院的病床上细细地看过摘要和结论，末了，指着“结论”二字说：“这两个字的字号与前面的标题不同，小了一号，你再回去看看。”我抱去论文仅是为了让老师放心，并未想到您竟会细心至此，一时心中酸涩，只好一边认真回应着，一边冲您傻笑，借机用力眨去眼里冒出的水汽。

待生宽容，言语幽默。您的腿因受过伤动过手术，后期恢复得不太好，行路不便，每次从普陀区的家里来闵行上课都需打车。有一个学期的第一节课由我做课代表，当从站点接到您之后，因担心迟到，急急忙忙地扶着拄着拐杖的您快步走去位于二教一楼的教室，一进门就发现不对劲，居然没学生。哦！原来是我记错了上课教室，错把您领到了上学期的教室来，您当时虽满头大汗却反过来安慰我：“没有关系，就当锻炼身体了。”在之后的日子里您常常玩笑地对师姐师妹们提起此事，来消解我的愧疚感。

“圆月清光，肥肉芳香。”每念及此，总不由得回想起硕博七年间您对我的点滴教诲，您带我们吃过的特色美食。这些曾温暖了学生时光的往事啊，相信也终会照亮我作为一名老师将要前行的路！

作者简介

李晓兰，2011 年至 2014 年华东师范大学中国文字研究与应用中心汉语言文字学专业硕士生，师从王元鹿教授。2014 年至 2018 年华东师范大学中国文字研究与应用中心汉语言文字学专业博士生，师从张再兴教授、王元鹿教授。现为东华理工大学师范学院讲师。

怀念恩师王元鹿先生

高新凯

敬爱的王老师于2021年8月10日永远地离开了我们。

当天早上八点十来分,一位老师在师门微信群里发了一个截图并附言:王老师走了。我大概最先看到,不自觉回复了哭泣的表情符号,脑子一片空白。之后大家都开始留言,我拿着手机不知所措。不久一个师妹打电话过来,我一开口竟听到自己哽咽的声音……王老师已经卧床很久了,听到这样的消息理性上讲是不应觉得意外的,甚至应该庆幸他终于得以解脱,只是感情上一时难以接受罢了。

如今王老师离去已半年了,我的心情已慢慢平静,只是拿起笔依然不知要写点什么。老师的道德学问大家有目共睹,自有公论。老师年轻时的人生经历我只是零星听说,我进师门的时候,老师已经65岁,退休返聘状态。我只能回忆一些自己与王老师接触的日常琐碎,算是对恩师晚年人生经历的一点个人补充吧。

第一次见到王老师应该是2010年秋,我已决定报考华师大的博士研究生,陈师兄要参加王老师主持的学术讨论,就顺便带我来了。我们就住在王老师家附近的酒店,他请吃饭。一见到王老师是如此慈祥和蔼的"老头儿",之前的紧张情绪一扫而空,心中觉得无比愉悦。他说你还不是我的学生,学术会议不能请你参加。然后我就自己去看了世博会。知道我第一次来上海,他在开会间隙还不忘发信息告诉我路线怎么走,他说自己因为腿脚不便没法去看(换了股骨头,柱了拐杖),我们算是各有遗憾。老师对地理线路非常熟悉,不光上海,整个江南一带的地图恐怕他都印在了脑子里。后来博士考试结束,我跟同学趁机赶去西塘水乡游玩,大家都不认识路,他就电话短信随时指点,还告诉我们要去哪里玩,吃什么小吃,那时已是半夜,几个同学对我羡慕不已。老师平时喜欢看地图,他自己常买地图,也让我给他带地图当礼物,我回山东老家他看山东地图,我到湖州工作,他让我买湖州最新的地图。

那次临走时到老师家里,进门就吓了一跳,感觉里面全是书。客厅不大,一张椅子在门对面,是老师坐的,中间有个小方凳放茶杯,东面靠墙一张高脚桌子放杂物,旁边是一个冰箱,西边靠墙的两把椅子和一个矮凳都埋在书里,还有一个凳子留给客人坐。通往其他房间的门口都被摞得近人高的书堵满了,只有一个卧室还可通行,里面也都是满架的书,厨房里也有书,只卫生间没堆书。如果三五个人到老师家里去,不是没地方坐,是连下脚的地方都没有。老师爱看书,是真的博览群书,连《飞碟探索》之类的杂志他也感兴趣,还问我相不相信有外星文明,所以跟老师聊天什么都可以谈。他不光自己买书,还给学生、朋友买书,逛书店是他的一大爱好,你看中了什么书尽管拿,他付钱。后来我曾多次提议给他重新整理一下书籍,他没答应,只是说你们整理了我怕自己找不到书了,还是算了吧。我看着那么多书,感觉也理不出多少空间来,最终也只是眼见着书继续层层叠高,只能尽量交错排列一下,以免书塌了造成意外伤害。

第一次到老师家我就不小心打碎了一瓶酒,我说"碎碎(岁岁)平安",老师开心大笑。打扫完玻璃碴,自然需要拖一下地,他不许,但我还是拖了,不过用力太大又把拖把折断了。地当然是脏的,因为他自己不方便拖又从没想过麻烦别人。倘若不是这次巧合,他也不会让我拖地的。后来我正式入门后踏进老师的卧房,又不顾他的强烈反对把地板的灰垢铲干净,以后他才默许我替他拖地打扫卫生。

返校后,师兄提醒我先发篇论文给王老师看看。我刚好写了篇小论文,发给王老师后,他说很喜欢,还转发给别人看,再后来有位老师主编的刊物征稿,他立马帮我推荐发表了。他鼓励我好好复习准备考试,发给我的邮件十分古典文雅,令我颇觉震撼。老师的古文功底十分深厚,只是展示的机会不多罢了。他喜欢填写诗词,我刚入门时他就发给我自己填的词,我只能赞叹而没有能力"唱和",发了几次后他也就不再发给我了。老师的学问大概从小受到熏陶,他父母学艺术,他说自己的母亲最喜欢我们山东的两位词人:辛弃疾和李清照。爱诗词想必是"童子功"。老师也写过一些小说和散文,曾经发给过我几篇,可惜后来我电脑坏了都丢失了,印象中很有趣,我还记得有篇题目叫《我是一只电视鞋》。后来我在老师的病床前翻到一篇他当时给别人的书写的序言,文章真是好极了。师兄师姐们给老师整理了学术论文集,但不知能收集起多少老师写过的诗词、散文和小说,这些多是即兴的自娱的作品,大多数应该都没发表,真是可惜了。

当年我们的博士考试是笔试、面试一起的,不用跑两趟。面试环节王老师主动回避,但还有个英语口语测试,单独在一间办公室,面试官正是王老师,他的英语很好,就不必从外院请老师来。老师去美国访学多年,我曾经看到过几张照片,意气风发(老师给我讲过一些在美国的故事,我都记不清了)。我学的是哑巴英语,英语口试,我的表现并不理想。口试结束,老师点了根烟,切换到汉语模式,问我专业课笔试怎么样,怎么回答的,他听后比较满意,然后跟我说:希望你的英语笔试一定考好,这次口语考试表现不好,我不能给你打高分,你要谅解……老师学过多种语言,我明确知道的除了英语还有日语和俄语。日语好像是他在"文化大革命"中当工人时学的,能阅读日语文献,老师家里还有一些日语书。俄语应该是中学时代学的。我工作后有一次回去看他,跟他说最近学了几句俄语,他马上用俄语跟我对话,我只能听懂简单的打招呼,他说他们那个年代是流行学俄语的,英语反倒是靠自学的。老师还会不会其他语言我不太清楚,我没主动问过,他也从不主动"炫耀"。

考试时我曾问了一圈同学,发现只我一人报考王老师的博士,觉得真幸运啊。入门一两年后才无意中听说当时还有其他人报考,甚至有导师推荐,都被王老师婉拒了。我知道,老师其实一开始就决定收我为徒。等我毕业找工作,也是老师帮忙推荐,他对我真是从头照顾到尾。当然,我知道,不少学生(不限于自己的学生)遇到工作或是生活问题,老师都是尽力提供帮助的,所以有很多人感激他。工作后,我跟老师讲:您有好多学生都跟留学生打交道哎。老师说:嗯,我是专门培养国际化人才的。我说自己以后教学和科研分家了,恐怕要做不好了。他很有信心地说,你没问题,三四年还不能评个职称那不是水平太差了嘛。可惜我不知重点、三心二意,实在是辜负了老师的期望。

我入门时王老师的身体还算可以,拄着拐杖还能一次性走较远的路,不用停下休息,我入学前的夏天他还到过一次湖州。他自己也很乐观,一直说等以后身体再好一点要带我们去苏州老家玩一玩(老师出生在苏州,童年时候全家搬来了上海)。那一年已定好带我们一起去重庆参加会议的,买好了票但突然身体不适,他自己没能去成。后来直到去世应该都没再离开过上海。不过他带我们去衡山公园附近看了他家在上海的老房子,还一一指给我们旁边某某地是谁谁的故居,民国时期响当当的名人(我记不清具体哪些人了)都曾是他们的邻居,好像有的还当过他的老师。

当年王老师身体偏胖,腿不好走起路来确实是费力的。老师爱好美食,上海各种小吃名点都熟悉,我们也跟着享了口福。后来他自己不方便出门,就让我帮他去买,都随口指定买哪里的什么食物,包括包子、油条、蛋糕都指明附近哪个市场哪家店铺的好。湖州的千张包、肉粽啥的他也特别喜欢。老师爱吃肉,尤其爱吃红烧肉,不爱吃蔬菜。我建议他尽量多运动,可以多锻炼胳膊,他说好的,但实际并未把精力花在这上面。学生、朋友都关心他的身体,常会给点"建议",他都回答"好的",但很难照做。他说你们有时给的建议都相反,我该听谁的?但是他收下了大家的关心。我原先是期望他能减减肥的,后来卧床几年,先是腿逐渐没了肉,然后肚子干瘪,脸和胳膊也都瘦下来……

王老师平时爱喝绿茶不爱喝红茶,且要喝浓茶。他家里随时都有很多茶叶,有别人送的,也有自己买的。我见他买师妹家自种的茶叶,成箱地买,既自己喝,也送朋友。他也喝咖啡和各种饮料,他在外面口渴了,常让我给买瓶咖啡,吃个冰激凌也喜欢,但从不喝矿泉水,没有味道的清水他不感兴趣。他喜欢去茶馆和咖啡馆,当然主要是花点钱找个地方聊天,可以谈学术也可以谈生活,甚至还点评服务员,他说人家很可爱,可能人家觉得这"老头儿"挺可爱。

王老师真正离不了的可能还是烟。抽了几十年了,夹烟的手指都熏黄了。老师抽烟跟吃喝一样讲究品质,低于 20 元一包的烟是不抽的。他有"扫描枪",能准确知道每条烟的价格。有一次我代师兄买了一条 800 元的烟,拆开一看他说是假烟。我说是在烟酒专卖店买的,应该不会是假的。他说内包装不对,后来我对比了一下果然不对,但他当时还是点上抽了。病房里是不许抽烟的,医生朋友帮忙让他单独住了一间,他常让我把门反锁一下以防护士撞见,他要偷着抽两支。老师烟瘾虽然一直很大,但平时上课时是忍住不抽的,必须要讲完课待到课间才抽。后来治病养护的需要,他的手被固定到了病床上,从此才彻底失去了抽烟的自由。老师抽烟比较特别,一根烟只抽一半。我问为啥?他说越贵的烟过滤嘴越长,这样烟气过滤多一点,抽烟危害小一点。然后我就在朋友圈批评他浪费,500 元的烟能抽出 1 000 元的价格。别人给他看了,他点上烟看着我只是笑,但依旧只抽半根就扔。

王老师年轻时是爱运动的,据说乒乓球打得很好,我只见过照片。他也爱看足球,尤其对上海的足球队了如指掌,什么申花、上港,哪个球员踢什么位置,见我不感兴趣就不再跟我细说了。王老师订了很多报纸,每天必看,一般是先翻看体育栏目。他平时也爱听戏曲,经常提起苏州的昆曲和评弹,还专门给我介绍过几个名角,谈人家的人生经历,做欣赏点评,还回忆很早前他曾经花了几角钱去上海哪个老的大剧院听过戏。晚年因为身体原因,学术之外只能保留一些看和听的兴趣了。

王老师的卧室里除了写文章的电脑,最常用的电器就是电视机和收音机,反正总有一个是开着的,他就躺在床上或看或听。平时通电话时,常常能听到有电视或收音机的杂音。一方面他在看或听自己感兴趣的东西,另一方面可能也是因为孤独,想听到别人说话的声音。所以他又常常给人打电话,当然他收到的电话也多,我陪着他时,常碰到他打接电话。老师说自己是电话公司的 VIP 用户,遇到问题会有工作人员专门为他服务。老师打电话也有一个特点,学生如果有事找他,他会把电话挂掉然后给你打回来,他来付电话费。哪怕我们工作挣钱了,他依然如此。老师打电话不是翻看手机通讯录,而是直接拨号,所有人的电话号码他都记在脑子里了。老师的记忆力是惊人的,仿佛所有发生的事都能回忆起来,某年某月在哪里跟谁做什么,坐在哪个方位,说了什么,吃了什么,简直记得所有的细节。

王老师是和善幽默慷慨之人。印象中他总是笑呵呵的,讲话温和,不对人发脾气。论文答辩时轮到他给学生提意见都是先说优点,然后再委婉地指出缺点,给人感觉如沐春风,所以大家都说王老师可好可亲切了。大家普遍都有点“怕”自己的导师,但我们没有人“怕”王老师。老师哪怕对待路边的小摊小贩都极其礼貌,所以有些他经常光顾生意的摊贩与老师也成了朋友。老师发信息无论对象是谁都用尊称“您”,对我们学生亦是如此,久了我们也就习以为常了。熟悉的人都知道王老师是很有幽默感的,近似冷幽默。比如他爱吃肥肉,经典辩解是“高脂肪,高智商”;有一次师姐赞扬他的第一本著作写得真好,他说:我知道我是越写越差;我指着路边一个门口问为什么这里要铺钢板,他抬头看了一眼单位名称:因为这是地震局啊……所以我们跟老师相处从不“小心翼翼”,开玩笑是常有的事。老师的慷慨则是日常的,是让人不会察觉的。比如跟他一起吃喝都是他请客,大家习以为常,哪怕谢师宴按惯例毕业生请客但酒水钱却是他出。有的人经常吃他的饭但难得请他一次,他说自己不在乎。有一次我的大学好友到了上海,老师特意出面请客,他们很聊得来,老师去世,好友都颇感难过。学生坐车来看他,他要给报销路费、住宿费,甚至给他买礼物他都要给钱,而且必须要你收下。毕业后我常常去看他,每次带些烟茶和特色小吃,他总要给我钱,我说学生来看望老师带点东西不是应该的嘛,他说人来我就高兴,你知道我的脾气,否则我要生气了,最后我只好象征性地收100块钱路费。后来,他专门托人给我买了一台空调。学生婚嫁生子老师会随份子祝贺,让人代买东西都是多给钱,有人需要用钱只要开口他也会借。他一贯出手大方,不拘小节,所以朋友特别多,大家也都是真心待他好。

王老师平时都是把最好的状态展现给我们,他的疲惫和难受是我们体会不到的。他一直在吃很多药,比如降压药后来需要随身携带,血压有时会升到200毫米汞柱多。晚年,他是医院的常客,我曾陪着他去过不少医院,开始只是看病检查拿药,后来短期住院疗养,到最后完全住进病房。有时候老师好像突然变了一个人,不再是那个极温和谦让的老人,一不顺心就会发脾气。人在屋檐下,护士态度不好他敢直接跟人家吵架;用人之际,他又把曾经的护工朋友吵回了家……后来我才明白,是病情的加重让他的性情发生了变化。比如他刚凶了我,待到平静后讲话又极柔和,仿佛带着道歉的口气。人被病痛折磨,是会失控的,想必他在最后岁月里“冒犯”的人都能体谅他。人常常会因为别人最近一点点的“不好”而忘记他曾经所有的“好”,但如今所有的亲朋友生都感念王老师曾经的“好”,足以说明王老师曾经是多么好的一个人。

虽然王老师身体不太好,但坚持打车到新校区来给我们上课,从来没要求我们赶到他家附近的老校区去上课。他只可能麻烦自己而不会让别人麻烦。老师每次上课都要重新备课,上完课回家会格外疲惫,他说自己上课前一晚都会紧张睡不着。我是当了老师以后才理解他的话,那是担心自己讲课发挥不好。老师上课尊重学生的意见也循循善诱，偶尔出现固执的争论他也一如既往地温和包容。日常交流中，我曾说过一些如今看来十分幼稚浅薄的话，但当时老师只是一笑置之，他知道将来我们会自己反省的。对于论文，他首先会尊重我们自己的想法，如果我们陷入了困境，他就给我们建议，帮我们理思路。我当年觉得如果毕业论文继续做项目中的内容可能发展空间不大，虽然老师并不太赞同我的看法，但很尊重我的选择，让我放手去做。他提意见有大有小，从文章结构到字词标点，都中肯实在，切中要害。毕业后，我还就专业上的问题咨询过老师的意见，他有宏观的视野和广博的知识，给出的建议让人醍醐灌顶，茅塞顿开。如今我还有许多问题（不仅是专业上的）想要请教，但再也没有机会聆听老师的教诲了。

老师一向乐观，总是觉得治疗一下就能出院回家，但没想到很快就以病房为家了。我每次去，他都让我用轮椅推着他出去走走，透透气，抽抽烟，买点小吃，或者只是看看外面的车水马龙。有一次，他一直指挥我推着走，不知不觉间从中医院就回到了家。后来，他又让我把他推回去多次，他一直想念自己的家。

老师临终前的最后岁月我没有见到，因为我曾经长时间没再去过上海。2019 年夏天，我急匆匆去看了老师一趟。我给他擦了擦身体，告诉他最近工作很紧张，我要当天赶回去（之前都是要住几天陪他的，哪怕周末去都是留宿一两天）。结果，谁也不知道老师刚染了皮肤病，而我也被传染了。到了年底，新冠疫情爆发但尚未公布，我最后一次去医院看望老师。那时他病情加重已经难以讲话了，看他的手势我知道他正遭受皮肤病的折磨，我掀开他的衣服，给他擦了药。再之后我回老家，疫情封闭，母亲又出了意外，我在家半年才返回湖州，然后继续治疗皮肤病，一直到治过了头。那是我饱受折磨不堪回首的一年。接下来的一年，疫情反复，各地严管，我基本没离开过湖州。我多次梦到老师埋怨我以前一两个月就来看他一次，怎么现在这么久了都没有来。我自己早已深感内疚，已准备好在他生日前一定去看他，不料再见却是在葬礼上……

老师的生日是9月16号,老师生前每年生日前后的周末都是我们师门给老师庆生的日子。许多外地的师兄师姐也都会抽空赶来上海,还有一些师友虽未正式进入师门,却一直自认是王老师的学生,每年也都来参加我们这场庆生(老师的亲朋们还有另外一场庆生会)。我们为老师唱生日歌,请老师许愿、吹蜡烛、切分蛋糕,大家一起举杯祝福老师健康长寿……那是多么欢乐的时光啊!

王老师是"文化大革命"后的第一批大学生,他说自己当年是以最高分考进华师大的,他的室友、同学后来也多是各领域的名人。听他晚年偶尔谈起过往,能感觉到他对自己的才学是充满自信的。正如他喜欢浓烈有味的吃喝,他的人生也曾是热烈绽放的。他知道自己没有白来世间一趟,他的内心是骄傲的。倘若不是身体过早出了问题,老师晚年必能续写更精彩的人生,做出更大的成就!

每个弟子都有关于王老师与自己的记忆,我的回忆仅是老师晚年生活的一小片浪花,而且有太多的记忆没有相应的触动一时想不起了。王老师虽然走了,但依然活在我们大家的心中。老师一生真诚待人,热情工作,诲人不倦,培养了一大批对社会有用的人才。众多弟子定会传承老师的精神和学问,为社会做出自己的贡献,以告慰老师的在天之灵。愿恩师安息!

作者简介

高新凯,2011年至2015年华东师范大学中国文字研究与应用中心汉语言文字学专业博士生,师从王元鹿教授。现为湖州师范学院国际学院讲师。

怀念我的导师王元鹿先生

张春凤

我与王老师的故事需要追溯到我的大学时代。在 2006 年的某个冬日，湖州师范学院的俞允海教授，也就是我的古代汉语老师，邀请王老师去湖师做讲座。犹记得当时那个夜晚，在文学院的阶梯教室挤满了学生和老师，等待王老师的到来。王老师缓步而入，当时就发现老师行走略有不便。讲座的内容至今依稀记得，题为“汉字的发生学”，其中讲到东巴文的部分最为精妙，老师中途拿出了一副东巴文对联，我惊呆了，世界上竟然还有那么生动有趣的文字！后来我从俞老师那里得知，王老师是华东师范大学研究东巴文的专家，全国研究东巴文的学者不多，王老师是少数几位专家之一。后来考入王门之后，与王老师再见面，说起这场讲座，王老师说，当时听讲座的人将近两百，我可能是唯一的受益者。王老师把东巴文从海上繁华都市传递到偏远的江南小城，把东巴文的种子种在了我心里。因为这场讲座，我遇见了幽默博学的王老师，遇见了可爱的东巴文。

2008 年我已经大三，面临毕业选择。在当时那个年代，大学毕业生虽已不是香饽饽，但是毕业后找到中小学的教职，是顺理成章的事。但我总觉得人生还有很多遗憾，不想选择从此在小城过上安逸的生活，不愿从此了断自己的梦想。所以，我毫不犹豫地决定考研，考华师大，考王老师的研究生。

那一年的暑假，王老师股骨头动了手术，俞老师带我和苏老师驱车前往上海看望王老师。那一次相遇是在复旦大学，王老师那会儿还只能坐轮椅，尚未完全康复，并不是我们后来常见的拄着拐杖的形象。在复旦大学的教授餐厅，王老师点了红烧蹄髈、划水等诸多菜肴。后来我才知道老师的最爱是红烧蹄髈，还写了“圆月清光，肥肉芳香”的诗句。他笑着跟我说，考我的研究生，必须要智力、体力、能力都要好，那天知道了王老师的一句名言：高脂肪，高智商！在复旦大学的后街，王老师带着我们一起领略了五角场书店淘书的乐趣。当徜徉在书的海洋的时候，彼时的我已然忘情，全部倾注到选书的快乐之中。等我选完的时候，王老师特意选了一本诗词格律的书给我。原因是我在那年端午的时候，给王老师发了一首填写的词《渔家傲》，上面有部分韵脚并不合乎平仄。王老师希望我回浙江以后，好好复习，争取考上。另外填词一定要合乎格律，切不可因为文意和辞藻就忘了平仄。光影斑驳的法桐路，繁华的书店，给我留下了魔都书香文艺的印记。

只是很可惜，尽管我豪情万丈，每天拼命复习，最后还是以四分之差，与华师大失之交臂。在王老师的建议下，我去了西南大学文献所继续学习东巴文。在我负笈西南之后，王老师担心我不能适应那里的生活，经常有短信问候，还问是否能吃到红烧肉。我在西南大学开启了另一段精彩的读书生涯，成了王老师的学生邓章应老师的学生。

2012 年，我申请报考了王老师的博士，如愿进入了姑苏王门。入门之后，王老师的身体相比几年前更为虚弱。来到魔都以后，科研之余，每到期末和王老师生日都是我们师门团聚的日子。在衡山路，在徐家汇公园，在鸿瑞兴，在宁波人家，在盘湾方舟，在第一教学楼的教师休息室，太多的地方充满了回忆。老师不仅教会了我们科研，还会带我们去喝下午茶，不断提高品鉴能力。2016 年毕业，我没有在上海找到如意的工作，就继续留在王老师身边做博士后，2019 年 3 月我出站留校。在博士和博士后期间，从一个国家社科一般项目结项，到另一个国家社科重点项目申请与结项，再到 2017 年的上海市“冷门绝学”项目，王老师给了我科研上完整的训练，我也从做事草率转换成了稳重成熟的风格。

可以说，与王老师的相遇，彻底改写了我的人生轨迹。我从一个十八线小城到了繁华都市，从一个“双非”学校来到了“双一流”高校，在这里我遇见了我人生的另一半，在这里找到自己的职业。王老师把东巴文的火种传递到了我手里，成了我乐趣和信仰之源，并一辈子为之欣喜，将此作为事业和使命为之努力。尽管时常与老师的学术观点相左，但是不知不觉，自己在老师的影响下不断地进步和成长。

2018 年开始，王老师由于身体原因必须住院，此后再也没有回家。我正好见证了老师最后的时光。2021 年暑假王老师突然离世，对我打击很大，引发了处在中年的我对人生、事业、生活的重新思考。

有一天，我的助管来到我的办公室，和我聊起了这学期的助管工作和下学期我要上课的内容；某天上班走在枣阳路的时候，我也想着期末请学生过来聚聚聊聊……自己一系列的操作让我想到了王老师当年对待我们的种种。也在那时，我有了更多领悟，尽管王老师已经离我们远去，但是精神犹存。我也会像他一样，成为一名好老师，成为他人的引路人。

2022 年 1 月 21 日写于樱桃河畔

作者简介

张春凤，2012 年至 2016 年华东师范大学中国文字研究与应用中心汉语言文字学专业博士生，师从王元鹿教授。2016 年至 2019 年华东师范大学中国语言文学博士后流动站研究人员，合作导师为王元鹿教授。现为华东师范大学中国文字研究与应用中心专任助理研究员、*Journal of Chinese Writing Systems* 编辑。

深切怀念恩师王元鹿教授

金　瑞

终于，最难以接受的时刻，最不想面对的时刻还是来了。儒雅的、仁爱的、睿智的、幽默的王老师还是永远地离开了我们。

2021 年暑假，8 月 10 日上午，我像往常一样起床打开手机，随意浏览微信，查看朋友消息，突然看到王门群里发了王老师妹妹的一条朋友圈："家兄王元鹿教授于 2021 年 8 月 10 日 6:40 在普陀老年医院去世。享年七十五岁。妹王茵泣告。"顿时感觉脑子嗡的一声，心里空了一下，接着迅速冒一阵汗，一种不知所措的感觉涌了上来。我瞬间清醒了，第一个想到的是徐时仪老师，于是马上给徐老师发了消息"王老师走了"。徐老师先是问了两句，还没等我打字回复，就马上打电话过来了，声音急切又抑不住地悲伤。直到挂了电话，我都不敢相信这个事实。师兄师姐们纷纷在群里哀悼，感慨，殡仪馆、追悼会、讣告、千古……这一系列词汇不停地出现在消息中，所有的一切都在告诉我，是的，王老师走了，永远地离开了我们。

其实，王老师已经辗转医院治疗将近四年了，并且后两年几乎终日卧床，日渐消瘦。说我们心里没想过这个结果是假的，但是我曾真的一度愿意相信即使是卧床，王老师也永远不会离开我们。

自从我 2013 年 9 月份入学，成为王老师的硕士生开始，我就了解到王老师腿脚不太好，行动不太方便。师兄师姐们都很注意照顾老师，我也在师姐的嘱咐下学会了每周王老师上课时间在教学楼班车停靠点等王老师下车，给他带餐厅的肉包子，搀扶着老师走到教室里。虽然王老师腿脚不好,但他从未因此迟到或耽误课程,反倒是一定会早早地到学校到教室,吃两个肉包和煮鸡蛋,再抽一根烟,学生就陆续到教室了。等中午下课了,王老师还会跟我们一起到学生餐厅吃饭,并且还让我们一定刷他的卡。我们都感觉很不好意思,老师还会反过来对我们说抱歉,说要不是腿脚不好就请我们到外面吃。在王老师那里,吃是一门学问,是一种文化。老师知道每一种小吃的历史背景,每一个老字号店铺的故事,蝴蝶酥在哪一家最正宗。当然,老师最爱吃红烧肉了。师门的QQ群签名“圆月清光,肥肉芳香,欢迎先生加入群”简直是雅中有俗,俗中见雅,深得精髓。可是于我,却无法享受红烧肉,因为我是回族。也因为这个缘故,王老师每次吃饭的时候还要对我额外关照,每次都要“给小金点个牛肉和鱼”。想到这里,心里一面充满回忆的喜悦,一面又不禁想到如此钟爱美食的王老师、体格高大的王老师最后却瘦得不像样子,身体几乎没有一点肌肉了,皮肤包裹着骨头,盖上被子像一个纸片人。人的生命就这样一点一点损耗干,老师最后真的受苦了。一想到此就不禁泫然。

王老师住院的时候我已经是徐时仪老师的博士生了。我住在上师大,老师刚住院那一年,经常打电话,有时候给我发一些论文或资料让我学习参考或校对,有时候像是朋友聊天一样跟我讲曾经的一些故事和经历,有时候就像是师长一样告诉我做学问和做事的方法和要点,有的时候还会聊一些老师的烦恼和郁闷,经常一个电话四十分钟到一小时。我知道,老师住在医院里不自由也着急,那个时候我三天两头就往医院跑,老师说我没工作,不让我买礼品,说他不需要,我就偶尔买一些小吃带去,或者到那里问老师想吃什么去给他买来。老师还叫我给他买来康复训练书籍,说每天要照着活动活动。那个时候我们都觉得老师在医院调理一下,再逐渐做一些复健的训练,一定会重新出院的。谁曾想,这一住院就再也没有出院。这期间前两年,我们还依然每年给老师过生日,也把老师从医院接出来,虽然老师吃不多,但看得出是开心的。后来老师体力明显下降,食量减少,身体的问题也逐渐多了起来。徐老师也经常跟我一起去看王老师,王老师也由能跟我们交谈,逐渐变成了听不清的咕哝声,再到后来就变成了用笔在纸上写颤抖的字词与我们交流。再到后来,新冠疫情爆发了,医院禁止探望,大家去医院不再自由了,师门的每个人都只能通过每次师姐或师兄转发的王老师妹妹的消息来获取王老师的最新健康状况。可是几乎每次都是“稳定”或“有好转”之类的。现在想来,王老师和他妹妹都不想让我们这么多人跟着一起担心吧,都自己默默承担了。

王老师于我来说是特别的。2013 年我考入华东师范大学的时候,我父亲在经历了一整年的病痛折磨后去世了。就在我拿到通知书返回家乡的第二天,我甚至没有来得及当面告诉父亲这个喜讯,他就离开我了。入学后,王老师知道了这个事情就一直宽慰我,并且时常关心我。一日为师,终身为父,而如今,我又再一次失去父亲了,失去了如慈父般关爱我们的师长。虽说生离死别是人生常态,但我依然感受到了生命的残酷、无奈和悲凉。

玉壶存冰心,朱笔写师魂。谆谆如父语,殷殷似友亲。

谨以此文缅怀恩师。

壬寅春于上海

作者简介

金瑞,2013 年至 2016 年华东师范大学中国文字研究与应用中心汉语言文字学专业硕士生,师从王元鹿教授。现为上海平和学校 IB 文学老师。

纳西夏色美,师风传吾辈

王敬婷

获悉导师去世的噩耗,我心情沉重。回想承蒙王老师教导的三年,往事历历在目。我对比较文字学的认知,对中国少数民族古文字与汉古文字的深入了解均源于这珍贵而短暂的三年。

依然清晰地记得与王老师初见,是在 2014 年的 9 月 10 日。印象深刻的是那一天是教师节,是师门为庆贺王老师生日而聚会的日子,也是临近开学的日子。在此之前,王老师知道我到这边学习后,便立刻打电话联系我,关心地问我在这里是否还习惯,选择这个专业后可能的发展方向等。虽然当时还没有见到王老师,但我依然觉得他非常亲切、和蔼。由陌生到一点一点融入这个王门集体,总能从各位师兄、师姐的口中、回忆中,感受到王老师之前的峥嵘岁月。王老师很爱弟子们,即便行动不太方便,也经常喊大家一起去书店、去寻找上海美食,每次交流,总能收获很多。王老师喜爱古诗词,也经常写诗。有时去拜访,他总是兴致勃勃地拿出自己手机里保在的诗词,让我们看,期待我们的评价。他经常叮嘱我,如果遇见什么灵感,一定要及时留住,这可能是你的创新来源。如今回想,王老师真的是位无私奉献的老师,愿意为了学生买书倾囊相助,会将好书无偿分享,会嘘寒问暖,让你感受到家庭的温暖。

王老师曾对我说,他当时学习条件没有我们现在那么好,学习的机会还是自己争取的。自己在工厂工作的时候,自学俄语,并自学高中课本考入大学。在大学期间,对中国少数民族文字有了兴趣，开始了比较文字学的探索道路。但是当时比较文字学研究者尚少，且理论成果也比较匮乏。王老师结合国外的研究经验，以全新的视角对汉古文字和少数民族文字进行比较，发现了一些具有开创价值的规律，对比较文字学的发展做出了极具价值的研究，奠定了普通文字学的基础。在我的论文写作陷入困难之际，王老师以自身经验勉励我，说到他当时去田野考察时，做记录都是一张一张卡片，边听边记。当时条件有限，自己在云南、贵州等地实地探访时，生怕自己遗漏任何笔记。而如今，数据库和古文字的连接，信息化的普及，使得研究更加便捷、迅速。当时，听完后，再次打开电脑，我看到的不仅仅是数据库中展现的各种文字的字形，更是老师当时一步一个脚印、一笔一画的辛劳，是老一辈研究者的坚持与努力。从王老师身上，我看到了学者的儒雅、大家的思维、科研的执着。王老师身体状况已经陡转直下之时，依然挂念项目。没料想到，老师的情况会那么迅速地恶化。最后一次探望王老师时，我和袁师姐一起，进到病房，看到消瘦的王老师，不禁悲从中来。王老师极力想要发声，但苦于身体情况，只能轻微发出几个字音，想到老师的无奈和煎熬，不禁泪眼婆娑。我想，老师也是幸福的吧，他爱的文字有学生在继续探索，他铺垫的研究之路有人在继承衣钵，他的言行弟子们还时刻铭记。

追思难抑，谨以此文怀念我的恩师，恩师千古！

壬寅年二月初二

作者简介

王敬婷，2014 年至 2017 年华东师范大学中国文字研究与应用中心汉语言文字学专业硕士生，师从王元鹿教授。现为上海市浦东中学教师。

体育的真谛

——兼论女排精神

朱晓农

我与元鹿君相识甚早，大约是在20世纪70年代末。此后数年，我们常有机会“私聊”，我还拜访过他那小小而又充实的书房，直到我去了沪外域外。我们都是“老三届”，赶上趟读书，都如饥似渴，聊的不仅有语言学，还有文化，有一般性社会文化议题，也有具体的民间文化和民族文化。元鹿兄是纳西东巴文大专家，所以我有很多东西向他请益。那时女排精神正风靡体坛内外，我们也时不时地聊到体育。元鹿兄体质羸弱，要是重视体育锻炼也许不会走得那么早。现奉上一篇体育的文化含义的小文与元鹿兄神交分享。

1 什么是体育？

1.1 “体育”的含义

体育是教育的一部分，德智体美，都属于教育，这似乎没有异议。但实际认识往往会有偏差，咱们来看易中天和杨东平这两位教育家的讨论：

几年前，在北京《经济观察报》的一个论坛上，当时有一位演讲嘉宾是教育家杨东平，我[易中天]说请问杨先生，中国教育和中国足球哪个更有希望？他想了半天说，教育吧。我说为什么？他说足球没有希望也就算了，教育不能没有希望。

他们在比较足球和教育，好像两者是对立的。足球是体育的一部分，因此在他们眼里体育和教育是不是也是对立的呢？（逻辑上当然不一定，但我问的是他们的看法。）易中天和杨东平都是著名的教育家，我想他们不至于不知道教育包括德智体美，那么问题出在哪儿呢？问题在于在这个问题上缺了“分析”，概念的分解。“体育”至少可以有以下两个意思：

1）一是体育运动，对应的英语是 sports（运动），physical culture（体育运动）。这个意义上的体育，相当于美术。

2）另一个意思是，通过体育运动进行的教育 physical education。相当于美育。

易中天和杨东平讨论的中国足球，是体育运动，不是体育教育；而他们所要比较的“教育”，我想大概不是包括体育教育的教育，而是教育的一部分——智育。按说应该把体育教育和智育相比较才概念相当，而他们把体育运动和智育比较，是概念错位。可见把“体育”（其实还有“教育”）这个概念进行分解很重要，因为大部分人，包括顶级专家都会混淆。所以有必要分别用两个词来表达，但是，把哪个意思的词改掉好，用什么词好，颇难抉择，那是因为“体育”的两个意思都被广泛运用并接受了。

	第1种意思“体育运动”	第2种意思“体育教育”
第一对术语	体育	体教
第二对术语	体运	体育
第三对术语	体育/体育运动/运动	体育/体育教育/体教

第一对术语是保留体育的第一种意思，而把第二种意思改称“体教”，好处是意义很明确，缺点是“体教”难以和“智育/德育”等并列。第二对术语是保留体育的第二种意思，而把第一种意思改称“体运”，缺点是这个词有点陌生。所以，还是第三种处理，无歧义时保

留两个体育,有必要时则不惮其烦,把前一个意思的“体育”改成“体育运动”或“运动”,后一个“体育”改成“体育教育”。

1.2 通常的认识

体育运动可分为专业(或竞技)体育和大众体育。我们对大众体育的认识一直停留在健身上,即所谓“增强人民体质”。竞技体育试探人类体能极限,很多运动员退役后伤病满身,对他们尤其是中国的运动员来说,运动不是为了强身,而是为国争光。

> 据说从前李鸿章在广东有一个笑话。他看见外国人比球,好像是网球,打的人气喘呼呼,看的人眉飞色舞,他回头问他的随员说:“外国人在这里卖艺么?要不是卖艺,为什么这样的卖气力?”这笑话有无事实根据,我不得而知,但十足表示一般中国人对于西式运动的很有意义的一部分的反应,就是,气力不是要寻常练习与使用的,而是要卖的,即体育本身不是目的,连锻炼身体,活动筋骨,表白自我,也不成其为目的,而是别有目的,如同社会的风头主义或经济的糊口主义之类。这当然是可笑,但我相信,即在数十年后的今日,作李鸿章看法的人还不在少数。【案即在百十年后的今日,依然不在少数】

上述四点意义的后三点都与体育教育无直接关系,只有第一点锻炼身体算是体教的一部分,不过,体育教育还有下一小节要谈的其他多项功能。体育和智育美育一样,是实行德育的具体课程。也就是说,体育教育的最主要功能是通过体育运动来进行(不是辅助)德育。

2 九大功能:超越传统认知

2.1 转变思路

体育从起源来看,是在模拟战争。古希腊奥林匹克如此,尧发明围棋、田忌赛马，也都是战争的余兴节目。不过，体育比战争更为尊重规则。所谓“更为尊重规则”，意思是有些国家之间的战争还是有规则可言，宣战、战争手段、战败、投降等都有一定之规，有约定的程序。当然，对于世界上绝大部分国家或民族之间的战争，谈不上什么规则，唯一的法则就是丛林法则，胜者王侯败者寇，甚至斩尽杀绝种族灭绝。这不奇怪，人类脱离动物只有几万年而已，生物学上的遗传因素还来不及改变。同样不奇怪的是，唯一出现战争规则的地方，也就是逻辑通行和理性出没之处，科学革命爆发和科学持续创新之处，还是民主和法治实行之处，是商业有规则之处。

我对体育认识的改变是到了澳大利亚之后。小儿冰冰小学毕业后，我决定把他接到澳大利亚去。早不接晚不接是因为当时流行一个理论，学外语有个 12 岁的年龄门槛，太早去会把母语忘掉，太晚去会在第二语言中留下口音。12 岁前后去，母语不会忘，而二语能学得和母语一样(这个理论据说现在遭到了挑战)。那时我在澳洲大学工作，把他接去后读了半年季差过渡期的小学，然后进入公立中学。一年后嫌公立学校太缺管束，于是换到一个教会学校。然后学他同学那样，给他报了个足球俱乐部，每周二、四训练，周末全市几十个学生俱乐部比赛，我们也都去呐喊助威。

2.2　可理解的功能

那么，冰冰在足球俱乐部学到了些什么呢？可以总结为以下 9 点。其中第 1、2 点对我们来说没什么问题，第 3 点表面上能理解，但实际上要结合第 4 点。而第 4 点及往后几点简直是死穴，可能比民主、科学还隔阂。

1) 锻炼身体

冰冰小学毕业去澳洲时 130 多斤，胖得大大超标，跑起来肥嘟嘟一颤一颤。踢足球没几个月，生龙活虎，大腿肌肉铁样硬。

2) 培养坚忍不拔的吃苦精神

这一点中国人能理解：吃得苦中苦，方为人上人。不过，这一点对于群众体育来说不适用，很少有人真的那么去吃苦(学生喜欢玩另说)。甚至对于中国的专业运动员来说,自觉吃苦、自觉控制饮食、合理安排时间、合理安排社交,几乎不可能。这两天看到报道说江苏足球运动员训练之余,喝啤酒可乐吃火锅,记得米卢执掌国家队时,规定周末放假队员不准在外吃猪肉,不得喝酒,更不要说碳酸饮料了。

3) 培养竞争意识

体育是要争胜负的,由此可以谈三方面的问题。第一,争胜负不但是体力活,也考验脑力,所以我们才钦佩"神奇教练"米卢。第二,那种不争胜负的"友谊第一,比赛第二",是亵渎体育精神。第三,中国人不是没有胜负意识,很多人的胜负意识还很强,但问题是,得跟下面第4点联系起来,你得光明正大地赢。有一种赢,是田忌赛马那种偷鸡摸狗不择手段地赢,还美其名曰"四两拨千斤"。其实,这样的赢并不光明正大不管是单打独斗,还是集团军对决,四两总是规避的四两,而千斤永远是压顶的千斤。这是一个痛苦的认识转变,小学二年级就深入我心的诸葛孔明空城计,其实根本上不了战争场面。冷兵器时代是铁甲骑兵,二战是坦克重炮,四两减灶计只能在撤退时用,还要在侦察卫星未发明的年代。

2.3 理性功能

4) 学会"费厄泼赖"(fair play)

a. 尊重游戏规则,赢得起也输得起。

b. 尊重他人,包括对手、裁判、观众。这是一个很难学会的东西,裁判若被认为不公,观众会对他围追堵截。

5) 明白过程比结果重要——既然99%以上的参赛者是要失败的,所以对于所有人来说(这次的冠军下次可能就是失败者),过程就一定比结果重要。要学会享受过程,并在过程中学会"勇"和"毅",这一点下一小节"女排精神"中有详论。明白过程比结果重要,这是学会逻辑思维、获得理性精神的决定性一步,因为逻辑只保证过程的正确,而不关心结果的正确性,后者是实证理性所关心的。

2.4 毅勇诚和

6) 学会面对失败。这一点可能是体育的专利,而与德智美育无关。就像足球世界杯,预赛有一百多个队参加,之后99%的国家都失败了,最后只有一个队冲顶获胜。姚明有一次回答崔永元提问时说:不是所有东西都是从书本上学到的,有的要靠体验,我们可以很轻易地在纸上写下"胜不骄败不馁",但真正要做到非得亲身体验不可,体育就是帮助你面对挫折和失败。

为什么学会面对失败对人生重要?最一般的原因就是,人生最终可以归结为三个词:出生、受苦、去世。对于大部分人来说,人生就是受苦受难,在失败的漩涡中挣扎。成功人士无非是克服重重困难,把失败变为成功之母。而人生失意者就是经不起失败最初的考验,结果成为习惯性失败者。小儿冰冰的足球俱乐部每周参加比赛,输多赢少,最终几十个俱乐部只有一个冠军。输球了,冰冰和小伙伴们抱一块,哭着喊着互相安慰互相激励,鼓起勇气激起斗志以迎接下一场考验。其实,我们民间育儿经验也是如此,所谓"(富养女儿)穷养儿",男孩子要让他吃苦,就是让他学会面对失败。体育就是这么一门穷养男孩儿的课程。

7) 团结和团队精神

a. 培养团队精神和集体意识。团队精神与我们强调的组织性纪律性相近但不完全一样。

b. 增强学校和校友及社会间的凝聚力。这也是我们注意不到的事情。

8) 培养领导能力

在发达国家,体育可能比智育更重要,至少不次于智育,其原因除了上面讲的这些主要由体育培训的品质,还有一点是,在培育这些品质的过程中,会出现领袖潜质的选手,一般他们会充当队长。这也是为什么在他们国家很多公司的招聘中,学校足球队、橄榄球队的队长特别受欢迎的原因。

2.5　体育融入生活

9) 体育运动是一种生活方式

如果说第4到第8点尽管少见但还能理解,这最后一点真是闻所未闻，体育不就是玩玩吗？最多练练身体。家长们都不舍得拿那时间让孩子去玩体育运动，有那时间得花在背课本上。还能当真了？当成生活了？有个美国人拜尔，来中国当足球顾问，他说：

> 很多中国人从事体育运动的目的，是为了最终成为职业运动员，我们必须改变他们的这种看法。实际上，从事体育运动，是一种重要的生活方式。比如说，在西蒙斯的俱乐部中，教练员全部用英语指导孩子们训练，这样的氛围无疑有利于孩子们学习英文。此外，踢足球的中国小孩儿更加理解配合、协作、团结、忠诚的内涵，这也是体育运动带给他们的收获。

拜尔所在的足球俱乐部里有个觉悟了的中国父亲，王先生，他那9岁的儿子已经在西蒙斯的俱乐部踢了3年球了。在接受CNN记者采访时他说：

> 中国实施计划生育政策，因此我必须要让儿子学会如何与其他小朋友相处，懂得什么是团队精神，而足球运动则是他学到这些的最佳途径。这几年踢球的经历让我的儿子变得更加自信，目前他的学习成绩稳定在班里前三名。

前面他说得有模有样，我还真以为他学得了拜尔说的生活方式。但到最后话锋一转，仍旧落实到学习成绩前三名上。

是的，体育要融入生活，体育精神要融入身体，体育和体育精神要成为生命的一部分。

2.6 小结

体育教育就是要为增强上述九大功能而开展。而在训练增强所有这些功能的同时，也就是在进行德育。我说的是全部九项，包括第一项强健身体，因为强健的体魄是教育的两大终极目标之一，生理健康(和心理健康)，同时又是贯彻五德中勇和毅的有力保障。

我说的德育是全部五德，理毅勇诚和，都可以而且必须在体育中得到培育。

3　什么是女排精神？

3.1　理性精神：再谈过程重于结果

2016年里约奥运会上女排夺冠后，网上除了欢庆，还有谈意义谈启发谈体会的，谈得最多的意义是："赢球才是硬道理！"结果，我们所能想到的就是结果的输赢。

错了！女排精神的主要缔造者郎平，她心中可不是这个意思。

重结果的人往往会说：大势已去，别不识好歹了，别枉费心机了，别徒劳无功了，识时务者为俊杰。

郎平说："女排精神不是赢得冠军！"

那么，什么是女排精神呢？郎平说：

> 是有时候明知不会赢，也要竭尽全力，是一路哪怕艰难险阻，也不忘在绝境中挥拳和怒吼。

是的，重要的是过程！

在这过程中你的喜怒哀乐，你所得到的熏陶，你所学得的课堂上无法学到的东西，都具有无可替代的价值。如上一节中提到的体育的功能，包括极为重要但却被完全忽略的，那就是学会如何面对失败。体育是一项心理上很残酷的运动，所有参与者，比如说几百个人吧，最终只有一个冠军，其他人都是失败者。甚至有的项目全是失败者，比如跳高，哪怕冠军也是败在最后一跳的落杆上。

所以，在体育运动中面对失败，第一点是如何调整情绪。中国人在这一点上还行，大哭一场，或者阿Q式自我安慰一番：我尽力了，我不后悔了。从此退出了。这不是正确的体育态度，不是把体育当成一种生活方式的态度。甚至专业体育界人士也有很多不把体育融入生活的。围棋是一项时间跨度较大的对抗项目，日韩棋手到五六十岁，甚至年过七十如剃刀坂田、棋圣藤泽还驰骋棋盘。但中国棋手三十岁就从第一线引退了，有的甚至拿着工资以炒股炒房为第一职业。

调整了情绪是为了第二点：重整旗鼓。

人生对于大部分人来说，是个漫长的忍受大大小小失败的过程。体育帮我们改变"忍受"的受虐态，以积极的进取姿态重新出发。这也是为什么西方学校的球队队长在职场上特别受欢迎，而他们自己也最容易成功，因为他们懂得如何面对失败，不但自己懂得，还知道如何带领团队走出失败的阴影，寻找成功之路，带领队员重新出发——向上，向上，向上，永不言败！这不应该只是一句宣传部门的口号，而是一种鼓励重新进击的精神，是一种能化为实际行动的体育准则，一种"打不死"的小强式生活态度。

3.2　郎平的女排精神就是传统士德

回到郎平在里约奥运会的获胜，网上还有评论说："郎平具有中国人传统的美德。"这话需要解释。郎平的事业是"更快更高更强"的现代体育，跟传统的"温良恭俭让"美德有什么关系呢？

按我的理解，郎平心目中的女排精神，的确代表着某些传统美德。这跟领导解读、跟大众理解可能不一样，但却是远去的传统精神的体现，是快要遗忘的传统士大夫的操守、气节、风骨、情怀，是儒家处世立命十二美德"仁义礼智信忠孝悌节恕勇让"中的智信忠节勇。智，前面说了，体育还考验脑力。信和忠——"为人谋而不忠乎？与朋友交而不信乎？"《论语》，这跟前面说的团结和领导力都相关。节（气节操守，与五德的毅诚相关）和勇下面再谈。这些若能做到极致，便到达了"大义"，甚至"仁"。让我们回顾一下郎平诠释的女排精神吧：

是有时候明知不会赢，也要竭尽全力，是一路哪怕艰难险阻，也不忘在绝境中挥拳和怒吼。

儒家先行者不但是这种道德伦理的倡导者，还都是坚定的实践者：

——知其不可为而为之！论语·宪问

——虽千万人，吾往矣！孟子·公孙丑

是的，就是这种“傻劲”，这种为后世、为当代聪明智慧的中国人所不屑的一头撞向南墙的“勇”“毅”。勇毅是成功五德中的两项，也是体育精神中的必备素质。历来传承儒学的主要是士大夫阶级，其典型代表即为状元。在历代592位状元中最为人称道，也是展现最完美士大夫风骨的是文天祥。下面引两段对文天祥的评论：

鸣呼！扶颠持危，文山诸葛，相国虽同，而公死节。……名相烈士，合为一传，三千年间，人不两见……难回者天，不负者心。王炎午

古来贤相中，文天祥还要高于诸葛亮，是因为他“名相烈士”合为一身，三千年来第一人，即使难以回天，但也要做到不负此心——重要的是过程！在大义大节大勇方面，不以成败而改变初衷——重要的还是过程！只有这样，才能在意志上挫敌扬已，有补于世教：

今斯集（文天祥）也，传之天下后世之人，争先快睹，皆知是君之大义，守身之大节，不宜以成败利钝而少变。以扶天常，以植人纪，以沮乱臣贼子之心，而增志士仁人之气。其于世教，重有补焉。韩雍

及文张陆三人之奔波海陆，百折不回，尤为可歌可泣，可悲可慕。六合全覆而争之一隅，城守不能而争之海岛，明知无益事，翻作有情痴，后人或笑其迂拙，不知时局至此，已万无可存之理，文张陆三忠，亦不过吾尽吾心已耳……千古忠臣义士，大

都如此……宋亡而纲常不亡，故胡运不及百年而又归于明，是为一代计，固足悲，而为百世计，则犹足幸也。蔡东藩

“吾尽吾心”，用与文天祥齐名的贤相诸葛亮的名言，就是：

鞠躬尽瘁，死而后已，成败利钝，非所逆睹。

“宋亡而纲常不亡”，人去但道德长在。《宋史》说：

论曰：自古志士，欲信大义于天下者，不以成败利钝动其心，君子命之曰“仁”，以其合天理之正，即人心之安尔……文天祥往来兵间……观其从容伏质，就死如归，是其所欲有甚于生者，可不谓之“仁”哉。《宋史·文天祥传》

文天祥为人世代称道的就是上引孔孟和郎平的话：“明知不会赢，也要竭尽全力”；“知其不可为而为之”；“虽千万人，吾往矣”。这种不计成败、为道义献身的精神，就包含在体育精神之中。而要习得这种精神，舍体育无从入门。这对今天的我们来说是个陌生、遥远，甚至无法理解的目标；而走向这个目标，则是一个痛苦的过程，尤其是历来的实践准则是“成王败寇”，但作为“取法乎上”，我们要树立的理想境界是操守气节。

4 体育的真谛

本小节内把前文所论之要点小结一下，把最容易误导的要点辨正一下。

4.1 首要目标不是胜王败寇

2018年世界杯决赛圈，英格兰战胜瑞典杀入四强，圆了28年来的光荣梦想。而这28年中，德国和巴西都得了两次冠军，意大利一

次，连法国和西班牙都各得了一次，可英格兰却连个四强都望眼欲穿，整个一个陪太子读书打酱油。如今傲然挺进半决赛，把个网上舆论都整飞了。英国人就不用去说他了，他们擅长的就是把个二等品如碧咸包装得像天王巨星。英格兰队因大赛成绩不佳一直遭骂。如今一片喧腾，成绩上去了。有些评论是赤裸裸的丛林规则：赢球就是硬道理。

这就是文内说了又说的一个主旨：体育到底是用来干什么的？他的功能是什么？

体育固然起源于对战争的模拟，现在是否仍延续战争的最高准则，“胜者为王”“胜利者不受批评”“历史由胜利者书写”？

体育肯定是要争胜负的，要不“友谊第一，比赛第二”就不是体育比赛，而是别有所图。但体育的真谛却不在此。体育教育最核心的要点是重在参与。套用一句以前那年代熟悉的话就是：

有胜负论，不唯胜负论，重在以正确的态度参与。

所谓“正确的态度”，就是心悦诚服地以上述体育九大功能为导向的自觉参与态度。

其实，即使是专业体育，也不是唯胜负论，上述三段论金句依然适用。比如足球世界杯赛，从预赛一百几十个队参加，到最后只有一个冠军，是不是百分之九十九以上的队是毫无意义了。胜利者就此一家，其余 99.5%的参与者都输了，那国际足联要组织这么个几乎全军覆没、全都是失败者的比赛干什么，还吸引了据说全球 30 亿个白痴来朝拜这一个胜利者？

显然不是，完全不是，根本不是！这种唯胜负论把人类活动全部降低到一个丛林规则，降低到动物水平，文化都进化到理性年代了。人类需要体育，不是为了捧起一个胜利者。中国需要男足，更不是为了夺冠。他的功能有九项，争胜负只是第三项“培养竞争意识”，还要加上第四项“费厄泼赖”的约束。再者，体育可以分解为体育运动和体育教育。对于体育教育来说,更不是捧起一个王侯,摁下万千寇。

4.2 重在参与

以上所论让我们明白体育的多重功能,知道什么是体育精神,理解体育本身就是一种生活方式,所以,下面这一条就是简单真理了:

体育的意义在于他本身,在于参与。

我们都很迷信美国的“藤校”,即哈佛、耶鲁等八所大学的常春藤联盟,于是东施效颦般也弄个“九校联盟”什么的(“东施效颦”,只是恨铁不成钢之意,效总比不效好),但联起盟来干什么呢?人家藤校是个体育联盟,在一起是要进行体育比赛的。而我们以为是学习顶尖的智育名校,所以把九所中国排名最高的大学组织起个不知比什么(比排名?)的名义联盟。藤校并没包括同在东部的麻省理工,还没包括诸如中西部的芝大,加州的伯克利、斯坦福、加州理工等智育在藤校平均水平之上的后起名校,要是这些学校也来个联盟,我们能用什么学校来充数比照呢?

后来总算有人解释清楚了:藤校只是个早期的部分东部大学的体育协会。不幸的是又有人把它解释为美国的精英教育重视体育。其实,西方的教育中对体育的重视并不只是精英阶层如此,它是弥漫于全社会的一种生活方式。美国橄榄球超级碗决赛,球迷经常全家前往,是像过节般的家庭活动。英国的英超俱乐部,球迷可能是祖孙三代都是铁杆球迷。上面说了,澳洲学生足球俱乐部比赛,家长都会去加油助威。冰冰中学时曾获数学竞争奖牌,他们校刊在中心页上登了他相片。可他有个同学入选澳洲少年足球队,赴中日韩进行巡游赛,校刊的封面就给了他。所以我对澳洲中学的感觉是,智育占的重要性还不如体育。道理很简单,智育对于德育的贡献仅在于培养理性精神,而体育对于德育的贡献却是五德全方位的。这个道理是中国教育从古到今无法明白的，尽管周代六艺中就有相当于体育的射和驭，但其作用就像现在的跳绳课或游泳课，锻炼身体、吃苦耐劳，满足体育九大功能中的前两项，但未上升到后七项。

这种胜负感与参与感延伸到中国球迷身上就表现为：赢了像疯了一样老鼠爱大米，输了马上反水做队奸。所以中国球迷大多是伪球迷，他们只是看，而且大多是不付费地看，而从不参与；第二，他们只是骂，只顾痛快发泄，而不是喜怒与共、贴心铁心的拥趸；第三，对于体育的功能、准则、意义一无所知；一二还是知的，锻炼身体，建设祖国。

作者简介

朱晓农，江苏师范大学语言科学与艺术学院、云南民族大学民族文化学院教授。

从文化人类学视角看纳西东巴文字

郑飞洲

在纳西东巴文字里，可单独成字，也可充当字符构成合体字，如：

，sər³³ ɑ³³ pɑ²¹ 东方汉族也，从汉族从（sər³³ 木），东方属木也。

，sər⁵⁵ 肝也，从肝（sər³³ 木）声。

，mu⁵⁵ ts'y³³ mɑ²¹ 松明也，从木从（mɑ²¹ 油）。

，æ²¹ k'ɯ³³ sɿ²¹ 岩坚木也，从岩从树。

，t'o³³ le³³ 兔也，从兽大耳（t'o³³ 松）声。

，tɕ'i⁵⁵ sər³³ 雾也，从云（sər³³ 木）声。

以上各字说解均来自《纳西象形文字谱》（以下简称《字谱》）①，其中或表音或表意，有的代表"木"或"树"，有的代表"松"。纳西东巴文字的"树"作，读作 dzər²¹，也写作。"木"本作，为树倒之形，读作 sər³³。但在以上各字中，"木"也写作。单字读作 t'o³³，表示"松"，像松树枝叶的形状。"、二字常通用，但松作

① 如无特别说明，本文所引字形均出自《纳西象形文字谱》。

，不作。”（方国瑜，和志武 1995）[147]

由此可知，在纳西东巴文字中，是独体字，表示“木”或“树”，也专用于表示“松”。在构成合体字时，它作为字符进入构字过程发挥其表音或表意的功能。但在具体字形中，到底是表音还是表意、到底表示“树”“木”还是“松”，借助《字谱》的说解可以获得相应的信息。

然而在对《字谱》中所有由字符构成的东巴文字进行考察后可以发现，不仅仅代表“树”“木”“松”的音或义，还存在一些特殊的象征意义。本文将对这一系列由构成的东巴文字进行集中的讨论。由于讨论内容仅涉及各个东巴文字字符的表意情况，下文所列举的东巴文字不再一一注明其读音。

一、的三种象征意义

作为字符，构字时的表意功能均很明显。以下例举《字谱》中以为字符构成的几组东巴文字。

第一组：

1. ，祖先也，像神主，供松枝（ t'o[33]）以象征。

2. ，祖先也，从神主（猴）声。

3. ，死者也，从神主（蛇）声。

4. ，先辈也，字从神主省，上下相接，（雄阴）声。

5. ，代也，辈也，字从省。

6. ，父也，从人（sər[33] 木）声。

7. ，父也，从父（獐）声。

8. ，父子也，从父子合文。

第二组：

9. ，奴隶主也，封建主也，从官（$sər^{33}$ 木）、（蘇布）声。又作。

10. ，房后也，从屋（松 $t'o^{33}$）声。

第三组：

11. ，智者也，从官（$sər^{33}$ 木）声。又作。

作为一个表意符号，的存在往往使字形包含了某种特殊的意义，这些特殊的意义主要表现在三个方面：

1. 是祖先或先辈的象征

这种象征义在第一组的1—5字中表现得最为明确。2—5四字均由孳乳产生，皆“从神主”或“从神主省”，而“神主”即“祖先”。“祖先”在字形中的直接象征物就是“松枝”。这种象征意义不是造字者异想天开随手拿来的，而是纳西族超度死者仪式在文字中的反映。据东巴经《寻人卜书》记载，祖父辈死后，必须超荐他的灵魂，否则不超荐的鬼会缠自己。（方国瑜，和志武 1995）[569] 纳西旧俗有为长辈死后举行追悼礼的习惯，即超荐。东巴在做超荐道场时，要用一枝松树，砍成两截，上截留枝叶，下截刻上口目，然后将两截合并捆在一起，以象征死者。超荐的目的一方面是让死者安息，另一方面也表达生者对死者的尊敬和怀念。

该组还有一“父”字：“，从人（$sər^{33}$ 木）声”，此处的应兼具表意功能。“父”乃“家长率教者”（许慎 2013）[58]，具一家之长的尊贵地位，他所得到的尊敬和崇拜与祖先无异。“父”字以为字符正是人们对父辈尊崇观念的体现。东巴经《东埃术埃》中讲到美令东主砍来山上的九种树木，做成会跳的木偶，这些木偶用来做父亲的替身（和志武 1994）[18]。这与用松枝象征祖先的做法是一致的，可为“父”字以表意的另一佐证。（父子）字从“父子合文”，也正反映了长幼之间的行辈差别，辈分较高的“父亲”以明确标示。

2. 是权力的象征

权力是古今中外所有统治者孜孜以求的目标。在古代社会，权力不仅意味着地位的改变，更可外化为权贵们的物质财富。这一点常常表现在统治者的衣食住行尤其是服装和饰物上。古罗马中间插着斧头的“束棒”，古埃及的蛇头权杖，封建中国官吏礼帽上的翎子等，无一不是权力和威望的象征。在纳西族的价值体系里，是权力的突出标志之一。这一点也相应地在纳西东巴文字中得到了反映，第二组字就是很好的例证。

又作，意为“奴隶主”或“封建主”，字形从官（sər[33] 木）、（蕨布）声。或表示官员披毡而坐之形（或从官坐散发，其貌可畏），或在其旁或在其上，与官员符号一起表明其地位或权力。这一现象反映到纳西先民的实际生活中即表现为对或其他树木的运用。《白蝙蝠取经记》经文第二节讲到太古的时候，人类从灵山顶上搬下来后，就在葛栽白石村住下。在草木丰盛的大地上，丈夫措哉勒额搭帐篷，妻子蔡荷包玻蜜用火链生起火。然后插上代表胜利神的木桩和神石。（傅懋勣 1981）[24] 这一对夫妻据说就是洪水过后人类的第一代祖先，他们在自己驻扎的村寨插上象征胜利的木桩，正表明他们拥有对这一片土地的使用权和支配权。木桩就是的一种具体表现形式，它所代表的是一种权力。

，《字谱》：“dʑi[33] tʻo[21] 房后也，从屋（tʻo[33] 松）声。”从象形字造字特点来看，字形往往是造字时代生活的直接反映。仔细分析不难发现，字形是在屋旁置一形，这里的屋形既可代表祖先所居住的帐篷，也可能是早期的氏族或部落村寨，还可以是统治者的府第或者是普通百姓的平房；而屋旁的是否仅为表音符号呢？关于“房后”，《字谱》中还有另一写法，从屋（tʻo[21] 拓模）声，“拓模”与“房后”的第二个音节声韵调完全相同，从语音上更能反映

“房后”的读音，为何还要造出用“松”表音的字形呢？这是否与造字时代所代表的“权力”的象征意义有关？这一点可以从其他东巴文字及纳西族的民俗中得到印证：

，字形作村寨上有松杆挂旗之形，《字谱》：“寨旗也，部落之标志，从寨从旗。”《字谱》以该字为部落的标志，虽然仅提及“从寨从旗”，但字形中的是否也起着一定的标识作用呢？纳西族祭孰龙仪式中有这样的习俗：把祭祀用的“孰巴”①拴在屋后自家的“孰巴”树上。所谓自家的“孰巴”树，即村民各自在家附近认定的一棵松树，一经认定，任何人不得对它加以伤害。（李静生 1991）[228]“东巴们在设置宗教道场时，在布置各种神祇、鬼族村寨的地方，都在其显著的位置上摆着各种不同种类的树枝和石头。”（和宝林 1991）[(284)]神祇的世界往往与人类生活场景相通，宗教道场所设置的村寨样式也正是人类居所的翻版。民俗所记述的事实与“寨旗”字形所记录的内容正相吻合。

因此，可以大胆地断言，在造字之时，其中的具备一定的象征意义，象征屋子主人对屋子所拥有的权力，它是纳西先民“家——居住地”观念的直接体现，也是居住地所有权和不受侵犯权的象征，而这种权力是借助于神的保护得以实现的。至于所具有的“房后”义以及的表音作用，可能与字形表义范围的扩大有关；也可能因“屋”“松”长期组合使用而逐渐凝固下来，加之表示方位的“后”的读音与“松”相近的缘故。

3. 是智慧的象征

作为表意字符象征智慧的例字并不多见，我们仅找到第三组的字。《字谱》释为：“智者也，从官（sər[33] 木）声。又作。”

① 用长约丈余、杯口粗细的青松做成，上留松毛，并扎上一枝白桦树枝、一枝竹子、一面彩旗及一块画有东方龙酋的木牌画。

很显然,在此兼具表意功能。从字形看,“智者”与“奴隶主”的形符相同,均为“官坐之形”加,所以此字仍与官员有关。在经书中,“智者”被称为“智慧之神”,(傅懋勣 1981)[42] 显然此字是统治者与神一体的一个例证。又“东巴”一词,按照纳西语直译,应为“山乡诵经者”,意即“智者”。(和志武 1985)[16] 东巴在做法事时均身着大披毡,手握神塔尖的法杖。服饰既同官员,法杖也意味着能与神灵相通。由此可见,东巴在纳西族发展过程中,曾被认为是神灵之属,代表神的意志;同时东巴又代表统治阶级的利益,属于统治集团的一员,甚至东巴本人就是氏族首领。如《木氏宦谱》所记载的牟保阿琮,既是部落酋长,又精通东巴教经书,兼充祭司或以天授神教的面目出现。关于此种现象,英国学者 J. G. 弗雷泽的《金枝》一书多有述及,可以参证。

统治者将自己神化,作为人类智慧的化身,所借助的工具再没有比象征祖先和权力的更合适的了。因为只有借助于祖先和神灵的力量,他们的地位才能更稳固。“在早期社会,国王(泛指早期人类社会的一切行政首领——译者注)通常既是祭司又是巫师。确实,他经常被人们想象为精通某种法术,并以此获得权力。”(弗雷泽 1987)[17] 由此,作为智慧的象征当是从“祖先”和“权力”义引申出来的。

二、的文化本质——树木崇拜

1. 纳西族树木崇拜之由来

以为字符构成的字,透露出在纳西民族生活中具有异常重要的地位。其原因何在?要解答这一问题,首先要追溯一下东巴文化中的树木崇拜现象。

树木崇拜是自然崇拜的形式之一。自然崇拜是远古先民出于对神秘自然环境和对自然力的无奈而产生的崇敬,它是人类社会产

生时间最早、延续时间最长的一种原始崇拜形式。在远古时代，自然界的所有物种，上至天体，下至山石水火、鸟兽虫鱼、花草树木，都会以其特有的自然属性引起先民的崇拜。纳西族与其他少数民族一样，保留了许多质朴的自然崇拜形式，既表现在日常生活中，也反映在语言文字上。纳西族的树木崇拜就诞生于纳西先民的实际生存环境以及对树木自然属性的认识。

纳西族生活于我国滇西北一带，那里高山严寒，当地人民能看到的最富生命力的事物就是树木。而且纳西先民在长期的劳动实践中，逐渐认识到各种树木的习性。他们认为树木生长迅速且生生不息，充分展示了大自然强大的繁衍和增殖能力。缺少对自然界客观认识的早期人类认为树木的这种特性是由上天或神灵的意志安排的。他们崇拜树木，向树木祈求福泽，就是通过树木向神传递他们的思想，希望自己的氏族也像树木一样繁盛。纳西东巴文字中的，是东巴经中经常提到的“含英巴达树”，相传为众树之母，是传说中的神树，实际上是纳西人民世世代代崇拜的树木的化身。纳西族的树木崇拜由此可见一斑。

2. 柏是通神工具

各民族的树木崇拜往往表现为对不同树种的信奉和崇尚，纳西先民崇拜的主要是松柏。在此有必要提及以“柏”为字符构成的字。这一类字在《字谱》中也不少见。

> ，王也，帝也，直译为王坐中央。字从王坐、（ɕy^{55}柏）声。

“柏”在此当兼表意，与“奴隶主”同理。《字谱》按语：“旧俗，纳西族重祭天之礼，所敬之神即上述 mɯ^{33}、dɑ^{33}、ɕy^{55} 三尊也。”这里所说的 ɕy^{55} 就是，它的读音与“柏”相同，应是同源字。

，祭水壶，上插柏枝（），东巴作法事之用，亦作为画图中的“八宝”。

这是东巴经《人类迁徙记》封面上的一个字。柏枝作为画图“八宝”之一，不仅是为了增加经书封面图案的美观，同时也说明它是纳西民族珍视的对象之一。祭水壶是东巴的法器之一，水壶上柏枝应该具备通神的特殊功用。由“祭水壶”一字也不难看出柏枝的象征意义。再如：

，梯也。又作，柏梯也，从梯从柏，旧俗祭家神用之。

，塔也。又作，柏塔也，从塔从柏。

柏梯是祭家神所用，而塔是传说中神仙所居之处，以上两字均以为意符，无疑说明柏在祭神仪式中具有不可替代的作用。它与祭水壶中的柏枝一样，也是一种通神的工具。

3. 松柏等树的现实功用

“松”和“柏”都被纳西民族赋予了各自的意义与作用：松枝被奉为祖先的化身，又用它来象征氏族人民的权力；而柏枝成为祭天时人神相通的重要工具。这些不仅体现在纳西东巴文字中，也在纳西先民的生产和生活中出现。从松柏在设置氏族村落栅栏时的作用就很容易看出树木在东巴文化中的重要性。（k‘o[21] 栅也）像立木被绳索编束之形，字形反映的是纳西先民生活和生产的模式。今天纳西族的一些地区还保留有设栅而居、设栅而耕、设栅而畜的习俗。此字又用于称“氏族”，这表明栅栏围就的范围是一个氏族聚居的村寨，有氏族人民赖以生存的土地。土地对于从游牧走向农耕时代的人类来说，其重要性是不言而喻的。而划定土地的栅栏自然寄寓着人们对土地的爱护和珍惜。在东巴古籍中，栅栏成了氏族的保护神。东巴们常常在自己设置的栅栏前摆上供品，念诵经文，希望本族的栅栏能给氏族带来安宁和幸福。东巴所设置的道场中，往往用几根取材于高山之巅的松柏和栗木树枝作为氏族村落栅栏的标志。，“岩坚木也，其质坚固。字从岩从树”。此“树”形同“松”，说明的是松柏的特点。以“其质坚固”，故能取得纳西先民的青睐，因为用松柏所制栅栏是先民生存的坚固依托。

纳西族的祭天仪式也与松、柏、栗等树木有关。前所述及的纳西族祭天之礼中，所祭之神为 $mɯ^{33}$、$dɑ^{33}$、$ɕy^{55}$ 三尊。$mɯ^{33}$ 和 $dɑ^{33}$ 相传为始祖从忍丽恩的岳父母，即祖老阿普天神和泽恒阿祖天妻。在祭礼中用两棵黄栗木代表天神和天妻，竖在祭坛左右两旁；中间用柏木代表帝王；柏木后还插有一小棵松树，代表将帅等战神。（和志武 1985）[21] 祭天是纳西族重要的传统习俗。新中国成立前，纳西族人每逢初一、十五，都在各家墙上或房外专砌的天灶中燃松柏树枝烧天香来祭天。另外在纳西族一些村寨附近，都建有相当讲究的祭天坛，四周都栽培着青翠挺拔的松、柏、栗树。此外，松柏等还具有禳除鬼祸污秽等功效，在纳西古籍中记载颇多。

4. 祖先与保护神

综观纳西族的树木崇拜，主要表现为两种信仰和观念。一种认为树与族人祖先有关。如《创世纪》神话中讲到洪水滔天，只剩下祖先从忍利恩孑然一身，藏身于牦牛皮革囊，他的革囊用九条铁链子，三头拴在柏树上，三头拴在杉树上，三头拴在岩石上，才得以死里逃生。“纳西族先民对木石的崇拜是由来已久的。”（和宝林 1985）[284]。将祖先的生命维系于树木和岩石，这无疑是将木石神化了。另外，纳西族祭天实际上就是祭祖。① 祭天的主要对象 $mɯ^{33}$、$dɑ^{33}$、$ɕy^{55}$ 三尊神，在祭仪中就是分别用松、柏和栗树来象征的。正因为树木与祖先的这种密切联系，纳西族的祖先崇拜也与树木密不可分。超度死者的神主木

① 和钟华（1985）从不同侧面、不同层次对纳西族的祭天习俗进行了全方位的考察，得出“祭天即祭祖”这一论断。

偶用松枝来代替,正是因为松枝木偶使得死者神灵有所凭依,而且只有经过松枝木偶超度的死者,才能成为祖先。树木崇拜的另一种观念认为树木是各村寨的保护神。在村寨周围放置松枝或木桩既是一种权力的象征,也表明树木具有保护村寨的作用。上文松柏在设置民族村落栅栏中的作用就充分体现了这一点。由此一个村寨的统治者或智者就与村寨所崇拜的树木联系在一起,对树木顶礼膜拜,正是为了祈求树神的保护,也是寄托人民对统治者的期望。

纳西族用松枝象征祖先,用栗树象征天神天妻,用柏树象征帝王等信仰和观念,与古代汉族祭社习俗十分相似。《论语·八佾》:"夏后氏以松,殷人以柏,周人以栗。"指的就是树木崇拜。这不是一种偶然巧合,而是古代纳西族与汉族在文化观念形态上的共通性的反映。这种观念来源于对松、柏、栗等树木属性的认识。《吕览·有始》:"及禹之时,天先见草木,秋冬不杀。禹曰:'木气胜!'木气胜,故其色尚青,其事木。""木气胜"遂"其事木",这不正反映了纳西族树木崇拜以松柏为主的原因吗?材质坚硬的松柏即"气胜"之树,其傲雪凌霜、四季常青的品性,一直以来象征了汉族和纳西族共有的一种文化特质。

三、余论——文字解读的"文化相关性"原则

任何民族的语言文字都是传递本民族文化信息的载体。语言学实践证明,往往可以通过一民族的语言文字挖掘出该民族深层的文化内核。文字,特别是象形文字在文化解读方面的功用更是不可忽视。

文字与文化应是民族文化研究中相互制约、相互影响的两个因素与对象。在文字传递文化信息的同时,文化也正在为破译更多的文字发挥着作用。正因为文字往往是民族文化的外化,文字解读就更应将其置于各民族广阔的文化背景下,否则将会难以挖掘出其真正内涵或失去应有的准确性。有鉴于此,对于文字解读本文提出"文化相关性"原则,也就是尽可能通过民族文化的分析破译文字的真正内涵。

本文对纳西东巴文字的释读正是基于这一原则，在前人研究的基础上结合纳西族的文化背景，对纳西东巴文字做出相对合理的解释。

这一原则贯穿于对以为字符构成的一组字的分析中。以字为例，《字谱》的解释无可厚非，但其说法仅局限于字形及词的读音分析而缺乏对产生此字文化背景的认识。这种局限性不仅反映在字形表达字义方面，同时也表现在字形内部结构类型的判定上。本文借助同字符字形的表意特征并结合东巴文化的特点，认为字形中的兼具表意作用。其他字形字义的分析亦应遵循。

语言属于文化范畴。由于特定社会文化的影响，不同民族往往会用各不相同的象形符号来描写客观存在。因此脱离开文化的背景空谈文字，往往不得要领。这样的分析可以让我们了解字形的间架结构，却无从通晓字形结构的产生缘由。文字的创造过程反映的就是造字者的思维发展过程。先民赋予字形丰富的内涵，使后人可以有所凭借，得以了解更多造字时代的社会状况。反之，通过对民族文化的分析，我们可以更清楚更深刻地理解文字。任何一位文字工作者，都不应孤立地研究文字本身，而忽略文字与文化间的内在联系。

参考文献：

[1] 方国瑜编撰．和志武参订．纳西象形文字谱．昆明：云南人民出版社，1995.

[2] 弗雷泽・J. G. 金枝．徐育新等译．北京：中国民间文艺出版社，1987.

[3] 傅懋勣．纳西族图画文字《白蝙蝠取经记》研究．东京：东京外国语大学言语文化研究所，1981.

[4] 郭大烈，杨世光编．东巴文化论集．昆明：云南人民出版社，1985.

[5] 郭大烈，杨世光主编．东巴文化论．昆明：云南人民出版社，1991.

[6] 和宝林．试论东巴文化中的木石崇拜．//郭大烈，杨世光主编．东巴文化论．昆明：云南人民出版社，1991.

[7] 和志武．东巴教和东巴文化．//郭大烈，杨世光编．东巴文化论集．昆明：云南人民出版社，1985.

[8] 和志武译．东巴经典选译．昆明：云南人民出版社，1994.

[9] 和钟华. 祭天即祭祖——纳西族祭天文化质疑. //郭大烈,杨世光主编. 东巴文化论. 昆明:云南人民出版社,1991.
[10] 李静生. 祭孰龙仪式及其社会功能. //郭大烈,杨世光主编. 东巴文化论. 昆明:云南人民出版社,1991.
[11] 许慎(汉)撰. 徐铉(宋)校定. 说文解字. 北京:中华书局,2013.

后记:

2000年10月,我与师妹燕君随同王老师赴京参加民族古文字研究会第六届学术讨论会。这篇论文就是为会议准备的,也是我第一次撰写少数民族文字方面的论文。真正构思动笔则更早,始于尚未进入博士阶段学习之时。那时对于纳西东巴文字无异于一名彻彻底底的"小白",借助先恩师开列的一些书目,利用入学前的那个假期,我反复翻阅了《纳西象形文字谱》《东巴文化论》和《东巴文化论集》等书籍,最终确定了参会论文的选题。这一次会议经历,最终让我确定了博士学业的主攻方向;也正是以此次会议为起点,我在王老师的指导关怀下,一步步走上了纳西东巴文字的研究之路。还记得会议期间,我和师妹跟着先恩师有幸见到了许许多多在少数民族文字研究领域著作等身、声誉卓著的前辈学者,他们奖掖后学,乐见其成,言谈之间充满了慈爱与善意,还戏称我们为"小东巴";王老师在会议上发表论文时的音容笑貌,尤其令人难以忘怀。

廿数载春秋白驹过隙,光阴匆匆而逝,愧对老师的谆谆教诲,如今每每忆及仍不免泫然。夜深人静也常扪心自问,惟惧愧对初心,辜负厚爱。是度删削再呈,既以遥祭告慰,更为反思自省。

作者简介

郑飞洲,2000年至2003年华东师范大学中国文字研究与应用中心汉语言文字学专业博士生,师从王元鹿教授。现为上海交通大学人文学院副教授。

王元鹿先生与比较文字学的建立

邓章应

过去我们曾在《周有光先生百年寿辰纪念文集》发表文章《中国比较文字学研究的回顾与展望》，提出比较文字学的正式形成以周有光先生《比较文字学初探》(1998年11月)和王元鹿先生《比较文字学》(2001年1月)两部通论性专著的出版为标志。(邓章应2007)这个提法也基本得到了学界的认同。[①] 周有光先生的贡献我们已经写专文进行了介绍，(邓章应，李颖 2020)本文我们则专门介绍王元鹿先生对于本学科建立的贡献。

需要特别指出的是，周先生的书虽然出版略早，但王先生的成果构思较早，是独立写成的，因为王先生1994年申报获批国家社会科学基金项目“比较文字学”，开始撰写《比较文字学》一书，2000年春撰写《〈比较文字学〉后记》，就已完成了书稿的撰写。2000年12月列入华东师范大学中国文字研究与应用中心主编的“汉字研究新视野”丛书第三辑，2001年1月正式出版，同时也作为国家社会科学基金项目的最终成果，完成结项。

一、准　　备

(一) 关注东巴文

1978年3月，王元鹿先生入读华东师范大学中文系77级，跟随

① 黄德宽、邓章应(2014)，韩彩莹(2021)即采用此说法。

李玲璞(李圃)先生学习甲骨文时,对甲骨文以前的汉古文字面貌探索这一课题发生了兴趣。

王先生偶然在于省吾先生的一篇论文中见到东巴文,便受到震撼且被吸引。"大概是我读大三时,我在中文系资料室看一本《文物》杂志时,看到于省吾先生的一篇文章。我发现于省吾先生用了一个东巴文的例子来研究一个金文文字的考释。我这才知道中国还有一种东巴文字。于是,我开始试图了解东巴文。尽管我不完全同意于先生的考释,但是我已经联想到也许东巴文代表着古汉字更加原始的状态。"(王元鹿,朱建军 2016)

王先生认识到:东巴文字与汉字也许是可以互相比较的,因为东巴文字比汉字原始得多,通过对东巴文字的研究,可以更加清楚地了解早期汉字的面貌。

(二)完成《汉古文字与纳西东巴文字比较研究》

王先生 1981 年 12 月本科毕业后跟随史存直先生和李玲璞先生读硕士,王先生向两位导师提出想把硕士学位论文定在东巴文字与汉字的比较上,目的在于探寻汉字的早期面貌。这一想法得到了史先生和李先生的支持。为此还向徐复先生写信请教,徐先生也表示鼓励。于是,王先生便开始做起两种文字比较研究的题目来了。

1984 年,在史存直、李玲璞两位先生的指导下,王先生完成硕士学位论文《汉古文字与纳西东巴文字的比较研究》。论文对甲金时代的汉古文字与纳西东巴文字进行了全面的系统比较。1988 年,由硕士论文增订完善的专著《汉古文字与纳西东巴文字比较研究》由华东师范大学出版社出版。该书是中国学者对两个文字体系进行系统比较的首部专书,为以后撰写《比较文字学》奠定了坚实的实践基础。

(三)扩展至更多文字资料

在撰写硕士学位论文的过程中,王先生逐渐认识到世界的文字像一条历史的长河,由于它们的发达程度不同而可以互相比较。后来他有意识地不断拓展自己研究的文字对象,除继续深入对汉字与东巴文的比较研究，还逐渐涉足尔苏沙巴文、北美印第安文字、水文、玛丽玛莎文等文字的比较，相继发表《尔苏沙巴文字的特征及其在比较文字学上的认识价值》《北美印第安文字对文字源泉研究的启发意义》《关于八种“异形文字”》《“水文”中的数目字与干支字研究》《玛丽玛莎文两次调查所得单字的比较及其文字学意义》等论文。

1991 年，王先生赴美国华盛顿大学（圣路易斯）人类学系访学，师从美国著名人类学家、考古学家、新派考古学的代表人佩蒂·乔·华特生，主攻考古人类学及文字史。“除了研究与听课外，我在美国的一大嗜好就是买书与借书。由于我读了较多关于文字学的书，尤其是埃及文与马亚文的书，所以我的兴趣也更加转型为文字的共性与异性的研究。”（王元鹿，朱建军 2016）

（四）文字理论的准备

1984 年王先生从华东师范大学中文系硕士毕业，留在中文系古汉语教研室任教，时任教研室主任潘文国先生要求王先生开一门“比较文字学”的选修课。当时王先生觉得自己的比较研究功力不够，于是开设了一门“普通文字学”。后来将讲义出版成《普通文字学概论》。该书是国内第一部普通文字学的概论性著作，王先生在周有光、王伯熙等学者基础上，思考清楚了文字的类型划分层次标准，按照文字符号与语言单位的对应关系、文字记录语言方式、文字符号体态将文字分为早期文字、表词-意音文字、表音文字三类。这为以后建立文字比较的体系奠定了基础。

二、内　　容

《比较文字学》一书大致可分为两部分内容：一是比较文字学理论与比较文字学史；二是不同类型文字比较研究。

（一）比较文字学理论与比较文字学史

这部分内容主要安排在绪论部分，更多地从理论角度阐述了比较文字学的定义和学科定位、研究类型、意义及局限、研究方法等。

1. **学科定义**

王先生(2001)给比较文字学学科下了一个较为科学的定义："比较文字学是在世界上古今民族所有的文字系统或文字之间，进行多个角度或某一个角度的比较，从而发现它们的共性和共同规律，发现它们的个性差异和个别规律差异，并进而对这些发现进行深入的理论研究的学科。"

王先生还针对有些学者认为比较文字学和普通文字学几乎可以视为同一学科的观点，进行了细致的辨析：一是从研究对象看，"如果我们探求的是世界文字的一般性质，那么必须具备尽可能多的文字材料；而如果我们要探求几种文字的不同特点，那么具备有关这几种文字的材料，从理论上说已经足够了"；二是从研究宗旨上看，"虽则比较文字学在比较'异性'的同时也会发现共性，但是由于比较而得的共性往往早已在普通文字学中被发现，所以比较文字学的目的更偏重于'寻求异性'"；三是从研究方法看，"由于普通文字学重在'求同'，所以其最基本的方法是'综合'或称'归纳'，而比较文字学重在'寻异'，因此其首要的方法是'比较'"。

2. **学科定位**

王先生认为："从语言学领域看，比较文字学是语言学的下二位的分支学科。"可以从两个视角来分析：一是设语言学为一级学科，则文字学当为二级学科，而比较文字学当为隶属于文字学的三级学科；另一个视角仍设语言学为一级学科，则广义上的比较语言学(含狭义的比较语言学和对比语言学)为二级学科，则比较文字学为隶属于比较语言学的三级学科。

3. **研究类型**

王先生将比较文字学的研究类型分为广泛意义上和狭义意义上的两类：凡是把文字范畴中及与文字范畴有关的任何事物拿来进行比较的工作均属于广泛意义上的比较文字学；而狭义的比较文字学则局限于几个文字系统之间的互相比较。从全书结构来看，王先生是取狭义意义的看法。

狭义意义的比较文字学从被比较的文字系统的量而言,可分为对两个文字系统的比较和对两个以上文字系统的比较;就被比较的文字系统的质的方面而言,比较文字学的研究类型大体可分为文字起源的比较、文字系统性质的比较、文字系统发展过程的比较和文字系统传播情况的比较等。

4. 研究意义

王先生认为比较文字学至少具有以下意义:有助于更进一步了解各类文字系统的共同特征;有助于更进一步了解个别文字系统的特殊个性;有助于某些文字的破译工作;有助于某些文字的考释工作;有助于解决普通文字学方面的若干理论问题;有助于了解文字起源问题。

5. 研究方法

王先生主要列举了三种方法:占有材料、比较与推演。

6. 研究史

王先生专列一节《比较文字学研究史述略》,对比较文字学这一学科的产生、发展及学者对其的研究概况进行了较为系统的回顾,同时也做了客观的评述。

(二) 不同类型文字比较研究

这部分内容共分三章,对早期文字、表词—意音文字、表音文字进行了比较。

1. 早期文字的比较

《比较文字学》将重点放在早期文字部分,从理论上探讨了早期文字的类型学、与文字渊源物进行比较以探究文字与文字渊源物的关系、早期文字间文字制度与符号体态的比较以探究早期文字的共性与个性。

关于早期文字的类型学,王先生认为早期文字系统中不存在表音成分,也不能悉数且顺序地记录语言中的每一个词,按文字符号的性质可以分为:图画符号类型的早期文字;图画符号和指事符号类型混合的早期文字；纯粹由指事符号(或称抽象符号)构成的早期文字。还可以按文字符号之间的组合关系分为如下三类：第一类是文字符号组合起来成为图形；第二类是孤立符号；第三类为连环画式的文字。王先生在该章中主要使用了东巴文、北美印第安文字、阿兹忒克文、苏美尔铭文、古埃及铭文、尔苏沙巴文、大汶口陶文等早期文字材料。

关于早期文字与其渊源物的比较，王先生将重点放在原始图画和文字的区别辨析上，因为这是长期困扰文字学界的一大难题。王先生通过比较研究，总结出六条区分标准。

关于早期文字文字符号与语言单位的对应关系比较，王先生从文字符号能否悉数记下语言中的单位和文字符号能否顺序记下语言中的单位两个角度对早期文字进行比较，得出以下结论：一般的早期文字均不能悉数和顺序地记录语言中的词；各个早期文字系统的文字符号与语言单位对应关系的发达和完善程度，同它们的文字记录语言方式的发达和完善程度大致成正比；每种早期文字的记词率的发达水平与其记词的顺序性大致成正比；原始孤立符号类型的文字往往属于早期文字。

关于早期文字记录语言方式的比较，王先生从写词法与造字法角度对早期文字与其渊源的以及原始图画进行比较，得出以下结论：一般来说，早期文字只含记意写词法，一些处于从早期文字向表词—意音文字过渡阶段的文字系统，含有限的记音写词法和记意记音写词法；多数早期文字兼含象形、指事和会意三类造字法，也有少数早期文字只含其中的一两种；早期文字往往以涂色、方位等方法补充其记词造字手段的不足。

关于早期文字符号体态的比较，王先生从符号化与量的规格化程度角度进行了举例比较，得出以下结论：各种早期文字的符号化与量的规格化的水平往往较低，但会随着它的文字制度和其他相关条件的不断完善而逐步提高。

王先生还专列一节《早期中国文字的比较》，通过对仰韶陶符系统、大汶口陶符系统、河北藁城台西符号系统、二里头符号系统的比较，得出以下结论：大汶口符号已是一个文字系统，而更早的仰韶符号也有可能是一个文字系统；台西符号已是甲骨文、金文系统前身的文字系统，二里头符号也很可能是甲金文系统前身的文字系统。

2. **表词—意音文字的比较**

关于表词—意音文字的类型，王先生从发生学出发将表词—意音文字分为两类：第一代文字和第二代文字，前者来自早期文字的发展，后者则来自另一种表词—意音文字。

关于表词—意音文字文字符号与语言单位对应关系与记录语言方式的比较，王先生认为表词—意音文字文字符号与语言单位对应关系是严格的。表词—意音文字记录语言方式包含记意、记音、记意兼记音三大类写词法，包含象形、指事、会意、假借和形声五类造字法。

关于表词—意音文字符号体态的比较，王先生通过比较得出如下结论：世界上有早期文字前身的表词—意音文字系统，当其表词—意音文字系统形成之时，其符号体态总有一个十分明显的变化过程，这一过程包含符号化、简化和字体的量的规格化。

关于表词—意音文字文字发生的比较，王先生批判了“词字文字一源说”，认为苏美尔早期文字形成于公元前 3500 年，埃及文为公元前 3200 年，汉字为公元前 2000 年，马亚文为公元前 1200 年。早期文字向表词—意音文字过渡的过程，在文字符号与语言单位对应关系方面，记词率从低于 100%变为 100%，记词序从混乱变为规整。在文字记录语言的形式方面，体现在记音和意音记词模式的产生(即假借和形声的出现)及异体字的减少。

关于表词—意音文字文字传播的比较，王先生通过比较得出如下结论：文字传播的方向，往往是从有文字的民族传向无文字的民族，或由文字系统水平较高的民族传向水平较低的民族；文字传播的过程，常是一个对传入的文字进行改造的过程。

王先生还专列一节《汉字传播状况的比较》,因为他认为汉字传播到的民族有几十个,情况较复杂,所以他把这些系统分为如下几类:沿用汉字文字制度的、沿用汉字符号体态的、混合型的、拼合型的及其他类型的。

3. 表音文字的比较

关于表音文字的类型学,王先生提出一个较为新颖的分类角度,即把各个字母系统的来源即它们来自何种性质的文字进行分类,如日文假名来自表词—意音文字汉字,腓尼基辅音文字可能来自埃及圣书文字这种既记辅音又记词义的文字,希腊文字来自辅音文字腓尼基文字,今天西方的许多音素文字来自上一代的音素文字。

关于表音文字符号与语言单位的对应关系的比较,王先生通过比较得出如下结论:音节文字是一个字母对应于它所记录语言中的一个音节,辅音文字是一个字母对应于它所记录语言中的一个辅音,而元音—辅音音素文字则对应于它所记录语言中的一个元音或辅音。

关于表音文字记录语言方式的比较,王先生通过比较认为其共性为每个系统中不含与词义相联系的符号;音节文字的渊源大致可分为三类:另一种音节文字、辅音文字、表词—意音文字。

关于表音文字的符号体态的比较,王先生认为其共性为一般都较为符号化和简化。

三、影　　响

王先生《比较文字学》出版后,作为华东师范大学中文系硕士生和博士生"比较文字学"课程教材,每年讲授一遍。《比较文字学》入选教育部学位管理与研究生教育司推荐的 2003—2004 年度"研究生教学用书"。《比较文字学》获 2005 年高等教育上海市级教学成果奖三等奖。

朱建军2003年在《龙岩师专学报》第2期发表《文字学理论研究的新探索——〈比较文字学〉述评》，认为该书是国内第一部关于比较文字学的概论性专著，它不但系统地架构了比较文字学的学科体系，而且对世界各文字系统的共性和个性也都做了较为成功的探索，对比较文字学的学科确立与进一步发展影响巨大。

王先生《比较文字学》出版后，曾引起周有光先生的关注。周有光先生在2006年8月8日致苏培成先生信中写道："我想请您代我买或者借两本书：王元鹿：《比较文字学》，广西教育出版社，2001。《普通文字学概论》，贵州人民出版社，1996。如果您太忙，就作罢。"（周有光，苏培成 2016）[154]

周先生2007年1月8日又致信苏培成先生："如果你有王元鹿《比较文字学概论》，请借给我一看。"苏先生2007年1月11日回信："王元鹿的《比较文字学概论》，我没有，北大图书馆也没有。我请张育泉老师去首都师范大学图书馆查，也没有找到。我还会继续留心，不过我有点怀疑，是不是就是我给您寄过的王元鹿著《比较文字学》。"（周有光，苏培成 2016）[169,174] 说明苏培成先生帮周有光先生找到了《比较文字学》这本书并寄给了周有光先生。

王先生除了自己勤于研究，还培养了一大批青年学人。自1996年开始招收硕士研究生，先后有刘凌、秦桂芳、袁胜红、史燕君、王慧敏、曹萱、朱建军、李杉、李子涵、邱子雁、冉启坤、张艳花、李小希、王赟、袁香琴、韩立坤、李晓兰、金瑞、王敬婷，2000年开始招收博士生，先后有郑飞洲、周斌、甘露、高慧宜、朱建军、邓章应、翟宜疆、黄思贤、李明、李静、陈永生、胡文华、刘悦、李杉、白小丽、王娟、高新凯、张春凤、袁香琴、李晓兰、韩立坤、刘杨翎，指导博士后张春凤，指导访问学者林清书、王彩等。其中大部分还活跃在比较文字学研究领域。

四、小　　结

《比较文字学》"内容提要"介绍："本书把比较方法引入世界文

字研究领域，全面地对汉民族文字、中华民族文字与世界各种文字进行了系统的综合性比较研究。在建立比较文字学基本框架、探索文字共性与揭示各系统文字个性等诸方面，本书均显示了相当的独创性，并提出了若干新见解。”我们觉得这个介绍是客观的。

该书运用的文字资料丰富，系统性较强，在对每类文字进行比较时，均分为“文字符号与语言单位的对应关系”“文字记录语言的方式”“符号体态”（又细分为“文字的符号化程度”“文字的简化程度”“文字的量的规格化程度”）进行比较。还对一些文字类型的特殊方面，如早期文字与文字渊源物、表词—意音文字的发展及传播等方面进行了单独比较。初步构建起了文字比较研究的实践框架，再与绪论部分的“比较文字学理论与比较文字学史”组合起来，就是比较文字学的核心内容。

限于资料与当时对具体文字研究的程度，容或书中有些结论还有可商榷之处，但毫无疑问的是，《比较文字学》一书提出并研究了比较文字学中大多数理论问题，并对早期文字、表词—意音文字、表音文字三类典型文字进行了比较研究实践，建立了比较文字学的基本框架。

参考文献：

[1] 邓章应. 中国比较文字学研究的回顾与展望. //王铁琨，王奇，沙宗元编. 一生有光——周有光先生百年寿辰纪念文集. 北京：语文出版社，2007.

[2] 邓章应，李颖. 周有光先生与中国比较文字学的建立. //乔全生主编. 北斗语言学刊(第六辑). 上海：上海古籍出版社，2020.

[3] 韩彩莹. 新时期中西方文字学交流回眸. 中国社会科学报，2021－05－18.

[4] 黄德宽，邓章应. 比较文字学研究发现规律与差异. 中国社会科学报，2014－08－04.

[5] 王元鹿. 比较文字学. 南宁：广西教育出版社，2001.

[6] 王元鹿，朱建军. 华东师范大学王元鹿教授访谈录. //傅勇林主编. 华西语文学刊(第十三辑)，成都：四川文艺出版社，2016.

[7] 周有光，苏培成. 语文书简：周有光与苏培成通信集. 杭州：浙江大学出版社，2016.

[8] 朱建军.文字学理论研究的新探索——《比较文字学》述评.龙岩师专学报,2003(2).

作者简介

邓章应,2004年至2007年华东师范大学中国文字研究与应用中心汉语言文字学专业博士生,师从王元鹿教授。现为西南大学文学院教授。

王元鹿先生的文字学思想与方法*

黄思贤

先师王元鹿先生学术爱好广泛,涉及文学、民族学、人类学和文字学等。《汉古文字与纳西东巴文字比较研究》《普通文字学概论》和《比较文字学》陆续出版后,奠定了他在文字学界的特有地位——普通文字学和比较文字学领域的开拓者。

先生的书并不厚,却蕴涵着独到的视角、方法和思想。

一、不局限于汉字

正如著名的文字学家李玲璞先生在《普通文字学概论》序中所说:"(王元鹿先生)运用综合与比较的方法,已突破了前贤孤立研究与描述的结论。"一直以来,中国文字学界大都以文献汉字进行孤立的研究。部分文字学专著名为文字学,实则汉字学。先生曾在《普通文字学概论》后记中写到:"时至今日,当我们已经清楚地了解世界上还存在过和存在着种种别的文字系统,而且即便中国的文字也远远不止汉字这一种的时候,要是仍把'文字学'作为'汉字学'的代称,便几乎是无可谅解的事了。"

诚然,限于个别文字研究的文字学,难以接近文字的真相。文

* 基金项目:国家社科基金"东巴经《创世纪》不同写本的搜集整理与用字比较研究"(项目编号 16XMZ017)。

字学应该探究文字形成、发展、结构和传播的普遍规律,故需全面使用各类文字资料。单纯的汉字研究,是一种从个案到一般的研究,缺乏综合的条件。充分地占有各类文字,综合出文字的一般规律,才能正确地指导文字个案研究,才能解决个别文字因缺乏材料而不能突破的问题,比如早期汉字研究中难以解决的问题。

在前贤的努力下,个案文字研究已取得很多成果,这为文字学突破汉字范围奠定了坚实的基础。在文字学研究中,先生充分地利用了这些成果。回顾先生的研究,东巴文有着举足轻重的地位。董作宾先生在《么些象形文字字典·序》中认为:“在文字的演变过程中,么些文(东巴文)算是童年,而今日所能看到的汉古象形字,已到了少年时代了。”先生(1988)[2] 也有过类似认识:“纳西象形文字则是一种直至解放前夕还有人使用的文字,是‘活着’的古文字,这就使我们对他的性质的认识有可能达到相当全面、精确的程度,显然这是纳西东巴文字具有宝贵研究价值的原因。”应该说,东巴文的研究不仅对汉字研究有重要的价值,而且对普通文字学同样有着极其重要的价值。先生第一部文字学专著即为《汉古文字与纳西东巴文字比较研究》,以东巴文为主要研究对象。

先生在利用东巴文的同时,也广泛地利用世界各类文字进行文字学研究。谈及东巴文的起源时,不仅征引了本民族的哥巴文、玛丽玛萨文,还旁引了契丹文字、西夏文、女真文、方块壮字和白文等民族文字。(王元鹿 1988)[23] 在语段文字分析中,列举了埃及圣书文字和阿兹忒克文字。(王元鹿 1988)[47] 在论述象形字中,有这样的论述:“历史上各个民族表意义相同或相近的词的象形字中有不少在形体上是相近的。”(王元鹿 1988)[58] 随后列举了古汉字、纳西东巴文、尔苏沙巴文、埃及文、苏美尔文、马亚文和克里特文字。通过广泛地比较各类文字的异同,清晰地揭示出文字形成发展的一般规律。在先生的研究中,文字间的特点互为印证,左右逢源。

文字是社会现象,先生充分地认识到了这一点。在他的文字研究中,常常广泛地联系语言、文化和社会等背景,进行深入阐述。他

(2001a)[18] 在《比较文字学》中这样写到:“对于材料的较为全面、较为深刻和相当准确的了解,是十分必要的”“全面,即对某些文字系统或文字现象发生和发展时所处的社会背景、语言背景、文化背景等均尽可能有所了解。”在古汉字与东巴文的比较研究中,先生首先讨论了汉语与纳西语之间的关系,并得出“纳西语词汇中的汉语借词多达 50%”“有 72 个同源词”等结论,并列举了“笔”“不律”等例子。(王元鹿 1988)[14] 在讨论义借造字法时,先生(1988)[86] 有这样一段论述:“有趣的是在语言史上也找得着类似的情况,俾士麦群岛的语言中,颜色不专立名称,用颜色与之相近的对象名来表示,如‘黑色’借用‘乌鸦’这个词表示……也可以据此想见,文字上的义借也应当是文字史上较为原始的现象。”语言现象与文字现象的类比,论证巧妙,让人信服。

正是因为在文字研究中对各类文字及相关现象的旁征博引,先生的文字学成果显得别具一格,极富思辨性和理论性。

二、强调理论阐发

重考据轻理论是中国学术的传统。近一百年来,许多前贤为文字学理论构建费尽心力,完成了一批理论成果,但仍不足,更多学者倾心于资料的整理和文字的考据。先生(1996)曾在《普通文字学概论》序中谈到:“坦率地说,我们对文字学理论的宏观研究,并不十分重视。语言学家往往认为普通文字学的研究是文字学家的事,而更令人遗憾的是文字学家同样不把普通文字学当一回事。不仅在中国,即使在国外,文字学者们对于普通文字学的研究也显得相当不够。”理论是深入研究的重要助推力,可以让研究更快更准地达到目标。理论是研究沉淀后的精华,可以更好地指导未来的研究。

先生善于思辨,总能用敏锐的目光在具体现象中发现理论的亮点。他的研究很注重理论的阐发,强调具体研究与理论探讨的结合。正如在《比较文字学》(王元鹿 2001a)[22] 中所说:“若我们就所得的结论进行合乎逻辑的推理，并结合文字学原理及种种相关材料进一步进行深入的研究，那么，就有可能对我们所研究的对象的本质和我们所关心的某些文字领域内在文字领域之外的问题得出若干新的结论。”在《汉古文字与纳西东巴文字比较研究》（王元鹿 1988）[163] 的结束语中谈到：“对汉古文字和纳西东巴文字进行深入细致的比较，以促进这两种文字的研究和文字学理论的研究。”事实也是如此，在每一次具体研究后，先生总能提出一些普遍性的理论。

比如在早期文字研究中，通过对世界各地古文字特征的比较，得出“方位表义和别义是原始文字的记词、造字手段的一大特征”（王元鹿 1988）[64] 的结论，这显然可以成为原始文字判定的一个重要标准。又比如“复合字形”问题，先生在深入调查东巴文构形特点后，得出：“复合字形的共同特征：一，以好几个字或符号的组合来记录语段；二，有有词无字与字序和次序不对应的特征；三，符号形体往往与‘本字’有所不同；四，凭借字和符号的方位表达区别意义。”（王元鹿 1988）[143]

在研究东巴文“指事字”的形成中，先生没有止步于此，而是进一步阐发道：“那么，造成纯符号指事字的另一条途径——象形字的抽象化，也许是一向被研究者们忽略了的。”“加符号指事字还有一个来源，是会意字。这一点恐怕是被过去所有的文字研究者所忽略了的。”（王元鹿 1988）[69]“从严格意义上说，指事系统的形成迟于象形系统。”“指事字的形成与演化，往往是一个文字在形体上和意念上抽象化的过程。”（王元鹿 1988）[73] 这些结论对指导各类文字结构研究具有非常重要的理论意义。

所谓的理论阐发，就是要善于从个别现象推论出一般规律。比如在讨论东巴文的义借现象后，他得出了“世界上许多民族的意音文字都可能经历过凭借义借造字的历史阶段”的结论。

在先生的研究成果中，材料分析与理论升华总能得到完美的结合，即材料分析始终服务于理论，并转而用理论解决文字学研究中仍存在的问题。

三、讲求创新

固守成规,学术则难以进步。唯有创新,才可开创研究新局面。近些年来,文字学领域的研究总体沉闷,开拓性的成果并不多,大都采用较为传统的方法进行相关研究。而先生所开拓的比较文字学和普通文字学则给文字学界带来了一阵清风,是文字学领域里的一次重要创新。先生的创新可以表现在两方面:方法创新和观点创新。

将汉字与东巴文进行比较,进而解决汉字的前身问题,这是先生最大的创新。他在《汉古文字与纳西东巴文字比较研究》(王元鹿 1988)[5] 中谈道:"把晚商金文、甲骨卜辞、西周和战国金文、秦汉篆文等文献资料中的汉古文字同纳西东巴文字作系统的性质上的比较,可以肯定,这种比较对于汉古文字和纳西东巴文字的性质以及它们在文字史上所处阶段的认识是有所帮助的。""我觉得,把汉古文字结合纳西东巴文字来进行研究,乃是窥测早期汉字面貌的绝好角度。"(王元鹿 1988)[后记] 当然,这两种文字的比较并非先生首创,但先生立足普通文字学,着力解决汉字的前身问题,系统地从文字制度和文字符号体态两个方面进行比较,则是首次,这开创了一种比较文字学的研究范式。

先生在比较方法的研究和运用上也是一大创新。在《比较文字学》(王元鹿 2001a)[20] 中他说:"说到比较方法运用时应该注意的方面,我们可以提出以下三点:进行全面的比较,进行本质的比较,进行历史的比较。"上文所提的汉字与东巴文的比较就是全面比较的绝好范例。先生的比较不停留于表层现象,而是触及本质问题。在比较两种文字形声字读音问题时,他没有停留在纳西东巴文的音符与字音读音不一致的表层现象,而是提出了其中的本质问题——早期汉字所记录的音节数:"我们以上对于纳西东巴文字中形声字两读情况的分析和推论,又为汉古文字的早期音节数字问题提供了新的证据。”(王元鹿 1988)[112] 先生的比较既强调横向比较，也重视纵向比较，即历史比较。例如在指事字研究中，横向比较古汉字与纳西东巴文后，又举例了东巴文“刺”，罗列了该字不同时代的形体，(王元鹿 1988)[72] 从历史角度揭示了指事字的形成与发展。

先生在比较中，不仅限于文字体系内与各文字体系间的比较，而且与前文字时期的表意符号进行了比较，如在探究东巴文与古汉字原始性的问题中，有这样的论述：“秘鲁人的结绳，以某些颜色表示某些特定的意义，如红绳表示兵。”即将东巴文中的色彩与秘鲁人结绳的色彩表义进行类比，进而得出结论。

先生的比较存在两种类型：不同类比较和同类比较。比如日文与东巴文的比较，“日文原是独立创制的音节字母文字，后来受到汉字的影响，文字中进入大量汉字来代替音节字母记词……既然在东巴文字中不见这类变化，那么我们更可以相信，它是离开汉字独立创制的。”(王元鹿 1988)[25] 这是不同类型文字的比较。在论述早期文字“以色表义”中，先生比较了尔苏沙巴文和东巴文，“在尔苏沙巴文字中，颜色就在表义、别义时起着举足轻重的作用。这种文字以红、黄、蓝、白、黑，绿至少六种颜色表义，如月亮和星星涂黑表示暗淡，白色表示吉祥”。(王元鹿 1988)[91] 在假借字研究中，对东巴文与古汉字进行比较，“两种文字记音方式和假借现象的另一个重要共同特征是：某字假借前后所记录的词并不一定严格同音”，进而得出结论“汉字中一部分音近假借现象的存在的原因，可以上溯到开始假借之时”。(王元鹿 1988)[103] 这些都是同类比较。不同类比较，可以凸显文字的个性；而同类比较，则可以发现文字的共同规律。

阅读先生的文字，可以感受到思维训练的乐趣，分析、综合、概括、演绎等思维方式随处可见。他的研究往往从分析开始，对对象进行分类，发现特点。通过比较，发现异同，进而综合概括，推导出普遍性的结论。而后又以这些结论为大前提，进行推理，以解决文字学中的具体问题。例如，在汉字存在方位表义的探究中，先生首先得出大前提“方位表义和别义是原始文字的记词、造字手段的一大特征”，接着“据此可以推知，汉古文字的早期也必然经历了一个大量使用方位表义、别义手段的过程”（王元鹿 1988）[64]。此类演绎法在先生的成果中随处可见。

先生的研究在小心求证的同时，常进行合理的推测。“假如当时羌民族已有文字，而且这种文字是在汉字影响下创制或发展的，那么汉史籍中为什么不加记载呢？因此，我们认为，很可能当时民族中还没有文字，即使已有文字，也是在汉字之外独立形成，独立发展的。”（王元鹿 1988）[23] 合理的推测是在论据不足时探究未知世界的最经济的手段。只要这种推测符合逻辑，完全可以解决文字学中的一些疑难问题。类似的推理又如“如果东巴文字创始之时和发展早期就受到了汉字的影响，那就断不会有这一类造字手段的应用”。（王元鹿 1988）[24]

除了方法创新，先生的观点创新也是一个亮点，主要表现在对先贤看法的继承与发展。比如在“方位表义”的问题中，先生通过详尽的论证，对唐兰先生观点提出了异议：“唐兰先生认为文字定型后才有方位表义和别义，并不符合事实。因为从某种特定的角度看，方位表义和别义恰恰是原始文字的一个主要特征。”（王元鹿 1988）[63] 又比如在指事字形成的论述中，先生（1988）[71] 提出了自己的新发现：“那么，造成纯符号指事字的另一条途径——象形字的抽象化，也许是一向被研究者们忽略了的。”“加符号指事字还有一个来源，是会意字。这一点恐怕是被过去所有的文字研究者所忽略了的。这种忽略是情有可原的，因为只有在带相当原始性格的文字中才能找得到大量这样的证据。”在出版的几部专著中，先生对文字学中富含争议的问题都提出了自己的看法。

四、重在解决文字学问题

学术研究终归要解决实际存在的问题。学术研究不能做重复工作，要么发现新的领域，要么在已有研究中发现存在的问题，进而寻求新的方法和材料予以解决。先生在研究中有强烈的问题意识，总能通过新的方法和视角，回应文字学中的争议，针对其中的问题提出自己的观点，极大地提升了其研究成果的价值。

先生重视解决文字学理论中的重要问题。指事字形成是文字学中存在争议的问题，郭沫若(1977)[256] 曾认为："中国文字的起源应当归纳为指事和象形两个系统，指事系统应当发生于象形系统之前。"先生(1988)[73] 通过对各类文字中指事字的分析，提出了不同的意见："从严格意义上说，指事系统的形成迟于象形系统。"又比如文字起源中的"词字文字一源说"，在充分分析古汉字与纳西东巴文的特点后，他(1988)[141] 认为："既然汉字和纳西东巴文字都经历过了语段文字的阶段，那么，'词字文字一源说'显然就不攻自破了。"

先生也很注重解决汉字研究中存在争议的问题。比如汉字的源头问题，先生(1988)[134] 在系统比较各类原始文字后，回答了与汉字密切相关的"大汶口文字"性质的问题："我们也可以想到，比甲骨时代更早的汉字，如大汶口的文字，很可能是一种语段文字。"

假借字是用字法还是造字法？这是一个有争议的学术问题。先生(1988)[103] 通过分析东巴文假借字特点，提出："纳西东巴文字，由于用于假借的字与其假借后所记的词的关系不固定，它的假借还停留在用字方法的水平上，尚未发展成为一种造字方法。""如果把某字假借前表'本义'的形体与假借后表'假借义'的形体视为一对同形字，那么可以认为假借在当时汉古文字中已经成为一种造字法了。"东巴文假借字的特征从侧面支撑了汉字中的假借字为造字法这一观点。假借字是研究汉语音韵的重要资料，但其可靠性值得怀疑。先生分析东巴文的假借现象后，认为：(1)《说文解字》中说解文字时惯用的"从 A，B 声"的术语，并非意味着那个被说明的形声字与 B 字的读音一定完全相同，也很可能只是音近关系；(2) 既然开始假借时可能已经有了读音的差异，那么整理古音系统和拟测古音音值时使用谐声系统必须格外谨慎；(3) "古无四声说"产生的认识原因之一，在于假借时不必严格区别四声，误以为不存在四声了；

(4) “声转”的原因需向多方面去考察。(王元鹿 1988)[103] 这无疑为从汉字假借字角度研究汉语音韵学提供了新的思路。

先生总能站在普通文字学的高度,解决各类文字研究中存在的问题。比如东巴文的性质问题,“依我们的看法,可以把一般研究者所称的‘纳西象形文字’改为‘纳西意音文字’,更为科学。当然,最为圆通的方法是径称为‘纳西东巴文字’……今天,我们也不妨为纳西东巴文字正一正名”(王元鹿 1988)[41]。这是在系统分析东巴文内在结构后得出的令人信服的观点。关于东巴文象形字的成熟性,在分析指事字形成规律之后,先生(1988)[67] 提出:“既然纳西东巴文字同甲骨文字一样,已经具备了加符号指事字。那就可以推知,东巴文字的象形造字法已经发展到一定阶段了。”又比如纳西族的族称问题,先生深入分析黑色字素之后,得出了纳西族的“褒白贬黑”的文化心理,进而对方国瑜先生早年提出的“‘纳西’为‘黑人’”观点提出了疑问,“因为一个自古贬黑的民族,决不会自名黑色”。(王元鹿 1988)[98] 后来方先生解释“纳”为大,以“纳西”为“大族”,这与先生的看法就一致了。

五、结　　语

先生已离我们而去,但为学林留下了宝贵的财富,为文字学发展贡献了自己应有的力量。在学术殿堂里,先生志存高远,致力于解决普通文字学和比较文字学的基础理论问题。回顾已有的成果,目标已然达到。李玲璞先生在《汉古文字与纳西东巴文字比较研究》序中评价:元鹿从事此项工作,对于民族间的比较文字学的研究和汉文字学的研究,乃至中华文字学的建立,无疑是十分有益的。先生的研究也弥补了唐兰先生(1979)[12] 的一个遗憾:“现在,各种文字,几乎都有专家在做研究,还没有人做综合比较的工作。”

先生筚路蓝缕,开创了一个新的研究领域。但未来的路还很长,希望有更多的学者投身于广阔的文字学领域,致力于普通文字学理论的研究。

参考文献：

[1] 郭沫若. 中国文字之辩证的发展. //郭沫若. 奴隶制时代. 北京：人民出版社,1977.
[2] 唐兰. 中国文字学. 上海：上海古籍出版社,1979.
[3] 王元鹿. 纳西东巴文字与汉字不同源流说. 云南民族大学学报,1987(1).
[4] 王元鹿. 纳西东巴文字与汉古文字假借现象的比较及在文字史上的认识价值. 徐州师范大学学报,1987(2).
[5] 王元鹿.《字谱》评介. 辞书研究,1987a(4).
[6] 王元鹿. 纳西东巴文与汉形声字比较研究. 中央民族学院学报,1987b(5).
[7] 王元鹿. 汉古文字与纳西东巴文字比较研究. 上海：华东师范大学出版社,1988.
[8] 王元鹿. 普通文字学概论. 贵阳：贵州人民出版社,1996.
[9] 王元鹿. 比较文字学. 南宁：广西教育出版社,2001a.
[10] 王元鹿. 由若喀字与鲁甸字看纳西东巴文字流播中的发展——兼论这一研究对文字史与普通文字学研究的意义. 华东师范大学学报,2001b(5).
[11] 王元鹿. 玛丽玛莎文字源与结构考. 华东师范大学学报,2004a(2).
[12] 王元鹿. 汉字发生研究材料论. 柳州职业技术学院学报,2004b(12).
[13] 王元鹿. 汉字发生研究方法论. 黔南民族师范学院学报,2005(2).
[14] 喻遂生. 纳西东巴文研究丛稿. 成都：巴蜀书社,2003.
[15] 喻遂生. 纳西东巴文研究丛稿(第二辑). 成都：巴蜀书社,2008.
[16] 周有光. 比较文字学初探. 北京：语文出版社,1998.
[17] 周有光. 世界文字发展史. 上海：上海教育出版社,2003.

作者简介

黄思贤,2005 年至 2008 年华东师范大学中国文字研究与应用中心汉语言文字学专业博士生,师从王元鹿教授。现为海南师范大学文学院教授。

《汉古文字与纳西东巴文字比较研究》学术影响力研究
——基于中国知网(CNKI)的论文引用分析

陈冰冰

一、引　言

王元鹿先生是我国著名的文字学家,在比较文字学、普通文字学以及少数民族古文字的研究上都取得了令人瞩目的成就。王先生一生中出版了多部文字学著作,其中《汉古文字与纳西东巴文字比较研究》(以下简称《汉纳比较研究》)、《普通文字学概论》与《比较文字学》堪称文字学研究的经典。

三部经典著作中,《汉纳比较研究》不仅是王先生最早的著作,也是中国学者采用比较文字学的理论方法对两种文字体系进行系统比较研究的首部文字学专著。著作从文字记录语言的方式、文字符号与语言单位的对应关系以及文字的符号体态等三个方面进行了较为全面系统的比较研究,加深了学界对两种文字的认识,在为比较文字学奠定理论基础的同时,也为后续其他民族文字和外国文字的研究提供了范式。

本文主要基于中国知网(CNKI)的期刊论文库,通过《汉纳比较研究》施引文献的学科分布、施引年份、施引机构以及被引观点与被引内容等方面分析其学术影响力。

二、《汉纳比较研究》被引基本情况分析

本研究使用的数据来源于CNKI数据库。通过“引文检索”以“《汉古文字与纳西东巴文字比较研究》”为“被引主题”，以“王元鹿”为“被引作者”进行检索，“文献来源范围”选择“期刊库”，检索结果中的被引文献分别为1988年、1998年华东师范大学出版社出版的《汉纳比较研究》以及一条未标注出版时间与年份的《汉纳比较研究》，后经查证1998年并未出版《汉纳比较研究》，此处或为该文作者笔误。我们在CNKI期刊数据库中共检索得到98篇施引文献。经初步筛选，手动删除完全重复文献4篇，共得到94篇有效文献。

（一）施引文献学科分布情况

首先，《汉纳比较研究》施引文献的学科分布整体特点主要是以中国语言文学为主，涵盖教育学、历史学等相关学科，同时对计算机科学也有一定影响，并且产生了交叉学科。

在《汉纳比较研究》的施引文献中，根据全国学科专业分类，81篇文献属于中国语言文学类，占比86%，其中《多媒体交互设计演绎东巴文字构成》（杨雯 2021）、《东巴象形文字特征曲线简化算法研究》（杨玉婷，康厚良，廖国富 2019）两篇属于中国语言文学与计算机科学与技术的交叉研究成果。除此之外，《汉纳比较研究》在教育学、历史学、法学、计算机科学与技术、艺术学以及管理学等领域也有一定的被引。

在对属于中国语言文学类的81篇施引文献进行详细再分类时，其中54篇属于中国少数民族语言文字，占比67%；21篇属于汉语言文字学，占比26%；6篇属于语言学及应用语言学，占比7%。也就是说，在中国语言文学大类中，涉及领域以中国少数民族语言文字为主，汉语言文字学次之，语言学及应用语言学也有一定比例。

《汉纳比较研究》是中国语言文学类的著作，但在该著作中，王

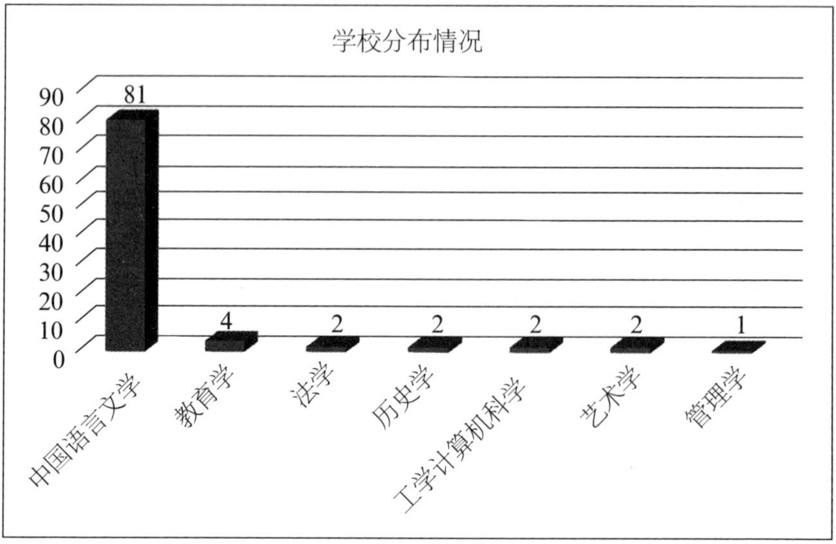

图 1　施引文献学科分布情况

元鹿先生从文字学、语言学、文化学及民俗学等方面,对汉古文字和纳西东巴文字进行了比较研究,因而它的影响力也并不仅仅局限于中国语言文学领域。同时,正如姜汉椿先生(1989)曾指出的,“《比较研究》正是第一部从理论上对纳西东巴文字进行研究的著作”,运用比较文字学的方法将纳西东巴文字与汉古文字进行比较研究,为中国少数民族语言文字的研究寻找到了新方法,其学术意义重大。

(二) 文献施引年份分布情况

《汉纳比较研究》于 1988 年由华东师范大学出版社正式出版。通过上文检索方式得到的 94 篇期刊文献中,最早引用《汉纳比较研究》的为 1995 年王元鹿先生发表的《猪与古代文化》,因此本文的年份分布分析以 1995 年至 2021 年为研究对象。在这 27 年中,除 1996 年、1998 年、2000 年以及 2002 年未被引用外,其余 23 年均被引用,引用篇数为 94 篇,被引频次为 130 次。

2011 年为被引用篇次最多的一年,共 12 篇,是 27 年之最。其中,李杉的《纳西东巴文构形分类研究的探讨》、谢书书和张积家的《知觉表征和语义表征在语言认知中的作用——以东巴文黑色素字

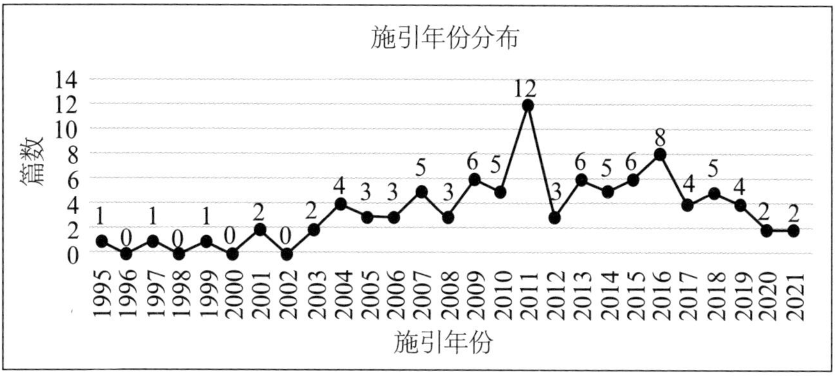

图 2　施引文献年份分布

为例》、刘悦的《东巴文同形字初探》、和继全的《东巴文百年研究与反思》、王娟等合作发表的《结合东巴文学习汉字对幼儿汉字字形记忆的影响》、郑长丽的《纳西东巴文表达方位的方式探析》、张维维《〈祭署·神鹏与署斗争的故事〉中假借现象研究》等 7 篇发表在北京大学核心期刊、中文社会科学引文索引(CSCCI)核心期刊等重要期刊中,施引文献质量较高。

究其原因,或为 2011 年前后,国家对于人文社会科学类的研究投入更大。在 2011 年的 12 篇文章中有 8 篇分别有国家、教育部、省市政府的基金支持,这为东巴文及其相关的研究提供了强有力的资金支持。

(三) 文献施引机构分布情况

引用《汉纳比较研究》的研究机构较为分散,但高度集中于部分高校。

经过统计,对施引文献作者所属的研究机构进行分析,94 篇文献涉及全国 40 个研究机构(合作发表的文献以第一作者的研究机构为准),其中高校占据主体地位,高达 39 个,属于非高校性质的研究机构仅有一个,为丽江东巴文化研究院。在 40 个研究机构中,华东师范大学为研究的主力,施引篇数达到 31 篇,占比 33%;其次为西南大学,施引篇数为 11 篇,占比 11.7%。除此之外,上海外国语大学、上海交通大学、广州大学等研究机构也都对《汉纳比较研究》

表现出较高的关注度。从高校分布的区域来看,主要集中于上海以及西南民族文字地区。

表1　施引文献所属研究机构分布

序号	研究机构	篇数	百分比
1	华东师范大学	31	33%
2	西南大学	11	11.7%
3	上海外国语大学	4	4.3%
4	上海交通大学	3	3.2%
5	广州大学	3	3.2%
6	上海师范大学	2	2.1%
7	西南科技大学	2	2.1%
8	华南师范大学	2	2.1%
9	新加坡南洋理工大学	2	2.1%
10	云南大学	2	2.1%
11	长安大学	2	2.1%
12	丽江东巴文化研究院	2	2.1%

三、《汉纳比较研究》被引内容分析

(一)《汉纳比较研究》被引用观点分析

《汉纳比较研究》中,王元鹿先生将甲骨文、金文等汉古文字与少数民族文字纳西东巴文进行比较研究,在文字的发展规律、造字法、语言与文字的关系等方面都提出了独到的见解,对后来的研究者也产生了较大的影响。

在94篇施引文献中,通过归纳处理得到130频次的引用,其中,直接引用的46次,占比35.4%;间接引用的84次,占比64.6%。

笔者对 130 次施引过程中引用的概念进行分析，归纳得出 13 个被引用的相关概念。其中，关于义借字的引用为 30 次，占比 23.1%，是被引用次数最多的。除此之外，对造字法、字词关系等概念的引用也较多，分别达到了 28 次和 21 次。

表 2　被引概念的次数

序号	被引概念	次数	百分比
1	义借字	30	23.1%
2	造字法	28	21.5%
3	字词关系	21	16.2%
4	《汉纳比较研究》总体介绍	10	7.7%
5	东巴文产生历史	9	7%
6	东巴文与其他文字	8	6.2%
7	东巴文字性质特点	8	6.2%
8	黑色字素	8	6.2%
9	复合字形	3	2.3%
10	字源	2	1.5%
11	尔苏沙巴文字	1	0.7%
12	汉字与哥巴文字	1	0.7%
13	文字的发展趋势	1	0.7%

（二）《汉纳比较研究》被引用内容分布情况

根据统计分析，46 次直接引用中，对《汉纳比较研究》正文内容的引用呈现出整体分散、但主要集中于部分章节的特点。在引用内容方面，对义借字概念的引用为 13 次，次数较多。其次，关于指事字类型以及字词关系的两部分内容都被引用了 2 次，其他直接引用的内容均为 1 次。

《汉纳比较研究》正文主要由六个部分构成，46 次直接引用中引用的内容分别来自其中的五个部分：引论的内容被引用2次；第一章——“两种语言的关系及两种文字关系”中的内容被引用5次；第二章——“两种文字记录语言的方式的比较”中的内容被引用29次，其中关于义借字概念的引用为13次；第三章——“两种文字的文字符号与语言单位的对应”中相关内容被引用9次；第四章——“两种文字的符号体态的比较”的内容被引用1次。

表3　被引次数较多的正文内容

序号	引用内容	次数
1	借用一个现成的字的形体来记录另一个意义与它有关的词。(王元鹿 1988)[50]	13
2	纯由抽象符号构成的指事字(下文简称为“纯符号指事字”)和由象形符号添加抽象符号构成的指事字(下文简称为“加符号指事字”)。(王元鹿 1988)[66]	2
3	一、有词无字，即一些词没有相应的字去记录；二、一字多用，即有的词在一节经文中出现几次，记录它的字却只出现一次；三、有字无词，即有的字在诵读经文时不读出来。(王元鹿 1988)[119]	2

四、结　　语

通过本文统计分析发现，《汉纳比较研究》在中国语言文学领域，尤其是在东巴文、水文、尔苏沙巴文等民族文字的研究中，具有较强的影响力，同时在与之相关的计算机科学等交叉应用学科中也有一定影响。从时间上看，其影响力整体趋于稳定，近年有波动上升的趋势。从其影响的机构来看，绝大部分为高校，分布地域较广，但主要集中于上海以及西南具有少数民族文字的地区。从影响的内容来看，著作中提出的多个观点均被多次引用，观点所分布的章节也较为平均。

邓章应(2013)主张将“文字学的学科体系分为理论、具体和研究史三大类：理论研究可以分成普通文字学和比较文字学；具体研究是各种具体文字的特征和应用研究；文字学史研究文字学的发展历史”。《汉纳比较研究》是王元鹿先生的力作，这部著作对汉古文字与纳西东巴文字进行了系统的比较研究，在邓章应主张的这一学科体系中，《汉纳比较研究》结合了理论研究中的比较文字学和具体研究中的具体文字特征，在文字学的学科体系中具有不可替代的重要地位，其学术影响力很大。

参考文献：

[1] 邓章应.文字学的学科地位和学科体系再思考.宁夏大学学报，2013(2).

[2] 邓章应，苟开青.王元鹿先生文字学成就略述.华西语文学刊，2016(2).

[3] 姜汉椿.比较文字学研究的有益探索——读《汉古文字与纳西东巴文字比较研究》.华东师范大学学报，1989(2).

[4] 王元鹿.汉古文字与纳西东巴文字比较研究.上海：华东师范大学出版社，1988.

[5] 张玉来.《汉古文字与纳西东巴文字比较研究》读后.古汉语研究，1990(2).

作者简介

陈冰冰，上海外国语大学国际文化交流学院2020级汉语言文字学专业硕士生，师从朱建军教授。

《普通文字学概论》引用分析研究

——基于中国知网(CNKI)(2001—2021年)

万　灵

一、引　　言

20世纪末,理论文字学发展相对滞后,我国普通文字学基础理论研究较为薄弱,在这样的背景下,建立和发展普通文字学十分有必要。1996年,王元鹿先生的《普通文字学概论》出版,该论著对世界各民族文字的本质、分类和种种术语做了讨论,也对文字的产生与发展过程进行了阐述。《普通文字学概论》对世界各民族古今文字的综合研究与探索具有开创性的意义,被称为"中国第一部普通文字学理论专著"。

本文将从被引文献和施引文献两个维度来探析《普通文字学概论》的具体被引情况。一方面,从被引文献的被引频次、被引章节、被引观点等角度出发,可以探究该论著的影响力程度、当下学术研究的趋势,总结可以深入探讨的重点等。另一方面,从施引文献的出版单位、作者和关键词等角度出发,可以透视出相关研究平台的分布概况和各领域学者研究的侧重点。

二、基于中国引文数据库中的被引情况分析

本文的数据来源于中国引文数据库,以作者"王元鹿"、篇名"普

通文字学概论”为检索词，检索截止时间为 2021 年 12 月 31 日，共在中国知网(CNKI)的期刊论文库检索出文献 141 篇，删除其中重复的一篇，共检索得到 140 篇文献。

我们将从被引文献和施引文献两个维度来探析《普通文字学概论》的具体被引情况。第一，统计被引用量能够更为直观形象地反映出在学术界对于该论著的认可程度，与此同时也能从不同时段的不同被引用量窥见学术研究的趋势。第二，统计和分析被引章节，可以看出论著中的被引用次数最多的章节，即广为学界所认同的章节，这也是可以进行深入探讨的重点。第三，可以通过分析被引用的热点观念，来透视该论著对哪些领域有启发与参考价值。

(一) 被引用量分析

论著的被引用量可以用来评价论著中的观点对于施引文献研究内容的有益程度，以此来反映出论著的学术影响力和在学科领域的作用和地位。基于中国知网(CNKI)的引用分析结果显示，《普通文字学概论》被引总量达 140 篇，总被引量较大，且基本上每年都有一定的被引量。从较高的被引量能够看出王元鹿先生的《普通文字学概论》在学界是被高度认同的。

如图 1 所示，从年度变化的总趋势来看，近二十年《普通文字学概论》以 2010 年为分界点，前期即 2001 年到 2010 年，除了 2002 年有所下降外，基本呈上升趋势。而后期即 2011 年到 2021 年则呈波动下降趋势。2010 年是被引次数的最高峰，达到 14 次，占二十年以来总被引次数的 10%。值得注意的是，2008 年到 2015 年左右是被引的高峰期，每年都达到了 9 次及以上。

通过对被引用量的统计和线形图趋势的变化，也可以窥见《普通文字学概论》受到了文字学界的广泛关注并有着较长的时效性。到了 2010 年以后，即使随着学科的不断发展，产生了新的问题和新的挑战，但是该论著仍旧保持着一定的被引次数，说明它始终有着一定的影响力和作用。

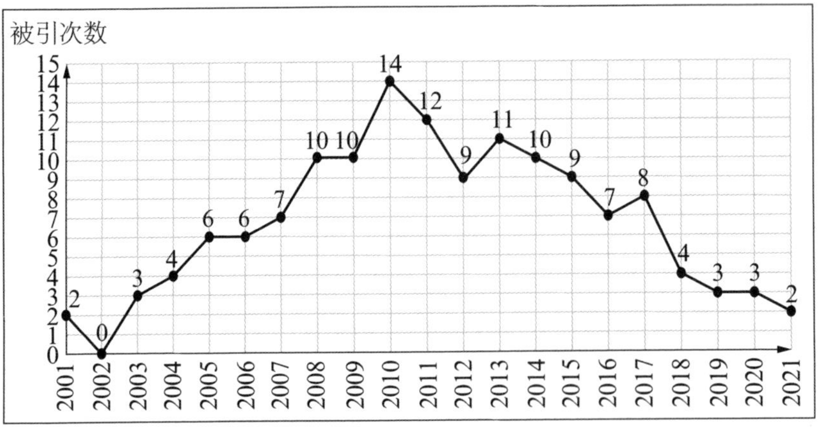

图 1　近二十年《普通文字学概论》各年被引用量

(二)被引章节分析

对被引章节的统计,有助于发现在学术界影响力较大的观点和内容。包含李玲璞先生所写的序言的被引次数在内,去除部分无法查证引文所在章节的文献,各章节在施引文献中引用的总量达到153次,从序言到引论、正文再到后记,每一章都有被引用的内容,被引的高频章节集中在文字的分类(32次)、文字的发生(19次)和早期文字(46次)这三个章节。早期文字这一章节的被引量最高,占总数的30%。具体如图2所示:

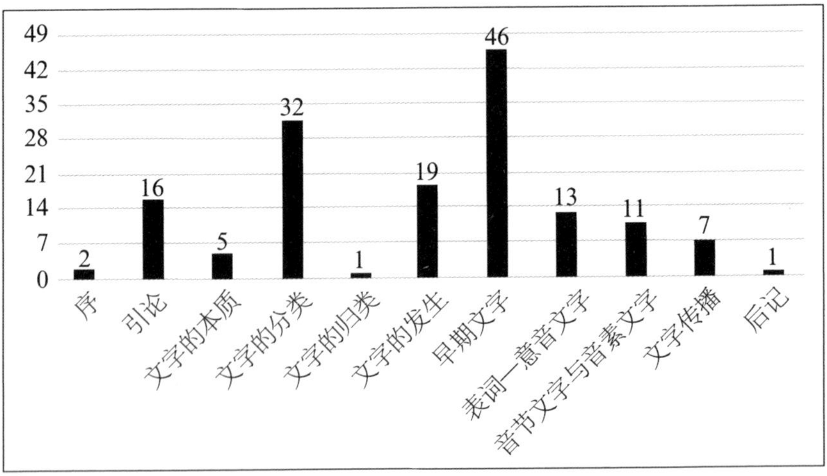

图 2　《普通文字学概论》各章节被引频次

由此可知,《普通文字学概论》各个章节的被引量并不均衡,代表性的观点集中在有关早期文字、文字的分类和文字的发生等章节。关于这些章节中引用频次较高的热点文段,如表 1 所示。

表 1 《普通文字学概论》热点章节的高频被引观点

被引热点章节	热点被引观点
引论	"综合是普通文字学最重要的研究方法。具体而言,就是在广泛收集各种文字材料,并对材料进行综合的分析研究。在综合的分析基础之上,对材料进行对比和联系,以找寻出材料之间的规律。"
文字的分类	① "从文字符号记录语言的方式看,有记意文字、意音文字、记音文字之分。" ② "从文字符号与语言的对应关系来看,有语段文字、表词文字、音节文字、音素文字之分。" ③ "从符号体态的角度来划分,有较接近于图画文字的文字、较接近于象形文字的文字、较接近符号文字的文字。"
文字的发生	"虽然文字学界至今对文字来源的看法尚未取得统一的认识,然而绝大多数当代文字学者都不否认原始图画是文字的主要渊源。"
早期文字	① "早期文字往往以方位、颜色等手段记词表义。" ② "早期文字的符号体态较为繁复。也可以说,在同一个民族的文字发展的纵向上看,文字符号体态趋简的方向是大势。"
表词—意音文字	① "早期文字的符号体态较为繁复。也可以说,在同一个民族的文字发展的纵向上看,文字符号体态趋简的方向是大势。" ② "而成熟的表词—意音文字其进一步的发展和完善的趋势亦是'符号化'和'简化'"。

在上述观点中,被引用得较多的是以下几类观点:

"引论"中有关"综合"的研究方法。除了综合的研究方法之外,还有"比较"与"联系"——它们是普通文字学的三种研究方法,这是前人并没有系统归纳过的。

"文字的分类"中,王元鹿先生从文字符号记录语言的方式、文字符号与语言的对应关系、符号体态这三个不同的角度对世界上的多种文字进行分类(书中第 46 页)。这些观点对于后来学者的研究都具有高度的启示性。

“文字的发生”中有关原始图画是文字主要渊源的观点。

“早期文字”中主要有关早期文字的符号化程度的内容。除此之外，在该章节中王元鹿先生还对早期文字的特征、文字制度，以及特殊的表词方式等，都做了详细具体的阐述。

“表词—意音文字”中有关文字符号体态和成熟的表词—意音文字的发展趋势等内容。

除了上述观点之外，《普通文字学概论》一书中还有大量民族文字的实例，文字材料十分丰富充实，都被后来的学者们广泛使用。

三、《普通文字学概论》的施引文献分析

（一）施引文献出版单位分析

该部分将从施引文献出发，对施引文献的出版单位和施引文献的关键词等方面做出分析。

统计发现，引用《普通文字学概论》的 140 篇论文涉及 48 个出版单位，其中，有 13 个高校的 81 篇施引文献，占总数的 57.9%；35 个其他单位的 59 篇施引文献，占总数的 42.1%。而在后者中，由高校学报发表的施引文献达 24 篇。由此可知，在各个机构中，高校对于普通文字学的研究具有不可忽视的推动作用。

在引用的高校中，引用频次大于 3 次的高校单位有华东师范大学、西南大学、西南科技大学和中国海洋大学，其中华东师范大学和西南大学分别高达 34 次和 30 次①，可见这些高校作者的研究领域与王元鹿先生《普通文字学概论》相关的研究领域的关系是十分密切的。具体情况如图 3 所示。

在引用《普通文字学概论》的其他单位中，引用频次大于 3 次的单位有《华西语文学刊》《中国文字研究》《湖州师范学院学报》和《龙

① 西南大学的 30 次，其中 1 次单位为“西南师范大学”。

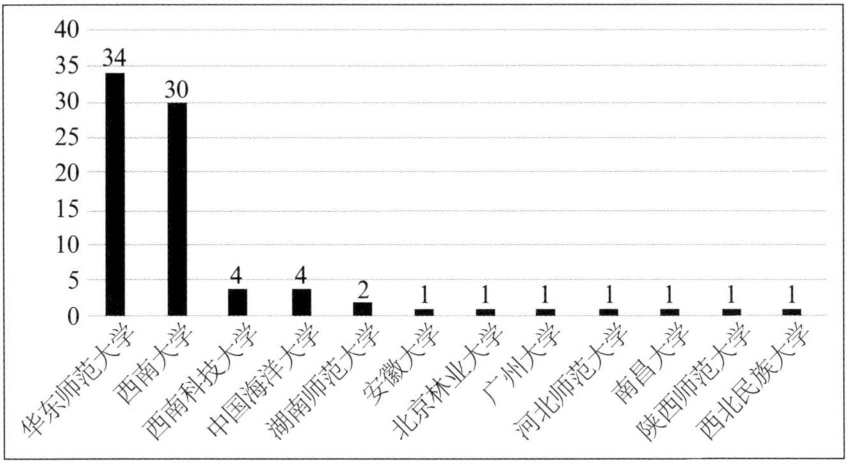

图 3　施引文献的所属高校单位

岩学院学报》,其中《华西语文学刊》和《中国文字研究》引用频次最高。具体情况如表 2 所示:

表 2　施引文献的出版期刊

出版期刊	频次	出版期刊	频次
《华西语文学刊》	6	《基督教文化学刊》	1
《中国文字研究》	6	《江苏广播电视大学学报》	1
《湖州师范学院学报》	4	《理论月刊》	1
《龙岩学院学报》	4	《柳州职业技术学院学报》	1
《华东师范大学学报》	3	《民族语文》	1
《中国海洋大学学报》	3	《内江师范学院学报》	1
《汉字文化》	2	《青海师范大学学报》	1
《兰州学刊》	2	《群文天地》	1
《西北民族大学学报》	2	《山东农业大学学报》	1
《现代语文》	2	《四川大学学报》	1
《安徽大学学报》	1	《同济大学学报》	1

（续表）

出版期刊	频次	出版期刊	频次
《传奇・传记文学选刊》	1	《新余高专学报》	1
《大理学院学报》	1	《云南民族大学学报》	1
《东岳论丛》	1	《中文自学指导》	1
《甘肃联合大学学报》	1	《中央民族大学学报》	1
《贵州民族研究》	1	《重庆社会科学》	1
《贵州师范大学学报》	1	《淄博师专学报》	1
《鸡西大学学报》	1		

从表 2 的引用结果来看，引用频次较高的出版方，一方是由西南交通大学外国语学院主办，由四川出版集团、四川文艺出版社出版的《华西语文学刊》；一方是由华东师范大学中国文字研究与应用中心主办的《中国文字研究》。这个结果是与引用频次高的高校西南大学、西南科技大学和华东师范大学相对应的，施引文献所在的出版单位，无论是否为高校机构，都有相当一部分集中在西南地区（主川渝）和华东地区（主上海）。

（二）施引文献的作者分析

统计结果显示，施引文献的第一作者共有 92 位，图 4 列出了发表多于或等于两篇文献引用了《普通文字学概论》的作者（按首字母顺序排序），包括原作者王元鹿先生本人在内，共 17 位。

其中，作者作为第一作者自引的文献有五篇，分别是《汉字发生研究材料论》（2004）、《十九世纪末以来的汉字发生研究的历史回顾》（2006）、《纳西族东巴文符号化简论》（2009）、《"坡芽歌书"的性质及其在文字学领域中的认识价值》（2009）和《比较文字学视界中的汉字发生研究》（2011）。

（三）施引文献的热点关键词分析

除了施引文献的出版机构之外，了解著作施引文献的主题与关

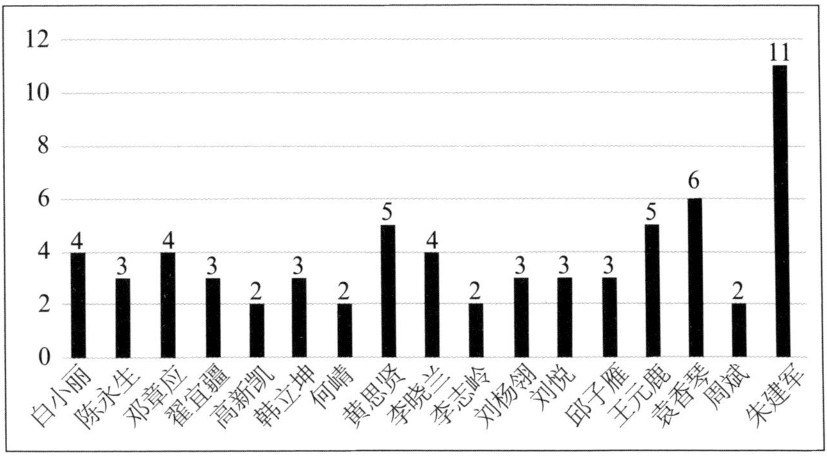

图 4　施引文献的第一作者(引用篇目≥2)

键词,以知晓在哪些具体的研究领域有更大的学术影响力,也可以对论著所具有的影响力提供参考。

本文对于施引文献的关键词进行统计时发现,施引文献的研究主题分布十分广泛,同时也有侧重点。

在引用了《普通文字学概论》的各类文献中,出现频次大于等于三次的施引文献关键词为:“文字”“东巴文”“汉字”“纳西”“异体字”“比较”等 20 个,我们将其定义为 140 篇施引文献中的热点关键词,具体如表 3 所示:

表 3　热点关键词出现频次(频次≥3)

关键词	出现频次	关键词	出现频次
文字	58	水文	8
东巴文	36	借源字	7
汉字	23	符号体态	6
纳西	18	彝文	6
异体字	15	类型	6
比较	14	造字机制	5

(续表)

关键词	出现频次	关键词	出现频次
东巴经	13	圣书字	5
用字	10	壮字	4
哥巴文	10	自源字	4
甲骨文	9	字释	3

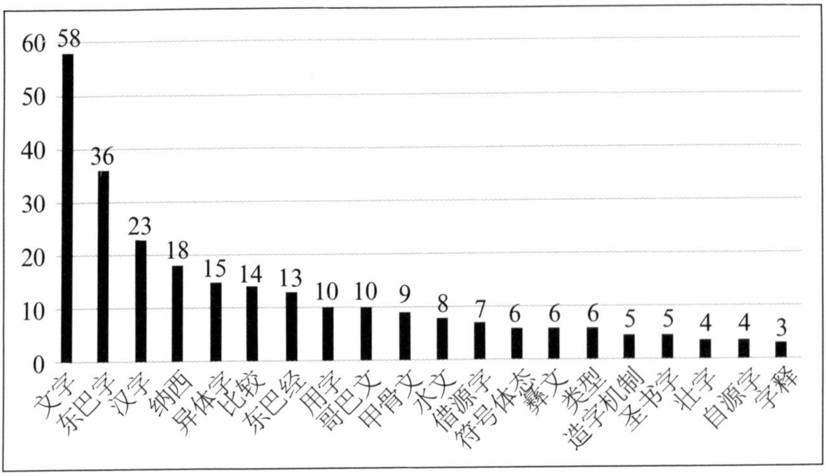

图5　热点关键词(频次≥3)的频次柱状图

首先,可以从中窥视出《普通文字学概论》对于各民族各文字研究的影响。关于纳西族文字的引用量是最高的,纳西族有四种文字,分别是东巴文、哥巴文、玛丽玛莎文和达巴文。从排名靠前的热点关键词中可以看出,"东巴文"占36次,"东巴经"占13次,"哥巴文"占10次,而其他两种文字所占比例低于3次。这里可以通过施引文献对该论著引用频次,折射出纳西族文字的研究现状——对纳西文字的研究更多地集中于东巴文和哥巴文二者,且东巴文的研究最为充分,而关于玛丽玛莎文和达巴文的研究相对来说较为薄弱。也可以通过对"东巴文"以及与其相关的"东巴经"高比例引用,看出《普通文字学概论》在东巴文研究上造诣颇深,广为文字学研究者所认同。

而除了纳西文字以外,还有水字、彝文、壮字、圣书字等,以及没有列入图表中的傈僳族文字和白文,甚至还有国外的韩国文字、日本文字等,从中可以看出,《普通文字学概论》所包含的国内外民族文字研究内容十分丰富,对于文字研究的影响力也非常深远。

其次,关键词"文字"高达 58 次,与此同时,"用字""借源字""自源字""字释"等与文字有关的内容也占有一定的比例,说明《普通文字学概论》所涉及的文字研究领域十分广泛。

最后,关键词"比较"也占有一定的比例,共有 14 次,说明有一定量的施引文献参考了《普通文字学概论》对于不同文字进行比较研究。这些比较研究有国内外文字的比较,也有国内不同民族文字的比较,其中包括且不限于俄亚和丽江东巴经的版本比较、日本汉字和中国简化字的比较、甲骨文与原始楔形文字的造字机制比较、水字与古彝文的同义比较,等等。

四、结　　语

本文通过对中国知网(CNKI)的统计,从被引文献的历年被引频次、各章节被引频次、热点被引观点和施引文献的出版单位、第一作者以及热点关键词等角度,对王元鹿先生的《普通文字学概论》一书进行了引文分析,在整体上综观对于被引文献和施引文献的分析情况,可以得到以下的学术影响力评价。

从纵向来看:一方面,近二十年以来,《普通文字学概论》基本上每一年都保持着相当数量的被引用量,说明它受到了文字学界的广泛关注,并有着较长的时效性,书中的观点可以长期地为文字学各领域的研究者提供具有建设性作用的参考与建议;另一方面,随着学科的不断发展,尤其是在 2010 年以后,《普通文字学概论》的被引次数有波动下降的趋势,说明产生了新的问题和新的挑战,但是该论著仍旧保持着一定的被引次数,发挥着一定的学术影响。

从横向来看:一方面,在施引文献的出版单位中可以看出,高校机构对于普通文字学的研究具有不可忽视的推动力;另一方面,施引文献的关键词以纳西文字相关的居多,与此同时还涉及了广泛的文字学研究领域,研究的内容遍及多民族丰富的语言文字,对文字研究理论的发展具有深远的影响。

《普通文字学概论》后记有言:“从微观到宏观,从实践到理论的过程必须有人去完成。”总而言之,本文对被引文献和施引文献的各方面做了相应的分析,分析结果能够折射出的不仅是《普通文字学概论》所具有的坚实建设性和深远影响力,还有论著作者王元鹿先生严谨扎实的治学作风、深厚丰富的学术积累和所抱有的文字学研究的使命感。

参考文献:

[1] 郑德俊,朱宇飞,张正慧,等.基于引用内容分析法的张琪玉学术贡献研究.图书馆杂志,2021,40(3):4-12.

[2] 邓章应,苟开青.王元鹿先生文字学成就略述.华西语文学刊,2016(2):11-27,2,402.

[3] 刘盛博,丁堃,唐德龙.引用内容分析的理论与方法.情报理论与实践,2015,38(10):27-32.

[4] 刘太杰,张玉来.读《普通文字学概论》.古汉语研究,1998(1):95-96.

作者简介

万灵,上海外国语大学国际文化交流学院2021级语言学及应用语言学专业硕士生,师从朱建军教授。

《比较文字学》学术影响力研究
——基于中国知网(CNKI)和读秀的图书影响力分析

陈　潇

一、引　　言

1994年,王元鹿先生受国家社会科学基金资助,开始潜心研究"比较文字学"这个研究课题。经过几年不懈努力,项目成果《比较文字学》于2001年成书并在广西教育出版社的支持下出版。《比较文字学》是王元鹿先生继周有光先生1998年《比较文字学初探》后,为学界贡献的又一本比较文字学著作。全书提纲挈领地明确了比较文字学的学科定位和研究意义,提出了自己的研究方法,并为"早期文字的比较""表音文字的比较"等提供了翔实而丰富的文字材料。《比较文字学》立足"比较"的研究方法,将汉民族文字和中华民族文字放入世界文字研究这个更广阔的研究领域,以其开创性和独特性,成为国内比较文字学的代表性著作。

2022年,回首这本21年前出版的《比较文字学》,我们好奇地发出疑问:这本书究竟给读者和学界带来了什么?究竟为文字学这个相对冷门的学科提供了多少养分?为了解答这些疑问,也为了缅怀王元鹿先生,我们决定通过引文分析来对《比较文字学》进行学术影响力调查。本文基于中国知网(CNKI)期刊论文库和学术搜索平台"读秀",采用文献计量法探析《比较文字学》在中国的学术影响力。

二、评价标准构建

目前，被引数量和被引内容是研究图书影响力的重要角度。被引数量是分析图书从出版开始被引用的次数，被引数量可以根据年份、机构等指标因素再次细分；被引内容主要是具体分析图书哪些章节、哪些观点被引用较多，这两个角度基本基于数量指标对图书影响力进行评价。彭秋茹、何贝、黄水清(2021)构建了涉及图书被引情况、馆藏情况、再版情况、作者影响力、读者书评和社交网站在线提及情况等多个指标的中文人文社会科学图书影响力评价指标体系。本文借鉴他们的评价指标体系，考虑到具体情况，从以下评价指标对《比较文字学》进行影响力分析，如表1所示：

表1 《比较文字学》学术影响力评价指标

一级指标	二级指标	数据来源
图书被引次数	不同年份引用量	CNKI
	不同学科引用量	
	不同机构引用量	
	不同基金引用量	
图书馆藏量	高校图书馆馆藏数量	读秀
	公共图书馆馆藏数量	

三、图书被引次数

(一)《比较文字学》被引用量较大，呈现前期增长后期波动下降的趋势

被引用量和年均被引量是衡量图书学术影响力的两个重要指标。《比较文字学》于2001年1月出版，2022年2月8日我们在中

国知网(CNKI)中检索其相关数据,结果显示其自2001年以来,一共被引用153次,年均被引量为7.29次。苏新宁2009年为分拣出对学界贡献最大、最具影响力的前20%的图书,借助中文社会科学引文索引(CSSCI)系统,针对21个学科设立了各学科的入选标准。在这个标准中,入选语言学学科前20%的图书需要满足总被引次数≥40,年均被引次数≥5。依照苏新宁2009年的标准,王元鹿先生的《比较文字学》毫无疑问是语言学学科大类里出类拔萃的著作之一,更不必说在下属的文字学学科中了。较高的被引用数量表明该书在学界具有一定的学术影响力,得到了文字学界的关注和认同。

如图1所示,《比较文字学》不同年份的被引量呈现前期快速增长,后期波动下降的整体趋势。2001—2003年由于该书刚出版,比较文字学在国内也属于起步阶段,因此被引用量较小,2004年被引用量猛增,一直到2010年达到巅峰,随后较高引用量一直保持到2017年。这表明《比较文字学》具有较高的学科前瞻性和学术生命价值,为"比较文字学"这一学科分支贡献了较长时间的学术支持,对国内比较文字学研究产生了较大的影响。

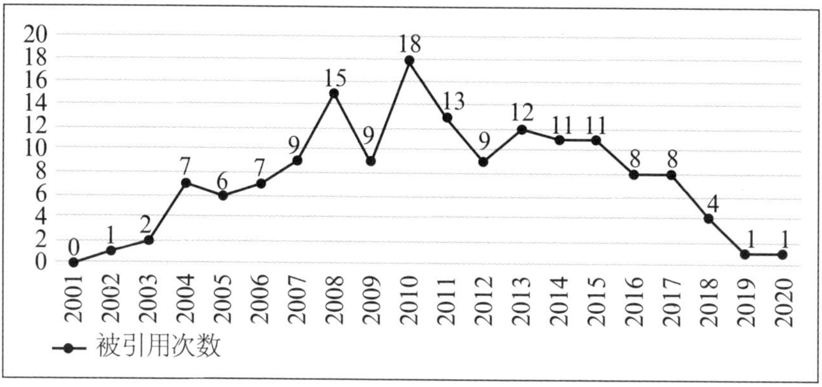

图1 《比较文字学》不同年份引用量

(二) 研究《比较文字学》的机构数目较多,但高度集中于部分高校

统计显示,21年间引用《比较文字学》的153篇论文或专著一共涉及34个单位,除了"中国文字学会"在2005年引用了一次外,其

他33个单位均为高等院校，高校占比超过97%（部分高校见表2）。由此可见，《比较文字学》在高校影响力更大，这可能与文字学研究偏冷门有关。如表2所示，引用《比较文字学》次数最多的前三所高校分别是华东师范大学（53次）、西南大学（26次）、中国海洋大学（19次），三所高校引用的次数远高于其他机构。华东师范大学引用较多是因为王元鹿先生本身任教于华东师范大学，《比较文字学》一书也是在华东师范大学中国文字研究与应用中心的支持下成书的。西南大学则是因为其文字学研究水平较高，且有一批学者致力于研究民族文字如纳西族东巴文字，这正是王元鹿先生的研究领域。中国海洋大学则是有一批学者运用《比较文字学》提出的研究方法进行了广泛的调查与研究。

表2　引用《比较文字学》排名靠前的研究机构

序号	机构	篇数
1	华东师范大学	53
2	中国海洋大学	19
3	西南大学	26
4	广西大学	7
5	云南大学	6
6	安徽大学	3
7	中央民族大学	3
8	复旦大学	2
9	钦州师范高达专科学校	2
10	浙江大学	2
11	上海外国语大学	2
12	秦皇岛职业技术学院	2
13	四川大学	2

(续表)

序号	机构	篇数
14	南开大学	2
15	湖南师范大学	2

(三)《比较文字学》在多个学科中有所贡献

中国引文数据库统计显示,《比较文字学》曾在中国语言文字、考古学、中国文学、外国语言文字、旅游学、建筑科学与工程、民族学等共计15个学科中被引用,其中又以中国语言文字最为突出(引用142次,如表3所示)。在诸多学科被引表明《比较文字学》内容价值高,引用涉及的课题众多,能够为多学科提供方法论或具体实例,并且具有一定的可读性。而中国语言文字学科的高引用量又标志着《比较文字学》一书专业性较强,获得了学科内部的较高关注和认可。

表3 《比较文字学》施引文献排名靠前的学科①

序号	学科	引用次数	百分比
1	中国语言文字	142	92.81%
2	考古	9	5.88%
3	中国文学	3	1.96%
4	外国语言文字	2	1.31%
5	旅游	2	1.31%
6	图书情报与数字图书馆	2	1.31%
7	美术书法雕塑与摄影	2	1.31%

同时,笔者还对153篇施引文献进行了主题分类统计,发现引

① 一篇施引文献可能会被归入两种及以上学科,因此引用次数并不等于153。表4同理。

用《比较文字学》的论文主题分布较为广泛，主要涉及民族文字研究(77 篇)、汉字研究(53 篇)、文字比较(34 篇)、文字起源与演变(26 篇)、外国文字研究(25 篇)，如表 4 所示。此外，这 153 篇文献还涉及汉语词汇研究、汉语语法研究、古籍研究、造字法、文字类型学等众多研究主题。这表明《比较文字学》提出的研究方法具有较强的可行性，被众多研究者接纳并用于实践，特别是在王元鹿先生擅长的民族文字研究领域，一批学者在 21 年间不断引用该书观点研究纳西东巴文字等并取得了丰富的成果。

表 4 《比较文字学》施引文献排名靠前的研究主题分布

序号	研究主题	数量	百分比
1	民族文字研究	77	50.32%
2	汉字研究	53	34.64%
3	文字比较	34	22.22%
4	文字起源与发展	26	16.99%
5	世界文字研究	25	16.33%

(四)《比较文字学》为多项基金研究提供参考

中国知网(CNKI)的引证文献基金分析显示，在引用《比较文字学》的 153 篇文献中，有 8 篇获得国家社会科学基金支持，有 4 篇获得上海市重点学科建设项目支持，2 篇获得教育部人文社科研究项目支持，1 篇获得国家重点基础研究发展规划(973 计划)支持，1 篇获得中央高校基本科研业务费专项资金项目支持。

四、图书馆藏量

图书馆藏量的二级指标包括高校图书馆馆藏量和公共图书馆馆藏量，馆藏数据均来自读秀学术搜索平台。高校图书馆馆藏量在一定程度上可以反映图书的学术价值和学术影响力，公共图书馆馆藏量则可以反映图书的受欢迎程度。图书馆藏量越大,潜在的读者受众也就越多,则可以进一步促进图书的声誉提升。也就是说,图书本身的价值和图书馆馆藏量呈现一个互相驱动的态势。

据读秀平台提供的数据显示,国内至少有127所高校收录了王元鹿先生的《比较文字学》。[①] 经笔者对比第四轮学科评估结果和127所高校,发现在中国语言文学中获得A-、A、A+评级的14所高校中,全部藏有《比较文字学》一书,这表明在相关研究领域最具有建树的高校普遍认可王元鹿先生的《比较文字学》。

公共图书馆馆藏量则远少于高校图书馆馆藏量。据读秀登记,只有长春市图书馆、浙江图书馆、广西壮族自治州图书馆等5家公共图书馆藏有该书。这可能是由于文字学本身偏于冷门导致的,当然也有可能是由于"读秀"收录的馆藏数据不全。

部分收录《比较文字学》的高校图书馆如表5所示:

表5 藏有《比较文字学》的高校(部分)

北京大学	四川大学
北京师范大学	中国人民大学
复旦大学	首都师范大学
华东师范大学	南开大学
南京大学	南京师范大学
浙江大学	武汉大学
山东大学	中山大学

五、结　　语

王元鹿先生在《比较文字学》绪论中曾谈到:时至今日,是需要

① 由于数据遗漏或者数据更新不及时,实际藏有《比较文字学》的高校数量大于127所。

对以往我们所作的关于比较文字学的工作进行通盘总结并进而为这门学科建立一个科学框架的时候了……如何在文字研究中更多地使用比较方法并为前人的这种实践做一个总结,则更是刻不容缓的事了。2022年,我们为《比较文字学》做了一篇浅显的学术影响力分析,发现《比较文字学》凭借其内容的博闻广纳和学术的严谨细致,20余年间一直在文字研究领域发光发热,吸引着众多后来学者追寻王元鹿先生的足迹探索比较文字学。34所科研机构的153篇施引文献将王元鹿先生搭建的科学框架补充、细化、完善,将比较文字学这一亩三分地拓展到15个广阔的学科天地。21世纪初,比较文字学尚处于草创的阶段,王元鹿先生这本《比较文字学》如同星火,为国内的相关研究照亮了前路。我们期盼更多的读者能够打开这本《比较文字学》,领略王元鹿先生思想的灵光。

参考文献:

[1] 李盼盼.李明忠.《高等教育新论》与《多学科观点的高等教育研究》学术影响力比较研究——基于中文社会科学引文索引(1998—2018)的论文引用分析.现代大学教育,2019(5).

[2] 彭秋茹.何贝.黄水清.中文人文社会科学学术图书的影响力评价——以图书馆情报与文献学为例.图书情报工作,2021(21).

[3] 苏新宁.我国人文社会科学图书被引概况分析——基于CSSCI数据库.东岳论丛,2009(7).

[4] 王元鹿.《比较文字学》.南宁:广西教育出版社,2001.

[5] 朱建军.文字学理论研究的新探索——《比较文字学》述评.龙岩师专学报,2003(2).

作者简介

陈潇,上海外国语大学国际文化交流学院2021级汉语言文字学专业硕士生,师从朱建军教授。

单位领导在追悼会上的悼词

吕志峰[①]

尊敬的王元鹿先生的亲友，尊敬的各位来宾，各位师长、同志们、朋友们：

今天，我们怀着无比沉痛的心情送别著名文字学家、民族古文字专家、华东师范大学中文系教授王元鹿先生。2021 年 8 月 10 日上午 6 时 40 分，王元鹿先生因病医治无效，在上海市普陀区中医医院不幸逝世，享年 75 岁。

王元鹿先生 1946 年 9 月 16 日出生于江苏太仓，1966 年毕业于上海南洋模范中学高中，1978 年 3 月作为“文化大革命”后第一届本科生进入华东师范大学中文系学习，至 1984 年 12 月毕业，获汉语言文字学硕士学位并留校任教，此后一直在中文系工作，1998 年 8 月获聘教授职称。1991 年至 1994 年王元鹿先生曾在美国华盛顿大学（圣路易斯分校）人类学系访学。王元鹿先生先后在中国文字学会、中国民族语言学会、中国民族古文字研究会、中国训诂学研究会及国际纳西文化学会等学术组织中兼职，2001 年起担任华东师范大学中国文字研究与应用中心研究员兼民族文字研究室主任、博士生导师。2016 年 9 月光荣退休。

王元鹿先生一生潜心于汉语言文字学、少数民族文字、比较文字学、普通文字学的教学和科研工作，精通英语、俄语、日语等多种

① 华东师范大学中文系党委书记。

语言文字，所发表的学术成果涉及汉字、东巴文、哥巴文、玛丽玛莎文、达巴文、尔苏沙巴文、水文、北美印第安文字等民族古文字，为中国乃至世界多民族的古文字保护与研究工作做出了卓越贡献。先生学术视野开阔，学术思想兼容并包，长于理论研究，富于思辨和创新，是国内比较文字学、普通文字学领域最早的开拓者，多年来耕耘不辍，取得了很高成就，一直为学界所推重，他所开创的少数民族古文字研究和比较文字学研究方向，成为华东师范大学汉语言文字学学科的特色专业方向，为我校本专业的学科建设做出了杰出贡献。

王元鹿先生潜心学问，孜孜不倦，著述等身，成就斐然。主要专著有：《汉古文字与纳西东巴文字比较研究》(华东师范大学出版社，1988)、《普通文字学概论》(贵州人民出版社，1996)、《比较文字学》(广西教育出版社，2001)、《中国文字家族》(大象出版社，2007)、《王元鹿普通文字学与比较文字学论集》(上海古籍出版社，2012)、《汉字中的符号之美》(文汇出版社，2013)、《中国文字发展史·民族文字卷》(华东师范大学出版社，2015)、《王元鹿普通文字学与比较文字学论集续集》(中西书局，2019)；参编《古文字诂林》(上海教育出版社，1999—2004)，任常务编委；主编《学生常用古汉语词典》(华东师范大学出版社，2008)、《看懂中国字　读懂中国心》丛书(文汇出版社，2015—2017)等。先生主持并完成国家社会科学基金重点项目、国家社会科学基金一般项目、教育部人文社会科学重点研究基地重大项目、上海市哲学社会科学重大课题、上海市哲学社会科学一般课题、上海市教育委员会科研创新计划“冷门绝学”项目等科研项目多项。王元鹿先生曾获“上海市优秀教育工作者”荣誉称号(1989 年 9 月)、上海市教学成果奖三等奖(2005 年 11 月)，所著教材曾获上海市高校优秀教材三等奖(1998 年 3 月)，学术成果两次获得上海市哲学社会科学优秀成果奖二等奖(1996 年 12 月，2002 年 9 月)、两次获得上海市哲学社会科学优秀成果奖三等奖(2000 年 7 月，2006 年 10 月)，并曾荣获其他多项奖励。

王元鹿先生教书育人三十余载，春风化雨，诲人不倦。先生是一位温厚长者，对学生在思想上多方提携引领，在生活中处处关心爱护，深受学生爱戴，作为国内比较文字学、普通文字学领域的先行者，开设“普通文字学”“比较文字学”“文化人类学”等课程，培养出了一大批汉语言文字学专业人才，众多弟子熠熠生辉，桃李满园。

王元鹿先生为人谦逊，淡泊名利，治学严谨，奖掖后进，是学者、师者的典范。王元鹿先生的逝世是华东师范大学中文系的重大损失，也是汉语言文字学界的重大损失，我们永远失去了一位好师长。王元鹿先生的道德文章和人格风范将永远留在我们心中，也必将成为激励我们不断奋进的不竭精神动力！

王元鹿先生千古！

我们永远怀念他！

学生代表在追悼会上的发言

朱建军

尊敬的各位来宾、各位师长：

今天，我们怀着无比沉痛的心情来送别恩师王元鹿先生。首先，请允许我代表全体王门弟子向各位的到来表示最诚挚的感谢！

王老师的突然辞世，对于我们王门弟子来说是沉重的打击，我们怎么都无法相信那样慈祥、和善、宽厚、谦逊、博学、儒雅、睿智、幽默的王老师就这样永远地离开了我们，我们没有老师了。

这几天，一幕幕的往事在我的脑海里不断涌现：王老师，我还清晰记得，2001 年上半年您和我在徐家汇地铁站圆缘园茶餐厅的第一次见面，就是从这里，我们开始了这整整 20 年的师生缘；我还清晰记得，您把课堂搬到华师大周边的书店、茶馆、咖啡馆，跟我们畅谈学术和人生；我还清晰记得，上完课，您有时还会跟我们在文字中心或乒乓球馆切磋球技，虽然每次我们都是您的手下败将；我还清晰记得，每次把不成熟的文字交到您的手里，您都是先鼓励，然后再委婉地提出修改意见；我还清晰记得，读研时每次给您打电话，您都会说一句“我给您打过去”，然后搁掉电话就给我打回来；我还清晰记得，我跟云兰结婚时，您亲自赶到绍兴乡下参加我们的婚礼；我还清晰记得，工作后每次跟您通完电话，您都会说“向云兰问好，向你爸爸妈妈问好”；我还清晰记得，您住院后，我曾经在病房里跟您畅谈理想、回忆往事到深夜……王老师，谢谢您给我留下了那么多美好的回忆，您的言传身教我一定铭记在心，永志不忘。

王老师,这一年多来,因为新冠疫情的关系,医院探视的规定比较严苛,我们不能像之前那样经常去医院探视您,我们想着等疫情好转了,再多去陪陪您,跟您聊聊天,更期待着先进的现代医疗技术能医好您,却没想到您就这样离我们而去了。王老师,我们还在等您再组织学术沙龙,指导我们进一步开展比较文字学和民族古文字的研究;我们还想再跟您一起去逛一逛鹿鸣书店;我们还想再跟您一起去鸿瑞兴、老半斋、王家沙、振鼎鸡吃肴肉面、红烧肉、水晶虾仁,去茶馆喝一壶茶,去咖啡馆喝一杯咖啡;我们还想再陪您一起去衡山路附近走一走,听您讲一讲以前的故事;我们还想再听您侃足球,虽然我们绝大多数都是伪球迷;我们还想再看更多您填的词、写的诗和散文;我们还想再听您说一句"高脂肪,高智商""可以成为一家之言"这样的您的名言。可是,王老师,这些只能是我们王门弟子永远的遗憾了。

前两天,看到叶开老师在微信公众号上的一篇推文,题目是《像王元鹿老师那样做老师》。对于我们王门弟子来说,"像王老师那样做老师"应该是我们追求的目标,虽然我们知道要达到这个目标可以说是"道阻且长",但我们也相信"行则将至"。王老师,请您放心,我们一定会努力"像您那样做老师"的,我们也一定会继承您的学术遗愿,在普通文字学和比较文字学领域进一步开拓研究之路。

王老师,您一路走好!我们永远怀念您!

家属答谢辞

王　茵

各位领导、各位亲友、各位来宾：

今天我们以万分悲痛的心情聚集在龙华殡仪馆的长安厅，向家兄——王元鹿教授告别。首先，让我代表全体亲属，感谢各位在百忙之中抽出时间，前来参加家兄的追悼会。

家兄在世及生病住院期间，得到各位领导及同事、同学、学生、亲朋好友的关心、照顾和帮助，联系医院、协助转院并多次探望、慰问、陪伴，给了他莫大的安慰！家兄的丧事，也承蒙中文系领导、同事、同学、学生、亲朋好友相助操办，作为家属，我们非常感激！

家兄在世，无论是做学生还是教书育人，都尽力做到最佳。1946年出生的他，一直工作到2016年年满70岁时方才退休。在职时，他除了完成教学任务之外，还申报、完成了许多课题的研究，有国家级、省市级的，直到2017年5月份还成功地申报了一个上海市教委科研创新计划“冷门绝学”项目。

但是，就是为了申报这个课题，他长时间坐在电脑前工作，废寝忘食，导致双下肢严重浮肿、脑部发生腔梗，身体状况明显变差。当时我看到他这样，心痛地劝他说：“我希望你保重身体，情愿放弃申报课题。”但是他总是笑笑说，职责所在，使命所在。

2018年2月14日他不得不住进普陀中心医院治疗。后来在多家医院辗转治疗，由于长期卧床，病情不断加重，还于2019年10月、今年4月、5月三次因严重肺炎而到六院和普陀中心医院急诊部

住院治疗。经过积极治疗,病情好转,正当我们为他下一步的康复治疗做规划时,不幸发生了:

2021年8月10日6时40分,因肺部感染引起心脏衰竭,抢救无效,哥哥永远地离开了我们。

今天,我们怀着万分悲痛的心情,在这里为他举行悼念仪式,寄托我们的哀思。愿他从此以后再也不受病痛的折磨。哥哥,安息吧!

附录1 唁电、挽联汇编(部分)

华东师范大学王元鹿教授治丧小组：

惊悉王元鹿教授于2021年8月10日不幸逝世，中国文字学会特致沉痛哀悼，并向其家属致以亲切慰问。

王元鹿教授是我国著名的文字学家，长期致力于少数民族文字、比较文字学与普通文字学的研究，是国内比较文字学主要的开拓者，所著《比较文字学》《普通文字学概论》《汉古文字与纳西东巴文字比较研究》等著作均是相关领域的开创性或代表性著作，在学界有广泛影响，为中国文字学特别是比较文字学的发展做出了显著贡献，为学会和学界培养了一批优秀人才。

王元鹿教授为人谦和，孜孜学术，作育英才。他的不幸逝世是文字学界的重大损失。

我们深切缅怀王元鹿教授的为人和为学，对他的逝世表示深切的哀悼。

王元鹿教授千古！

——中国文字学会

华东师范大学中国文字研究与应用中心：

惊悉王元鹿先生因病去世，深感悲痛。谨致电表达中国训诂学研究会同仁们的沉痛哀悼，并向王先生亲属致以亲切慰问，望节哀珍重。王先生是比较文字学、普通文字学著名大家，教书育人，成果丰硕，他的去世，是汉语言文字学领域的重大损失，王先生的学术成就与君子风范，将长留人间，值得人们永久缅怀。

——中国训诂学研究会

华东师范大学中国文字研究与应用中心：

惊悉贵中心王元鹿教授今日辞世，不胜悲痛之至。王先生博学睿智，一生致力于比较文字学、普通文字学、民族古文字文献研究，成果斐然。其宏富论著，启迪后进，为古文字学界所推重。王先生曾获选为中国民族古文字研究会理事，为研究会和学界培养了许多优秀人才，先生的辞世使我们痛失良师益友，是学界的重大损失。在此我们谨代表中国民族古文字研究会向贵中心以及王元鹿先生的家属和学生表示沉痛的哀悼。

——中国民族古文字研究会

著名文字学家、民族古文字专家、华东师范大学中文系教授、博士生导师、原上海市语文学会理事王元鹿先生，因病医治无效，于2021年8月10日清晨6时40分在上海市普陀区老年医院逝世，终年七十五岁。

王元鹿先生1946年9月出生于江苏苏州，1978年2月作为恢复高考后的第一届考生进入华东师范大学中文系，1984年在华东师范大学中文系取得汉语言文字学硕士学位后留校任教，1991—1994年在美国华盛顿大学圣路易斯分校人类学系访学。

王元鹿先生是国内比较文字学、普通文字学领域最早的开拓者之一。曾任华东师范大学中国文字研究与应用中心民族文字研究室主任，上海市语文学会理事、中国民族语言学会会员、中国民族古文字研究会理事、国际纳西文化学会常务理事、云南省丽江市东巴文化研究院特聘研究员。并曾获"上海市优秀教育工作者"称号。

王元鹿先生的逝世，是中国比较文字学界的重大损失，更是上海市语言文字学界的重大损失。

云山苍苍，江水泱泱，先生之风，山高水长。

王元鹿先生千古！

——上海市语文学会

惊悉王公元鹿先生仙逝，十分悲痛！王老是我国著名文字学家、民族古文字专家、丽江市东巴文化研究院特聘研究员，为纳西族语言、东巴文字的研究做出了不朽的贡献。王老是较早关注和研究纳西族东巴文字的文字学家，对汉古文字和东巴文字进行了系统全面的比较研究，同时对纳西族各支系文字之间的联系和区别亦做了深入研究，深刻阐释了东巴文字的文化与历史价值。

先生一生儒雅谦逊，视纳西族朋友亲如骨肉，先生的逝世，使纳西族失去了一位真挚的“阿达(朋友)”，是东巴文化学术研究领域的一大损失。在此悲痛之际，我们深切缅怀王元鹿先生，先生求真务实、不断探索的学术精神值得我们永远铭记！

特向王老的妹妹表示诚挚的慰问，恳切希望您节哀顺变，保重身体！

王元鹿先生千古！

——云南省丽江市东巴文化研究院

王元鹿先生治丧小组：

惊悉王元鹿先生于 8 月 10 日逝世，深感悲痛。

王元鹿先生是著名文字学家、民族古文字专家，是我国普通文字学、比较文字学学科的重要开拓者。先生早期研究成果曾发表在我社学术刊物《辞书研究》上，生前最后一本学术论文集《王元鹿普通文字学与比较文字学论集续集》，则由中西书局出版。王元鹿先生的离去，是我社作者队伍的重大损失。

兹谨代表上海辞书出版社和中西书局，对王元鹿先生的逝世表示沉痛哀悼，向王元鹿先生家属表示深切慰问。

王元鹿先生千古！

——上海辞书出版社有限公司、上海中西书局有限公司王元鹿先生治丧小组并转呈其亲属：

惊悉王元鹿先生不幸逝世，西南大学汉语言文献研究所同仁不胜悲痛。

王先生长期致力于比较文字学与普通文字学研究，涉及文字种类众多，理论建构科学合理，在东巴文与汉字比较方面做了深入研究，所著《普通文字学概论》是国内第一部普通文字学概论性著作，在比较文字学方面也具有开创之功。他的辞世是中国文字学界的损失，其所做的开创性研究必将成为学术界的宝贵遗产。

王先生对我所比较文字学方向支持颇多，曾招收指导我所多名硕士研究生在其门下攻读博士研究生，也曾担任出土文献研究与比较文字学全国博士生论坛的指导专家，在长期的交流和合作中建立了深厚的情谊。在此，谨致唁函表达西南大学汉语言文献研究所全体师生对王元鹿先生的哀悼，请王先生家属节哀顺变，保重身体！

王元鹿先生千古！

——西南大学汉语言文献研究所

华东师范大学中国文字研究与应用中心、王元鹿先生治丧小组：

惊悉王元鹿先生遽然病逝，我们不胜哀惋！

王元鹿先生是我国著名的文字学家、民族古文字专家，他在普通文字学和比较文字学研究领域具有开拓之功，《汉古文字与纳西东巴文字比较研究》《普通文字学概论》《比较文字学》等均为泽被学林之著作。

王元鹿先生潜心治学，学精虑深，学养渊博，成就辉煌。

王元鹿先生儒雅敦厚，温润纯正，道德文章，举世楷范。

先生的不幸辞世，是文字学界的重大损失。

先生虽已驾鹤仙逝，然音容永存我们心间。

王元鹿先生千古！

——上海外国语大学国际文化交流学院

惊闻王元鹿先生于昨日(2021 年 8 月 10 日)清晨离世,为表达对先生的缅怀之情,今天的“纳西话賨”公众号发几篇此前由先生的弟子写的评价和总结先生学术成就的文章。

王元鹿先生是较早关注和研究纳西东巴文的文字学家。他的著作《汉古文字与纳西东巴文字比较研究》和论文《纳西东巴文字与汉字不同源流说》《纳西东巴文对中华民族古文字研究的启发意义》《东巴文计数习俗中所见的原始思维》《在文字的背后——略说东巴文字中所见纳西族先民的意识特征》等,用发散的思维从多种角度对汉古文字和纳西东巴文进行了比较全面的研究。他的《东巴文字研究随想》《我们将会更加了解东巴文字》给后学提供了很多研究东巴文的思路。他还关注和研究了纳西族各支系文字之间的联系和区别,撰写了《东巴文与哥巴文、玛丽玛莎文、达巴文的关系之初步研究》《玛丽玛莎文字源与结构考》《玛丽玛莎文两次调查所得单字的比较及其文字学意义》《由若喀字与鲁甸字看纳西东巴文字流播中的发展——兼论这一研究对文字史与普通文字学研究的意义》等文章。他既从宏观上研究纳西东巴文,撰写了《纳西族东巴文符号化简论》等文章,又从微观上研究东巴文,撰写了《纳西东巴文字黑色字素论》《东巴文“大”字字形演变蹊径对文字学研究的启示》等文章。

王元鹿先生儒雅谦逊,关心后学,一生培养了很多研究纳西东巴文的人才。

先生为纳西族语言文字研究做出了不朽的贡献!

先生千古,一路走好!我们深深地缅怀您!

——“纳西话賨”公众号

王元鹿先生治丧小组并转王元鹿先生家属:

惊悉王元鹿教授因病不幸逝世,不胜悲痛!王元鹿教授是我国著名文字学家、民族古文字学家,是我国普通文字学、比较文字学研究的主要开拓者之一。王元鹿教授的《普通文字学概论》《比较文字学》《汉古文字与纳西东巴文字比较研究》都是引领学术潮流的经典著作。

王元鹿教授培养了一大批研究民族文字的年轻学者。王元鹿教授的逝世,是文字学界的重大损失!

王元鹿教授学识渊博,待人忠厚,乐于助人,对西南大学中文学科建设帮助甚多。在西南大学还没有中文博士点的时候,我很多学生硕士毕业后都是到王元鹿教授处攻博,承蒙王元鹿教授接纳并精心培养,使他们成长为东巴文研究的骨干人才。王元鹿教授的逝世,使我失去了一位很好的朋友。沉痛悼念王元鹿教授!并请先生家属节哀珍摄!

——西南大学汉语言文献研究所喻遂生

惊悉王元鹿先生去世,先生的去世是我国东巴文研究领域的一个重大损失。纳西人失去了一个学术的朋友和导师,特致哀悼。

——丽江东巴文化研究院李静生

元鹿先生睿智幽默、谦逊温和、豁达乐观。他在东巴文研究上卓有贡献,在普通文字学上有建构之功。我在华东师范大学学习工作八年,与他一起参与了《古文字诂林》的编纂,从他身上学到很多很多,我非常敬重他。对他的病逝,深表哀悼。

——北京语言大学华学诚

心祭元鹿　夏雨同悲;
7703132　同窗宛在。

——华东师范大学中文系七七级一班全体同学

远逾文字之交,与兄相契同金石;
痛失胶庠之杰,尔后谁堪追慎雄。

——四川大学历史文化学院何崝

天性方润玉，滋桃李为九畹；
翰墨饶趣味，传文字于八表。
——华东师范大学中国文字研究与应用中心臧克和

博闻师长出入纵横笑谈里桃李天下；
逸趣书生玩转中西悠游中著作等身。
——华东师范大学中国文字研究与应用中心刘志基

治学勤耕耘，素心留华篇。为师育桃李，薪火得相传。
重逢在上海，漫忆云之南。闻君辞世去，遥祭隔关山。
——云南社会科学院杨福泉

春风大雅能容物，
秋水文章不染尘。
博学敦厚垂风范，
亦师亦友润吾心。
王先生千古！
——上海交通大学人文学院王平

暑中蜀中敬怀王元鹿教授
犹记香山红叶时，密云赴会甫相知。
南京纸本缘伊始，上海滩头学未迟。
忆昔静安同觅食，也曾飞信互传诗。
白驹过隙年二十，从此再无亦友师。
——西南交通大学外国语学院唐均

黄浦江水写风流，
华师雨人驰神州。

白鹿今随仙鹤去，
蓬莱乐土逍遥游。

——书生剑客痛悼王元鹿老师！别沪十一载，竟沧海桑田！流水唱酬，唯赖白云！伤之何极？先生永古！

——西南大学文学院沈祖春

以文字为生命，著作长存，一身绝学姑苏月；
视李桃胜芝兰，音容宛在，万里招魂沪渎云。

——王门全体弟子

附录2　智者的思绪
——王元鹿先生非学术作品选

杂文随笔

书街漫步

从小爱读书，也爱买书，因此，福州路这条上海最大的书街，便一直在我的精神生活中占据着相当重要的一角。

我去福州路，每次的“线路”总是自西向东。以古籍书店为出发点，把视线回溯到几百、几千年前的祖国历史和文化；接着是上海书店，从各省市出版的无数本好书中精心采撷最心爱的花朵；尔后，是外文书店，把视野投向八万里的世界；再接下去，是科技书店，在那浩瀚无际的科学世界中流连一番……最后，到了外滩的黄浦江边。这时候，我的感觉好似是在知识的海洋中畅游了很久后上岸来了，面对着金色的浦江，抖一抖头发上的水珠，吸一口气，定一定神，心情是多么舒畅！我常常一边信步走着，一边从书包里取出心爱的书翻阅起来，一边倾听着浦江的涛声和海关的钟声，也倾听着自己心海中的波涛。我会在陶醉之中感受到一种新的启发、新的力量和新的希望……

记得还是在尽情嬉戏的孩提时代，我就读到过高尔基的一句话——“爱书吧！它是知识的源泉。”

也差不多正是从这个时候开始，书，便同我结下了不解之缘。当母亲第一次带我上福州路买书的时候，我几乎兴奋得忘乎所以了。那时，我个子还没有书店的玻璃柜台高。朝柜台后边的一排排架子望去，呀！琳琅满目，到处是书！我这才知道，世界上的书竟是这么多。走在福州路上，左一家，右一家，前一家，后一家，尽是书店。从那时开始，福州路就成了我心中知识的宝库、文化的殿堂。

小学四五年级开始，我已经能一个人去福州路了。因为路远，不能常去，但偶一来此，便如饥似渴地细细翻阅架上的一本本书，流连忘返。尽管有些书我还看不太懂，但是，漫游知识的海洋，毕竟是一件令人快意的事。那么多的书虽然不能一起把它们买下，能翻翻看看也就够过瘾了。记得《唐诗一百首》《宋诗一百首》和《唐宋词一百首》，都是这个时期用父母亲给我的“月规钱”中的相当一部分买下的。年龄一年大似一年，对福州路的情感，也一年深似一年。至于真正懂得为自学去挑选有用的书，已经是 1966 年之后了。在那个是非颠倒的年代里，读书决计不是一件时髦的事。福州路上门庭冷落，车马稀少。上海书店总算还有寥寥无几的读者光顾，而古籍书店、外文书店几乎是门可罗雀，美术书店则干脆关门大吉。而这边的杏花楼食府楼上，无所事事的青年人正在学着抽烟、喝酒，用黑话交谈。看着这一切，再抬头向书店楼上的书库里望去，在积满尘埃的铁栅栏里该有多少好书被幽禁着呀！

每每怀着侥幸之心而来，却常常大失所望而归。我深深体会到了想要学习而缺乏工具的痛苦。我也曾苦恼、迷惘，我也曾动摇、彷徨，这边是一条寸步难行而且似乎是望不见尽头的路，那边却是吃吃玩玩，多省力，多痛快！……然而，这毕竟是一瞬间的念头。我，照旧一次次地去觅书，沿着原来选定的路朝前走去。我要省下每一文钱去买书，我要省下每一分钟去读书！我知道，我选择的路并没有错；我相信，一切的一切，将会变得好起来……

十年车马冷落的福州路，终于又繁荣兴旺起来了。每天早晨，书店还没有开市，成百个读者便在门外等候。有专心致志阅读着专业书籍的中年教师，也有拿着外语生字卡念念有词的青年工人。看！那边排成了一字长蛇阵，是在购买还在散发着油墨香气的业余中学教材。而那边劳动剧场，也不再是几出走马灯式的戏了，不仅演现代戏，也演内容健康的传统剧。上海书店、外文书店、科技书店、古籍书店，家家生意兴隆，读者如云。我在这里买到了曾经兴奋地得到过但又伤心地失去了的《唐诗三百首》《诗韵合璧》《汤姆·索亚历险记》以及其他许许多多的中外名著，一两年里买到的书，比那十年里的总和还多得多。

此刻，我走出了科技书店，又漫步在福州路上。温和的江风迎面吹来，我感到振奋和自由。浦江的波涛声仿佛是在唱着一支雄浑而又豪放的歌，使人感觉到天地之大，宇宙之广。海关的钟声在晴空中回旋飘荡，好似一种神圣的召唤。我觉得时间很紧迫，路很长，肩上很沉。我想，脚下的路坦坦荡荡，然而，这只是买书的路。要说到读书的路，可绝没有那么平坦。攀登文化科学高峰的路，更是百步九折，崎岖不平。但是，真正的强者，他既懂得前进和攀登之不易，又决不会被脚下的畏途巉岩所吓倒……

想着想着，脚下的福州路，好像变成了一条漫长的通向文化科学顶峰的路。

（原载于《华东师范大学校报》第121期，1984年1月18日）

一个读者的困惑

自小爱读医学卫生书籍与文章的我，确乎从中得益匪浅。可是，对有些问题，确实越读越糊涂。因为，许多相同题材的文章中，不同的作者给我以不同的指示，真叫我不知听谁的好。

在很长一个时期里，营养学者们反对把菠菜和豆腐放在一起煮。后来，一篇文章告诉我，菠菜中并无太多的铁质，只是一位制表者搞错了一个小数点的位置，使得我们以为菠菜富有铁质。但是，此后，许多文章仍不断在讨论这种配合的优劣利弊。到底这是怎么回事？

我从小就知道，绿色是最最赏心悦目的色彩，使我们心境平静而善于思考。中学时代起，我就在我的写字台前贴了一张以绿色为主调的风景画。十余年前的一篇文章却告诉我，长看绿色无益于我们的双目，也无益于我们的心理。因之我愤然撕下了那张风景画。不过真不知道如果没有那张绿色风景画，我的中学时代是否会更加灿烂辉煌。

另有一件事，也使人纳闷。从小教科书与老师指导我早睡早起，理由之一是早上工作更有效。可是，后来，另一些文章告诉我，夜阑人静最宜工作。更有文章把人分为晨鸡型和猫头鹰型。可我至今闹不清我是哪一种动物。

另一个相关的问题是午睡。有的文章说午睡大可不必，有的文章说午后小睡片刻为好，也有外国专家认为午睡宜长，睡两小时也不算长。叫我听谁的好？

我看到许多文章说：常开笑口，延年益寿。内向抑郁的我，一直为自己的个性感到担忧。可是日前一篇文章说，一个西方专家跟踪调查一批对象几十年，结论是：个性越严肃，活得越长久。我是不是该成老寿星了？

类似的问题真不少：慢跑、快走、散步孰优孰劣？写字用人造光还是用自然光？精液是宝还是草？凡此种种，众说不一，莫衷一是。

古人云：“学，然后知不足。”我真是越学越知道，自己的判断力不足以应付这些各有独到见地的锦绣文章。

（原载于《上海大众卫生报》，1994 年 10 月 1 日）

同样的困惑

——《一个读者的困惑》补说

贵刊 609 期的《一个读者的困惑》，说出了我很久以来想说的心里话。与该文作者一样，多年来我阅读卫生报刊成习，收益多矣，但困惑亦渐多矣。现补举数例，就教于大方。

我患高血压病二十余年，内子常购皮蛋以为降压食品。近阅一文，竟列皮蛋为致高血压"十凶"之一。

蜂王浆常为体质虚弱者作为补品服用。然十余年前，关于蜂王浆含雌激素之说时见于报刊。时至今日，既未见人为它正名，亦未见人作一公允判断，然药房之蜂王浆畅销依旧。

关于睡眠方向的学问，我至少见过三说：左向；右向；及上半夜右向下半夜左向。

另，《一个读者的困惑》说及关于绿色的困惑，我还有关于红色的困惑。据传，西班牙斗牛士以红巾挑逗牛之激情促其生角斗之心。然后来又有学者云及，若斗牛士手执白巾，功效相同，用红色仅增加观众趣味之手段耳。深信之。然据近日报载，印度确有穿红装之警察使牛激怒从而被牛撞死之事。

此外，尚有一使我百思难解之事：近年卫生学者撰文劝人烧水宜在水沸后数分钟熄灭，否则易促变水之化学成分使之有害饮者。对此说，我身体力行多日。一日，一邻居质疑："我对这就是想不通。我们烧粽子、烧蹄髈，水开了还要烧几个小时，照你说，不要吃死人了吗？"

也许我辈太学究气，想得太深太多。也许我辈孤陋寡闻，未曾深知种种问题的最终答案。不过纵然如此去想，困惑终仍是困惑。写至此，一位朋友来访，阅拙文后云："这还不简单，你自己是法官，依从哪一说，你判断就是了！"我苦笑着问他："那么要这些卫生刊物做什么？"

（原载于《上海大众卫生报》，1994 年 10 月 8 日）

微笑在美国

一天，我去一个美国人家做客。主人的小女孩活泼可爱，不多一会，我就同她混熟了。她取出一套做拼字游戏的磁性字母板给我看，我请她拼一个词儿，她歪歪小脑袋稍加思索，便把五个字母贴在冰箱上，拼成了一个歪歪斜斜的词儿：SMILE(微笑)。

这一看似不经意的行为，却证实了美国交际文化中的一大要素——微笑。

在中国，路人相遇只要互不相识，很少有彼此打招呼或微笑的。可是在美国，微笑却是一种陌生人之间的交际工具，一种交际上的习惯，甚至可说是一种本能。

不爱微笑的人，在美国被视为反常的人。记得一个夏夜，妻与我请一位在美国生活了好几年的中国留学生去餐厅吃饭。坐在摆在餐厅门外人行道的桌子旁，菜肴丰美，凉风习习，妻与我好不销魂。可我们的那位客人却频频皱眉，似有隐忧。当餐厅经理走过来同我们寒暄时，她终于忍不住问道："Why is the waitress hard to smile?"(为什么那位女招待不爱微笑?)老板只好尴尬地解释："对不起！也许今天的生意实在太忙了！"

在美国的几年中，颇有几次微笑令我至今难忘。

刚到美国，在旧金山一朋友家小住。一个清晨，我在大门口抽烟，一位路过的矮矮胖胖的老人对我微笑着说"Morning"！(早上好！)那笑容，陌生却又似曾相识，慈祥极了。也许这是我初次领略美式微笑。后来才渐渐明白，在美国，微笑并不是一件奢侈品。进影院，检票员会对你微笑。上汽车，司机会对你微笑。甚至进银行，门口荷枪实弹的警卫也会对你投以善意的微笑。

一天，我去一家旧书店买书，发现一套我需要的词典，价值40美元，稍嫌贵些。于是去了与之比邻的另一家书店询问店主是否有这套词典。当时已过了营业时间——晚上七点，那店主仍为我东寻西觅，过了几分钟，他说他去楼上的仓库找找，我说该打烊了，不用找了。可他微笑着，说："没关系！请稍等！"又过了十来分钟，他汗流浃背且满面灰尘地捧来了这套词典，不过比前一家的稍旧一点。"这就是！""谢谢！多少钱？""这儿写着：50美元。"他微笑着。"好！我买了！"于是我捧着那套比40美元的那套更旧更贵的词典走回家去。告诉妻，她说："憨大！人家花花侬！"我无言以对，可心里老回想着那店主的微笑——真诚极了。真是"肯掷千(美)分买一笑"！

"见笑"多了，也学会了点美式微笑。这叫入境随俗。而且，我还归纳出两条美国的微笑规律：

其一，少见多笑。在美国，常见面的邻里见面反而不大笑，有时代之以简单的问候语。不常见的陌生人迎面走过或目光相遇，倒反而常以微笑致意。

其二，美人爱笑。我逐渐发现，爱对我微笑的姑娘中，长得较好的特别多。理由只有一条：美人收到的微笑更多些，于是从小就养成了逢人就笑的习惯。这种微笑，绝无其他的特别含义。

对我们来说，种种的微笑，都给我们以快乐。不过这话还只说了一半；另一半是，当我们回敬人家的微笑时，自己的微笑也给自己带来愉悦。所以微笑是一种等价交换，而这种交换又是无价的——不需要付出本钱，但又能收获无比的快乐！

今天的中国，"引进"已成为一个时髦的流行语。从资本、设备、技术到人才乃至录音带，都可以被引进，但都必须付出代价。只有"微笑"，既非常值得引进，又不用花费分文！

只有一次微笑不很愉快。我与刚到美国的妻走在路上，对面来了几个姑娘，老远就对我们微笑着。我也回报以同等强度的微笑。直盯着我看的妻说："对人家笑啥！十三点兮兮！"一直记着这个教训，回国后，走在路上分外小心，决不贸然对路人投以过分的笑容。

由此看，微笑的引进也并非轻而易举之事。

（原载于《交际与口才》，1995年第4期）

答　案

当一个女人需要化妆品的时候，也许她刚进入最美妙的时光；当一个男人需要化妆品的时候，也许他意识到自己已垂垂老矣。

——佚名

那是一个突然向我袭来的问题：我真的老了吗？

以前我从未想到过这个问题。可是，几个月以前的一天，当我在书摊上翻阅一些彩图连环画时，那热情的营业员说："这几本书挺好，买一本给您孙孙看看吧！"自此，我才产生了这个疑问——也许这几年我真的老了。虽然，从我的年龄看，即使我与我的儿子都早婚早育，我的孙子至今还赶不上看这些连环画的文化水平。

此事之后不久的一个早晨，在我去一个高校开会的路上，有个女青年问路："老伯伯！43路车站在哪儿？"于是，我才确信我真的老了！其实，回过头来想，这事早就摆明了：如今老人家向我问路，也再不像几年前那样往往以"弟弟"相称。可是，为什么老得如此之快？我仍然不知其所以然。

可是，这后一个问题的答案，就在那天当天便找到了。

那天，我过早地到了那高校，本想去小卖部买一瓶染发剂以掩饰老态——我平生第一次有这种愿望，可是小卖部还未开门，我只好走进体育馆转悠转悠。进了馆，那里头的场面一下子就把我吸引住了：篮球场上、排球场上、乒乓球桌旁，穿着鲜艳运动服的健儿们正龙腾虎跃。那场景、那气氛，把我的记忆引向二十余年前：那时，我也是这些健儿中的一员，十分活跃的一员！记得当时，每天下午一下课便飞也似的奔向学校的乒乓房，与伙伴们玩得汗流浃背，直到日近西山，才恋恋不舍地回家，跳入浴缸，洗去一身臭汗。于是，这答案找到了：久违体育馆这么多年，我能指望人家不以"老伯伯"

相称吗?

答案的进一步完善是在我走进体育馆时。我发现,就在离体育馆的大门口不远的绿色栏杆边,地上密集地散布着许多烟蒂。我数了数:共21颗!显然,那是昨夜一场谈话的副产品。即使这些烟蒂是两人所产,也够可怕的了!更可怕的是,21颗,恰恰相当于我一天的烟蒂产量!

一切都已昭然若火了。我离开那些发人深省的烟蒂,步向已开门的小卖部。我没有望向柜中的洗发剂和别的化妆品,而是径直问营业员:"有没有运动鞋?42码的!"

(原载于《上海大众卫生报》,1995年5月20日)

也谈《汽车屁》

读贵刊640期刘志基先生《“汽车屁”的困扰》一文，觉得似乎领到了一张黄牌。不过我实在弄不清楚，被警告的是我，还是其他的人。似乎，二者兼得了这张黄牌。

说真的，自问我的胆量比刘先生不知大到多少倍。在这个城市里住了几十年，竟从未留心过“汽车屁”的危害。究其原因，一是自小就在我家隔壁的学校读书，从未有过刘先生的女公子让老爸当车夫的福分；二是我骑车上班的历史前后不及一二年，况且那时当是刘父指出的汽车屁稀薄的时代；三是——实不相瞒——我至今未能戒烟，对“烟屁”尚且不惧，汽车屁何足道哉！

然而如在下一样不惧汽车屁者，毕竟是少数。从市民的健康计，汽车屁确是一大公害，理当诛而伐之。

由此倒联想起一件事来，几年之前笔者访美之际，曾买过一辆小轿车。成交后，朋友即把我的车开往一个修车店进行检查(美国不少修车店兼司检查服务)。结果，什么都过关了，唯汽车屁太浓，不合标准。检查者提出两个可供选择的方案；或是多付约30美元换取一种优惠，即在以后一年中不经修理仍可通行；或是多付40余美元，由他们修好汽车屁过浓的毛病。我选择了后者，于是把车搁在修车店。两天后取车时，得到了通行许可，可是我注意到电脑打出的检查报告上的汽车屁浓度还是只下降了很少。我这才悟到，这是修理店“斩人”的生意经。不管怎样，这事说明美国对汽车屁的浓度确有较为严格的限制，即便给优惠也是有条件和限度的。听说我国生产的某名牌轿车曾经因汽车屁问题无法进入某些国家的市场，真假不得而知，不过美国的汽车屁少而白，咱们的汽车屁多而黑，倒是值得加以注意的。若不加改进，在环保上就不能与世界先进水平接轨。

我是个科盲，对汽车屁肆虐的症结，至今不得而知：是汽车质量问题,还是燃料质量不好,还是缺少严格的规定。在此只是把所见所悟如实提出,以引起有关人士的注意。但愿这有关屁的小文不被看作屁话。

写到这里,我又猛地生出一种担忧:我住在这车水马龙的闹市区数十年,除了汽车屁,一定还吸了不计其数的别的屁。被动吸屁是不由自主,可是何不早早把烟戒了,至少少了一种主动吸屁,无论如何是大有益于健康的。

（原载于《上海大众卫生报》, 1995 年 6 月 7 日）

寒碜碜的马克·吐温故乡

美国不少书店里都挂着马克·吐温头像,让人觉得马氏的地位俨然如英国的莎士比亚或中国的鲁迅。可是,游了密苏里州的汉尼拔城——马氏自四岁半起居住多年的地方,也许你会感到并非每个美国人都把他老人家当个人物看待。

其实,游汉尼拔之前,我就发现了一些意外的现象。一次,我与一位攻读文科硕士的美国朋友提起汉尼拔,她竟然不知道这城与马氏的关系,我又曾打电话了解汉尼拔与圣路易斯间的汽车班次,回答是往返均仅一班车且都是半夜车。

凌晨5时许,车到汉尼拔长途汽车站——其实只是一个仅一人管理的小加油站。共有两个人下车,一个是我,另一个是我的妻子。我俩在加油站用了早餐,干坐着等东方发白,同时把地图上纵横才各十来条马路的汉尼拔研究透了。

天明,上街,城区果然破旧。拍完了街景照片,回到马氏纪念馆门口。妻似乎把这文豪城的穷酸看到了骨子里,指着一位去纪念馆上班的老太太说:“她一定是个 volunteer(不取薪金的志愿工作者)!”我正欲说“未必”,已发现她围裙上真写着“volunteer”。

进纪念馆转悠,仍未觉马氏之伟大。记得林肯纪念馆有电影介绍林肯生平,这里只能放放幻灯。记得林肯墓前有高耸入云的纪念碑和雄伟的人物群像,此间的种种则比较袖珍。当然,这里也不乏有趣的东西,如《汤姆·索亚历险记》中汤姆儿时与小伙伴恶作剧(让他们替他刷墙还必须向他付钱)的木栅,已整旧如新;而城外的马克·吐温岩洞,规模相当于桂林的洞,颇引人入胜。遗憾的是哈克贝利·芬的旧居,至今仍是一栋充当邮局的小房子。据说,不少与马氏有关的遗迹,都还是几年前有好心人出资,才修成现在这个样子的。

回圣路易斯的车上,我一直想:马氏作为一个大文豪,无论生前身后，境遇绝对无法和林肯之辈相比，因为那是个崇拜金钱的世界。连3K党也选择林肯故乡去建他们的党呢！

想着想着，车到圣路易斯。只有两个人下车，依然是我和我的妻子。

（原载于《青年报》，1995年7月3日）

飞　白

自小爱读名人传记和经典小说以磨砺自己的苦学精神。《怎么办》中的拉赫曼托夫整夜不眠坚持阅读的故事，《奥勃洛摩夫》中的希托尔兹与卢梭《忏悔录》中卢梭的好友严格遵守作息时间的故事，我读了一遍又一遍，甚至感动得边读边躲到门角落里流下激动的眼泪。我也曾一次次试图仿着他们这么严格地过这种几乎清教徒式的生活，到现在——终于——我依旧故我地是一个懒懒散散的人。

也许读者会对上一段文字的结尾感到不解或失望，可我却认为这正在情理之中。不错，我曾规定过自己每天只睡 5 小时以省下时间读书，可几天之后发现看书时分不清上一行与下一行，书本上的字一个个跳跃着如跳迪斯科。不仅如此，我还觉得这以后每天须睡 10 小时以上仍睡意蒙眬。终于，我幡然醒悟——世上很少有人不需要休息和娱乐。

使我想通这一点的起因是“文革”中因百无聊赖而开始练习的书法。书法的技法之一名“飞白”，即在写字时在某些笔画上有意造成缺墨，乍看缺了什么，其实反而达到了艺术效果上的和谐与协调。由书理推及生理与心理，书法中的“飞白”不就相当于生活中的休息吗？书法的“飞白”看似缺了半点半笔的，整个或整篇字却不但不减色反而更出色。于是，我再不为学不了书里的英雄们的苦行主义而内疚，反而更加注意娱乐和休息。比如午饭后的打盹，比如读书后的散步，比如工作后的小憩。我感到点缀以休息和娱乐的工作更有效也更有趣。尤其是在那些或长或短的“飞白”中，头脑中常常产生出绝妙灵感来。

访美几年中，更体会到“飞白”是具有世界性的。老美们每周五一下班，就开始“飞白”，近的“飞”到电影院、咖啡馆，远的则真的坐飞机到远处的度假地待上几天——那真是“飞白”了——飞出去让紧张的头脑暂时空白一下。

由于阮囊之羞涩，很少有上述真正“飞白”的机会。可是，广义的“飞白”也不赖。工作之余到对门的不买门票的公园去散散步，从宇宙想到人生，从山顶洞人想到米罗画展，从汉堡包想到臭豆腐干……这样的“飞白”于我已是没有缺点了。

其实我的“飞白”毕竟还有个不应讳言的小缺点，即“飞白”时口中常飞出缕缕白烟。这一点，望读者诸君“飞白”时切勿以我为楷模。

（原载于《上海大众卫生报》，1995 年 9 月 23 日）

"知天命"之年抒怀

读贵刊 655 期文士其先生《写于"不惑"之年》一文，不禁吃了一惊。文先生年届四十便发了一通"人生苦短"的感慨，虽不无积极向上之意，但毕竟无法掩饰其自觉垂垂老矣的心态。读罢此文，才发现我已届"知天命"之年——虽是虚年龄。说也惭愧，当年曾获上海市某重点中学数学竞赛冠军的我，由于职业与数学的距离，竟从不计算自己的年龄。而如今，即使我的数学天才已丧失殆尽，镜子中我双鬓的缕缕白发，已向我证实了我的年龄。

孔子云："五十而知天命。""知天命"也许即指自然规律的不可抗拒吧！看来，"知天命"比"不惑"差劲多了。"不惑"是说对待万事均有自己的决断，而"知天命"其实意味着老天爷让你怎么就怎么！

想想伤心，我们这代人，最富创造力的年代是在"文革"的"大风大浪"中度过的。虽然早请示，晚汇报，但这近十年收获总是有限。于是，就如火车脱了十年班，怎么赶也总差十来年。过了"而立"之年，还在"想"着大学该读什么专业。过了"不惑"之年，才勉强地"立"了起来。刚感到自己有了点"不惑"的能力，孔老夫子又告诉我们不能老是"不惑"，该"知天命"了。一位在高校任教的我的同龄人说出了我们的心酸："我们这些人没有中年时代——刚摘了青年教师的帽，马上进入老年教师的行列了。"

想着想着，我不由得胡猜起文士其先生的职业来了。从他这篇出色的文章看，也许他是某大学中文系的古典文学教授。文先生已经以他的文字向我们证明，他的这四十个年头并未虚度，他绝未辜负孔老先生的"四十而不惑"的遗训！

接着，我又不由自主地私下结了自己的账，发现这半辈子虽活得不是节节顺利，事事称心，可是似乎也决不能算是"虚度"。记得我在小学二年级时就主动地记语文课的笔记，记得我在十年"锻炼"时期每天在工厂机器的轰响声中坚持自学大学课程，记得我为写下自己的学术见解放弃了无数部精彩的电视剧……这一切,证明了我亦未曾辜负孔老先生的教诲,可以说,我这辆误了点的班车,还是在尽我所能拼命追赶着,明知迟到了,可力争少迟到一点。

又想起一位外国作家说:中年,如立于人生的高峰,向后望去是走过的漫长路程,向前望去,更美好的路就在足下开始!

走笔至此,我少年时代的数学兴趣蓦然抬起头来了:50 = 100×1/2,我还没利用大自然赐予我的后一半生命呢!而且,只要活得充实,越活会越年轻,今年五十,明年十五!

文先生,别伤感,这里有一个您的“老大哥”,自以为不老。当然,对您的“妙龄”,他更是艳羡不已的。

（原载于《上海大众卫生报》,1995 年 11 月 11 日）

倒退行走之趣

孩提时代，当妈妈带我上动物园，我看到猴山上的猴子有时倒退着从树上爬到地上时，曾经突发奇想："人能不能像猴子一样倒退着走路？"但是我不敢问妈妈，因为我知道这个想法显然十分荒谬。

几十年过后的今天，想不到，我竟常在陪妈妈逛公园时，边倒退着走路边与妈妈谈话。

事实上，大约从十年前开始，在公园里，甚至在清晨的人行道上，就出现了不少倒退着走路的人。于是，我也想圆一圆童年时的"倒退梦"，试试倒退行走。没料到不试则罢，一试其乐无穷，又在我的晨练节目中，添上了一项新内容——倒退行走几分钟。

倒退行走的乐趣与作用，似乎可从生理和心理两个方面得到解释。

从生理上说，倒退行走能锻炼我的平衡器官并使我们的胸更挺，这已是毋须解释的常识。然而，倒退行走的最大意义，应该是它使我们一部分几乎常年不参加运动的器官尤其是肌肉得到了充分的活动。我们爱跑步，或爱快走，认为这是最最理想的锻炼方式。殊不知当我们做着单调的跑步或走路动作时，我们运动器官的能力恐怕只得到了一半的发挥机会。倒退走，会使我们身上那些久不运动的肌肉兴奋起来。这一如常年在书房中读专业书、写专业论文的我，突然接到一个电话约稿，让我写一篇小说。于是，我被抑制了多年的文学创作欲望便会尽情地发泄出来。我从这种暂时的兴奋中心的转移中得到了无限的乐趣。

从心理上说，这样的行走也使我们领略到难以形容的乐趣。首先，我们会有一种领先感。当我们向前走时，看到的人都是在我之前的。然而换一个方向走，则发现有许多的人落在我后面。其次，向后走还时时能使我领略到一种如画的诗意。当我们向前走时，路边的树木之类的景物，在我们眼里如同匆匆见面而又匆匆告辞的过客。而倒退着走，我们所见的景物往往处于一种缓缓驶去的“淡出”状态，没有突然的出现，更没有突然的消逝。也许，生活就该如此平静而淡泊。

再想开去，我熟识的几个导游朋友，他们之所以个个身体健壮而精神愉快，也许是得益于他（她）们的专业吧——天天倒退着走。自然，导游是旅游活动最大的得益者。

写到这里，我不由得又开始相信童年时代的奇思妙想了。恐怕，比我们现代人健壮、灵活、快乐得多的我们的远祖们，真是习惯于倒退着走路的。

（原载于《上海大众卫生报》，1995 年 12 月 2 日）

基本需求

很久以前，我曾读过一本小册子，有大意如此的一段话：人生的需要可分为三大类，第一类是吃饱穿暖和逃避危险之类为每个人不可或缺的需求；第二类是性与爱情等虽然人人企求但一旦缺了什么人还活得下去的需求；第三类则是名利、地位等并非必不可少的“奢侈品”。其中关于第一类需求的重要性，似乎是不言而喻的事实。可是，今天发生的一件事，才使我真正体验到上述第一类所谓“基本需求”的必不可少。

中午 11 时，我去医院补了一颗牙。医生补好它已是中午 11 时 45 分，嘱我 2 小时内不能吃东西。其实，我回家时是 12 点 15 分，当时已经饥肠辘辘了。须知今天我吃早饭是清晨 6 时。更使我不堪的是一上楼梯，阵阵鸡香从楼上厨房飘来。老母亲已为我烧好了鸡汤。想吃又不得吃，这是多么痛苦。此时我生平第一次发现自己实质上是一个如此饕餮的人。

为了转移饥饿感，我开始为一个刊物写稿，可稿纸摊在桌上，一个字也写不出。于是我随手拿起一本书来读，却发现书名是《家常菜谱》，赶紧把它丢开。不得已，我打开电视机，想重温一遍昨夜看过的美国侦探剧，看不多一会，场景转向一家咖啡店，这时从我家餐桌上飘来的鸡香与电视剧中咖啡的香气(奇怪的是我昨天看电视时压根儿未嗅到它)会了师并一起向我的唾液分泌腺发动进攻，我愤怒地关了电视……

再写下去似乎更羞人。这以后我一次次掀开鸡汤锅，一次次揭开里面都是热饭的电饭煲，又关上。早已准备好的碗筷被我摆弄得叮当作响。终于，1 时 30 分，我开始吃饭——比医嘱提前了 15 分钟。至于大嚼之丑态，一概略而不述，以便给文学基础扎实的读者一个舒展想象力的天地。

写到此，我倒又不觉惭愧了。这一经历正证明了求饱是人的最基本需求！如果说这该害羞，那么孟老夫子也该被人刮脸皮——他老先生不是说过“食、色，性也”吗？

随着时代的发展，咱们的生活水平也多少得到了提高。月薪36元的日子早已过去，我毕竟可以筹划着今天氽排骨，明天炸鸡腿，后天吃炒虾仁……似乎我已忘了几十年前从妈妈手中接过五分钱去买个豆沙面包时的喜悦，忘了自然灾害时期排队半小时买七颗糖时的喜悦，忘了小学时代过生日时品尝一块奶白蛋糕的喜悦……

活到今天，我知道世上可欲的物质享受愈来愈多，也知道属于工薪族的吾辈只可能过比较清苦的生活，这已是几乎不可能改变的事实。不过，我决不会因此而心理不平衡；因为今天我真正体味到了饥与饱的差别之大才是最大的差别。人生有限而物欲无穷，满足人生的基本需求，对我来说，是足够的了。

（原载于《上海大众卫生报》，1995年12月9日）

休闲在心中

不知何年何月起,“休闲”悄悄地变为咱们生活的常用词。而一提“休闲”,咱们就会联想到休闲服、旅行袋、大型客机、海滨浴场和高级旅馆。似乎一旦少了它们,你就休不了闲。

说来也巧,从“休闲”成为时尚开始,我也正值年龄上升而工作压力加大的阶段。于是,我就开始使用上述种种工具进行休闲——当然——老实说——这只是我的休闲梦,并未成为现实。对于阮囊羞涩的工薪族的我,如此昂贵的“闲”,一次也“休”不起!

不过——这是真的——我也曾携着妻儿老小,在周末的日子里,乘车到市郊的公园,试着“潇洒走一回”。然而,那路途的艰难、公园的拥挤自不必说,即便到了稍为幽静之处,觉得那写到一半的论文、改了一半的试卷,仍不时在我脑际出现,“挥也挥不去”。而且,还得牵挂着家中可能响起的几次电话铃声。回到家里,要写的论文依旧,要改的试卷依旧,烦躁的心情却丝毫未减,只是白白浪费了大半天时间。如此休闲,又是何苦?

于是,休闲梦随之破灭。我依旧徘徊于论文与试卷之间,周旋于工作与书本之中。

一次胡乱翻阅一本讲文字构造的书,却给我的休闲带来转机。那个晚上,我突然发现,那古文字中的“休”,原是一个人背倚树木休息;再查那“闲”,则是月光透入门中之义。我这才大彻大悟:古人休息断不如今人昂贵,白天干活累了倚树小立而晚上打开门窗赏赏明月而已。原来这才是休闲之真谛!

于是,我开始晨跑,我开始摆弄棋谱,我甚至试着翻阅小人书。我只觉得那些可以使我短暂地抛开脑际的杂念或手中的杂事的活动,就是休闲。也许,这就是休闲的真谛。

想起一句名言:“幸福与否不在于际遇如何而在于对际遇的感

觉如何。”是否可在此大胆活剥一句:“休闲与否不在于条件如何而在于心理如何。”只要你真心愿意暂时摆脱正缠绕着你的东西,那么,你可以随时随地得到真正的休闲,纵使你身无分文。

（原载于《齐鲁晚报》，1996 年 5 月 26 日）

模糊围棋

作为围棋手,我的技艺相当低劣。可是,从围棋中得到的益处与乐趣,也许连聂卫平也比不上我!

职业棋手下棋为谋生,我下棋为养生。别人下棋为争胜,我下棋却从不刻意求胜。苏东坡有围棋诗云:“胜固欣然败亦喜。”我是真正实践了这句话的。

我的下棋风格是“模糊”。不肯多想,不愿细算。凡想到一步棋大致可走,我就赶紧走。所以,大多数棋手从围棋中学到的是深谋远虑与处事精确,我却学到了处事随便和得过且过。生活多变如同棋局,何必万事想得太远?又何必斤斤于一些小事上的得失?难怪许多下棋的好苗子早早离开棋坛,因为他们忍受不了胜负得失的长期压力。而我,则不看重胜负。而且往往对手落子前思考时间愈长,我反而想得愈少落子愈快,不愿意让这盘棋浪费我太多时间。有时对手在苦苦思索,我却闭目养神,犹如做气功。其养生益神之效,自不必说。

我的围棋兴趣更多的是在棋盘之外。买一副上好的云子,做几个最初级的死活题,觉得什么题目都难不住我,不亦乐乎!躺在床上,看看几十年前的日本名谱,神游昭和时代的日本,忘记眼前的一切烦恼,只是模糊地体味那古拙的棋风,不亦乐乎!守着收音机,等候中日擂台赛的结果报道,不亦乐乎!打开电视机,看看围棋赛的实况转播,似懂非懂地听着评论员的解说,就如听不懂京剧词的人只能欣赏那唱腔之高亢激越或圆润婉转,不亦乐乎!

学棋至今,也有认识上的收获。一位棋界名人说:“围棋能使人体验人的死与生。人只能死一次,围棋却使你多次体验死。”说得真好!正因为我思路模糊,棋盘上死棋迭出,然而一旦中盘认输,死的子便全都复活,一切重新开始。下过的臭棋、输棋多了,对人生也就更看得豁达。死过无数次,还怕什么呢?

下棋的另一收获于我的职业教书有用。当一节课刚开始，我不用点名，就能对全班学生说："今天应到 50 人，实到 46 人。四位同学为什么缺席?"当学生用钦佩而惊异的目光看着我时，我不禁为自己在围棋中数子点目的技能暗喜。学"模糊围棋"几十年，我毕竟学会了最基本的技术，然后用于教室，只是把学生的头当作一个个黑子，五个一把地数数而已。

只是与人弈棋必须正襟危坐，有时觉得很累人。如今我正筹划买一台计算机，装上围棋软件，就省得受这份罪。这沉默的朋友决不会在我繁忙的日子里打电话约我下棋，决不会因我下了臭棋而窃笑我，一旦它输了，也输得起，决不会拖住我再来一盘"模糊围棋"。

（原载于《华东师范大学校报》第 1060 期，2000 年 3 月 31 日）

刺 激

记得好多年前,当一些惊险得有些离谱的故事片风靡上海时,一位女作家著文叙述了她看一部这样的影片后颇不以为然的感觉,她觉得花钱去买了一场恐吓,又是何苦。

当时我很赞成这篇文章的观点,然而过了十来年,我居然也爱上了观赏一些惊险的东西,如惊险的电视剧,如一场可能以点球战定胜负的足球赛,如不用保险带的高空马戏。

个中原因是多种多样的。热爱体育然而一把老骨头又踢不动球,只好看人家踢过把瘾,自然是一个原因,此外,无论看球、看电视剧、看马戏,与其说是爱看,不如说是追求那种惊险的感受。

归根到底,原因在于生活的平淡。爱默生云:“人生即是在平淡的生活中点缀狂欢的节日。”咱们中的许多人常常觉得(甚至发展到不觉得)生活的平淡。早上熟练地挤车上班,傍晚熟练地挤车下班,然后匆匆煮好并吞下晚饭,护送子或女上我们自己一窍不通且毫无兴趣的课外班,在教室外干巴巴地等上两小时再护送子或女回家。一切成了程式化的一套。周六、周日上午洗衣烧饭打扫房间,下午睡大觉,晚上看电视……爱默生说的“平淡的生活”是绝不缺乏的,缺乏的只是“狂欢的节日”。似乎没什么足以令我们“狂”且“欢”,因此我们的肾上腺素分泌便缺乏足够的操练机会,于是我们就会对不断重复的生活感到厌倦乃至厌恶。

想摆脱这种状态亦绝非轻而易举之事。我们没有领略炒股刺激的福分(没本事甚至没本钱),我们没有勇气辞去自己的工作去闯荡江湖接受新工作的挑战(招聘广告上很少需要 40 岁以上的应聘者),我们甚至生不逢辰,碰不到几十年前的外族军事入侵,我们甚至生不逢地,经受不到日本地震或韩国塌房的考验。总不见得为了找刺激,专门去公共汽车上尝试扒个皮夹或随便找一个人来吵一架。

于是我们便专注于别人的惊险历程中找寻刺激,在别人的丰富生活中梦见自我。说起来似乎可怜见儿的,其实尽可如此,巴尔扎克常常与朋友讲述他小说中主人公的新近“遭遇”,聂卫平君迷足球也迷得一有大赛就闭门谢客,道理正在此。这帮生活中不乏刺激者尚且要找些额外刺激,何况咱们这些生活本来较为平淡的芸芸众生?

不过话又说回来:咱们的生活真的如此贫乏吗?还是咱们没去开掘自己生活中那些可以闪光的宝藏呢?须知借来的刺激如借来的钱,决不足以养家糊口。真正够刺激的毕竟来自咱们自身的生活。

(原载于《上海大众卫生报》)

后天下之“乐”而乐

无论器乐还是声乐,我都连业余段位的水平也挨不上边,可是,可以问心无愧地说,作为一个音乐爱好者,我用于听音乐的时间比谁都多。

我为什么爱上听音乐?除了一般人都具备的娱乐欲求与审美能力,还有一个非常特殊的原因:我居住于一个十分喧闹的环境中,自小与种种的噪音为伴。说得政治味些,音乐是我同噪音斗争的武器;说得通俗些,与其整天听喇叭声与自行车铃声,还不如放放收录机听那些哪怕是最差劲的音乐。

于是,多年来,我一直有不听音乐不能工作的习惯。音乐好比是我灵感的发动机,只要一打开收录机,我的笔就会动个不停,如跳迪斯科一般。

其实,有此习惯的朋友也不在少数,即使无须与噪音作战者,也有不听音乐无法写作的。我的一位力主“弄出点音乐来才能写作”的老同学,显然也以音乐为创造的催化剂,可她竟住在“手可摘星辰”的十九层楼,显然无需抵抗任何噪音。

对我来说,音乐的目的首先是功利的,只要那台破收录机能发出声音,我就能写出文章。因此,我既不追求自己音乐知识的丰富和欣赏水平的提高,也不在乎所听节目的好坏。所以,尽管音乐是我工作时最忠诚的伴侣,我却是世上最蹩脚的音乐欣赏者。这正应了“后天下之乐而乐”这句古话,因为即使我常听着天下人几乎都不爱听的音乐,依然自得其乐。

总之,我听音乐不仅不听门道,连听热闹也说不上。只有一次,我边放音乐边写文章,突然觉得一段交响乐震慑了我的心灵。蓦然停笔,问家人听到了什么。母亲说像是评弹里的张调,父亲说一似地震将临,妻子说崇明农场锻炼时所养猪的嚎叫,而我窃以为他们都说错了——那声音分明是我十年工厂生涯时天天操作的卧式冲床声！

总之，我不是行家，也不想懂行。我从不管柴可夫斯基的爱情生活如何动人，从不管《月光奏鸣曲》是为盲女还是为“亮”女而作，更不管《命运交响曲》是否是抄来的。好长一个时期，我认为迈克尔·杰克逊是世界上最佳女歌手，后来才知“她”是男人。又有一次，与朋友边叙边听歌，她问我：“喜欢这歌手吗？”我答：“挺好，这男声挺雄浑的！”她又问：“他是谁？”我答不知。要不是她诲人不倦，我至今也不知道这是女歌手徐小凤。

无论怎么说，音乐为我带来了欢乐。甲骨文“乐”字是一把二胡的象形，到后来这个字竟用于书写世上一切的快乐，这就是音乐带来欢乐的证据。

（原载于《上海大众卫生报》）

克服忧虑的四则运算法

忧虑,是一个危害人们身心健康的隐身杀手。尤其是对多愁善感者来说,它足以引起疾病和加速衰老。事实上,我们身上的一些看似与忧虑风马牛不相及的病,也往往由忧虑带来的坏心绪引起或由于这种坏心绪导致了免疫能力衰退而加重。

老实说,自小多愁善感的笔者,之所以得苟全性命至今日,多赖一种有意无意地摸索出来的"四则运算抗忧虑法"。先简解于下,或可给多情而多病的朋友一点启发。

对不同的人来说,可以导致忧虑的东西并不相同。让一个从未上台当众演说的人做一个学术讲座,他也许会如等待地震一样等待这一天来到,成天惶惶不可终日。可是做一个讲座对一位经验丰富的教师,真如探囊取物。这二人的差别,仅在于那位教师所具备的演讲能力,是另一位所缺乏的。

其实,前者面对那棘手的演说,最好的方法是在有限的时间里学习并改进演讲技巧。只要他增添了这一能力,演说便不足虑、不足惧。

可见,对付忧虑的最彻底的方法是不断地充实自己,增加自己的技能与知识。当您感到您的能力足以应付多种压力与挑战时,忧虑便从根本上失去了它的威胁力。

关键在于加强自己、充实自己,这就是"加法"。

戴尔·卡耐基的名著《如何停止忧虑和开始生活》一书的扉页上印有这样的文字:"此书献给那些并不需要阅读此书的人们。"事实上,咱们的忧虑,十有八九是多余的。其中一部分事情完全可以以果断的行动得到解决,另一部分则即便忧虑或行动,也是无法得到解决的。

如果您老是担忧自己有了某种病,您完全可以马上去医院检查,医生的诊断或可否定您的杞人忧天,或可查出您的疾病且对症下药。如果您担心某句话无意中伤害您同事的心，您可以马上打个电话向他解释并真诚地道歉。至于您对手头股票行情涨落忧虑，则更是大可不必，因为这一切并不在您力量的控制范围之内。

总之，一些事情可以马上解决，而另一些事情则永远不可能由于您的忧虑或行动得到解决。若您把您的这两类事情从您的忧虑对象中减去，“做减法”，你的心理负担会轻得多。

真正导致忧虑和疾病的，往往不是过重的工作，而是过多的思虑。当您真正投入地从事一些亟待完成的工作时，您不会有任何忧虑的闲暇。反之，百无聊赖的人，易于堕入无益的、过度的思虑之中。古诗词中的所谓“闲愁”，即是指此。

因此，让您的生活更充实吧！成倍地增加您的工作目标和业余爱好，“做乘法”您会感到更忙碌，从而一切忧虑也就失去了其生存的位置。

尽管忧虑往往大可不必，但它又是人之常情。当您感到真的有一些忧虑无法排遣时，不妨向您的亲朋好友倾诉衷肠。这不仅可以使您得到许多安慰、鼓励和帮助，而且倾诉本身也于您的心理有益。

把您的忧虑——除以二，除以三或除以十，让大家“分享”，您会感到如释重负。

这就是克服忧虑的四则运算法。不妨一试！

美国乞讨种种

当我还在准备访美的时候，就有朋友给我这样的忠告："口袋里放上二十美元，有人向你要钱，就给他，免得出事。"

不过，尽管美国是一个金钱至上、暴力泛滥的国度，依我的经历，在许多场合下，似乎讨钱不给还不至造成十分严重的后果，讨钱的数目也往往远低于二十美元。当然，我住在这个美国中部城市的几年中，每个月的账目上，总有几美元是用于应付乞讨的开销。

在一些街角，往往有捡破烂的老头向我讨钱。他们先是问好，然后问："有没有几个硬币？"或问："有没有几个 quarter（二十五美分的硬币）？"

一次，我经过一个热闹的街市，三两个青年人以美国人特有的潇洒盘腿坐在人行道边侃大山，其中一个叫住我："先生，您好，有没有几个 quarter？""对不起，没有。"我回答（我暗想年纪轻轻怎么好意思光天化日下讨钱），并且继续走我的路。一个声音从背后传来："祝您今天过得好，先生！"

我所遇到孩子尤其是黑人孩子讨钱的时候也不少。一般来说，在这个国家里，黑人的平均生活水准较低，有时，黑人孩子向人要钱也是合乎情理的。一般时候，我都给上二十美分、二十五美分。然而有一次例外。一天，我出外买烟，一个黑人孩子从对面马路穿过来叫住我："先生，给几个硬币吧！"我给了他五十美分。我正准备走，他背后又蹿出一个孩子："先生，有没有硬币？"我只好给了他三十五美分。当我"施舍"完毕走了几步，发现五六个孩子在前面排成了一字长蛇阵挡住我，异口同声地说："先生，有没有硬币？"从他们的眼光中，我感到我俨然一台银行取款机。于是，我只好用爱莫能助的口气告诉他们："我所有的硬币都给了前面那两位了，抱歉！"

这事发生几天之后，一个雨天，我外出时，发现一群黑人孩子几乎是排着队向我走来。我想大概这"一字长蛇阵"又来了。领头的是一个长得最高的女孩，她打着一把伞，可这伞却是为她身边一个小男孩手上托着的纸盒挡雨——纸盒中有一些纸币和一些硬币。那个女孩对我说："先生，您好！我们在为一个生病的男孩募捐。能不能帮助我们？"她的两眸闪烁着希望的光，那声气、那表情是如此地诚恳且圣洁(很难找到其他的词儿用于此处)。我问："我该给多少？""多少都行，先生！"于是，我掏出了口袋中所有的硬币，加上一美元纸币。"谢谢，先生！祝您今天过得好！"当我目送那支队伍走远时，我觉得我的眼眶湿润了——恕我把这件事不适当地归入"乞讨"范畴，我总觉得这不是乞讨而是孩子们给了我什么似的。

以上的故事皆属"良性"乞讨。而我所见所闻中也有一些"恶性"或多少带"恶性"的乞讨。

一次，我晚间走在路上，一个彪形大汉截住我，向我讨几块钱。我见他开价不小，只好敬谢不敏。他又要求了一次，回答仍然是否定的。于是，他向我大吼一声："给我滚！"嘴里喷出一股烈酒的气味。如此的乞讨，倒也不乏阳刚之气。

一个中国留学生告诉我：一次夜间，他去银行取款，正欲把磁卡塞入取款机，一个醉汉走上去，向他要几十块钱。他说他不给。那醉汉逼着他用银行卡取钱给他。他觉得这醉汉口中酒气极重且口齿含糊不清，马上回过头去，给了那醉汉一巴掌，那醉汉竟当即跌倒在地上，他则款也不敢取，一口气跑回家里。

我所遇女性向我乞讨的也不在少数，特记上几件留给我较深印象的。

刚到这个城市不久，一天，我回我的寓所，开大门时，一个三十开外的妇人叫住我，告诉我："我的孩子们正在挨饿。能不能给一点钱？"我觉得她十分面熟，是住得离此不远的邻居。我明知"孩子挨饿"只是乞讨的套语，但也只好回答说："我现在正缺钱。"她说她不信。于是我把我两个口袋中的东西掏给她看，果真没钱。她却指着我掏出的一支烟盒说："这不是烟吗？给我一些！"我说："这里只有一支烟，你真要烟，我屋里有一包，你等在门口，我拿来与你分。"当我取了半包烟给她时，她说："太谢谢了！请拥抱我！"试想，对不惯拥抱的中国人来说，这是个多难的题目！

这以后不多久，我外出时又遇上一个以"孩子挨饿"为由的女子。虽徐娘半老，却有点儿"雍容华贵"的味儿。她从她驾驶的那辆不算差的轿车中走出，迎着我说："先生，有没有一点钱？我要给我挨饿的孩子们买吃的！"我见她长相好，穿得好，又开着好车，怕是来意不善，便婉言谢绝了。据说，不少以"孩子挨饿"为由乞讨的女子，其实是操皮肉生涯的，一旦给了她们钱，又会提出进一步的要求。此后我凡遇女子乞讨，能不给时尽可能拒绝。

又有一次，我去银行取一笔不小的款子。当时已经是晚上六时多，为安全计，我请一位邻居陪我同往。当我取出款子，放入口袋，后面一个二十出头的女郎走过来说："先生，请给我五十美分。"她没有任何理由，也许潜在的理由是她见我取出了一笔钱。我给了她，她却得寸进尺地要求："我一共要七十五美分。"我又加了一个 quarter。她又说："请再给一点。"我见她的欲望永无休止，便告诉她："我没有更多的钱了，刚才我取出的钱是业务上的一笔款子。"我说完，抬头看她，只见她已走到几米之外，已经开始向另一个正要走入小汽车的男子乞讨，可那男子根本不理她，进了车，把车门一关开车走了。这以后，我又同我的那邻居逛了好一会唱片、录像带店，当我们走出一家录像带店时，天已黑了。黑暗中不远处传来一个似乎熟悉的声音："真太谢谢了！请吻我！"借着路灯的光，只见那位刚才收了我七十五美分的女郎正在拥抱一个男子，随后那男子就开车离去。我与邻居计算了一下：从向我讨钱到向那男子讨钱，间隔四十五分钟。那女郎在这四十五分钟里依此速度讨钱，收入至少十余美元。照此规律，她"工作"一天，收入十分可观。那女郎未见到我们，万一见到，我真不知她是否卷土重来。从录像带店到回家的路上，我发现我的邻居不断以 S 形的路线走路。我问他为什么，他说："躲着点！万一又有人要钱！"

我曾把这些故事讲给我一个美国朋友听。她听了很感兴趣，但她最欣赏的是另一个故事：一次，我在一条冷僻的马路上向一个女子问路，她回答后，提出一个要求："有没有一块钱？"我那美国朋友听了说："嘿！问询一次，收费一块。"

据报道，有一位美国记者乔装成一个无家可归的穷汉向各种类型的人乞讨。这项调查的结果是：愈是穷的人，反而愈是乐于助人。反之，富人多不愿施舍，甚至以"叫警案"来恐吓乞讨者。当然，在何种情况下应该向乞讨者施舍，在何种情况下则无此必要，是一个十分复杂的问题。对于在美的中国学生、学者来说，帮助真正需要帮助的穷人，似应量力而行；而应付以讨钱为谋生手段的假穷人，则成了冤大头。但是为安全计，有时也不得不勉强应付，随机应变。假穷人们讨钱的手段，以三十六计中的苦肉计和美人计为常用。应付他们，也不妨参考三十六计。如苦肉计——告诉他们你正缺钱用；瞒天过海计——告诉他们你身边无钱或只有一个硬币；走为上计——见到可能向你乞讨的人，早早避开。

以上经验，限于在一个城市中的经历和见闻，未必全面。留学生和学者当以生命与安全为重，时时提高警惕，随机应变，防止"恶性乞讨"的发生。

因此，至今，我的口袋中仍然放着二十美元。

美国人的数学头脑

说来叫人不敢相信：在科技高度发达的美国，人们的平均计算能力，却低到实在令我不敢恭维的水平。

刚到美国，我去一农产品市场买菜。三扎葱，每扎价 33 美分，合计 99 美分，加上 6%的购物税，该付 105 美分，可营业员按了几下计算器只向我收 74 美分！有趣的是这一市场经常找错钱，而且只多不少——须知这种场合收下便是，无须客气，因为一旦指出，对方反而脸上过不去，弄得不好让经理知道，还不定砸了人家饭碗。

在一家旧书店里，店主桌上贴着一张表。表上写着书价和相应的税额，一天我去那店买了 5 美元的书，店主查表后告诉我该付 5.29 美元。过了几天，我又去买了 5 美元书，店主正欲查表，我已递上准备好的 5.29 美元。店主的表情如同碰到了外星人，吃惊地问我："你怎么知道？"似乎这不仅有关计算能力，还关系到对数学的记忆能力。

还有一次经历我至今记得，如同发生在昨天一般。一天夜里，我陪同一位朋友去某超市调换他已购的一双鞋子。那朋友又顺便买了一个枕头。鞋的价格前后略有差别。结账时，那位美丽的女营业员按了半天计算器，仍不得要领。她赶紧找来了经理，经理算了半天，亦不得要领。于是几乎全店的六七个营业员都聚到一起，商量怎么办。每隔几分钟，经理便向等在一旁的我们致歉一次。漫长的 15 分钟过去了，经理终于向我们尴尬地笑着说："就这样换换吧！谁也别付谁了！"

出国以前，我总爱向学生举一个美国数学灵活性的例子：8 + 6 = 14 对，8 + 6 = 13 也不算错。如今再不敢举了。因为我已开始怀疑老师们是否真算得清这笔账。一位留学生家属告诉我：一次，她孩子所在的幼儿园的老师布置了一道 2 + 4×3 的题目，孩子的答案是 14，老师却说该是 18，因为 2 + 4 = 6，6×3 是 18。那朋友便去找老师，委婉地问她:“我们中国四则运算是先乘除后加减,是不是美国有所不同?”

想来,也许任何事物的发展均有其副作用的一面:高度现代化使人懒于用脑,造成了美国人数学头脑的退化。写到此,我不禁担忧起咱们后代的计算能力来了。但愿原因不仅在此,也许在这方面,咱们确实先天要比人家强。

我在美国“赌”篮球

一到美国才发现，在电视中从来看不到我爱看的足球赛。美国人也酷爱足球，可他们的“足球”是大兴的——橄榄球。其余可看到的，是棒球、冰球和篮球。于是，我被迫看起稍有兴趣的篮球来。不料一看就入迷，全美职业篮球赛的巨星风采自不必说，即便全美大学生球赛也够水平的。

一次，我所在系的美国好友吉米来电时提起篮球。我说我正在看大学篮球赛。他说，光看不带劲，边赌边看才够刺激。他告诉我说，他正组织着系上的全美大学生篮球赛季后赛的竞猜活动。

于是，我花 4 美元买了 2 张竞猜票。吉米真热情，指导我买某日报纸了解各队情况。可那天报纸买来时，离季后赛开始只有 10 分钟，根本来不及读。于是，我匆匆填好了那两张选票——关于进入 64 强的队之间的 63 场淘汰赛结果的预料——当然，最紧要的是冠亚军属谁。其中一张是凭我看过的十来场电视转播的印象填的，冠军填了阿肯色州立大学，亚军填了杜克大学。另一张用剩下的两分钟草草填好，填了什么结果，早已忘记。

令人吃惊的是，前两轮结束时，那些“淘糨糊”的已宣告失败，可那稍认真填就的上面的冠亚军队，却属东方不败，一直坚持到前四强。吉米来电说我大有希望，也哀叹他年年赌年年输——今年也不例外，他心中的冠亚军队早已落马。

半决赛结束，我预测的冠亚军队还是都在。决赛那天，我打开电视机，见克林顿也坐在看台上，为他当过州长的阿肯色队助威。几经争夺，阿肯色终于战胜杜克——冠亚军都被我猜中了！克林顿在电视屏幕上挥舞双拳欢呼，我在电视屏幕前挥舞双拳欢呼。

此后，我着实在系里风光了一阵，有人祝贺，有人讨教秘诀，也有人直率地表示不可思议。我只好说,我着实喜欢篮球。我总不好意思说“中国人勿要太聪明”吧!那赌球赢来的几十块钱,当天就请吉米和一位访美的也门学者在中国餐馆大嚼一顿。记得我吃了不少肉丸子,也许是因为它们的形状与篮球相似的缘故吧!

我在美国说笑话

在异乡客地做学问，毕竟不似在家里舒畅。与其逃避，不如参与，与其独自苦恼，倒不如说几句笑话。

刚到美国，就参加过一个英语口语强化班，这正是说笑话的好所在。老师一次布置我们演一出戏，故事是有人委托警察局寻找一条走失的黑狗，由我扮演警员，而那个发现了狗的人由一位来自韩国的女士扮演。她告诉我："我发现了你们要找的那条黑狗。昨天晚上，我见它在某条路上。"我问她："那狗是黑的吗？"她说："是的。"我又追问："既然狗是黑的，又是在黑夜，您怎么能见到它？"韩国女士一时瞠目结舌不知所对，而老师和其他同学则忍着笑等待着戏的收场，谁也想不出该如何回答。还是我帮她解了围，告诉她："您说那条狗正好躺在路灯下！"老师和同学们听了，终于忍俊不禁。

一位与我相熟的美国教授，其生日正巧比我迟五天而比他的另一位研究生、我的中国朋友早两天。在他生日之前，我托他的那位研究生转致生日敬礼并告诉他："王先生说您真幸运，您的生日在两个伟大的人之间。"我的朋友后来告诉我，他听了先是一愣，然后开怀大笑。

我的导师是一位热情善良的名教授，但是不爱笑。我总想逗她一笑。一次，我告诉她："我正在旁听某教授的课，他的课最好，因为他的英语说得最慢。"她终于笑了，并反复地说着那位教授的名字。

一位与我交换语言的研究东亚问题的女硕士生，一次打电话告诉我，当晚有关于中国的电视节目。我问她什么内容，她迟疑半晌才说那是关于抽烟的(其实看后知道是批评美国向中国过多出售香烟的)。我说："因为一位抽烟的中国学者被派到贵国去抽烟。"由于我是抽烟者，她乐了。后来她告诉我，她开头怕提起香烟我会生气，没想到我如此反应。

美国人比较开朗，多爱笑。因此即使对陌生人，也可开开玩笑。

一次我陪一来自中国的女士去税务局报税。女办事员算好账后，告诉她："您可以得到若干元退款。"我即转身问那中国女士："您愿意得到支票还是现款?"那女办事员听了大笑。

又有一次，我在超级市场购物。那家市场刚刚开张，物价特廉，因此门庭若市。在一处，我推的小车与另外几部小车挤在一起，我说了一句："Rush hour!"(交通拥挤时间)几个老美听了都乐了，一遍遍地叫："Rush hour!"

说笑话还能为国争光。一次八月中秋前一天，我正好听一门研究生课。我课前拿出了预先切好后带去的月饼请大家吃，并介绍农历常识与中秋典故，请大家注意明晚赏月。最后我说："中国的月亮比美国的亮!"大家问为什么。我说："因为依据天文学，在中国比美国先十几个小时看到月亮。美国看到的月亮，是中国人早已看过了的!"这话真是在为国争"光"了。

美国语文教育局外观

在美国待了几年,感觉和想法颇多,然而说到语文教育,只能记录一些“局外观”。

惭愧得很,笔者几乎从未真正访问或参观过任何一所美国的中小学校。可是美国语文教育的情况,却往往通过种种经历见闻折射出来。比如:在我经常光顾的书店、图书馆、博物馆乃至超级市场,总可瞥见美国中小学教育特色之一斑。

我经常使用的一个区公共图书馆,共分上下两层。其中二楼的大半专门划作少年儿童读者阅览、借书之用。且不论室旁七八张桌子和十几把椅子供小读者做功课用,也不论室中有专为小读者设计制造的饮水装置和厕所,只需看看室中藏书的数量,就可见其对少儿读者之重视了。彩图词典琳琅满目,对于各年级的学生,均备有程度不同的词典供查阅。如果你愿意花上一定时间一一翻阅,就会发现,各层次词典的收词范围和词汇级别、义项的数量和级别、释义用词的范围和层次,由少到多,由低到高,循序渐进。尤其值得注意的是年级较高的学生所用的词典,不少词条下还有对词汇词源的介绍,如某一词源于拉丁文,又从拉丁文演变为古英语等。此外专供学生使用的大百科全书也有好几种,装帧精美,印刷考究,内容丰富,词义精确。除了这些工具书外,即使某些置于楼下供成人使用的工具书,也有不少种同样在这儿备有一套。笔者治语言学,曾把少年儿童阅读室中的语言学书籍浏览过一遍,发现其中既有语言学的和英语的入门书,又有不少与楼下藏书相同的语言学学术专著,在此还可见到关于世界文字的书,关于 26 个拉丁字母来龙去脉的详细介绍。甚至有些学术专著,楼下没有,楼上却能借到。那位值班人员,总是不厌其烦地引着家长和儿童觅书,边寻觅边介绍,真如漫游知识海洋的导游小姐。她办公桌上的铃声不断响起,是一些家长或少年儿童电话借书、查书或咨询。室旁还有不少散文、小说的录音和唱片供借用,从马克·吐温到狄更斯,应有尽有。光是去一次图书馆,就足以领略美国人对少儿语文教育的重视程度了。

书店是反映中小学语文教育的另一面镜子。笔者注意到有些书店中有成套的专为少年儿童印刷的文学名著,字较大而多插图,分量轻而价格廉,足见出版商的苦心。笔者曾购《鲁滨逊漂流记》《新天方夜谭》和《金银岛》等书,欲赠国内英文较强的中学生,惜未能带回。另外,笔者还在书店中见到几种不同的讲述事物来源和发展的彩图词典,对中小学生是极有趣的读本。至于帮助少年儿童提高写作能力的课外读本,所见种类不多,但均对象层次明确,教程循序渐进,内容趣味无穷。可见融知识性、科学性和趣味性于一炉,确是美国少儿语文教育的一大特色。

其实,如果说美国重视中小学生的语文教育,那么这不仅是指学校的教育体制,还指学校教育的一个重要背景——家庭教育。我妻子刚到美国,曾有一两个星期帮助一对教授夫妇看管一个正在幼儿园读书的女孩。她发现那女孩爱读一本书,书中的主人公即是那女孩。比如有这么一段:“天冷了,风渐渐大起来,天上飘着细细的雪花。安妮坐在窗口,望着窗外的雪花,静静地沉思。”全书都是关于安妮的故事。问后方知这是她的爷爷、奶奶的礼物,专门请作家撰写后印刷的。恐怕这只是美国富家孩子的奢侈品,但由此亦足见美国人对孩子语文教育的重视。

免费的是最好的

有人说美国人最喜欢的句子是“There’s no charge”或“It’s free”(这是免费的),大概这是因为不花钱的享受总是令人愉悦的。然而人们往往根据“一分行情一分货”的老话,又总以为不花钱或少花钱的享受只是低级享受。朋友请你吃一份午餐,您总不能嫌这个菜不好、那个菜太少;您在商厦门口尝一小杯免费饮料,您总不好意思喝完了说“再来一杯”。

流行语“金钱不是万能的,没有金钱是万万不能的”,确实没错。可是咱们往往只记住了后一句。其实,前一句亦颇有深意。这世上有一些快乐,是完全免费的,而质量一点儿也不差。

与一个老朋友促膝谈心,回忆美好的学生时代,而只字不提您手中棘手工作并暂时忘却您手上被套牢的股票,该多快意!——不花钱,除了清茶一杯(相信您一定已戒了烟)。

与家人在晚饭后漫步在街心花园附近的人行横道上,沐浴着清风,披着月色,想说什么就说什么,该多快意!——清风和月色,免费且敞开供应。

打开收音机,随便听听什么,或是你熟悉的古典音乐,或是您压根儿听不懂唱词的某种地方戏,只求有点儿声音伴着您,该多快意!——几乎不花钱,除了电费。

走到附近书店里站上几十分钟随便翻翻书,从古奥的《尚书》到时兴的《炒股三十六计》,任凭脑子给古往今来的历史的马队踩一遍,该多快意!——自然,这书店也是免费进入的。

由于咱们每个人都忙忙碌碌,为事业也为金钱舍命地工作,认为享受是一种不可多得的奢侈——既没时间又没钱。生日才请朋友,买菜才上街,日本地震了才打开收音机听在那儿留学的亲人的消息,编辑催稿才上书店找参考书,甚至——对不起——得了癌症才去公园学太极拳。由于咱们保持着功利行动的准则,到头来,功利上的损失反而最大,因为这是我们既无法随时可得到的免费的享受,又让无休止的紧张生活给我们的活跃打上休止符。

去追求那不花太多时间却十分快乐的瞬间吧! 去享受那免费却又是千金难买的愉悦吧! 记住,免费的,往往又是最好的。

商业电话烦煞人

一次,我在美国乘飞机,登机前排在我后面的是一对中国老夫妇。检票小姐用英语问他俩:“你们会英语吗?”老翁回答:“I DON'T UNDERSTAND ENGLISH! (我不懂英语)”那小姐便请求我进机舱后帮他们找到座位。可是,一进机舱,老翁告诉我他懂英语,只是害怕商业电话,才养成了逢人便说自己不懂英语的习惯。

的确,商业电话至今使我后怕。在美国,几乎天天可能接到商业电话。有推销商品的,有推销劳动力的,还有促你申请信用卡的。应付这种电话,对一般中国人并非易事。一是对方说得快不易听清,稍一不慎胡乱答应就可能有经济损失,二是咱们这号人不大会说“NO”。

商业电话中最烦人的要算是推销“电话”的电话了。美国的市内电话往往是一家指定的公司,无可选择,而长途电话则可由用户从几家一直激烈竞争着的公司中任选一家。由于电话公司打电话最方便,所以拉客户的电话最多。拉你的公司会由声音动听的小姐不断地对你进行劝说,告诉你她的公司价格如何便宜,有多少为你省钱的计划,一旦转过去会给多么丰厚的奖励。在这银铃般动人的苦心劝诱下,你纵有铁石心肠,也难说一个“NO”。尤其是我们几户合用一个电话,是长途的大户,便一直成为小姐们竞相追逐的对象。

记得有一时期,一个临时寄居的青年,似乎真的被一家小电话公司的一位小姐缠住了,一个电话过来,可以甜言蜜语地谈上半个多小时。光为听这位小姐的银铃声,我的好多个甜蜜的睡梦就被打断了。终于,那小伙子走了,然而还有其他无数个小姐的无数个电话。

因此,我觉得那位老翁的做法是最明智的。为了减少这类电话的骚扰,我买东西宁可不用 COUPON(优惠券),因为一旦使用,就必须使自己的电话号码曝光，由此又会引来更多的商业电话。

商业电话有时也是地毯式地进攻，目标并不一定准确。一位靠打工交学费的留学生告诉我，他接到一个电话，问他要不要雇人打扫房屋。他苦笑着说："我倒正想谋一份为人打扫房屋的工作呢！"

如果给我三天黑暗

一个农历初二之夜，我与妻在上海西郊做客。宾主谈兴正浓，谁也未曾注意电视屏幕上一遍遍打出的大雾警告。九点整，我们辞别主人时，才发现浓雾罩着地面，可见距离只有2米。望着车站上显然等候已久的百来个人，我们决定走延安西路步行回家。

向东蹒跚着走了十几分钟，我们发现我们已经误走到了一条延安路的岔路上。路灯的微光照不清路牌，左右也有不少误入歧途的步行者，便蹒跚着互相询问"延安西路在哪里"。终于，我们退回延安路，再认准方向往东走去。雾更浓，同行者更多。逆向而来的同行者也更多，他们也不时问我们："这是不是延安西路？"的确，在已经分不清人行道与车行道之时，稍一疏忽就会偏离方向。何况前几日的积雪正在融化，既得留意眼前，还得留意脚下。……这种近乎摸黑走路的感觉，是我从来不曾体验过的——这是何等艰苦的旅程！

经过2小时多的苦旅，妻和我终于到家了。十二时许，疲惫的妻已睡去，而我却陷入沉思之中。

盲女海伦·凯勒曾在她的《假如给我三天光明》中憧憬着一旦上帝赐予她三天光明时她将何等快乐又何等吝啬地使用它们。然而，该文中有这么一小段，大概许多读者都未加注意："我常想，如果每一个人在刚成年时都能突然聋盲几天，那对他可能会是种幸福。黑暗会使他更知视力之可贵，寂静会教他懂得声音之甜美。"其实，仅刚才的不及三小时近乎半盲的苦旅，已经足以令我忏悔过去几十年对大自然赐我一双好眼睛的恩惠的轻忽和浪费。我假设我是一个经历多年失明的盲人，如果一旦恢复了视力，那么我一定不会像我现在那样读了半小时书就想坐到沙发上去看一会电视，一定不会像现在那样早晨睡足后睁开双眼还要用一刻钟愣愣地望着天花板，不会像现在那样一吃完午饭就闭目养神大半晌……我想，我一定会最大限度地利用我光明的双目，做我最该做的一切事，让我的每一分钟都活得更有意义。

令人遗憾的是，人往往徒劳地向往着他所得不到的那一半甚至为之悲哀、绝望，却偏偏对已经得到的那一半的价值熟视无睹、任意挥霍。其实，咱们已得到的那些自然的恩惠，已经足以使咱们成为了不起的人了，问题在于咱们是否充分而有效地利用它们。

如果海伦今天还在人世，我真愿意同她换个个儿，让我做三天的她去体验黑暗的痛苦。三天之后，我一定会自信地说："我无所不能，因为盲了三天的我再次拥有了一双无所不能的眼睛。"

完美主义者请放一马

我是在英文书籍的阅读中接触到“完美主义者”(perfectionist)这个词儿的。所谓“完美主义者”,即万事追求完美的人。

我自己就算得上是个完美主义者。做每件事,我尽可能做得天衣无缝。当我写文章前,总爱把文章的主旨、题材和层次乃至种种细节想个明白,才肯落笔,一旦有什么难以处理的环节困扰我,宁可搁笔,这一搁也许就是若干年。当我开始看一个电视连续剧时,虽然觉得它不怎么好,还是坚持天天看下去,即使到后来觉得味同嚼蜡也只得嚼下去,似乎半途而废就意味着一种投降似的。连我买一本觉得有趣的杂志,我也得思前想后：以前缺的是否能补齐,以后出的是否愿订下去?

“完美”两字本无贬义,但一加“主义”便大可商量。追求完美,这是一种多么可尊敬的理想,可是在实际生活中,它却往往是一种十分摧残人的品性！细想来,追求完美正是完美主义者成功的原因所在,同样,也正是完美主义者悲剧的根源。

试想,若我不是如此地爱追求完美,也许我可以用我的笔为一些刊物提供虽不尽善尽美但多少富有创意的好文章若干篇,也许我还能把每晚看那个糟糕电视剧的时间省下来做许多什么别的赏心乐事,也许我已经从那本本想买而终于未买的杂志中读到一些什么有趣的东西。

完美主义对我们的最大伤害,是影响我们的身心健康。为了完美,我们得花多少时间和精力去做我们并不感兴趣的事,有时那对我们毋宁说是一种折磨。为了抱怨不完美,我们得以不断地失去我们的好心境为代价,在多次无益的自怨自艾上独自向隅。这一切,于我们的身心健康无疑是个无形的杀手。应该说,目的在于追求满意,到头来也许酿成最不使自己满意的苦果。

完美主义的症结在于这个世界并不完美,我们自己也并不完美。天上的月亮也有阴的地方缺的时候，天上的太阳也常有斑斑点点的黑子遮掩其万丈光华，何况咱们这些芸芸众生？咱们都不是神而是人，又如何能要求人做出神也未必能做得十全十美的事儿来？

当然，完美主义并非一个彻头彻尾的贬义词。完美主义者的高尚情操，美好理想，他们的认真工作和生活态度，依然值得肯定与推崇。我们要说的，只是万不可追求绝对的完美，那既不可得，又摧残自身，何苦而为之？无论对己还是对人，在无伤大雅之时“放一马”，也许这个世界会变得更完美。

我的白日梦

报载世界杯德国失利，德国球迷对教练福格茨恨之入骨。于是，电脑公司发了大财。它们利用球迷的这种心理制造了足球软盘。球迷通过电脑，可以自行安排世界杯参赛各队的阵容与战术，掌握比赛结果。因此，安排一场德国胜巴西的球易如反掌。无独有偶，日本一些工地，制造了经理、科长们的软塑料人像，让上班时受压迫的雇员下班后把他们痛打一顿，以泄心头之懑。

不瞒诸位，这类发明的专利应当归我。因为从孩提时代起，我就常做白日梦且乐此不疲。

临睡做个滑稽戏“梦”，姚、周、杨、张、笑、沈大会串，同演一台戏。戏未过小半场，我早已呼呼入睡。

白日梦似宜多做体育方面的。因为体育本身有刺激性和积极性，容易帮助消除疲劳和忧郁。

可见空想有时比现实生活更有益于身心，利多而弊少。弊端也是有的。记得我小学时代在课上“梦”到与班上一个可爱的小女孩在草地漫步，老师正好提问，把我叫起来，我美“梦”方醒，瞠目不知所对，课后被关了半个多小时才放学。从此，课堂上再不敢做白日梦了。

戏 话 连 篇

我生长在一个有文化的工薪家庭中，自小与父母一起过着一种勉强称得上小康的生活。如果说，父母并没有给过我过多贵重的赠予，那么，我却不能不说，他们从我小时候起分期分批地给了我一件千金难买的东西。

那就是幽默感。

记得小时候，我妹妹告诉父亲幼儿园又教了一支新歌。父亲要她唱给他听。她唱道："小白鹅，水上游，一面游泳，一面唱歌。……它们在唱和平歌！"父亲说："我什么也没听懂，只听到有'苹果'。"——我妹妹小时爱吃苹果。

记得一次全家坐在电视机旁，看着一个印度歌舞团的演出。大家听不懂歌词，父亲却认真地说："注意！这是印度的马连良！"

母亲的幽默则有时带着刻薄。小时，我跟母亲去买菜，那菜贩在过秤时一手搭在秤砣上，想吃吃"洋伴"。母亲不动声色地说："你那手也一起卖给我么？"

另一次，我们搬家，我随母亲去旧货店卖掉几件旧摆设。营业员开好单据，对母亲说："你会写字就签个名，不会写字就画个十字。"母亲不假思索地拿过笔来画了个十字。一旁的我忍不住了："我妈还是个大学生呢！"妈笑着对营业员说："我姓十！"

自小幽默气氛的熏陶使我也学会了说"戏话"。

记得一次，我不肯吃某种咳嗽药膏，借口："太黏，会粘住细菌。"

还有一次，天将晚，我正找一本书到对面公园去读。母亲说："捡字大一点的。"于是我拿了一本颜真卿大楷帖。

不少客人，被父母取了绰号：因车祸断过肠子的称"断肠人"，我的学生则统称"贵门生"。

如今，父母渐老，渐聋，常把"照片"听成"刀片"，"袜子"听成"墨水"。我提议为他俩各买一台助听器。母亲说："干脆你自己买一个麦克风!”

这些“戏话”,均“内部供应”,所以别人以为我家的人个个严肃而道貌岸然,其实,这个家是个“戏话连篇”的世界。

一天半夜,我打开电视机,见乐靖宜正将跃入水中,一个自由泳世界纪录又将诞生。我赶紧唤醒了正酣睡的父亲。他睡眼惺忪,我说了几遍他才明白过来。他说:“叫她好好游。不过她游得动,我看不动!”言毕,翻了个身,继续呼呼大睡。

因为我喜欢

前一阵子开始填词了,一位年长的诗词大家读了我的几首词作,居然给以"情理可诵"的评语,然后无可奈何地说:"现在词这个东西,对你来说不愁写不好,只愁不时兴,没处发表!"我说:"没关系,不能发也写,因为我喜欢写。"

这一阵子又开始写微型小说,居然还发表了几篇。有几位好友闻讯而还未收到作品,就来信来电相劝:"老兄,你的本行不是创作,何况小说人人能写写,你的本行却是没几个人能搞。舍本求末,岂不可惜!"我答曰:"谢谢忠告! 可我也想试试原来不内行的事。"说到底,因为我喜欢。

一向爱写信,给亲戚、老师、同学、朋友和学生,无论蛰居沪上斗室,还是远在天涯海角之时。妻说:"你每天收到的信也太多了,不怕以后邮递员向你收加班费! 每天写一封信,算它一千字,写文章就能赚几十块!"我说:"我爱写才写。人总有一份情!"其实,也是因为我喜欢。

常是搁下急的约稿去写不急的,常是推辞了有酬的约稿去写近乎义务的。有时还把自己的诗文译成外文,明知发不了。没有别的道理,因为我喜欢。

爱在晚上把老父请入陋室听音乐。看着他先是兴致勃勃地听,不久又把满头白发垂在沙发扶手上打盹,我满足了。

爱在下午陪老母走过弯曲的小巷,到一个小书场去听书。看看她啜几口茶,被台上不知名的艺人的一个"噱头"逗笑了,我满足了。

对自己的一些不正常行为,有时自己也并非毫无知觉。记得小学一年级时,一天课间,我站在操场上思考"宇宙有没有边"的问题,越想越玄,上课铃响,其他学生全部进教室,我也浑然不知,仍一个人站着发呆。为此事被关了一小时才放学,也不以为意。因为我喜欢。

有人认为"价值"与"金钱"是同义词。其实，他们忽略了那些最不值钱却对人生最有价值的东西，那些东西的价值仅在于能引起我们由衷的欢愉。于是他们在选择他们生活的标准时，忽视了对这些生活内容的"娱乐性"的评估。

如果真的有上帝，那么——我想——之所以上帝给人们以不同的遗传因子、不同的客观环境和不同的机遇，就在于他知道这五彩斑斓的世界正是由怀着不同兴趣爱好的人们所组成的。

当然，上帝并不存在。可是，在某种意义上，我们可以成为自己的"上帝"；在某种程度上，我们足以成为自己的"上帝"。

所以，只要有益——至少无害——于他人的事，我就毫不犹豫地去做，只要我喜欢。

原 汁 原 味

近来,朋友们都纷纷祝贺我的发福。显然,在“人以瘦为贵”的今天,那并不是一句褒辞。

我知道毛病出在哪里。自从我买了一台大电视机且又几乎同时装好了闭路电视之后,我已经维持了一段经常“秀才不出门,能见天下事”的生活。

记得小时候,那个我们只能从科幻小说中去了解电视为何物的时代,我们很少能享受到一些身临其境、原汁原味的东西。我们从收音机中去欣赏一场足球赛或一场音乐会。偶尔由大人带着去虹口或天蟾舞台或一个什么小书场,已是十分难得的享受,足以向小伙伴们夸耀半天。

确实,几十年前,一般的工薪族,品尝原汁原味的机会实在是太少了。

可是,发展到今天,当我们在黄金时间打开电视机,在十几个频道的选择中无所适从时,似乎事态又向着另一个极端发展了。我们如今品尝的是不是真正的原汁原味?看着电视中伴着音乐的乡村景色,却嗅不到花儿的芳香;觉得那些或坐或站在虹口体育场看台上的球迷才是当事人,我则真正是旁观者,哪有身临其境的刺激?很记得我中学时代花一二毛钱买了一张全国举重比赛的票,一场比赛看下来,脸红心跳,自知肾上腺素指标高了许多,力气也似乎大了不少。这才算得上真正的原汁原味。

写这些话,只是真实的感受的记录。我决不企图鼓励广大的电视观众关上电视机,每天走向球场、体育馆和剧场,每周末走向郊区的度假胜地。我只是反对那种用传媒代替一切品尝原汁原味的休闲方式。

我只是想说,如果有条件,何妨一下楼,何妨一出门,即便到您对门的小花坛边嗅嗅小花的芳香,那毕竟是真正的原汁原味。

足球卫生

作为一个球迷，自以为心事已够多的了。成年地担心着国奥队的出线、申花队的夺魁、大顾队的升级乃至浦东队的“雄起”。然而近日看了几场球，觉得除上述种种心事之外，又多了一桩心事——咱们的“足球卫生”问题。

由于中国奥林匹克队已稳获奥运会预选赛的小组第一，分组赛的末一场球——中国对新加坡，胜负已无关大局。看这样的比赛，我倒注意起球场环境来了。记得一般欧美的足球赛事，球迷一激动就从看台上扔下各色物品，如纸片和软罐，搞得赛场内外一片狼藉。近年来，中国球迷的水平已渐与世界先进水平接轨，因此也已惯于向场上大扔东西。可是，发人深省的是，这场在狮城举行的球赛，我在 29 寸电视机屏幕上细细搜索，球场上却找不到任何异物。自始至终，那绿茵场还是绿茵茵的。

唯一使人遗憾的是，那场比赛咱们的国脚在场上频吐口水，一大口一大口的，闹不清是痰，还是唾沫，还是二者的混合物。是他们因狮城太热得了热伤风，还是体力充沛到出了许多汗竟还可以大量地通过口腔排泄液体，我就更闹不清了。事实上，这种现象，在欧美球赛中亦时常可见。我也不知道，在法规严明的新加坡，在足球场上随地吐痰是否会被罚款，是否赛后拖住球员“结账”？不过我深信，新加坡的卫生法一定很森严，这至少是球场如此整洁的原因之一。

记得去年，一个美国孩子在新加坡的车辆上乱涂乱抹，被狠狠地判了 6 记笞刑。后来克林顿写了一封信，也只免了 33%——还是打了 4 下屁股。我们权不在此讨论新加坡方面量刑的轻重和美国总统的面子大小，我们只想说，在重视卫生（包括足球卫生）方面，新加坡的做法，颇值我国球迷、球员和球场管理机构乃至立法机构借鉴。

碰巧，次日正是我国足球锦标赛日，在这场在某大城市举行的精彩比赛中，场上场边七七八八的东西也没少过，某队罚角球时，由于观众抛下的一条长带子缠上角旗而迟迟无法罚出。至离终场还有几分钟时，看台上已放起了鞭炮。而同时在另一城市举行的比赛，场上异物更多一些，据报载，那场球下半场开始前，客队下场时竟成为主队球迷用异物“射击”的对象！

呜呼！写到此，发现我写的不是“足球卫生”，而是“足球安全”了！

13 日诸事不宜

尽管我是一个唯物论者，可是，不知从什么时候起，一个观念竟根植于我的心底，13 日诸事不宜。

比如，今年 2 月 13 日，我是被一通来得极早的电话惊醒美梦的。如果这电话来自万里之外的娇妻则罢了，可是这电话不知来自何人："找王经理！是××公司哦？刚刚拷过来过！"这话除了一个"王"字外，其余的一切内容都错了！我连适才在梦中也没给谁拷过拷机！

我寻思着，也许是天意让我早早醒来。学校这天没课，不妨去买一台收录机——原先那台收录机，近来已坏了。

我首先走进了一家老牌子的文具店。同几年前相比，它已面目一新。现在它主要供应电脑和游戏机，而那些狭义上的文具，已可怜巴巴地缩到一个墙角的柜台中。好在这儿有个收录机柜，两台国产货，都只 200 来元，均合我意。"小姐！看看这台收录机，双卡的！"那正用女高音与对面柜台的男营业员谈话的小姐，马上改用女低音喃喃一句："这只东西是返修的！"接着继续向对面柜内说下去，恢复女高音。"那么看看这台单卡的！"我说。"也是返修的！"她斜睨了我一眼，补了一句更具普遍意义的话："这只柜台的东西都是返修的！"

TA

Ta！这是一个何等灿烂辉煌的词儿！古今中外几乎每一部小说的每一个章节都提到 ta。无论是主题与 ta 有关的，还是与 ta 无关的。

Ta 是一个何等造孽非浅的词儿！如果没有 ta，至少整部世界史必须改写，因为一些必然的(更多是偶然的)ta 不断影响着世界的发展(遗憾的是这种影响多半是负面的)。

当 ta 一旦降临，她往往辗转反侧而彻夜不眠，而他往往彻夜不眠而辗转反侧。她立即改变了个性，他顷刻重建了习惯。她想起了想不尽的事，他使着使不完的劲儿。Ta 彻底改变了他们的一切。

Ta 是一个褒义词吗？Ta 是一个贬义词吗？

Ta 是一个“人”旁字，凡是人就躲不开 ta。

Ta 是一个“女”旁字，由于 ta 的尊贵。

Ta 是一个宝盖头的字，ta 是世间之珍宝。

咱们永远逃避不了 ta，于是咱们不得不永远歌颂 ta。

谁也说不清 ta 究竟是什么。

Ta 是一个永恒的未知数。

贱腿颂

腿疾手术造就了我的一只尴里不尴尬的面孔。

所谓事非经过不知难,以前一直以为眼睛是人体最最重要的器官,哪知腿也同样地重要。刚刚手术之后,我的感觉似乎这右腿就像生在别人身上一样,怎么也没有感觉。生在别人身上就让它生在别人身上吧!没感觉就让它没感觉吧!问题在于不能使唤它来走路啊!所以右腿贱极。绍兴人骂人的一句常用语“娘的贱腿”,也许就是指如此的腿吧!

这贱腿所造的孽,绝不止行走不便。因为这贱腿,我的胃口不好;因为这贱腿,我的脾气不好;因为这贱腿,我的脑子也有了问题。上文所说的那只尴里不尴尬的面孔,就是这样造成的——不造成才是怪事呢!幸得诸友谅解我对人从无坏心,还络绎不断地来舍间探望我与照应我!从这一意义上来说,我这只贱腿能有朝一日变成金华火腿或宣威火腿,我就必须感激所有关心过我、帮助过我的人,哪怕是在我病中为我提供过一张草纸的人,我也得请他吃饭。

所以,一旦这只贱腿开始变得不太贱了,我的心中的欣喜度应该是何等的高啊!而值得庆幸的是,这一天终于到来了!而值得奇怪的是,这一天又是到来得多么突然!

也许,在不久的将来,我的胃口、我的脾气、我的脑子,我的一切的一切,都恢复得与原先一样!可能吗?也许吧!较也许吧!很也许吧!甚至——非常也许吧!——也许。

也许那一天真的不太远啦!那么,那一天我会做些什么呢?对不起,不告诉你。其实,我也没想过。但是十分明白的是,我会请曾经为我在术后提供过一张草纸的人吃一顿饭,餐桌上必有金华火腿或宣威火腿。

我的地图情结

地图之情

我最近才知道我从小就有地图情结。更有意思的是,这一事实不是我自己发现的,更不是我年轻时发现的。只是在我去年初因腿部手术住院时,我才发现我仅能带去的几本书中,有意无意间选择了一本地图集。而在医院里陪伴与探望我的朋友与学生,很快就发现了我的"地图情结"。也直至此时,我才猛然悟到我不仅有"地图情结",而且这情结是如此强烈。

其实我的地图情结是不难发现的。只是自己自小有这样的情结,习以为常乃至到了浑然不自觉的地步罢了。只要看看我床头所置一些常读书,就会发现其中不少都是地图与地图集。有世界的,有中国的,也有我国的某些城市的,尤其是上海的。

说来话长,我的地图情结的产生,可以追溯到我的小学时代。小学五年级开始有了地理课,那时我就爱上了这门课,同时也就爱上了地图与地图集。终于觉得那小小的作为教辅书的《中国地图册》与《世界地图册》不够用(连苏州都找不到),于是在父母的支持下,便去新华书店买了详细的《中国分省地图集》开始我的地图研究。我阅读地图,复制地图,还自己依据现成的地图集与相关资料制绘地图。《世说新语》中的某名士爱鞋到了痴迷的程度,我爱地图的情况似也相当接近于斯。至今我还保存着一本50年代在西郊公园买的《中国分省地图集》。

直至今日,我还保持着这样的习惯:每到一个城市,先须努力得到它的地图,也努力得到它所在省的地图乃至地图集。即便是去一个小县城,亦是如此。比如,我曾在青浦教书两年,当时买了好几张青浦的地图,不过开头是《青浦县地图》,后来是《青浦区地图》。上面所附的一个个镇的地图及相关说明,我都仔细阅读过。

地图之趣

因喜欢而接触,因接触而愈加喜欢。——这几乎是我们对待一切人与事物的必然规律。我对待地图亦是如此。

从小时起,我就会在地图上找寻一些同名或名称相近的地域或地点。如上海有条黄浦江,而广东有个地方叫黄埔。

至于外国,相同名称的地方就更多。如圣地亚哥、圣胡安之类的地名不说成千,也可以说是上百了吧!在访问美国的几年里,我也收集了许多美国的地图集。有的地名相当有趣。如伊利诺埃州有个城市就叫“北京”,用英文写出来就是“Beijing”——“北京”的全拼!

我在研习美国地图时得到的趣味与知识是极多的。比如,为什么美国的州界多直线?比如,为什么只有一处是四个州之间相交成十字的呢?比如,美国的基本行政区划是city与town,而后者没有高于五层楼的房子?还有,州的命名往往是以印第安的部族名为依据的,其历史原因何在?如此等等,不一而足,趣味无穷。

又如,国名与地名的翻译也是颇有趣味的事。我曾经在报纸上看到美洲有个名“千里达”的国家,百思不得其解,曾猜是苏里南。细查地图后方知原来是“特立尼达”的另一译法,倒也别有情致。

地图之用

当今的世界,我们几乎很难爱上一样真正无益于我们生活的事物。因此,我们在本文中必须辟一部分来说说爱好地图的用途。幸好,地图是有用的。

我的一个早已毕业的女硕士生,可说是我认识的人中极少的酷爱地图的。这位来自辽宁的新学生与我一样,喜欢收集地图。她刚进入硕士阶段不久的一个上午,我与她同游城隍庙。有意思的是她连城隍庙的地图也要买。正是对地图的兴趣,造就了她善于认路的才能。有一次,我与她及另一硕士生从上海博物馆打的出发,我回衡山路的家而她们回华东师大宿舍。车到静安寺,我先下车换 15 路回家,她们继续打车。后来才知道,那司机知我是上海人而她们来自外地,我一下车,那司机就把车往回开,企图宰客。谁知我的那位学生早研习过上海地图,又有极佳的方向感,一看路牌上是胶州路,即问司机:“刚才已到了华山路,车应继续往西开才对,怎么又回到了华山路以东呢?”司机无言以对,只好老老实实把她们送到华东师大,少收了几块钱。

这仅仅是一个生活中地图之用的例子。地图在学术上的用途,更是无穷无尽。拿语言学来说吧! 据历史比较语言学者与方言学者的研究,长江三角洲的“余杭”“姑苏”和“无锡”三个地名,其实“余”“姑”和“无”三字古音相近,可能是置于地名之前的词头,因此,“余杭”“姑苏”和“无锡”无非分别是“杭”“苏”和“锡”的意思罢了。

到 2008 年 5 月的汶川大地震,我床头的地图就更有用了。电视机或收音机里每报一个地名,我都可以从我的地图中找到那些牵动我们的心的地方。我更可以从地图上遥知我那些远在四川、重庆与云南的朋友们是否安全。

至于从地图中发现的行政区划变化或地名更改的信息,也给了我们许多新的知识。比如今天的“达州”市,最早为“达川”县,后来改为“达川”市。如果没有几本不同时代的较为详尽的中国地图,是不易察觉的。

无独有偶,在外国地图中也能查知有关行政区域改变的信息。去年看欧洲足球锦标赛的电视实况转播,发现有一个举办城市是奥地利的巴塞尔。记得先前读过的尼采的传记中,尼采曾经在德国的巴塞尔上过学,那么这两个巴塞尔是同一个城市吗? 于是,我打开了详细的欧洲分国地图册,方知巴塞尔是德奥边境上的城市,应是原先属于德国而后来划归奥地利了。

诗　词

金　苹　果

在尽情嬉戏的孩提时代，
我曾经梦见过，
在一棵枝叶繁茂的树上，
长着两只金色的苹果。

虽然我年纪还小，
不知道它们是什么味道。
但是我已经明了：
即使我纵身一跳，
也只能把其中的一只摘掉；
即使我张大了嘴，
也无法同时尝到两只苹果的味道。

现在，我眼前依然是一棵枝叶繁茂的树，
依然是两只金色的苹果。
我已经懂得：
一只是事业之果，
一只是爱情之果，
但它们长上了同一根枝条。
我奋身一跃，
把它们一齐摘下了。

这两只金苹果，

从此合成了一只大苹果。
我无法推测是什么力量把它们长在一起，
我无法知道是什么原因使它们合二而一，
我只是对命运之神，
充满着由衷的感激。

我一口尝到了大苹果的滋味，
像琼浆，多么甜美。
即使其中少不了掺上一点辛酸的涩苦，
可这都是在我预计之内。
让这琼浆变成感激的热泪，
让这琼浆浇灌我感激之情的水。

这不是虚幻的梦境，
这确是活生生的真情！
回首这段黄金般的时代，
抚弄这个黄金的苹果，
我的心禁不住狂热地欢唱跳跃，
我的梦也充满了金苹果般甜蜜的笑。

1973年5月12日

迷途的羔羊

一

在密叶覆盖的棕榈林中，
有一只迷途的羔羊。
他不美丽，但善良，
他不聪明，但满怀希望。

黑暗的林中充斥着腥味，
哪儿是百合花的馨香？
泥泞的地上长满着针芒，
哪儿是前进的方向？

他没有同伴和友朋，
他的近邻是绿色的棕榈，
他用红茶来洗涤愁肠，
他念着“之乎者也”来消磨时光。

他有时也强颜欢笑，
但内心并不舒畅。
哪里有北斗星的光，
什么是我前进的方向。

二

在一望无际的大海旁，
有一只迷途的羔羊。
她美丽而善良，

她聪明而满怀希望。

海滩上弥漫着水的腥味，
哪儿有百合花的馨香？
污秽的地粘住了她的秀足，
哪儿是前进的方向？

她没有同伴和友朋，
她的密友是蓝色的海洋，
她用海水来洗涤愁肠，
她念着“ABCD”来消磨时光。

她有时也幻想变成海燕，飞渡重泽，
可终觉得十分渺茫。
哪里有北斗星的光，
什么是我前进的方向？

三

有这么一天，
多么晴朗，
多么辉煌，
他和她相遇上。

同是上帝的羔羊，
同是迷途的羔羊，
为什么不能安然听从命运的摆布，
把我们心儿紧紧连上？

也许，我们将永远找不到前进的方向，
也许，我们疲劳和紧张到头来是一场空忙，
可是，协力同心前进，
总比各自单干要强！

今天，他们已嗅到百合花的馨香，
明天，他们将齐步并肩，
走出海滩，穿越丛林，飞过大海洋，
他们的青春将焕发出亿万道的金光！

1973 年 5 月 12 日

七 绝 三 首

（步鲁迅《忆诸弟》韵）

一

流光荏苒若飞驰，
江畔钟鸣催别离。
泪眼相看莫悲切，
苦心自有竟成时。

二

还家似客厂如家，
帐对烛灯愁更加。
我愿相思两处泪，
一齐化作合欢花。

三

惨淡经营廿八年，
至今犹泛夜航船。
何时借得东风力，
举棹鼓帆过海天！

1973 年 6 月 19 日初稿
1973 年 6 月 21 日改定

致菲德尔

这诗将环绕地球，
旋转一百八十度左右，
献给哈瓦那的长胡子朋友。

一个特点为我们共有：
胡子茂密，久久不修。
一个日子为我们共有，
神圣的七月二十六！
巧合使我们在几万里外，
拉起友谊的手。

这里没有铿锵的碰杯，
这里没有甘美的槟酒，
但是我的心却同你一样，
充满了快乐，忘记了忧愁。

你曾以果敢的手，
保卫了古巴的自由。
而我，又为我爱人挣来些什么？
说出来也叫人害羞！

我你都住在大国的东门口，
你与你的爱人手挽手，头并头。
而我，离别多于相逢，
想起来也叫我难受！

于是,我只得把我的思念化作脑电波,
并着生日的祝福和问候,
发射到四小时以外的地方。
爱人呀!你收到了没有?

1973 年 7 月 14 日初稿
1973 年 7 月 25 日晨 0 时半改定

格　言　诗

一

人们都羡慕获得桂冠的光荣，
却没想到桂冠压在头上该有多重。

二

我是一枝芳香袭人的玫瑰花，
怕刺痛手就把我搁下。

三

最最可悲的是，
一个人没有什么可悲的事。

四

别因人生短暂而眼泪涟涟，
凭这几滴泪水就能光盈你的生命之泉？

五

你站在几万里外向地球远眺，
因此世人才显得如此渺小。

六

聪明人学习为了工作，
书呆子工作的目的是学习。

七

聪明人工作为了享乐，
笨蛋们工作的目的就是工作。

八

世界只会因你的努力而改变，
却不会因你的愿望而改变。

九

别在这里空谈一通，
学生首先想看老师会不会游泳。

十

为何你如此严格地管教儿子，
对自己缺点却听之任之？

十一

最美妙的梦只有一个欠缺，
就是觉醒时立即破灭。

十二

要是不嫌时间太多，
始终别做可以不做的事。

十三

不要收藏无用的知识，
要是你不打算开博物陈列室。

十四

失败不要紧，
只要找出失败的原因。

十五

走十步好棋还容易，
难的是不走一步坏棋。

十六

绒线要一针一针结，
饭要一口一口吃。

十七

最好的棋手同时只能走一步棋，
最好的思想家同时只能想一个问题。

十八

一个花匠要懂几百种花名，
一个诗人只要懂几十种就行。

十九

智者醒时比睡时聪明，
愚者醒时比睡时更笨。

二十

三个诸葛亮远胜过一个臭皮匠，
三个臭皮匠更笨于一个臭皮匠。

二十一

亚当得到夏娃，
是因为他冒死为她把禁果摘下。

二十二

有一点财富的人就是富有的人，
被一个人爱的人就是幸福的人。

二十三

爱人！别嫌我太蠢。
爱上你是最大的聪明。

1973年7月18日

虞美人(三首)

一

愁怀欲了焉能了?
诗兴新来少。
书成和泪托南风,
无限柔情寄入此篇中。

我身在日情长在,
海誓永难改。
运交华盖不须愁,
人事总如无尽大江流。

二

迢迢月夜长难了,
总恨佳期少。
朝听细雨晚听风,
几度相逢却在梦乡中。

佳人隔水婷婷在,
何故朱颜改?
人生最苦是离愁,
两处相思涕泪一齐流。

三

雄心勃勃永难了,
长恨光阴少。

与卿何日驾长风，
万里尘寰收入一望中。

儿时漫想今犹在，
只怨年华改。
欲知何事可消愁？
莫把春情秋泪比东流。

第一首写于 1973 年 7 月 23 日
第二、三首写于 1973 年 9 月

金 色 的 梦

我做了一个梦，
一个金色的梦。

我张开双臂，
你投入我的怀中。

我的每根神经都激荡着狂喜的颤动，
你的每道秋波都把脉脉柔情传送。

我不怕人们的玩笑，
你也没有丝毫的羞红。

因为我知道这是对命运的服从，
因为你一直翱翔在凡界的上空。

我说:“你玫瑰般的双唇将把我三个星期的生活染红。”
你说:“你热烈的双臂足使我二十余年的寂寞消融。”

我说:“你的心地多纯洁,有如蓝色的天空。”
你说:“你的爱情多热烈,有如太阳火一般红。”

我说:“再找不到比爱情更好的医生治疗我一切的伤痛。”
你说:“再找不到比爱情更好的材料填补我心头的裂缝。”

我说:“王水的唯一职能是使金子融化。”
你说:“金子的必然归宿是溶解于王水之中。”

我说:“人生的乐趣全在于向着困难冲锋。”
你说:“我们在一起,连苦难的水上也有欢乐的光在闪动。”

我说:“把我的一切拿去吧!”
你说:“你就是我,你的和我的有什么不同?”

我说:“愿你长成一个巾帼英雄。”
你说:“我们是并蒂莲合开在荷池中。”

我说:“梦境比现实更美好。”
你说:“为什么不能把现实打扮得胜过美好的梦?”

请告诉我,今天早晨四点钟,
你是否也做过这样的梦?

1973年8月29日

苏州杂咏

虎　丘

经历了多少日晒、风吹、雨淋，
你的塔身稍有微倾，
但它还是巍然挺立，高耸入云，
俯视着姑苏全城。
几十年来的火柴商标，
证实了你的光荣、伟大、古朴和盛名。
现在，我更爱你了，
因为你已摄入相机，伴着我爱人的倩影。

西　苑

森严的法门阻不住造访的人群，
凄凉的钟鸣禁不住细语的声音，
冰冷的秋雨浇不灭盎然的游兴。
当着五百位圣者我们狂热地亲吻。
这不能算亵渎神明，
因为神明也难免几丝俗念的牵萦。
如来呀！为什么你给观音大士安上一千只手，
要不是为了让她拥抱那五百位大圣！

玄妙观

香烟袅袅的时代过去了，
这里只有一片喧嚣的人声。
如来佛已经为铜锯平分，
甚至没有门，

一切等于零,

……　……　……　……

……　……　……　……

……　……　……　……

留　园

为什么这个园林,
用这样的称呼来命名?
因为它使人留连忘返,
因为它留着前人的碑铭。
伟大的赵孟頫,
伟大的苏东坡,
伟大的米南宫,
观赏你们的是不伟大的某人!

拙政园

旧园主宁可享受这里的秋声,
不让凡界的激流把他冲向沧溟。
我们也坐在这里,
隔绝一切喧嚣和烦恼的是亭外的雨声。
啊!你献给我一个美丽的项链,
那就是一双玉臂多晶莹。
啊!你献给我一朵芳香的玫瑰,
那就是一次热烈的亲吻!

狮子林

我们在石洞中、假山上穿行。
有时是黑暗,有时一片光明。
光明中有雨星,黑暗里倒晴朗。

回看下面,是适才走过的路径。
但一会儿,我们又降到原路的下层。
如何地变幻无常啊！人生！
不可知的昨天,不可知的将来,不可知的如今！
只有你在我身边,是唯一的真！

1973 年 9 月 10 日

月　亮

秋天的晚上，
天空多晴朗。
天穹多苍茫，
星星露微光。
一轮新月儿，
出现在天上。

我要请问你，
美丽的月亮。
星星环绕你，
好像众姑娘。
为什么她们，
不如你明亮？

我要请问你，
美丽的月亮。
为什么有时，
在云后躲藏？
不让我见面，
叫我多悲伤。

我要请问你，
美丽的月亮。
你如此明亮，
又何其冰凉。
为何三十日，

团团只一趟？

我要请问你，
美丽的月亮。
你是一张弓，
拉我心弦上。
为何声凄凄，
如此之悲凉？

我要请问你，
美丽的月亮。
见你多荏苒，
别时多漫长。
你可曾见我，
泪珠闪亮光。

月儿对我说，
叫我怎么讲？
必然是这样，
一切是这样。
衷心去感激，
自然的赐赏。

秋天的晚上，
天空多晴朗。
天穹多苍茫，
星星露微光。
一轮新月儿，
出现在天上。

1973年9月21日

青春之火(格言诗)

一

青春不仅仅是一支美妙的歌,
青春还应该是一团燃烧的火。

二

只有把革命传统在心底刻下,
青春之树才能生根开花。

三

"五·四"和"四·五",如两支华表遥遥相望,
矗立在天安门广场,也矗立在我们心上。

四

爱情,当它同对祖国的爱连在一起,
就有了无比崇高的价值和意义。

五

愿随着青春逝去的是天真和幼稚,
愿伴成年到来的是博学和壮志。

六

别嗟叹征途的漫长和险阻,
首先该果断地迈开第一步。

(原载于《华东师范大学校报》第5期, 1979年5月7日)

拾 石 断 想

一

海滨的下午是安静的。偶尔传来几声海鸥的应答。我们在无数颗卵石中,采撷各自心爱的。

二

A 君爱小巧精致,B 君好色彩斑斓。我则兼收并蓄,尤喜形体特异的。我要多拾几颗,带回去送人,而不仅仅是为了养那几株看熟了的水仙。

三

石子渐渐多了。于是我想:必须养几条金鱼。非生物的世界若无有生物的点缀,还有什么生气呢?

四

确乎太多了。这会加重我的行囊,可我心里乐意。当肩上没有负荷时,心头最最沉重。

五

不必追求卵石的圆浑。我们自己本非完人。

六

采集引起了路人的好奇。背后传来一阵笑声。笑我们孩子气?回头一看,他们倒是一群孩子。

七

到我们三人“地界”的交叉点去找。精品常在边缘地带。

八

或者，到卵石的最底层去找。开掘愈深，收获愈大。

九

夕阳在山。还没出现“神品”。再找！“神品”常在最后一瞬才光顾我们的视野。

十

有人在学样！看！那位把石上的海菜刨了一个大坑，捧走一堆卵石。他真体味得到拾石的个中情趣么？采集，并非开矿。

十一

几天后，我独自来海滨。正是潮汐来时，岸边一片海水，见不到一块石卵。新的想头倒又袭来了。说给谁听呢？海边的沙鸥们么？她们能听懂吗？

（原载于《华东师范大学校报》第127期，1984年6月11日）

卵石与海水

一

顽童捧着卵石,带着歌声走了。他从不去理会海水。

其实,若没有海水的冲洗,光滑浑圆的卵石们只是一堆粗糙的碎石块。

二

培根说:“人的天赋有如野生的花草,他们需要学问的修剪。”

那么,修剪学问的又是谁? 是辛勤的教师。

三

有人说:“铺路石——一个苦涩的字眼! 人每走一步都会踩着它!”

我说:“铺路石——一个多么高贵的字眼! 正是铺路石,筑成了通向峰顶的道路。”

(原载于《华东师范大学校报》第162期,1985年10月20日)

鹊桥仙·红裳紫服

红裳紫服,柔姿媚态,袅莉真真美妙。谁令乘醉沪江行?为博取千金一笑。

欲留难止,欲归怕早,忍去如斯早早?相看不忍道相离,直忘我忘形忘老。

1998 年夏

念奴娇·海伦

（步吴梅堂舅集郑文焯词韵赠蔼宁）

海伦重见，喜依旧窈窕，我心如醉。记得雄姿英发日，多少清新滋味。黛尔摩街，老乡村馆，恰似新近事。老矣春去，自知何等憔悴。

一样沦落天涯，穿梭洋上，客遍伤心地。潇洒朱家角上饮，堪味斯生斯世。曲水园漾，幽径洞异，偶见霜禽唳。今宵何夕，疑君然否来此。

1998年秋冬之交

念奴娇·怀人

虫声惨苦。又匆匆过了、悲秋时节。镜里玉容憔悴甚，寒暖饱饥难说。借醉书空，凝神眺远，赢得愁千迭。伊人何处？大西洋上一叶。

人事自古堪哀。相见时难、何况伤离别。读遍前年何所撰，浑觉全然无物。饮药催眠，招魂求梦，杳杳音尘绝。思量仔细，人生似泡如沫。

1999 年

浣溪沙·施特劳斯舞曲佳

施特劳斯舞曲佳,欲邀戴茜去听他,憾哉戴茜婉拒咱。交响乐团仍演奏,可怜尔德蛰于家。未知今宵怎生捱?

1999年

无　题

大智焉论鬓略衰，
世间本质即尘埃。
当言欢乐休言苦，
不管收成只管栽。
权忘美人称绰约，
且寻益友敞心怀。
莫云难觅真知己，
门正闭时窗恰开。

(向红女史嘱改诗作,改不来,勉强步韵一首塞责。诗味过臭,望当儿歌读。)

蝶恋花·养育深恩

（步冯延巳韵）

养育深恩知几许？蓦地长逝，失送亲人去。记得前宵叮嘱语，当须省力休相误。

情化游丝千万缕。心系娘魂，迷失归家路。无母余家家底处？思娘永远娘知否？

2004年7月27日

菩萨蛮·慈母

依稀慈母床前在，谈今说古情豪迈。何处有双亲，唯从幽梦寻。
正言相念苦，慈母乘云去。脉脉望青云，欲言浑忘言。

2004年9月2日

雨中花·一路轻车

一路轻车青浦去。探父母、西园深处。野地西风，怕无情水，更怕寻荒妇。

彩瓣缤纷覆冢墓，恰如吾、缠绵心绪。乍别双亲，又思慈严，苦泪知何许！

2004年9月5日

忆秦娥·零四中秋

明如雪,清天碧海中秋月。中秋月,去年如璧,今年如玦。

年年惯过中秋节,欢歌唱破长天彻。长天彻,今宵愁织,欲歌还咽。

(用清书弟“碧海清天中秋月”句。)

2004年9月24日

悼念五首

一

日日思娘苦，夜阑倍念娘。
莫望遗像看，一看一回肠。

二

梦回形似在，言语却模糊。
不识孤坟下，爹娘可好否？

三

梦醒音未息，犹听唤“元元”。
一似当时唤，无从觅母魂。

四

糖果傍香烛，欧元覆美元。
“隧中敷用否？”暗暗问亡魂。

五

诗文和泪写，一笔一沾巾。
不为名山事，唯因情感深。

我　这　厢

我这厢，六扇门，五个窗，三间房。除爸妈遗像，只余一傻儿郎，独自思量，暗自神伤，比你加倍凄凉。

蝶　恋　花

（用永叔词韵）

春怨秋愁都几许，
夏日尤愁，
苦梦频难数。
皆是当时嬉戏处，
魂伤不辨归家路。

天地迷茫日已暮，
前梦才断，
后梦仍难住。
梦醒心乱无一语，
明朝问梦何方去？

2006年8月7日

采桑子·独居上海

寡味人生寡味夜,苦盼新闻,了无新闻。不夜名城若小村。
婉转芳心谁解读?道是家门,不似家门。暗向朱颜拭泪痕。

2007年6月12日

步郑文焯《谒金门》之韵三首

其　一

思不得，
思便催人愁折。
过尽烟云皆独特，
心空梦境黑。
行遍东西南北，
难改书痴本色。
浪迹此生终是客，
故乡同美国。

其　二

爱不得，
爱甚天香国色。
只为生来心正直，
最爱唯独立。
但得精神奕奕，
纵是天涯浪迹，
一骑一枪人不识，
独将知己觅。

其　三

梦不得，
梦却多歌少白。
南地楚腔西地笛，

东昆京调北。
梦境时回西国，
总伴双亲憩息。
何日同君张羽翼，
傲翔离雾幂。

鹧 鸪 词

行不得也哥哥。记得当年乐事多,无忧无虑不知跛。光阴荏苒若飞梭。人始老,可奈何? 行不得也哥哥。

行不得也哥哥。九四归来始觉跛,平原可步怕爬坡。渐知天命止豪歌。人略老,可奈何? 行不得也哥哥。

行不得也哥哥。历尽艰难复劫波,强颜欢笑乐呵呵。小楼躲进志销磨。人已老,可奈何? 行不得也哥哥。

行不得也哥哥。今日看穿人世事,到头总是梦南柯。亲人散尽一身孤。人忒老,可奈何? 行不得也哥哥。

采桑子·今秋佳会

中秋佳会今如昔，依样灯光，依样花香，添了新朋都是王。
酒酣不觉情形换，失却包房，上得舟方，吾载诸君驰欲狂。

冉步韵王改

青天月上九州亮，无量寿光，缕缕炉香，钟鼓齐鸣为贺王。
回头笑看风和雨，安寄间房，心系多方，且听吾侪歌若狂。

七绝五首·无题

（步吴梅堂舅葵园杂咏韵）

一

新来日日苦翻书，
偶得偷闲任目舒。
不觉缘何心绪好，
深冬不似似春初。

二

人心何必设篱笆，
梅李霜天亦吐芽。
百样无聊伤感夜，
可无一访俏姑家？

三

但得同心即同道，
何论英雌抑英雄？
品茗隧里趣无限，
只说壮怀休说穷。

四

□□[①]才情果一流，
柔心却待爱心酬。
来朝再访春申日，

① 原文如此。——编者

可愿品茶新一楼？

五

晚餐有肉却无鲤，
早饮听筝不说碑。
往事忆来多意外，
有时月满有时亏。

微型小说

夜深沉[①]

风驱走了睡魔。许晶晶躺在床上,陷入沉思和回忆。

三年大学生活,真不算短！可是,对朝夕相处的同学们,了解得太少了。就说吴一栋吧！究竟是善的典型,还是恶的化身？也许,人的眼光不同,于是见仁见智;也许,一个人的品性是立体的,多元的,因此从不同角度去评价,自然众说纷纭。世上最复杂的,莫过于人的心灵……唉！越想越糊涂！我到底还是个阅世太浅的黄毛丫头！

风住了。天亮了。许晶晶款款起身。她发现,向南的窗开着,窗台下有架小梯子。她沿小梯登上窗台,纵身跳到屋外的地上。啊！田耘迎面走来了,低着头,吴一栋在她身边,挽着她的手。吴一栋的神态是那么庄严而深沉,他从来不曾这样美过。蓦然间,田耘抬起头,她泪痕满面,啜泣着。许晶晶感到必须回避。她跳上窗台,想走下小梯回床再睡,却踩了个空,梯子没了,一惊,睁开了眼。啊,原来是个梦！

屋里漆黑。夜光表指着四点十分。再睡！得养精蓄锐。天明后也许要我致贺词,也许要我进行调解,甚至也许要我去了结一件严重但已无可挽回的事实。想到这儿,情感的马完全脱了理智的缰,再也睡不着了。许晶晶打开床灯,想用枕边的《飞鸟集》来中和神经的兴奋,可是拿到的是一本日记,上面放着一张纸,几行娟秀

---

① 这是发表在《华东师范大学校报》第126期(1984年5月11日)上的小说《踪迹》的第三部分。《踪迹》是华东师范大学中文系在校学生和毕业生所作的一次创作尝试。小说由七位作者独立构思,连续撰写,集体完成。——编者

的字：

许晶晶同志！

早上好！

请你读一下这几页日记吧！你一定会了解我，也许还会更了解一栋的。

田耘

打开日记本中用练习簿封面裁成的书签的几处，许晶晶读了起来：

1979年9月×日

他去了整整九天了。小别后还会重逢的。但时间过得真慢。有时候我觉得他好像还在我身边。有时候，我又觉得他离我很远很远，甚至怕永远见不着他了。为什么信还不来呢？他学习总该顺利的，他基础好。城里的生活也该过得惯吧？他是城里人。

1982年×月×日

足足叫我等了一个月，今天才收到了信。可我哭了。1979年他离开这儿去城里上学那天，我也哭过。当时我只觉得他再不会回来了。但那是错觉，他每年下乡两次，不断给我写信和寄书。可今天这封信，又短又潦草。他在赶写一篇文章；还有，图书馆一个叫小花的管理员出了车祸，要他照顾。他真的这么忙吗？下乡来看我一次的时间都抽不出吗？这小花究竟是什么样人？一切东西都不断变化着，人的心，恐怕也是会变的。

许晶晶真想一口气把整本日记读完，但是她明白，没有书签的地方不该看，好奇心甚至关切之心都必须服从道德。

凭直觉，吴一栋至少不像是陈世美。但是，“例不十，说不立”，现在就下结论，还嫌早。再回想回想！啊，有过这么一件事。一年级时，体育课测验跳马，这是吴一栋的“弱项”，他失败了好多次。可是他一次又一次把跳板由近移远，试跳着，满头大汗，但仍然没成功，下课了，体育老师宣布不及格者名单，念到“吴一栋”时，这位文质彬彬的“老夫子”竟然在队列里大喊一声：“再来一次！”老师同意了，不知哪来的勇气和技巧，他一跃，过去了！同学们惊呆了。记得当时，她很想了解这位“老学生”内在的一些东西，但这个念头马上又打消了，因为他们年龄悬殊，她怕没有什么话可谈。

可是今天，进一步了解吴一栋的欲望一下子竟变得如此强烈。现在，许晶晶觉得自已仿佛到了开罗的城郊。这吴一栋，此刻好像变成了一座狮身人面像，板着脸问她：“我是谁？”一会儿，又好像变成了一座金字塔，很高很高地矗立在她面前，闪着光芒，望不到顶。……许晶晶还陷在回忆与沉思之中。

钟打了六下。“田耘该起床了吧？”她想。这时，突然响起一阵重浊而又纷乱的敲门声。

（原载于《华东师范大学校报》第126期，1984年5月11日）

飘然而去

为庆祝多年阔别后的重逢，我和老同学吴佳到H影院看电影。也不知道上映什么片子，为的是叙旧，“醉翁之意不在酒”嘛！

售票窗前写着片名：“复活”。我俩二十多年前一起来看过，今天“炒冷饭”，更有意义。吴佳说：“瞧，买了这一提包书，钱都用完了，你做东吧！”“还说！你老兄不远千里而来，我当然是东道主！”正当我要掏皮夹的时候，背后传来一个声音：“同志您鞋带散了，请缚缚好！”我心里一阵不平静，因为，这声音、这语调，似乎也已经阔别多年了。回头一看，是一位二十出头的青年，脸上一颗红痣，穿着挺现代化。我系好鞋带，又感激，又感慨，但是似乎还觉得有一种不满足感，大概是因为他的服饰过分入时了吧！吴佳似乎看出了我的复杂心理，说了一句：“时代不同了。”嘿！不愧是当年班上的“哲学大师”，一语三关，多精练！

“买中座的。”我想。啊！皮夹哪儿去了？我的皮夹原是放在后面裤兜里的。全身上下找了一遍，没有！吴佳又帮我给全身上下“抄”了一遍，没有！“难道是——”我没说下去。“肯定是——”吴佳也没说下去。我这才记起，刚才我俯身系鞋带时，红痣青年好像从我身后走过去，不用说，总是这么回事了。

好在损失不大，只四块多钱。可心里总窝囊。“唉！轻信是人的常见病！”这位“哲学大师”还在发他的高论！

失窃事小，叙旧事大，电影还得看。吴佳使劲掏着他口袋中残余的钱，总计三角二分，汗也掏出来了。只够买一张票，怎么办？我俩相对而视，苦笑着。

红痣者隐而复现，竟朝我们走来了。他说：“钱不够吗？差多少？给！添三毛，正好两张！”

我第一个念头是坚决拒绝，第二个念头是坚决接受。扒窃者充慈善家，最可憎的无过于这号人了！可是，我是用自己的钱看电影，这再天经地义不过了，何况买的是超高价的“议价票”！

我说了声：“谢谢。”如果写成汉语拼音，这两个字都不用标调，因为都是轻声。

红痣者居然笑笑，一手还拿着什么，匆匆走向票窗。

我同吴佳进了场，这回我说：“时代不同了。”

正当广告片中那个胖女人跌进水中的时候，广播喇叭响起：“哪位同志丢了皮夹，请到售票处旁的办公室认领。”

我一个人去了。果然是我的，咖啡色的，烫着金字“Happy”。共计四元五角六分，完璧归赵。“同志，哪位送来的？”“一个小伙子，不肯留姓名。”“脸上有颗红痣？”“是啊！怎么，你认识他？”……

走进影院，《复活》已经开始。传讯玛丝洛娃。玛丝洛娃否认自已有罪。涅赫留朵夫认出她就是往日的爱人。陪审团知道犯了错误，但木已成舟。……我同吴佳边看，边怀旧。可我总觉得谈资枯竭，看得也不入味，吴佳似乎也失去了素来称健的谈锋。我老是在想那颗红痣，那张笑脸，那套花哨但已不使我生厌的衣服。

孩子！好孩子！我真愿意用十倍、百倍的价值来补偿我的过失。当然，你不会知道我的过失，纵然知道也决计不会要我补偿。

涅赫留朵夫的马车消失在天边。我同吴佳走出了影院。“时代不同了。”这回几乎是两人同时说的。

我注意着离开影院的人流，寻觅那颗红痣。啊！一颗红痣映在我的视网膜上。我赶紧向那边挤去。想叫他，可又不知怎样叫。我终于迸出了一点声音，我自己也不知道在喊些什么。他没听到。他始终走在人流中间，背影越来越小，飘然而去。

我把手伸进裤兜，轻轻抚摩着皮夹上的“Happy”。

（原载于《华东师范大学校报》第 152 期，1985 年 5 月 10 日）

三　年

说来真有趣，又真叫人感慨：我出国访问三年归来，每见到一位同事，总觉得他或她老了三岁。

过去，我在这个几百人的单位里，同科室的天天见面，其他人也几天见一次。我看他们，如看电影中的慢镜头，看不出谁会骤然变老。如今，也用电影术语比方，已不是看慢镜头，而是看蒙太奇。三年，能不见他们老吗？据我粗略估计，三年中每人头上平添一百根白发和一根“电车轨道”，只要他或她已步入中年。

时间真是公正而无情地引导着我们步入衰老。我也发现几个例外，几个几乎未老的同事，他们都是运动场上的活跃分子。

每每想到老同事们的衰老，我不禁同情起他们来。自然，我不会直言他们的衰老，况且没什么人问我这个问题。倒是不少人端详着我，说：“老样子！哈！老吴呒啥变！”听到这话，我心中暗喜，同时琢磨着：也许是那海滨城市的新鲜空气使人永葆青春，也许是我对洋油面包有特殊的适应力，也许我服用的人参加补药都不是大兴货！

一天上午，三年前调走的老同事小李走进了办公室，在我对面的办公桌后坐下，与同事们聊起天来。使我诧异的是她压根儿没注意到我的存在，像是不认识我。

“这位，你认识吗？”老余忍不住问她。小李抬眼端详了我足足30秒钟，才说：“老吴！是老吴吗？什么时候归国的？抱歉抱歉！不过你也变得太多，变大肚皮了！面孔勿要忒白噢，到底去了三四年了！……”

我应付着，自然喜怒不形于色。其实无喜也无怒，只是感到一种突然袭来的悲哀。原来，每一位同事都没有点出我的老态！三四年？！比他们加倍地老？！他们用的只是与我相同的方法来对付我！要不是快人快语的小李，我至今还为自己的青春长驻自豪呢！

那晚，我躺在床上，想了许多。在异国，除了吃补药，我还做过什么旁的有益健康的事？出国前，我每天长跑两千米，隔天练一次哑铃。出国后，我从未锻炼过一次，尽管那大学的体育馆设备齐全，免费开放。我在国内抽烟很少，在国外，我过多地用烟来消除寂寞，也用安眠药来对付失眠，晚上一两点睡是常事。我能不老吗？别人不也是看着蒙太奇的我吗？我该怎么办？一任自己老下去吗？

想着想着，我无法入睡。同往常一样，我觉得我的手又伸向了床头柜上的"安定"瓶子，也同往常一样下定决心：这可是最后一次服安眠药了。

（原载于《上海大众卫生报》，1994 年 9 月 24 日）

功夫在场外

十多年前的大学生活，如梦幻一般。而今同窗云散，各奔东西。可是忆起当时每件事，仍是如此美妙。现在，偶有当时同窗来访，我总特别兴奋。昨夜老贾来电说他今天上午要来我家送一本大学生活的回忆录给我。老贾，是至今与我仍维持纯洁友谊的同学。他瘦高的个子，一副秀琅架眼镜，长得不怎么帅，倒也颇有风度。他热情聪明，绰号“智多星”。

老贾样样好，只是身体不怎么好。当他敲开我的门时，同往常一样喘着粗气。待坐定，他自我解嘲地说：“唉！瞧这把老骨头！只怪大学四年，没好好锻炼，连体育课也不好好上，到今天，更不锻炼身体了，从早到晚在格子上爬来爬去，这一点浮名又哪能抵得上健康的体魄！”

我说：“你也不容易了！比我大十来岁，大学里还破过长跑纪录呢！”

老贾笑道：“好像真有这个故事。可是其中另有一段文章，你们女同学都不知道。”

“也怪当时体育课体制不完善，不管年龄大小，对人人都一样要求。长跑时老孙看上去遥遥领先，其实人家快到终点，他还有近一圈没跑。又有一次百米测验，郑老师是近视，我们把百米跑道起点挪近了六七米，个个及格，他还表扬我们一番。”

“那次破纪录倒是破了世界纪录……”

“瞧你这模样，世界小学生纪录也破不了……”

“不，你听我说，这叫‘功夫在场外’。”

“我知道了，兴奋剂？”

“哪来兴奋剂？可它比兴奋剂便宜百倍，5分钱一个人！那次测验，我实在跑不动一千五，然而总得‘参与’，这是奥林匹克精神。那天下午上体育课，正好同时有个足球队来校表演。大运动场无法跑,只好改到小操场。郑老师让我们在篮球场上跑两圈,然后跑出学校后门,跑到德利路,然后绕学校兜一圈,再跑回后门。当我们一组跑出后门,我就开始琢磨有什么机会可乘。忽然听到一辆3路汽车的声音从后面传来,你知道终点就在德利路上,这段路正好与我们要跑的路重合……"

"好了!我懂了!你们坐了一站车!又是你这个智多星诡计!"

"一共有六个人破了世界纪录。可惜我们都没戴表,无法控制时间,进后门太快了!于是郑老师着手调查这事,查明真相后,体育系准备通报全校,不过这事被压了下来,因为我们的认错态度很好。"

"后来呢?"我问。

"六个人中五个人吃了亏,只有我得利。辅导员说我的检查文笔特好,把我介绍给方教授向他学了四年,今天总算成了个文艺批评家!请看第八篇拙文,就是讲这件事的!"

(原载于《上海大众卫生报》,1994年12月3日)

我买了一听肥肠

这不是小说，这是刚刚发生在我家的一件真事——新鲜得比我刚从超市买回来的一大听肥肠还要新鲜。出于对贵报的信任，我把它忠实地记录下来。

我总觉得，在许多场合下，“名”居然比“实”还要紧。我下班后逛了超市，捎回一大听肥肠——我爱吃但好几个月未吃过的东西。如果妻子问我买来什么时，我说是“大肠”，也许就给混过去了。偏偏那听子上印着两个大字：“肥肠”，我又忍不住把它们说了出来，一切就坏在这一字之差上。下面是一家人讨论的实录：

母：你刚查出高血压几个月，不能吃肥肠！肥肠的胆固醇含量约等于牛奶的9倍！（不愧是数学教师）

父：食品不能退，送人吧！吃了脑满肠肥，怎么得了？（毕竟是语言学家）

妻：降压灵吃过吗？血压量过吗？（到底是护士）

子：爸爸血压高不能吃，我代爸爸吃！（终究是好儿子，继承了我的嗜好）

我：爸，肠肥才能脑满。这阵子我查出高血压、高血脂，你们要我“三不”（不吃肉、不吃蛋，不吃海鱼），我拿起笔，脑子里空空如也，啥灵感也没有，肥肠早变枯肠了。我有时饿得慌，走过饭店门口只好把鼻子捂住！万编辑催着我交文章呢！我知道你们为我好，可是……

子：那么我同爸爸分来吃。（好儿子讲义气）

母：你的血脂已经同蟹一样高，250左右，再吃要变大闸蟹了！

妻：妈，你搞不清，这是两码事：蟹的250是食物中胆固醇含量，阿弘的250是血液中胆固醇含量！

父：不管一码事、两码事，我看把它丢了吧！

子：我去超市退退看，好吗？（他不胜功课的负荷，想出外转

一圈）

争执不下，我们决定给康乐报万编辑打电话。万编辑说：对高血脂患者采取“三不”政策，决不可取。但摄入胆固醇要适量，同时必须注意休息和锻炼，更需多吃蔬菜。

数学教师的母亲，最后制定了一个分配方案：父、母、妻各吃10%，儿子吃30%，我吃40%，分两天四顿吃完这一听肥肠。

达成协议后，儿子高高兴兴地把肥肠听子放入冰箱，然后走到我身边，小声问：“爸！‘文’字下面一个‘而’是什么字？”我说：“斋！”儿子说：“‘肥肠’前面还有‘斋素’两个字，什么意思？”我吃了一惊，苦笑着告诉儿子，“那是素肠，假的肥肠，几乎没有一点儿胆固醇！”

（原载于《上海大众卫生报》，1994年12月24日）

噪音与天籁

你猜，世上有一样东西，伴我四十年，比我的妻子伴我的历史还长，那是什么？

噪音！我是在噪音中长大的。

当我刚具备长期记忆力时，我的父母就租下了这栋房子的顶楼套间。这房子在一个六岔路口，中国城市交通规则说明六岔口的行车秩序时，就用这个路口为例。可见这里真是闹中取闹的闹市。我记得我小时，就至少有四条路线的公共汽车经过楼下，大卡车通过时，更使人感到震撼。只是从孩提时起就住惯了，从未因之而失眠。只记得偶来此寄宿的亲友，多半住了一夜就告辞，说是夜间噪音太大睡不好。

从前几年起，我自觉开始衰老。第一个信号是失眠，每到深夜，我爬完格子上床睡觉，就开始感觉周围的噪音，不寐的我细细地听着，分析由来，“常规”的噪音至少有这么几种：公共汽车声、电车声、卡车声，上述三类车的喇叭声，以及汽车、电车停站时的女高音录音：“××路到了……乘客们，下一站是××路，做好准备。……请大家积极参加社会卫生活动。”另有偶发性噪音如电车翘辫子声，广告车叫喊声，骑车者对骂声，及新添的大排档叫卖声。

于是，我往往披衣而起，拿出纸想写诗。想了半天，写出的只是陶渊明的句子：“结庐在人境，而无车马喧。”“问君何能尔，心远地自偏。”别无他哉！于是，我往往拿出新买的云子，打一盘棋，但说来伤心，云子落在上好的棋盘上，竟一无清脆之音，窗外的喇叭声好像配合我打谱，我每落一子，它叫一下，如和声般。唉！在噪音中，过的是什么日子！

一天，救星来了，居于郊区的弟弟来电，说他夫妇将出差一月，阿哥的苦衷他全知道，让我先住到他的空屋再说。伴我度过无数不眠之夜的妻子比我还高兴，她说她留守，我可安心“疗养”一月，在那无噪音的天堂。当夜,我就去了,带了书和纸,以及那副围棋,去过真正的人的生活,去享受人生的欢乐!

我到弟弟家的第一件事是打开他的高级音响,听我一直爱听的保尔莫利亚金曲。说也奇怪,这些我听惯了的曲子变得吓人,似乎每一支曲子变成了恐怖影片的插曲!我想,这是不习惯太过安静之故。于是,我拿出了书,但怎么也不能读下去,在这无噪音之处,似乎另有一种"天籁",干扰着我,"此时无声胜有声"!下一节目,打围棋,可是,更伤心,那棋子落在盘子之声竟变得从未有过的凄凉!我正在考虑下一个节目,电话铃响了,响得如此之——响,叫人心跳:"王元牛在吗?""出门了!"我赶紧挂了电话。

刚放下电话,它又响了,响得更催人心跳。我边拿起话筒,边向口中塞入一颗保心丸,是妻子打来的:"好吗?静吗?""静!太静了!我马上回家,请不要把房门插销插上!"挂上话筒,我赶紧吐掉了那颗保心丸。

（原载于《上海大众卫生报》,1995 年 3 月 11 日）

助听器会议录

家父年逾八旬,体尚健,目尚明,唯耳不聪。当他把烧鸡听成糟鸡,把糟鸡听成草鸡,把草鸡听成拷机时,我和弟妹们都感到,助听器对他是必不可少的了。可老人不肯买,一因自信,不服老;二来,显然是打算节省这笔开支,老母也竟支持他。

于是,我干脆先斩后奏,去医药商店买一个给他。可是跑了几家店,都说必须带病员来测试。

我只能与弟妹们商量,结果是决定趁妈出去一天时,来一个集体劝说。下面是这次劝说的"会议录"。

弟:爸爸,这助听器真管用,我们系的龙教授……

爸:我知道龙教授在图情系……

弟:爸爸,我是说助听器,我想为您买个助听器,龙教授本来聋得连答辩也无法参加……

爸:什么"搭面"?现在粮票也不用了,米放开供应。

妹:爸爸,哥是说我们想给您买个机器,帮您提高听力。

爸:提高精力?英儿,别看我这把年纪,精力还有一点,你敢同我扳手腕试试?

妹:(提高八度嗓音)爸爸,您爱听评弹,买个助听器,您听起来方便。

爸:我听出来的,你们在说助听器。还是英儿中气足,说话像花腔女高音。

妹:(已成为我们的女发言人)我们去看过了,只有两百几十块,丹青牌!

爸:啊,两角四分三?肯定是大兴货。

妹:(又成为书面发言人,写了"200 多元")爸爸,价钱不贵,我们几兄妹合资买来送给您。明天陪您去做听能测验。

爸:精神失恋?我老头子了,你妈待我挺好,英儿老爱开玩笑!

不跟你们噜苏了,杰儿,我要解手去,给我拿草纸!

弟:您要写东西,两打够了吗?

爸:两打?你发疯了,我肚子挺正常!干脆给我两刀,我去公共厕所门口摆摊头卖草纸。

弟:爸爸,稿纸来了!

爸:你也聋了?我要草纸!

我:报纸!今天夜报还没到!

爸:看样子你们一人得买一只……

说到这里,爸爸突然大笑起来。

爸:我懂了!我买,我买,看在你们一番苦心上,我就买一个玩玩。不过先小人后君子,钱,我自己来。

(原载于《上海故事》,1995 年 12 月)

混　沌

我的论文,同行们都称赞“逻辑性强”。我的讲课,学生们都评价“条理清楚”。可是——惭愧得很——还是说实话吧,我的生活秩序,真是一片混沌。近几年来工作特别忙,更是一切乱了套。朋友们倒为我开脱:“你楼下有了家馄饨店,难免人混沌!”自从那时我尽可能不吃馄饨,要吃也吃小馄饨。不过我屋依然混沌如故,也许是风水使然。

昨天下午回家,一进屋,我还以为走错了门。写字台已因为堆满了书而不见它的四个角中的三个,好似书店中的旧书展销。这才忆起,昨晚备课至半夜——说是备课,一半时间是在找讲义、找材料——然后床上一躺,直到天明,匆忙间想起似乎该我一、二节上课,赶紧挤车去学校,自然来不及理书。到教室,发现没一个人影,原来我该上三、四节课。

刚想理理桌子,电话铃响了。急人的是找不到电话,电话机已深埋在书堆中,好不容易循声找到电话的位置,赶紧拨出了听筒。是打给芳邻宪明的电话,我去叫她时,匆忙中又踩翻了放蚊香的盘子。宪明先奔进屋,我未进门就听得她叫:“胡老师,电话在哪儿?”嘿,一看,难怪!听筒摔在地上,桌上的书也已纷纷落地,盖没了听筒。大概我出门时脚步太沉,一场“书崩”已经发生。赶紧又替她拨出了听筒。宪明打完电话,说:“胡老师,蚊香盘翻了,我帮你扫一扫!”我赶紧喝住:“别动!翻了正好盖住香灰,风吹不着。”

我深知理书才是当务之急,好一会,终于理好书(其实是把书全部丢到床上而已),又得准备明天的课了。明天的课是第几节?又记不清了。依稀记起课程表夹在杂记本中,杂记本放在文件夹中,文件夹何在?记不起来了。踩着椅子在大橱顶上找了一番,心中默念着:“寻寻觅觅,混混沌沌……”除见到一只小老鼠在橱顶上踱着方步然后款款地隐到橱后外,别无他物。灵机一动,何不问系秘书老赵,他此时一定回家了。记得他的电话号码在通讯录上,通讯录在文件夹中,文件夹何在？这真如走迷宫,又撞在老地方出不来！我只好放下这件心事,先备课再说。明天该讲《陋室铭》。好在有讲义,只要把它找出来。我刚钻到床底找讲义,电话不识时务地又响了。我赶忙爬出来。原来老赵来电,告诉我明天的课是三、四节,叫我别再搞错,我又问了老赵的电话号码并记在手背,以便抄上通讯录——一旦找到它时。

正欲再钻入床下,电话铃又响了。这是下面的馄饨店老板:“胡老师,晚上吃馄饨吗?”“好,两碗大的!”我决定破除迷信,混沌到今天,破罐子破摔了!“我给您送上去?”“不,我下楼取,因——因为——这里有点混沌!”“什么——”没等他问完,我“砰”地挂了电话。

吃完馄饨,我钻入床下,找出了讲义,又大喜过望地找到了杂记本、通讯录。备完课,又把《陋室铭》读了几遍,才安心上床睡觉。

次日,第三节课铃响,我在讲台上开讲:“同学们,今天我们讲《陋室铭》,这是唐代散文家刘禹锡——”话没说完,下面一片啰唣:“胡老师,上星期您讲过了!”

（原载于《齐鲁晚报》,1996年3月23日）

日日思君不见君

“日日思君不见君,同在一条路。”前一阵子,我脑际一直出现这个句子。不是思念情人——如今我与妻天天见面。“君”是指我的另一最爱,离我家仅半公里的蓝舵公园。

那是何等小巧而又楚楚动人的公园!一条小路曲曲弯弯细又长,一直通向人造的小岗,当晨曦露出第一丝微光,当松林散发出幽香,当鸟儿在枝头鸣唱,众人都款款进入公园,以各种形式进行晨练。

刚过蜜月,我就被派去一个南方小城工作两年,夫妇相思之苦,难描难绘。现在回到上海工作,我记起了当日在蓝舵公园长跑的英姿。当日英姿今何在?单调、相思与烟酒,使我消瘦而羸弱。妻一见我就说,蓝舵公园还开放,快长跑去。我说,已经8月5号了,月票即使还有,也未必上算。妻说,买月票还不是为了买恒心,至少能促使我常去公园。于是,次日下午,我就去公园买月票。天助我也!真有。于是,我决定8月7日开始晨练。

7日,我起了个大早,穿上球衫球裤,惭愧!还是新婚时买的,南方两年中竟一次未用。这时妻大叫:“不对,老鼠咬过!”呵!真有一个鼠洞在臀部!妻还说上衣后背也有几个孔。今天去不成,好在有明天。

妻真贤惠。晚上我从公司回家,她已买回一套新的运动服。她说这是大兴商厦买的,换季九折优惠,再搭两包五香豆。好极了,五香豆,这运动服,都为锻炼来服务!

又该说惭愧了。次日换上新衣裤(妻隔夜已把它洗得干干净净),穿上那双从南方带回的跑鞋,却发现跑鞋似凉鞋,左右脚趾露出了四五个。这回妻丢下一句话:自己买新的,明天去跑步!

这一拖就拖了二十来天,我天天上班,周日会友。何况我这个人最不擅长买衣服。不过这二十天也没虚度,我买了四五种不同版本的长跑指南,研究出一种适于我体力的减速跑。

次日,妻又变贤惠了。我被她拨好的闹钟闹醒,发现她准备好了面包、牛奶,还留下一张条子:“抽烟适度,早去跑步。”嗨,还押韵合辙呢!

煞风景的是,到公园门前,才发现忘带月票,好在还有明天。

当夜,我把闹钟拨到六点半,次日一早,当我被闹醒时,发现窗外一片昏暗,雨和着风。今天是老天爷有意不让我去!

遗憾的是这风雨延续了好几天。终于,晴朗的一天到了!我换好衣服,走向公园,远远地看到一个熟悉的面孔——阿胡——我在公司最不愿搭讪的人——在跳交谊舞!反复思量,我还是走向门口。守门人的话使我大吃一惊:“师傅,这月票是上个月的!”我没带钱,只好转回家。

9月2日起,我一定重新振作,天天去蓝舵公园跑步。

(原载于《市容建设报》)

我是一只电视鞋

首先,我要向贵报编辑部致以最衷心的谢忱!“倾诉庭”专栏的开辟,使我——一只物微言轻的37码电视鞋,得以在此控诉一个“卫生女作家”的种种劣迹。

其次,我要感谢美丽的卓吉小姐,自从她成为我哥儿俩的主人后,我们喜获新生。

半年前,当我们哥儿俩被卓吉小姐购入时,由于她的秀足仅35码,就把我们送给了她的姐姐卓西欧小姐——《康乐报》的特约撰稿人,小有名气的卫生作家。遗憾的是,我与我的弟弟偏大的身躯,竟铸成了我俩前半生的种种不幸。

当我俩见到我们的新主人秀美的双足将穿入我们的身躯时,高兴极了。可是我们马上感到头部的剧烈刺痛——她那涂着灿烂甲油的趾甲,少说也有一个月未剪过!接着,我俩又感到一阵使鞋窒息的气味——这双脚臭不可闻!后来我们才知道,她每三天才洗脚一次。有时穿上袜子,总该好些了吧——可更糟糕,她每周换袜一次。

再说这指甲油是她喜欢之物,每两三天涂一次,可涂后不等油干就穿上我们,弄得我们至今头部点点油渍——这还是小事。令鞋难忍的是脚臭与指甲油的香气混合在一起,真所谓“香夹臭”,使我们哥儿俩不断地呕吐。

说真的,后来这臭味我们也习惯了,况且这尚属精神上的折磨,可在肉体上她也不放过我俩。每天晚上,她脱下我们,边看电视边挖脚,脚皮纷纷落在我们身上;每当写文章,她抽起万宝路来,烟灰不向烟缸弹,却掉到我俩身上,痛得我们直要叫救命!半年下来,我们哥儿俩真是遍体伤痕!那天她又抽着烟写文章,我偷眼一望,题目是《日日洗足精神爽》,真见她“卫生作家”的鬼!

我与弟弟从小不争一句。可每当她将我们拿出来时,我们总是各自希望她把自己穿在右脚,因为她边写文章,边放迪斯科,一边拼命跺左脚。到今天,我俩的头部和跟部的皮肉早已模糊不堪了。

也不想再说了。越说越恶心,越说越伤心!满腔泪水只好往鞋里咽。我俩虚岁八个月,看上去像三四岁的老熊猫。

终于,吉日良辰来了。当天,西欧小姐把我们脱下丢给卓吉,说:"拿去穿穿,狗年早过去了,我要买双猪鞋!"于是我们哥儿俩才明白,由于西欧小姐无知,把熊猫认作狗了!可我们心头直乐。从此卓吉把我们洗得干干净净,我们得到了新生命!然而我还是要控诉!

写到此处,不好了!现在卓西欧小姐在说:"卓吉!我想那双鞋是熊猫,能不能还我?"此时她俩正在讨论有关我们后半生属谁即命运如何的问题。紧张得揪心,我写不下去了。

SOS!救救苦命的电视鞋!

（原载于《上海大众卫生报》）

邪 能 克 正

近来,因我那做医生的弟弟家的信箱数次被撬,他所订的《卫生报》已改送我家。该报的《卫生天地》版寓知识于趣味之中,我经常阅读,其中,给我印象最深的一篇文章是《切莫小看一口痰》,它论及痰中的病菌品种繁多,数量惊人,如果随地吐痰,对公众健康为害不浅。

不幸的是,我正是个一贯随地吐痰的人。从此,我决心痛改前非。当我下了决心,似乎把痰都给镇住了,接连好几天没有过痰。不过——还是说老实话——偶有几次还是有痰而且我仍把它们吐在地上,幸运的是,没有被戴红臂章的同志发现。

直到昨天下午,我去安台路买东西,在马路上吐过一口痰后,决心和警惕心都真来了。我心中默念着"含"字,这样一来,一旦下次来痰,一定能含住它,然后找一个适当的所在把它吐掉。

到了超市,买好东西,我觉得又一口痰冉冉升起。我知道这个小超市没有厕所,于是赶紧出门,在人行道上寻找痰盂。

到这时我才发现了一个新现象——这个城市人行道上已不见痰盂,于是心中抱怨那文章的作者竟然没提到痰的归宿问题。

脑中闪过一个镜头:昨天看过的电影中,男主角把痰吐在手帕中,十分潇洒。再一想,那块包着痰的手帕太难洗,洗好了也腻心,何况我也没有随身带手帕的习惯。

那么也许厕所是最适当的地方了。我记得这条街虽短,却有两个厕所,我赶紧走去。

终于,快到那厕所了。不过前面飘来一阵香气,走近一看,当日的厕所已改建为一家点心店。

万念俱灰的我决心使出最后一招,买张报纸充痰盂。我在报摊上选了一份《卫生报》,撕下其中广告的一页,广告下边还写着"请勿随地吐痰"。我把它一折,又一折,再加工成痰盂状,心中默念一声:

“对不住了,《卫生报》!”正欲把痰吐出,忽觉头上掉下一颗东西,直钻入我的领子,一惊,平时的习惯动作使口中的痰“啪”地落在地上。

而那进入领子的东西,已贴在后背上缓缓向腰部流淌。我觉得那是一颗痰。

(原载于《微型小说》)

其　　他

荣誉与鞭策

教师节的前夕我们能得到市里的表彰，都感到既激动又兴奋。我们把这看作是党和人民对我们的鼓励和鞭策。

在此，我们首先向我校和各系、各部门的党、政、工负责同志及我校的广大教师、职工致以最衷心的谢意。因为，如果没有领导的关怀及我校多方面——从校系领导、教学管理、工会直至后勤的老师、职工的有力支持，那么，我们在近年来绝不可能取得教书育人方面的点滴成绩。

以往的教学实践中，我们几个人做出了自己的努力，各自取得了一点成绩。但我们深知，我们的贡献是菲薄的，而党和国家给我们的荣誉却是巨大的。因此，兴奋和感激的同时，又不免惭愧和不安。尤其是我，作为教育战线上的一个新手，水平不足，经验有限，即使几年来做过一些改进教学方法的探索、尝试，也是每走一步都离不开领导的鼓励、老师的指导和同事的配合。即便如此，我所做的无论是质和量，比起党的教育事业对我们的要求，比起在座的许多长期辛勤耕耘的老师，还很不够，很不够。

但是，有一点，我们的想法无疑是共同的——永远忠诚党的教育事业，永远不自满，永远努力，不仅要注意教好课，也要注意协助领导把学生的思想工作做好，把思想教育与业务教育有机结合起来，培养学生成为有远大共产主义理想和高度政治觉悟的合格毕业生，以期无愧于历史的使命、党和人民的要求，也无愧于我们已经得到的鼓励。

（原载于《华东师范大学校报》专刊“教工之声”第 1 期）

既做学生的表率　又做学生的朋友

当了几年教师,对于学生的思想工作,我重视得不够,做得不多,有意识做的就更少。然而今天回顾起来,也多少做过一点。现在把有关的点滴体会写下来,就教于各位老师。

我的第一点体会是:做学生的表率。这是因为,学生对教师,是十分尊重的。教师的一言一行往往被学生留意着,甚至学生会不自主地模仿他们所敬重的教师的思想、言谈、治学方法乃至性格特征和习惯动作。在这个意义上说,无论课内课外,一个教师如果不严格要求自己,也就是不严格要求学生。我在上课时,比较注意让学生感受到我对我所研究的专业的热爱和我的学习、研究热情。有时,我还在课堂上穿插着向学生介绍我走过的学习历程和我近期的研究状况,这往往能积微成著地使学生克服"厌学"情绪,激发学习热情。另外,针对我所教的一二年级中,学生普遍存在的缺乏独立思考、独立研究、勇于批判、勇于创造的精神的现状,我常在授课时介绍自己所发现的某些谬误或自己对某些有待探讨的学术问题的看法,并提出自己的观点和思路,有时尽管自己的意见并不成熟,也大胆地提出来,以启发和鼓励学生发现问题并进行深思。由于我长期地坚持这样做,学生很少有"厌学"我任教的这门课程的。相反,他们认真听课,经常主动向教材和教师发难,还发表了多篇有见地的论文。

我的另一点体会是:做学生的朋友。学生珍视教师的爱心,他们尤其希望教师作为他们的同辈而非长辈来对待他们。这就需要教师对学生有一种发自内心的尊重和关怀。在课堂上,凡是学生对教师的看法提出异议,我总是加以鼓励,学生交来的小论文式的作业,我总是只用铅笔批改,以暗示学生:教师并不全知全能,教师尊重学生的见解,创造的主体是学生自己。在课后,我尽可能全面地关心学生的成长。即便是对其他课程的学习、对生活的见解,都成为学生与我交流的话题。记得有一次,我为解决一个学生的思想问题,一天中从早到晚找她谈了四五次话。我也尽可能为学生做一点力所能及的事,为他们排忧解难。比如,把自己的书借给学生阅读,向学生介绍医院和医生治病,为他们联系毕业后的就业单位,为他们修改和推荐文学习作稿件等。至今,经我推荐的学生的文学作品,已在各级文艺刊物上公开发表了十来篇。正因为如此,学生也能视我为信得过的朋友,从选择专业方向、处理同学间的关系一直到处理个人生活问题,他们常常征求我的意见。

看来,所谓"代沟"即使有,也不过是一个有"弹性"的东西。要是教师真正用自己的形象来塑造学生,用自己的爱心来关怀学生,尤其是真正把学生看作自己的朋友或弟妹,既倾听他们的心里话,也坦诚地对待他们,那么学生也一定会把教师视作他们的榜样和知己。在这个前提下,"代沟"至少不再是不可逾越的"鸿沟"了,做学生的思想工作,也就更加顺当了。

（原载于《华东师范大学校报》第 308 期，1990 年 5 月 12 日）

快 乐 时 分

说实话,我很少意识到我是个基地班学生的导师,我常觉得我是5位学生的同学或朋友。

记得布置初次讨论,也许是我准备不足,也许是想摸摸情况,我指定一位同学准备下次讨论题并由他主持讨论,大家自由漫谈。谁知几个月来,这种自由发言已成为我们这个小组讨论的固定模式。

这5位学生也真算得上“饱学之士(女)”了。作为优秀中学毕业生,他(她)们确有较为扎实的知识基础和较为广阔的知识面。同时,至今未臻完善的中学教学体制,又使他们让过多的死知识给撑饱了。也许,我们导师要做的,正是引导他们化知识为技能。

一次次的自由讨论激发了大家的思维积极性。每人都向所谈资料中的专家的论断质疑:甲骨文是不是“线的艺术”?为什么佛塔和庙宇的结构有相同的文化内涵?某个例证是否是不利于某位专家论证其观点的“蛇足”?……在讨论中,天文、地理、历史、哲学中的种种现象,都成为我们征引的材料。我觉得,学生们被桎梏12年的想象力得到了解放,而作为导师的我,也同样有1/6的发言权,也同样在某些时候被学生反驳和批评。对学生来说,也许,这正是走进学术殿堂的第一步。

一次,我因会议讨论迟到,而学生们已讨论开了,争得面红耳赤。我隐隐发现,似乎我到来之后,争论反而稍趋缓和。——也许我毕竟无意识地多少抑制了学生的积极性?这时,我真想找个洞钻下去——不是因为惭愧,而是为了能偷听到我不在场时他们更热烈的发言。

星期三下午四时过后,是我和我的学生们的快乐时分!

(在95基地前期导师座谈会上的发言)

(原载于《华东师范大学校报》第517期,1995年12月22日)

新生自助餐菜单

○ 在某种意义上,你的词典上将没有“学习”这个词而代之以“研究”。

○ 试着以批判的眼光读书,顺便汲取其中的好东西。

○ 弄清什么书是你应该读且需要读的。如果不清楚,向导师借一杆秤。不过你须及早自备一杆。

○ 把选书的品位提高,看那些真正值得读的。如同购物,少买跳楼价的大兴货。

○ 你或许来自一个遥远的地方,你的户口已迁到上海,试图把你的心和脑也迁过来。了解上海,尽管你未必爱上海。上海毕竟是你人生途中的一站,而非驿站。

○ 如果你是足球迷,试图成为申花队的球迷。申花不仅会帮助你了解足球,还将帮助你了解上海。

○ 交几个非同专业的同窗好友并关心他们的专业。

○ 高价值不仅须高学位还须高成就来证明。

○ 每天或隔天锻炼,选一个你喜欢的体育项目。

○ 如你来自上海,至少交一个外地朋友;如你来自外地,至少交一个上海朋友。

○ 每周半天上图书馆读一些你不爱读的书。

○ “物归原处”的下联是“时有定用”。

○ 不要以为没学就质疑是无用的。等你一学好时,也再没有好奇心去质疑了。

○ 千万不要学习你导师的一切优点。你毕竟是你。否则,只要克隆一个导师就行,何必有你?

○ 如果你过去自以为是一个超人,试着做个凡人;如果你过去以为你是个凡人,试着发现你的超人之处。

○ 从平凡的事物中寻觅不凡之处,同时视一切看似不平凡的事物为十分平凡的现象。

○ 热心公益且投入集体,你将更幸福。

○ 努力发现别人心中比你更真、更善、更美的一切。

○ 第一年觉得三年很长,第二年觉得三年很忙,一到第三年,什么也来不及想——但愿别这样。

以上各菜均不保质保鲜,谨供选择食用。

(原载于华东师范大学研究生会《研究生界》第九期,1998 年 11 月 5 日)

“服务综合征”与职业意识

近年来，自觉有一种病悄悄向我袭来。那症状不太好说却也好说——与服务性行业中的某些人一打交道就生气，于是就怕与他们打交道。学名当为“服务综合征”，或俗称“怕怕病”。

举几个例子。街上买东西，怕见营业员小姐心不在焉的样子。昨天，买 4 个肉包子，买回一吃是 4 个菜包；前天，去超市买东西，那小姐把生的、熟的、吃的、用的都装入一个塑料袋，真的怀疑她是刚从肉食原始部落里逃出来的；大前天，去药房买 4 种药，营业员小姐刚听我报一遍，就完全忘记，于是报了 4 遍，末了我拿出纸笔写了一张清单给她才算了事；大大前天，去新亚大包……还是不说了，一说气就不打一处来，由气又生出怕……

更怕老母亲午前打开收音机听投诉节目，那节目中包含着大量的我在生活中碰到的各种令人发指的事，不过更集中，更典型，也更气人，听完投诉吃午饭，实在难以下咽。

所以，这服务综合征患者既气又怕，导致咱们宁可少让人服务的心理倾向。

如果广义地理解“服务”二字，那么，这综合征的诱因就更多。打开收音机，两个名主持人同时主持一个节目，讲到“角色”，男的不断念着“jiǎo 色”，而女的不断念着“jué 色”；打开电视机，有个甲 A 足球强队在赤道旁为祖国的荣誉而战却个个队员如软脚蟹，两场球让对手共灌 12 球，据说是为了“做掉”俱乐部经理的壮烈集体自杀。凡此种种，都超越了服务范围，但它们体现出来的职业意识的淡薄，却是异曲同工的。许多语言学者作文考证“捣糨糊”这个熟语的语言学上的出典，却未研究其社会学上的来源，我这篇文章倒是涉及了一点儿。

之所以写这么一些话献给 97 级 1 班的同学们，目的是不言而喻的：作为一个曾经与你们中的相当一部分共同切磋学问的教师，希望你们在即将离开母校或准备在母校继续深造的时候,切不要忘了职业意识。我知道你们都有并不单薄的职业意识,但愿这种意识随时间而加浓而非减淡。老实说,作为一个教师,更广义的"服务综合征"的症状在于眼看学生捣糨糊却无可奈何。手头不乏此类实例,只不过写在这里未必得体,姑且省略吧!

贵班遣专人反复索稿,匆匆写就此文奉上,只是为与入学四年来尊重和爱护我的同学共勉,也许这篇多少带说教性的文章倒体现了我的一点"职业意识"。

经典过二三十年就应有新翻译

——王元鹿与裘小龙关于汉语诗词英译的对话

【王元鹿】你的几本书，我一直都说要先睹为快。从电子邮件上，这次还真是首先读到你的唐宋诗词译稿，而且这本集子将由我们共同的母校华东师大的出版社出版，更感到高兴，也更要好好谈谈。

【裘小龙】我同样也很高兴。我们有过多次交谈。在圣路易Delmar街上那家酒吧里——虽然Root Beer其实并不是啤酒。在上海的德兴馆，在评弹的三弦和琵琶声中，你推荐的焖蹄面令我至今记忆犹新。还有我们黑白子手谈。在你的East Gate的公用客厅里，你的书几乎堆成了苏州园林中的小假山。这次却是笔谈。也有好处。最近这几次回国都行色匆匆，见面谈有时也很难尽兴，倒是在电子邮件上，不受时间拘束，反而可以更随心所欲一些。

【王元鹿】大家都知道这几年你在用英文写小说。你的作品在国外获得了多项大奖，也已经翻译成了十多种文字，包括中文，忙得不亦乐乎，却又要自己来翻译中国古典诗词，在美国出了两本，这是你的第三本，而且先在国内出版。中国古典诗词的翻译并不是一个全新的领域，中外都有不少译者在这方面做了努力。你现在这样做，是为什么呢？

【裘小龙】这确实是人们常问的一个问题。美国Hippocrene出版社的诗歌编辑就这样问过我，因为她能付给我的稿酬根本无法与小说相比。我回答说，这只是“labor of love”，中文意是“热爱而不计报酬(甚至无法解释)的工作”。不过，我最初确实也是先在小说中引用了一些中国古典诗词。小说出版后，不少评论者都对这些诗颇加好评。一位读者在亚马逊网站上发帖说，她不读诗，却喜欢这本小说中的诗，并从未想到中国诗歌会是这样优美动人。于是我在国内和国外都留心了一下，觉得这方面的译介工作应该再深入一些。说实话,我也很功利。我的古文功底不像你那样是科班出身的,翻译也等于再给自己一次细读的机会,说不定以后还能在自己的小说中引用呢!

这确实不是一个全新的领域,这里且不论怎样评价其他翻译者的努力,一般说来,经典作品每过三十年就应该有新的翻译,语言常新,翻译也同样如此。英国批评家利维斯讲,文学就在于活生生的语言,也就是人们在当代日常生活中使用的语言。例如英语经典长诗 *Beowulf*,三四年前就由诺贝尔奖获得者、诗人 Seamus Heaney 再次用现代英语做了翻译,还很长时间都排列在畅销书排行榜上。

【王元鹿】我知道你翻译过不少诗,有中译英,也有英译中的,在中美都出版了,也得过奖。有关你的这本集子,尤其在中国古典诗词英译时,我还真有不少具体技巧问题要问你。首先问一个国内讨论的问题,即直译与意译,想听一听你是如何处理的,有什么原则可以请教吗?

【裘小龙】直译或意译要看具体的情况而定,在一首诗里也可以并应该有不同的处理,没必要把自己在这个“两分法”中限得一动都不能动。其实直译或意译有时也很难明确界说。你搞语言学研究,肯定注意到一个词会有它的字面义(denotation)以及联想义(connotation)。陆谷孙先生曾在一篇文章里说我的译文直白,他举的一个例子是“蜡炬成灰泪始干”。他指出蜡烛燃尽成烛油(wax)而并不化作灰烬,我却也照样译作“ashes”,“裘译虽悖生活原貌,却以‘灰’的各种凄惨联想尽现原诗情貌”。陆先生这里谈的正是字面义与联想义的区别,烛油(wax)一词在英文中没有凄惨的联想义。这种处理到底算直译还是意译呢?如果一定要说我对自己有什么原则,那就是译诗必须忠实于原诗,同时译诗必须也是诗。

【王元鹿】你的原则听上去简单,大多数的诗歌翻译者大约都是这样希望的,但能真正做到的恐怕为数不多。从读者的反应看,你的译诗显然是做到了这一点,美国桂冠诗人 Mona Van Duyn 对你就做过这样的评价:“裘小龙具有非同一般的资格来翻译这些诗歌：当他还在中国时，他因为自己的诗歌以及对艾略特及其他英美诗人的翻译而获奖，稍后，当他来到美国时，又因为他的英文诗歌和小说获奖……这些译诗无论在语言或比喻上都有种清澈度，也有微妙的节奏。”我同意她关于你资格的评价。我可以补充一点：你在华盛顿大学读博士时还专门修过翻译理论和技巧的课。我也知道你本质上更是一个诗人，这些年一直都在用中英文同时写诗，你的英文诗得到过类似密苏里州桂冠诗人的大奖，所以你刚才说你译诗只是“labor of love”。不过，所有这些资格本身并不意味着成功的译诗，你能不能再说得具体一些：你的这本集子有些什么特色呢？

【裘小龙】其实，关于译诗必须也是诗的观点是受到我导师卞之琳先生的影响。他自己就是又写诗又译诗的。那时我刚开始在中国社会科学院读外国文学的研究生，想要翻译研究艾略特，卞先生对我说：“你自己不写诗又怎样能译诗研究诗？”在他看来，诗歌翻译与其他文类的翻译不一样，不是仅仅依靠查字典、追求字面的对应就能做到的。要译诗，译者最好自己也是诗人，而且最好是在两种语言中都能写诗的人，这样能进入原诗的情感和意境，再在另一种语言中诗意地再现或展现。我正是在卞先生的指导下开始写诗译诗的，他这一课至今我还受益匪浅。

从中国古典诗词英译的历史来看，几个较成功的英译者自身都是英美诗人，如 Arthur Waley、Ezra Pound，或较近的 Kenneth Rexroth、Arthur Sze。这里却又引出了另一个问题：除了 Arthur Waley 之外，以这些译者的中文水平都不能(真正)读中文诗，还得通过其他人的帮助来译。所以，他们的成功在很大程度上是在另一种语言中充满诗感性的改写或再写，但是作为翻译，用 Mona Van Duyn 的话来说，却“不那么忠实”。

我具体的做法其实很简单。假设把诗歌翻译看成是不同语言中的一种移植，我为自己画出了可移植或不可移植的部分。诗歌是把一种语言的特点与潜力发挥到极致的艺术，在这一层面上，如词语结构或音韵格律几乎是无法移植的。叶维廉(William Yep)教授曾做过这方面的努力，甚至逐字直译，但是除一些幸运的巧合外，这种翻译诗很难让一般读者作为诗来欣赏，而对真正要研究中国诗歌的学者来说，还是得去读原诗。在一种语言中可以是很优美的句式，硬搬到另一种语言就像是焚琴煮鹤，所以有必要在这个层面上再创作。在这一点上，有着用两种语言写诗的经验是或多或少有些帮助的，因为这里涉及诗的语感性，不写诗的人或许很难真正体会。至于可移植的部分，即意义及意象，那就必须忠实地移植，不能像Pound那样自由发挥。

【王元鹿】我同意你的观点。我也稍稍看了一些国内外的翻译本子。国外一般能看到的都是一些大学出版社出版的，译者大多是汉学家，对诗的研究颇下了功夫，也做了大量的注解。不过这些译文主要是以研究中国文学的读者为对象，译诗的文学质量不是主要的考虑。至于国内的一些译本，译者也不乏名家，但大多数的英文太"古老"，有的甚至还用英文的格律体来翻。这样的译本，如果仅仅是想对国外的读者显示汉语诗是怎样押韵的，或对国内的读者展示英文凑韵的功力，而不在乎译文本身作为诗的质量，倒也未尝不可。这些译者大概没有写诗的经验，英美现当代诗歌也读得不多，所以他们做的只是把原诗用英文分行解释一遍，这样的译诗恐怕西方读者欣赏不了，中国的读者其实也不需要。不过先放下这点，能否先请你对汉文诗词和英文诗的格律做一简单的比较？

【裘小龙】这个问题有意思。中文诗和英文诗都可以分成格律体和自由体；还有一点相同，现在绝大多数人都写自由体诗。英诗的格律也很严，并不是简单地凑韵就可以混过去的。简单说，它有四种不同的音步，每一音步由轻读音节和重读音节的不同组合而组成。如果用—表示轻读音节，用/表示重读音节，可以是—/抑扬、/—扬抑、— —/抑抑扬、/ /—扬扬抑，这些组合称为格，在一定的情况下允许破格。诗的每一行都必须具有同样数目的音步，常见的有五音步抑扬格。也押韵，但不同于中文诗，韵脚的排列变化要错综得多。至于汉语诗词的格律，你是行家。在你新寄给我的那首词里，你步冯延巳的韵，又能翻出新意，我想没有必要在此多说了。可现在看到国内的一些诗词英译本，就像你所说的，自诩是格律或韵文翻译，却既不数音步，也不讲究格，只是在凑韵，还常常因韵害意。这就像我们写中文格律诗，不讲平仄，难免会贻笑大方，弄不好恐怕还会误人子弟。翻译古典作品，文字处理得稍微“古色古香”一些也未尝不可，但是我们没有必要用文言文，更不能用半通不通的文言文来翻译莎士比亚，道理是一样的。

【王元鹿】与上面的问题有关，你谈到了可移植与不可移植的区分。显然，你在译诗中看重思想和意象胜于看重格律。我知道你在20世纪80年代就曾翻译过一本意象派诗选，当时对中国的诗坛很有影响，你自己的诗歌好像也是重意象这一路的。关于这方面你是否能多谈一些？

【裘小龙】我对这个问题的兴趣，早在八十年代中译意象派诗选的时候就开始了。就像你所说的，这本集子时髦过一阵子，尤其是有关美国意象派诗人如何师法中国古典诗歌的问题，一时也成了评论者乐道的一个话题。不过，意象派诗人所讲的意象与中国古典诗人的并不太一样。从传统上来说，英诗也不是不讲意象的，但是“说”的成分要强得多，意象往往只是点缀。所以意象派诗人以意象为主的方向是对的，也取得了一定的成功。如Pound把李白的“长干行”翻成“河商的妻子：一封信”，收入了许多英美诗（创作）选集，更有批评家说这是Pound最好的诗。平心而论，这首译诗尽管做了不少自由发挥，但还算选择性地忠于原诗的意象结构。Pound还专门探讨过意象叠加的技巧，即把一个意象与另一个意象叠加在一起，产生出新的一度空间。如杜牧的《赠别》一诗中，“娉娉袅袅十三余，豆蔻梢头二月初”就是个例子。这与中国古典诗歌传统中的“兴”有很大关系（可惜，在Pound之后这样探讨的人并不多）。所以，你在读译诗时感觉我可能是侧重意象，但这些是原诗里都有的，只是在不同的语境中显得更突出而已。

【王元鹿】在意象之外，再提一个抽象的问题，你一定对汉文诗词与英文诗词做过较全面的比较。你认为何者更美？何者更丰富？

【裘小龙】这很难比较。坦率地说，我个人认为现代中文诗歌面临着许多问题，古典中文诗歌却有一些英语诗歌所没有的优势，尤其是语言的多义性、灵活性、不确定性，甚至是非逻辑性。我自己也用英文写诗，在这方面感受可能稍深一些。举一个例子来说，像张继的《枫桥夜泊》中的第一、二行，“月落乌啼霜满天，江枫渔火对愁眠”，这可以说是典型的意象叠加，不用任何的连接词，也不交代主谓宾关系，或时态或语态的问题。用英文来翻译或改写，这些都成了要考虑的因素。第三、四行，“姑苏城外寒山寺，夜半钟声到客船”，同样因为主语的不确定性，诗的意境超越了诗人个人的境遇，上升到一种普遍存在的高度。所有这些在英文诗词中都很难这样做。

【王元鹿】那么，你这部英译集子的读者对象是谁呢？

【裘小龙】让我先稍稍怀旧一下。大约是在七十年代初，我第一次读到吕叔湘先生选编的《中诗英译比录》，真有如获至宝的感觉。在那本集子中，同一首诗会有五六种不同的英译，还有注释、评点以及比较，这对我的英语学习起了很大的助益。当然，那是在一个几乎没有书籍的年代，现在人学英文，各种各样的教材应有尽有，甚至还有所谓的“疯狂英语”。但或许正因如此吧，能让人们扎扎实实地既学英文又欣赏文学的书还真不多。在叙述学的理论中，有一个关于假设读者的概念，那么我的假设读者首先是国内已有一定英语基础，但是对现当代英语诗歌了解不多的读者群。这或许多少是条捷径，在中国古诗的英译中毕竟没有太多文化背景的隔阂。当然我的假设读者也有喜欢中国文学的国外读者，包括在中国的外国读者。去年年初，我参加上海/香港国际文学节的活动，就有好几个西方读者对我说过，希望能看到中国古典文学的翻译（这里再加一句，我这部集子是在国内首先出版的，至少现在也还没有在国外出版的安排，不存在出口转内销的问题）。

【王元鹿】从诗再回到语言上来。常有人问我汉语与英语何者更丰富，这是个不易回答的问题，因为汉语往往用字而英语往往用词来统计，而字词又不等于常用字词。精通这两门语言的你也许有一个更机智的回答。

【裘小龙】你是搞语言学的，理应比我更有资格回答这个问题，我不想在这里班门弄斧。我刚才提到了，就诗歌而言，古汉语似乎更富有多义性、灵活性和不确定性，因此要说汉语更丰富一些也未尝不可。在这本集子里，你可能也注意到了，译诗的行数一般都要多于原诗的行数，这不仅仅是因为要追求译诗作为英语诗歌的感性或诗意，也因为要尽可能将原诗丰富的内涵表达出来，如果采取一行对一行的译法，就很难做到这一点。

【王元鹿】这一点我确实注意到了。除了着重意象之外，你在翻译中还有一些独特的处理。例如原诗是八行，在译诗中却有九行，甚至更多，又如原诗每行都有标点停顿，但你的处理往往是跨行的。这里能否还请你分条具体叙述一下你对于汉英诗的主要同和异的看法？

【裘小龙】你这个问题要由一篇论文来回答。让我变通一下。一些形式上不同，如一行诗的字数，一首诗的行数，以及平仄音韵等，我想都不用在这里多说了。仅说说有关我译诗中所遇到的一些具体而需要加以处理的问题。

汉语诗词中，每一行都是一句独立的句子，句尾一般都有（标点符号）停顿，但英语诗中，却经常有你所讲的跨行，即作为一句句子的一行诗会延续到下一行诗中去。

汉语诗词讲究对仗，英语诗中却几乎没有同样的修辞手法。

汉语诗词中经常用典，用新的批评术语来说，这具有互文性的功能，即在读一个文本时，能联想到其他文本，扩展了阅读的审美经验。在英语诗歌中，这样的情形在现代主义诗歌中有一些，如 Eliot 的《荒原》。

汉语诗词呈现的往往是一种空间结构或形式（这里借用 Joseph Franck 的一个词 spatial form），也就是说一首诗诗行之间的连续并不是线性的，而是将整个文本作为一个自在的空间来看时，一些似乎互不关联的意象经叙述得以结构成形(当然也可以说是意境)。拿李商隐的《锦瑟》一诗来说，除了第一与第二行间有着中心意象的延续，其他几行似乎都没有英文诗中那种线性的关联，或需要用连接词来交代上下文的关系。但是把诗作为一个有机的独立整体来读时，确实诗的每一行之间有着微妙的关系，形成了一种空间结构。

所以我在译诗中也根据具体的情形做了处理。如英语诗歌中的跨行句式，运用到汉语诗词的英译中，可以在停顿的同时增添一种延续的韵感。这也算是“洋为中用”吧。

至于对仗，我有时则故意避免，因为硬要照搬，译诗就很难呈现现代英语诗歌的感性。

用典比较复杂，我尽量采用不加注就能让读者明了的译法，加注会产生“隔”，而且原诗也会有用典用滥了的情形。对现代中国读者来说，互文性的作用已不再明显，而对西方读者来说，即便加注，也难免云里雾里，更不用说读诗的什么经验了。

倒是所谓空间结构，西方一些现代主义诗人，像 Eliot、Pound、Saint - John Perse 等人都做过类似的尝试，我也试着在英译中做了同样的努力。

【王元鹿】我也读过你的获奖小说《红英之死》，很想知道有什么一以贯之的思想指导着你的小说与诗的创作。

【裘小龙】依稀还记得，我们在 Loop 的旧书店里一起听过《巴山夜雨》，我想你或许比谁都清楚地知道，在国外写作首先也只是谋生的一种方式，虽说确实也很难靠诗歌写作或翻译来为稻粱谋，不过我们都是功利主义的，只是“利”或许并不那么狭义。生也有涯，能做的事有限，因而只能挑些自认为能做得较好、也较有意义的事。翻译一般是从另一种语言翻成自己的母语，但我自己的情况又不一样。在美国生活了十多年，对我来说，中文和英文这两种语言或许可以说是差不多同样熟练，而一些最新的语言变化，反而可能是在英语中接触得更多一些，尤其是在文学写作方面。既然我算是少数的还能坚持这样做的幸运者之一,我就没有理由不那么做下去。

如果在我的小说以及诗歌创作、翻译中一定要说有什么想法的话,我只是希望能这样对中国文化、文学做些另辟蹊径的探讨——在不同的语境中,同时也在不同的文化、文学传统的影响下这样做。再加一句,这并不是说我就不写中文了。我们这篇对话就是用中文写的。我也希望,将来或许又能专注于中文写作。不管是用中文或英文,我都希望能在一种语言中多少融入另一种语言的感性特点,也算赶赶"全球化写作"的时髦吧。

【王元鹿】如果一定要找一个与你英文诗风相似的诗人或流派,那是谁或什么流派?如果要在中国诗人中找,那又是谁?

【裘小龙】在西方诗歌中,现代主义这一流派我是比较喜欢的,尤其是 Eliot、Rilke、Valery 等,当代的则像 Robert Loweh、Robert Hass 等。在中国诗歌中,我喜欢的有李商隐、苏轼、卞之琳、冯至等人。不过,喜欢一些诗人,并不意味着自己的诗歌就一定与他们相近了。个人的经历、学识、气质等都会起作用。然而有一点,我确实受到 Eliot 和卞之琳的共同影响,即非个人化的写作理论和实践。诗源于个人的情感,但是写作过程却是非个人化的,也就是说,写诗是一个把诗人与诗分离开来,对作品不断地进行加工的过程。诗歌翻译也一样,译文必须也是诗,同样也要经历这样一个过程。

【王元鹿】再问一个有关这本集子编选的问题。你选诗的标准是什么?

【裘小龙】我自然要考虑到尽量收有代表性的名篇,但肯定有个人的偏好在内。此外,还有一个我自己的标准,即要看译诗的效果而定。有一部分有名的中文诗词,在翻成英文后效果不佳,意义或叙事部分或许传达过来了,但读起来没有诗的感觉,用 Arthur Waley 的话来说,就是没有"诗形"。因为同样的道理,他有许多翻好了的诗,却并没有全收到自己的集子中。

【王元鹿】很高兴我们今天能这样聊得尽兴。缘分往往如诗,常会有神来之笔。我们同一年考入华东师范大学,却要到了十几年后才在圣路易斯相识。又十几年过去了，我们居然还在网上谈诗，这真在意料之外，却又在情理之中。

【裘小龙】 确实如此。我自己写的一首诗(先用英文，再用中文写的)中有这样一段："落日熔金，/我们无法从古老的花园里/采撷灿烂的幻想，/来放入相册收藏。/还是得选定自己的剧本，/要不时间就不会原谅。"我们都还算是有自己选定的"剧本"，总得坚持往下演吧。因此我想我们肯定还会有机会就这个题目再谈下去的。

2006年2月

（原载于裘小龙英译《"轻松英语"唐宋诗词100首》，华东师范大学出版社，2006年）

元化先生平常的一面

已经过了 2008 年 11 月的最后一天。以往十多年中每逢这一天,我总是要去拜访王元化先生,因为这一天是他的生日。而现在,我再也不需去了。他已经远在这宇宙的另一个地方。

尽管我有幸与王先生的姓名只有一字之差,但是我并不与他有任何的亲戚关系。位于衡山路的一家邮局的一个业务员,也曾经想当然地问我:“你们一家都搬过来了吗?”

当然,几乎每当我去王先生家而他把我介绍给其他客人时,都忘不了笑呵呵地加上一句:“这是我的弟弟!”

十几年来,我与王先生认识至相交较为频繁是颇有一些偶然原因的。那是因为:他在多年前就在衡山宾馆居住与办公,而我家在与衡山宾馆相隔几十米的一栋三层楼的法式小洋房里。他是华东师范大学中文系的兼职教授,而我又恰在华东师范大学的同一个系任教。他自 90 年代起就策划并指导着上海市古籍整理出版重大项目《古文字诂林》,而我亦参与这一项目的编辑工作。于是,为捎带寄至中文系的他的信件与钱款,有时也为汇报和转达工作上的事情,我就幸运地承担下了与他联系的工作。当时,与王先生见面的机会是相当多的。就是在这个离我家和王先生所住的宾馆都相当近的衡山公园,我也偶然会在早晨遇见他在锻炼。他绕着公园小道快走的速度,真是令我这当时只有五十过头的人也自叹不如。1998 年左右,我曾陪着他快走过一次,而走了几圈,我竟赶不上他了。他告诉我,他可以绕着这小路走上 8 圈。

这联络工作一直到 2001 年的夏天才告一段落。我因市政建设迁离衡山路的居所,我的工作开始由陆晓光与胡晓明等几位先生代替。然而,至少每年的他的生日,是我必须要见他的日子。无论如何,每次去向他祝寿,龙井茶是必备的礼品。因为他曾与我说过,只有龙井有一股嫩香,是碧螺春所不具备的。

日子长了，我渐渐发现了王先生的一个与我相同的嗜好——看球。由于王先生与我住得实在是近，所以去他家的时间往往是不定的。有时晚上去他家，他常常正收看着电视转播或录播的英国足球超级联赛或美国的 NBA 比赛。相比起来，似乎王先生更爱篮球。当时乔丹等已离开球场，姚明则还没有登陆 NBA，而在美国当红的名将是卡特、弗格森与科比等人。王先生对于这些名将的风格与特点以及 NBA 的各支球队，说起来真是如数家珍。他说他解放初在某出版社(估计是新文艺出版社)还组织过一个篮球队。而遗憾的是在近几年中，我有事去电王先生，问起他还看不看球，他说，现在眼疾已使他无法看球。真是想不到，前面说起的陪他快走，离今天也就不过是十年不到的事啊！

大师的知识面与兴趣面往往是多样的。王先生关心学术，不仅是他专长的文艺理论和美学，他也对训诂有兴趣。大概 2003 年时，我曾经遵他嘱咐，给他买了《故训汇纂》一书。有时他在研究中遇到什么语言学方面的问题，也常不耻下问地给我打电话。记得有一次我在南京东路步行街上突然接到他的电话，问我一个训诂方面的问题。而这个电话是他陪当时正在病中的王师母时在医院里打来的。记得当时他还在为《新民晚报》的文艺版写侃戏的文章。

忘不了我在 2006 年去王先生家祝寿时的情景。那一次正好也没有什么客人。在他病榻边坐了整整一个小时。由于他知道我的专业是包括外国古文字在内的普通文字学，他与我的整个话题是玛雅文字与中南美的人类、历史、文化与亚洲文明的关系。他主要听我介绍，时不时也提出一些问题，他主要是关心玛雅文明与中南美文明的来源。后来有其他客人来了，他还是继续与我谈了好一会儿，才去招呼其他客人。临走之时，他还与我相约，下一次继续谈这个题目。我还开玩笑地同他说，下一次谈我一定“备好课”再去谈。实际上，这就是我最后一次同王先生谈学问了。

最后一次为王先生祝寿，也是与王先生的最后一面，是在 2007 年的 11 月 30 日。当时，王先生已经住进了瑞金医院。当时王先生的病已经相当严重，但是当我去时，他还是反复询问着我的腿疾。我告诉他，我的右腿将在瑞金医院接受手术，手术之前我入院后还可以去看他一次。他见我的腿不良于行，还反复叮嘱陪我前去的我的博士生要“好好照顾王先生”。哪知由于种种原因，我后来改在另一个医院做了腿部手术，也正因此，我始终没能再见上王先生一面。

这就是我与王先生交往的一个梗概。可以说，记的都是平平常常的一些琐事，是我所写文章中最平常最不具系统性的一篇。我甚至觉得这不是文章，而是一段笔记。也许，这些记录正印证了一句名言：“伟大往往是以平凡的形式出现的。”如果我的记录中并无谎言，那么，王先生就是这样一个有着其平平常常一面的大师。许多人的文章记录了他伟大的一面，那么，他的平凡一面也是应该被记录的啊！这篇文字如果有什么意义，也就仅在于此了。

（原载于《清园先生王元化》，陆晓光主编，
华东师范大学出版社，2009 年）

李老师，我永远的导师

敬爱的李玲璞老师永远地离开了我们。

记得李老师在我1991年出国访美时，给我的礼物是一本关于语言文字规范化的书与一只闹钟，个中深长意味，他虽未详言，我心里却十分明白："坚持做学问，珍惜每分钟。"

我有幸成为李老师的学生，已经是三十多年前的事了。也就是说，在我的大半生里，有这样一位优秀的文字学大师、优秀的导师，关怀着我，指导着我，这是何等幸运的事！

李老师引领我走上了做学问的道路。虽然我在1978年进入华东师大时，还只是一个浑然不懂文字学的青年人，但是，蒙李老师不弃，主动向我提出，让我从他研习文字学。当时我从一个工人刚刚变为一个大学生，对自己专业上的发展还未及细想，但是从事文学研究却是我的基本愿望。当我把我的想法告诉他时，他不仅没有丝毫不快，反而一次次来我寝室与我闲谈，表示尊重我的个人意愿，又与我分析研习语言与研习文学的利弊得失，尤其告诉我中文系的发展需要文字学方面的人才。经过大约几个月的思考，我终于下定决心，开始向李老师学习文字学。从此之后，李老师就成为我大学本科期间的专业导师。

李老师教会了我如何做学问。在李老师的指导下研习文字学，是一件十分愉快的事。当时随李老师研习文字学的学生尽管只有我一个，他还是要求我好好研读《说文解字》与《文字蒙求》等书，并定期出题给我考试。每次当李老师说我"做得不错"时，我觉得分外喜悦。我在那段时间里，摹写了《说文》的部首多遍。李老师即便在外地出差，也会给我写十分详细的信，询问我的学习进程，并给我以切实的指导。

在二三年级之交的暑假里，我写了一篇论文《"心"字探源》。虽然作为我的第一篇文字学论文难免稚嫩，但李老师却高兴地把它拿给徐中玉、戴家祥、史存直、施蛰存等老先生看，每次都把老先生们的评价转达给我，还与我一起讨论着他们所写的评语与意见。当该篇论文入选上海市研究生大学生优秀论文报告会时，李老师又帮我刻写将付油印的论文，忙了几个晚上。我问李老师累不累，他的回答是："这是丰收的季节！"

李老师又教会了我如何做老师。他在收下我这个学生之后，又先后收下了王延林、姚平、王荣峰、何峭、王世伟等学生，组织起华东师范大学古文字研究小组。不久，李老师在79级的林清书与蒋德平等同学中办起了一个古文字兴趣小组。两个小组都经常在李老师指导下进行活动，各自编纂文字学材料的工具书。李老师还让我帮他指导古文字兴趣小组的活动。李老师在学术讨论中，对我们所发表的观点，从来不曾批评打击，而是往往鼓励多多。即使相当幼稚的、不合理的观点，他都在给以积极的肯定之后，才婉转地指出其不合理之处。我们这些学术水平有限的学生，就是在李老师的关爱下成长起来的。我觉得，今天我作为教师与导师，之所以能够尽量注意尊重与鼓励学生，与当年李老师的影响是分不开的。

李老师尽管是我们的好导师，却还经常要求我们多向其他老师请教。他多次向我们介绍系上几位语言学老教授的特点：刘锐先生的博学多才、林祥楣先生的智慧灵敏，等等。说到史存直先生时，他说："史先生的坚定，即便前面是一堵墙，他也要走过去！"今天想来，李老师自己在学术上的成就，也正是他无门户之见而善于学习诸家特色所得到的必然结果。

我走上比较文字学和民族文字研究这条路，也是与李老师的学术眼光分不开的。当时，即使在文字学界，了解东巴文字的人也相当有限。当我在一个偶然的机会见到东巴文字时，就下决心通过对东巴文字的研究探寻汉字的早期形态。当我向李老师报告我的学位论文选题是东巴文字时，心中不免惴惴，因为我们的汉语言文字学专业当时还没有研究民族文字的先例。虽然李老师当时对东巴文字也所知不多，他却欣然同意，备加鼓励，并同意我去丽江进行实地调查，还到处为我托人找寻与东巴文字研究相关的专家。在昆明、丽江调查的一个月，李老师与我通了多封书信。正是由于李老师的宽阔学术胸襟与远大学术目光，才使我得以在中国民族文字学的方向上得到了发展的机会。

往事并不如烟。回首过去的与李老师相处、向李老师问学的三十多年，他老人家对我的学术、生活与思想上的关怀，点点滴滴涌上脑际，竟一时无法在一篇短文中把它们写尽。

若李老师在泉下有知，也许会问我："坚持治学、珍惜时间，你做到了吗？你做好了吗？"我会回答他："做得还不理想，还需努力！"

李老师，您放心！尽管我做得很不够，但是我会继续努力，以不负您的期望！

（原载于《李玲璞先生八十诞辰纪念文集》，刘堂江、华学诚主编，语文出版社，2013 年）

《桐乡方言志》序

桐乡是鱼米之乡,文化之邦。桐乡方言作为吴方言的次方言,也是颇具特色的。早在两年前,允海兄在电话里曾经告诉我:桐乡市史志办认识到桐乡方言的文化价值,为保存这一文化遗产,要聘请他出面撰写一部《桐乡方言志》,并由史志办负责出版。时间过去了两年,允海兄果然完成了他的大作。允海兄是桐乡出来的语言学者,数十年一直从事方言和修辞的教学与研究,由他来执笔撰写《桐乡方言志》具有旁人无法相比的得天独厚的有利条件。因为他是语言学者,掌握了汉语方言研究与调查的正确方法,能从语音、词汇、语法三个层面系统研究桐乡方言。更因为他是桐乡本地人,他的大脑原来就已经是一个储存着大量桐乡方言资料的数据库。因此,允海兄书中所述,自然具有毋庸置疑的科学性与可靠性。

《桐乡方言志》的问世,不仅是语言研究的一件盛事,更是一项有益于人类文化遗产保存的益事。

方言研究之所以在语言学研究中占据着重要的地位,是由于语言往往是以方言的形式体现出来的。从逻辑学的角度看,由于宇宙中的一切事物既是可以无限分解又是多有联系的,因此,每一件事物都有其特殊性,而每一种方言都是语言的体现。桐乡方言也是如此。桐乡是南方古城,人文荟萃,具有丰厚的文化底蕴,而方言正是传承这种民族精髓的载体之一。又由于它的地理位置,处于上海、江苏、浙江的交会处,而远在先秦就是吴越两个南方大国之间的接壤之地,行政上有时属吴有时归越,可见其方言必有其与众不同之处,而对其方言的研究,也必有特殊的价值与意义。加之桐乡又是丰子恺、茅盾和钱君匋的故乡,因此,桐乡有一部方言志,是必需的事。

在今天,这件事更是必须加紧从事的急事。这是由于,今天杭嘉湖地区交通发达,经济活跃,文化开放。人员的流动,普通话的推广,新词语的涌现,使得方言的快速遗失势在必然。当下青年一代特别是中小学生好多已经不会说当地方言了,即使会说,其韵味亦与老一辈所说迥然不同。因此,桐乡的方言如不及时抢救,其文化与语言科学的损失是不可估量的。谢谢桐乡市史志办和允海兄,做了这件大好事。

我乐意为《桐乡方言志》作序。因为在《桐乡市志》方言续编的撰写过程中,我曾受史志办的邀请来桐乡参加商讨。现在著作要出版了,写序是义不容辞的。我在感到荣幸的同时,更是感到兴奋。这是因为,作为一个语言文字研究者,虽然我一直从事少数民族语言文字的研究与教学,但是自小就对方言有着特殊的爱好。

我生于姑苏,在 5 岁后又定居上海。在这个居地变化的过程中,我就曾领略过方言学习的魅力与方言差别的趣味。在我的双亲刚刚能听懂上海话时,我已经能说一口较为纯正的上海话了。由于孩提时代的一些特殊机缘,我又接触过吴语中的常熟话、无锡话及苏州各区县的“乡音”,而且学着说。这些经历又加强了我对方言的兴趣。我的小学时代,无线电里播放的“滑稽与说唱”节目,又进一步增加了我对方言的兴趣。尤其是姚慕双、周柏春的《十三个人搓麻将》,更是让我领略了北至山东南至广东的 13 种方言的趣味。到今天,即便在我为研究生讲授的训诂课和语言文字学方法论课上,方言也既是我教学的一个重要内容,又是我讲解语言学知识的一个常用依托。

《桐乡方言志》内容淹博,读之深感方言之魅力。观其大概,至少有这样一些方面是值得方言研究者和方言志的作者学习并借鉴的。

一是此书全面揭示了桐乡方言语音、词汇、语法的特点。《桐乡方言志》的问世,结束了桐乡方言系统研究的空白局面,拉开了桐乡方言研究的新帷幕。一种方言的研究,必须从语音、词汇、语法三个层面全面进行方可。然据我的印象,桐乡方言的语音和语法方面,以前几乎未有人研究过。因此,桐乡方言的研究其实仍是空白。

《桐乡方言志》一书在语音、词汇与语法方面都予以了较多注意，三个方面的内容兼顾，篇幅平衡，开创了桐乡方言研究的新局面，足见作者知识之宽广与用功之勤勉。

二是此书较为公允地说明了桐乡方言的内部差异。吴方言的差异是十分复杂的，即使是同一县、同一乡，其方言也并非统一。桐乡方言存在着许多细微的内部差异，要说明这些差异必须要做实地调查。为了正确揭示桐乡方言的内部差异，作者和他的方言小组曾赴桐乡的十二个街道和镇进行方言调查。借助对调查结果的比较，较为客观地阐明了桐乡方言的若干内部差异。

三是此书收集词汇的面的宽阔。此书收集了大量反映桐乡生产、生活、文化的词汇，特别是收集了部分反映民间日常生活的所谓“粗话”，这一做法有异于许多方言词汇书不屑或不愿收录“粗话”的做法。其实，这些粗俗之语频繁活跃于民间的口语之中，在一定程度上体现了草根生活的习俗情趣，也是珍贵的文化遗产。然而，随着文明程度与生活质量的提高，这些“粗话”正在被人们遗忘。因此，那些长期埋没在乡间，被认为不入流的“土语粗话”，经作者的整理与解说，凸显了这些词汇深厚的文化历史含义。

四是内容与形式的科学性与合理性。此书语法部分总结了桐乡方言的组词成句特点，列举了各种句型，并做了详细的说明；语音部分着力揭示桐乡语音的特点。作者的工作显示了：桐乡方言的语音与语法，有与其他吴语方言相同之处，也有带有桐乡方言自身的特点的地方。更值得肯定的是，此书所收词汇是按笔画排列的，显得井然有序而便于检索。

写到这里，我不禁想到：汉民族的方言，是十分纷繁复杂的。而这些方言所反映的恰恰是整个汉民族的语言乃至语言史。可以说，在一定意义和一定程度上，每一个地区的方言都是独特的，及时保存方言遗产是当地政府和语言学家义不容辞的神圣责任。我们的语言学家，写就了一些地方的方言志，但是还有更多的地区没有它们的方言志，还等待着我们去写。我想，至少每一个县应该有它的一部方言志吧！这件事在飞速发展的今天尤其是刻不容缓的，希望全国每一个县或县级市都能如桐乡史志办一样充分意识到这一责任并付诸实践。

我期待着，历史期待着。

王元鹿写于华东师范大学中国文字研究与应用中心

二〇一四年一月二十一日

（原载于桐乡市地方志办公室编《桐乡方言志》，方志出版社，2014 年）

《壮云楼文集》序

一

五年前的一个冬天的日子，敬爱的钱定一伯伯永远离我们而去了。中国美术界失去了一位大师，我失去了一位良师益友。

我已经无法忆起第一次见到钱伯伯时候的情景。那应该是在1950到1951年之间的事。我那时曾随父母去钱伯伯家做客。当时只知道钱伯伯是我先父母王士敏与吴传珈在苏州美术专科学校时的要好同学。当时年仅5岁的我，还不懂也不会关心他正在创作的国画，只是一个劲地与同我年龄相近的他的六女儿钱菂妹妹尽情嬉戏。

真正在我记忆中留下深刻印象并认识到钱伯伯的道德文章，已经是我二十多岁的时候了。那时我已经知道他是一个优秀的画家、美术设计师，也是文物鉴赏家与诗人。遗憾的是，那个正值理应向他学习更多东西的时代，"文化大革命"恰向我们袭来，连钱伯伯与我父亲这样的忠厚知识分子也无法幸免。当时钱伯伯与我的父亲，都被打成"牛鬼蛇神"，"靠边站"，从事体力劳动。

从另一个方面来说，也许正是这个原因，促进了我与钱伯伯的交流，因为"牛鬼蛇神"是不宜轻易外出的，一旦被"造反派"见到就是"黑串联"。于是，我就自然地忝任了代表两家家长互道平安的使节，每隔几个月总会去钱家一次，探望钱伯伯及伯母。可以说，自1966年起至钱伯伯去世，我与钱伯伯四十多年的交往，就没有中断过。不久之后，我妹妹王茵也加入了探望钱家的行列。再后来，她又成为钱伯伯的绘画弟子——我想应是"入室弟子"吧——那时被压缩了居住面积的钱家只有很少的几间居室。

二

那是一个扼杀祖国优秀文化的时代。"造反派"抄没了钱伯伯的几乎全部藏书。嗜书如命的钱伯伯终于提出了向我借书的要求。记得我第一次借给他的书有刘大杰的《中国文学发展史》及郭沫若的几本书。他把书认真地读完,然后再写信要向我换其他的书(当时上海人家还普遍没有电话)。每读完一批书,钱伯伯也要跟我谈论他的体会。如对郭沫若的《李白与杜甫》,乃至郭沫若对《兰亭序》的见解,他都做过有力的批评。

记得恰是“文革”初期,钱伯伯在上班时摔伤了一条腿。腿伤对一个画家来说会带来极大的不便,尤其钱伯伯的绘画特长是山水,更需出行领略山水之美。然而,一旦去钱家做客,他还是乐呵呵地一手拄着拐杖一手拿着茶杯为我半走半跳地到饮水器前泡茶,动作似乎比伤腿前还要迅速。在我与钱伯伯交往的几十年中,从没有听到过他对于命运或某一个人的一句抱怨。

听妈妈说,钱伯伯年轻时代,爱看电影尤其是外国片,再差的也要看;听妈妈说,钱伯伯遇到什么有趣的事,总爱放声大笑。可惜先母在时,未及好好地听她详细说说钱伯伯的更多逸事。记得先母病危之日,钱伯伯的小女儿芃妹陪着钱伯伯趋医院探望,尽管当时钱伯伯自己也已经相当老迈。遗憾的是,先母去世不及六年,钱伯伯也魂归故里。我把在这六年中所得的钱伯伯赠我的他的画册与著作,都一一供在先父母的遗像之前。若先父母泉下有知,一定会借此重温当年他们间的友情。

“文革”结束之后,钱伯伯被落实政策,他被抄去的书也得以偿还。记得他告诉我,有关方面让他去取回那些书时,其实只计书的数量而内容已无记录,但是他还是按照“是我的我才取”这一原则,因此他取回的书仅有几百本。值得高兴的是,在钱伯伯原来四川北路上的寓所对面开了一家不小的书店,他曾经大量地把“文革”中失去的书一一买还。这个时期,每次我去他家,他总要洋洋得意地把他的新书向我展示一番。

三

钱伯伯人品之高贵，还在于他虽然画工高妙而且满腹经纶，但从不夸耀自己的艺术与才情，而在对晚辈进行指导时，却是毫无保留，并尽力加以鼓励。

记得“文革”初期我初学刻图章时，把学治之印章带去请他指导，他总要在赞许之后才提出中肯的意见。

1995 年前后，我曾接到钱伯伯的一封信，内附一张湖北出土的杨家湾陶器符号的图形，题为《中国最早的古文字》，这是钱伯伯亲手从当时的一期《新民晚报》上工整地抄录的。这是由于钱伯伯知我研读古文字且于中国文字起源有浓厚的兴趣。其实，钱伯伯于古文字及古文物不仅兴趣浓厚而且知识丰富，相关的调查也不遗余力。如由于他所著的《中国民间美术艺人志》以及对民间艺术研究所做的贡献，曾被联合国教科文组织授予一级中国民间工艺美术家称号。而此书最可贵的是，诸如制作布老虎等多种工艺品的大量民间艺人的情况，都是他中年时去外地逐地走家访户调查的结果。

在 21 世纪初，钱伯伯出了几本书。当时我的右腿也初患疾病，而我的一些老学生、老朋友也托我向钱伯伯求书。于是，我就多次给钱伯伯电话让他们单独去看他并领取大作。每次，我的朋友都会来电，讲述做客时如沐春风并谈得乐而忘返的情景。

先母去世不久，我曾经填词数首以寄托哀思，并寄呈钱伯伯乞正。过了几天，就接到钱伯伯的回信，大意是同情我的心意又赞扬我的词，同时又指出了其中一首《雨中花》的格律似与一般常见词谱有别。其治学、作诗之态度可从中得见一斑。

四

记得韩天衡先生曾说过大意如此的话：在他所认识的人中，很难找到如钱定一先生这样才艺出众却知名度有限的了。

西方有一句谚语：伟大往往是以平凡的形式出现的。我想，从这个角度看，韩先生对钱伯伯的评价倒是从另一个角度阐释了钱伯伯的优秀：优秀而不求名利者，是那类更优秀、最优秀的人。

2010年初的一个冬日，当我接到钱伯伯的女儿芃妹的电话时，我已经有了一种不祥的预感……

与妹妹去参加钱伯伯的告别仪式之前，我拟了一副哀悼钱伯伯的长联并发给芃妹，惜乎已不及写上挂出。更遗憾的是由于那副挽联分别存在芃妹与我的手机上，由于手机均已损坏，至今无存。但是我与舍妹王茵对钱伯伯老人家的怀念，却永远不会磨灭。因为钱伯伯不仅是我家的至交，我们的良师，更是如此伟大而又如此高贵的人。

2015年1月25日

（原载于钱定一《壮云楼文集》，常熟市博物馆、海宁市博物馆，2015年）

编 后 记

2021年8月10日晨6时40分,恩师王元鹿先生永远地离开了我们。为了缅怀师恩,我们觉得非常有必要编辑出版一本纪念文集,以纪念先生的为人、为师和为学。征稿函发出的半年多时间里,我们陆续收到了先生的同学、亲友、学生等发来的纪念文章五十余篇,这些纪念文章从不同的视角为我们还原了一位真实的、立体的、有温度的"王老师"。

本纪念文集主要包括以下三部分:一是先生在20世纪80年代写就的《自传》《我的治学观》以及我们为先生编写的"学术年表"。根据内容推测,《自传》应写于1988年,先生用他细腻的笔触为我们再现了他前半生学习、工作、科研的坎坷经历;《我的治学观》则充满了先生的辩证思想,先生一生都在践行这充满"矛盾"的治学观。二是先生同学、亲友、学生等对先生为人、为师和为学等方面的追忆与阐述。此部分先编排纪念性文章,再编排学术性文章,然后是追悼会上单位领导的悼词、学生代表的发言和家属答谢辞。其中,纪念性文章的编排顺序如下:先生本科同班同学,先生本科、研究生期间的其他同学,先生的好友、友生,先生的亲人,王门弟子。三是附录。"附录1"是先生逝世后有关单位和个人发来的部分唁电和挽联。"附录2"收录了先生的部分杂文随笔、诗词、微型小说等非学术类作品。文学创作是先生生前的一大爱好。先生退休之前曾多次提过,希望有机会能出版一本一半是论文一半是文学作品的文集,但直到先生去世,这一心愿始终未能实现。为了弥补这一缺憾,我们在编辑出版纪念文集时想尽我们所能把先生非学术类作品收录进来。先生杂文随笔和微型小说的创作高峰是在 20 世纪的 90 年代，当时曾在《上海大众卫生报》等刊物开设过专栏，我们虽多方找寻，但遗憾的是仍无法收齐当时发表的全部作品，只能将能收集到的尽可能地收录；诗词部分收录了先生 20 世纪 70 年代一直到本世纪初创作的一些作品，先生一生重"情"，这些关于亲情、友情、爱情的诗词流露出了先生真挚、坦率、热烈的情感。此外，纪念文集前面还收有先生工作、生活等的部分照片。

纪念文集的标题"菉竹猗猗"出自《诗经 · 卫风 · 淇奥》。《淇奥》第一章有云："瞻彼淇奥，菉竹猗猗。有斐君子，如切如磋，如琢如磨。瑟兮僩兮，赫兮咺兮。有斐君子，终不可諠兮。"这一章所赞美的君子的美德，正是先生所具有的，用在先生身上十分贴切。这一标题最初是由华东师范大学图书馆副馆长魏明扬兄建议的，特向明扬兄致以最诚挚的谢意！

恩师的纪念文集行将付梓之际，我们想借此机会向支持、帮助过文集编辑出版的所有人表达由衷的感谢：

感谢为文集撰写纪念文稿的所有作者，谢谢你们让我们有机会能从不同视角进一步了解先生，使先生的形象更加立体和丰满；

感谢先生胞妹王茵老师、哈佛大学图书馆金嘉琳老师、美国加州州立大学洛杉矶分校姚平老师为我们提供了大量有关先生的宝贵资料；

感谢华东师范大学中国文字研究与应用中心刘志基老师为文集题写书名；

感谢华东师范大学图书馆魏明扬兄帮忙搜集、整理先生发表在校报上的文章；

感谢华东师范大学中国文字研究与应用中心主任臧克和老师、华东师范大学中文系党委书记吕志峰老师、复旦大学图书馆龙向洋老师、上海辞书出版社以及全体王门弟子对文集编辑出版的大力支持。

编这本纪念文集的过程，其实也是一个学习、受教的过程。先生儒雅敦厚、学识渊博，在古代汉语、文字学的教学和研究领域辛勤耕耘四十载，于普通文字学、比较文字学学科有开拓之功，《汉古文字与纳西东巴文字比较研究》《普通文字学概论》《比较文字学》等著作泽被学林，先生在为人、为师和为学方面给我们留下了宝贵的遗产，这些我们都将永远铭记并努力发扬光大。

朱建军

2023 年 11 月 20 日